KB147107

외국어로서의 한국어 교육

이 도서의 국립중앙도서관 출판시도서목록(CIP)은
e-CIP 홈페이지(http://www.nl.go.kr/cip.php)에서 이용하실 수 있습니다.
(CIP제어번호 : CIP2007003312)

한국어학 총서 05

외국어로서의
한국어 교육

노대규

Teaching Korean as a Foreign Language

머리말

　오늘날 외국어로서의 한국어 교육의 중요성과 필요성은 우리 나라의 국력의 신장과 더불어 점점 증대되어 가고 있다. 현재 우리 나라에는 외국어로서의 한국어 교육 기관이 꽤 여러 곳에 설립되어 있을 뿐만 아니라, 한국을 찾아오는 외국 유학생의 수효도 많이 증가하고 있다. 또한 국외에 있어서도 여러 외국 대학에 한국어 학과가 많이 설치되고 있다. 따라서 오늘날 외국어로서의 한국어 교육의 이론이나 방법의 연구 필요성은 과거의 그 어느 때보다도 더욱 더 절실히 요청되고 있는 실정이다. 이 책은 이러한 시대적 요구에 부응하여 씌어졌다.

　일반적으로 언어는 사회적 현상의 하나로서 인간의 사상과 감정을 전달하고 다른 사람과의 관계를 조정하는 기능을 가지고 있다. 즉 언어는 어느 한 특정한 개인과 어느 다른 한 특정한 개인이나 집단 사이에 의사의 소통을 가능하게 하는 도구의 구실을 한다. 다시 말하면 언어는 개인과 사회의 사이를 연결 짓는 매개체인 것이다. 또한 언어는 인간 사회에서 발생하는 정치적, 외교적, 경제적, 상업적, 문화적, 그리고 과학적 여러 문제들을 해결할 수 있게 한다. 그리고 언어는 우리의 의사 전달과 여행을 쉽게 하고 사업 범위를 확장시키며, 아이디어를 전파시키고 민족적, 국내적, 국제적, 그리고 윤리적 문제들을 해결할 수 있게 한다. 언어는 문화 자체의 한 요소이고 일체의 문화적 활동의 기본이며, 자기가 살고 있는 동시대의 어떠한 사회적 집단의 특질적 양상에 가장 쉽게 접근하게 하기도 하고 가장 좋은 결과를 얻을 수 있게 하기도 한다. 그리고 각 공동 사회는 언어 활동에 의하여 형성되고, 발화는 사회 활동에 있어서 가장 직접적인 통찰력을 우리에게 주며, 그 공동 사회에서 이루어지는 모든 것에 있어서 하나의 역할을 하는 것이다. 언어 학습의 중요성과 필요성 특히 외국어로서의 한국어 학습의 중요성과 필요성은 바로 여기에 있다고 할 수 있다.

일반적으로 외국어로서의 한국어 교육의 목적은, 교육자가 학습자에게 한국어의 구조를 사용할 능력을 학습시키는 데에 있다. 바꿔 말하면, 외국어로서의 한국어 학습은 교육자가 학습자로 하여금 한국어의 구조나 조직 체계 내에서의 유창한 사용을 위한 표현과 내용, 그리고 표현과 내용의 연합을 학습하게 하는 것이다. 따라서 외국어로서의 한국어 교육의 궁극적 목적은, 언어 교육자가 언어 학습자에게 한국어의 구조를 정확하고, 유창하게, 그리고 자의적으로 사용할 수 있는 능력을 학습시켜 주는 데에 있다고 할 수 있다. 그리고 외국어로서의 한국어 교육의 목적은 효과적인 교육 방법과 능률적인 교육 기술의 창안과 개선, 그리고 바람직한 교재의 개발을 통하여 그 구체적인 목표에 도달될 수 있다. 이 글은 한국어 교육자와 학습자가 그러한 목표에 어느 정도 도달하는 데에 어느 정도 도움이 될 수 있도록 하기 위하여 씌어졌다.

언어학자들에 의하면 정확한 통계는 아직 이루어져 있지 않으나 현재 지구상에는 약 삼천 종류 이상의 언어가 사용되고 있으며, 약 오십 종류의 문자가 사용되고 있다. 그런데 필자가 조사해 본 바에 의하면 한국어의 중요성의 순위, 곧, 한국어의 세계적 위상은 비교적 꽤 높은 편에 속한다. 어느 한 언어를 중요하게 만드는 요인에는 인구, 언어의 사용 인구, 교육적 위상, 학문적 위상, 경제적 위상, 문화적 위상, 산업적 위상, 정치적 위상, 그리고 군사적 위상 등이 있다. 우리가 이러한 요인을 국가별로 객관적인 통계 지표를 상호 비교해 보면, 한국어는 세계의 여러 언어 중에서 약 열아홉째 정도로 중요한 언어에 속한다.

이 책은 언어 학습과 교육, 언어 교육과 방법, 언어 교육과 시험, 언어 교육과 문화, 그리고 언어 교육과 사회 등과 같이 크게 다섯 개의 장으로 구성되어 있다. 첫째 장인 언어 학습과 교육에서는 언어 교육과 언어 학습의 단계 및 어린이의 언어 학습과 언어 교육의 문제를 논의하였다. 둘째 장인 언어 교육과 방법에서는 단파식 교육 방법의 문제점을 지적하고 새로운 장파식 교육 방법을 제안하였고, 청각 구두식 교육 방법의 문제점을 지적하고 그 문제점의 해결 방안을 제시하였으며, 한국어의 발음 교육의 내용과 한국어의 연습 유형을 살펴보았다. 셋째 장인 언어 교육과 시험에서는 발화력 숙달 시험의 언어 양상을 논의하고 외국어로서의 한국어의 시험과 평가 방법을 제시하였다. 넷째 장인 언어 교육과 문화에서는 한국인의 비언어적 의사 표현 행위의 분류와 그 표현 행위의 의미를 밝혔고, 한국인의 사고 유형과 한국어의 구조의 상호 관계를 논의하였다. 다섯째 장인 언어 교육과 사회에서는 한국어의 세계적 위상을 밝히고, 한국어 순화의 실천 방안을 제시하였으며, 남한과 북한의 언어적 차이를 살펴보았다. 이러한 내용들은 현재 외국어로서의 한국어 교육을 전공하고 있는 학생들이나 외국어로서의 한국어 교육 현장에서 외국인에게 한국어를 교육시키고 있는 언어 교육자들에게 적으나마 도움이 될 수 있을 것이다.

이 책이 출판되기까지 나는 여러 분들에게 많은 신세를 졌다. 먼저, 요즘 여러 가지로 출판 사정이 어려운데도 불구하고 기꺼이 이 책의 출판을 허락해 주신 푸른 사상의 한 봉숙 사장님께 감사의 말씀을 전한다. 그리고 꾸준한 인내심을 가지고 이 글의 원고를 정리해 주고 교정을 보아 준 연세대학교 대학원 박사 과정의 강 정훈 군과 아울러 푸른 사상 편집부 직원 여러 분들에게도 고마운 마음을 전한다. 끝으로, 이 책은 이천 삼년도 연세 대학교 학술 연구비의 지원으로 이루어 졌음을 밝혀 둔다. 저자는 연세 대학교 당국에도 깊은 감사의 뜻을 표시하지 않을 수가 없다.

2007년 10월 9일

성사서소 (星史書巢)에서

노 대규 적음

Ⅲ. 언어 교육과 시험

Ⅳ. 언어 교육과 문화

V. 언어 교육과 사회

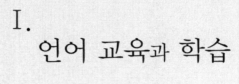

I.
언어 교육과 학습

1. 언어 교육과 언어 학습의 단계

1. 언어 교육의 목표

일반적으로 언어 교육은 언어 교육자의 입장에서 볼 때에 자기 나라의 말을 교육의 대상으로 삼는 자국어 교육과 다른 나라의 말을 교육의 대상으로 하는 외국어 교육으로 구분된다. 그리고 자국어 교육은 언어 학습의 대상에 따라서 자기 나라 사람에 대한 자국어 교육과 다른 나라 사람에 대한 자국어 교육으로 구별되며, 외국어 교육은 자기 나라 사람에 대한 외국어 교육을 의미한다.

자기 나라 사람에 대한 자국어 교육이라고 하는 것은 이른바 '모국어 교육'으로서, 예컨대, 한국인의 한국인에 대한 한국어 교육이나, 일본인의 일본인에 대한 일본어 교육이나, 중국인의 중국인에 대한 중국어 교육이나, 또는 영국인의 영국인에 대한 영어 교육, 등을 가리키는 것이다. 그리고 다른 나라 사람에 대한 자국어 교육이라고 하는 것은 곧, '외국어로서의 자국어 교육'으로서, 이를테면, 외국어로서의 한국어 교육이나, 외국어로서의 일본어 교육이나, 외국어로서의 중국어 교육이나, 또는 외국어로서의 영어 교육, 등을 지칭한다. 그리고 자기 나라 사람에 대한 외국어 교육은 이른바 제1 외국어니 제2 외국어니 하는 영어 교육이나, 일본어 교육이나, 중국어 교육이나, 또는 프랑스어 교육, 등을 일컫는 것이다.

언어 교육에 있어서는 언어를 다루는 입장이 자국인에 대한 자국어 교육인가, 외국어로서의 자국어 교육인가, 또는 자국인에 대한 외국어 교육인가에 따라서, 교육 정책의 수립, 교육의 목적과 목표 설정, 교육 내용의 결정, 그리고 교육 방법과 교육 기술의 선정, 등에 다소 차이가 있을 수 있다. 그러나 언어 학습에 있어서는 근본적으로 그 단계상 차이가 있을 수 없다.[1]

일반적으로 한국어 교육의 궁극적인 목적은 교육적인 한국어 생활을 통한 바람직한 인간의 형성이나, 올바른 가치관의 확립이나, 또는 이상적인 국민상 (國民像)의 정립 등과 같은 말로 표현될 수도 있고,[2]

---

1) 학계에서는 언어 학습과 언어 습득을 구별하여 사용하는 경우가 있다. '학습 (learning)'이란 말은 인간이 언어를 후천적, 경험적, 인위적, 의식적, 능동적으로 공부하거나 배운다고 하는 특성을 지니고 있다고 여겨질 때에 사용되는 용어인 데에 반하여, '습득 (acquisition)'이란 말은 사람이 말을 선천적, 선험적, 자연적, 무의식적, 피동적으로 배운다고 하는 특징을 지니고 있다고 믿어질 때에 쓰이는 용어이다. 따라서 일반적으로 우리가 모국어를 배우는 경우에는 습득이라는 용어가 사용되고 외국어를 공부하거나 배우는 경우에는 학습이란 용어가 쓰이는 경향이 있다. 그러나 언어 습득 장치나 단계에 관한 이론이 가설일 뿐 아직 이론으로 정립되지 않은 상태에 있으므로 여기에서 필자는 모국어나 외국어를 배우거나 공부하는 과정을 포괄적으로 언어 학습이라는 용어로 통일하여 사용하고자 한다.
2) 국어과 교육 과정 (1997: 2)에서는 "우리 나라의 교육은 홍익인간의 이념 아래 모든 국민으로 하여금 인격을 도야하고, 자주적 생활 능력과 민주 시민으로서의 필요한 자질을 갖추게 하여 인간다운 삶을 영위하게 하고, 민주 국가의 발전과 인류 공영의 이상을 실현하는 데 이바지하게 함을 목적으로 하고 있다."고 기술되어 있다. 그리고 이러한 교육 이념을 바탕으로, 이 교육 과정이 추구하는 인간상으로서 (1) 전인적 성장의 기반 위에 개성을 추구하는 사람, (2) 기초 능력을

성숙한 자아 의식, 자율적 의사 결정 능력, 기본적 학습 능력, 합리적 문제 해결 능력, 독창적 표현 능력, 풍부한 정서 등을 갖춘 인간을 기르는 데에 있다고도 할 수 있다. 그리고 한국어 교육의 목표는 초등 학교, 중학교 및 고등 학교의 한국어과 교육 과정에 의하면, (1) 한국어 교육의 포괄적인 목표로서 언어 생활을 통한 인간 형성, (2) 한국어 생활 영역의 확대와 문제 해결 능력의 배양, (3) 언어 기능의 향상, 그리고 (4) 언어의 순화 등과 같이 크게 네 가지로 분류될 수 있다.3) 또한 우리는 이상적인 국민상이라고 할 수 있는 (1) 지식과 지혜, 덕

토대로 창의적인 능력을 발휘하는 사람, (3) 폭넓은 교양을 바탕으로 진로를 개척하는 사람, (4) 우리 문화에 대한 이해의 토대 위에 새로운 가치를 추구하는 사람, (5) 민주 시민 의식을 기초로 공동체의 발전에 공헌하는 사람 등을 제시하고 있다.

3) 국어과 교육 과정 (1997: 3-4)의 학교 급별 교육 목표에서는 초등 학교의 교육 목표로서 학생의 학습과 일상 생활에 필요한 기초 능력 배양과 기본 생활 습관을 형성하는 데에 중점을 두고, (1) 몸과 마음이 균형 있게 자랄 수 있는 다양한 경험, (2) 일상 생활의 문제를 인식하고 해결하는 기초 능력을 기르고 자신의 생각과 느낌을 다양하게 표현하는 경험, (3) 다양한 일의 세계를 이해할 수 있는 폭넓은 학습 경험, (4) 우리의 전통과 문화를 이해하고 애호하는 태도, (5) 일상 생활에 필요한 기본 생활 습관을 기르고 이웃과 나라를 사랑하는 마음씨 등을 가지는 것을 제시하고 있다. 중학교 교육 목표로는 초등 학교 교육의 성과를 바탕으로, 학생의 학습과 일상 생활에 필요한 기본 능력과 민주 시민으로서의 자질을 함양하는 데에 중점을 두고, (1) 심신의 조화로운 발달을 추구하고 자기 발견의 기회, (2) 학습과 생활에 필요한 기본 능력과 문제 해결력을 기르고 자신의 생각과 느낌을 창의적으로 표현하는 경험, (3) 다양한 분야의 지식과 기능을 익혀 적극적으로 진로를 탐색하는 경험, (4) 우리의 전통과 문화에 대한 자긍심을 지니고, 이를 발전시키려는 태도, (5) 자유 민주주의의 기본적 가치와 원리를 이해하고 민주적인 생활 방식 등을 가지는 것이라고 기술하고 있다. 고등 학교의 교육 목표로는 중학교 교육의 성과를 바탕으로 학생의 소질과 적성에 맞는 진로 개척 능력과 세계 시민으로서의 자질을 함양하는 데에 중점을 두고, (1) 심신이 건강한 조화로운 인격을 형성하고 성숙한 자아 의식, (2) 학문과 생활에 필요한 논리적, 비판적, 창의적 사고력과 태도, (3) 다양한 분야의 지식과 기능을 익혀 적성과 소질에 맞게 진로를 개척하는 능력, (4) 우리의 전통과 문화를 세계 속에서 발전시키려는 태도, (5) 국가 공동체의 형성과 발전을 위해 노력하며 세계 시민으로서의 의식과 태도 등을 기르는 것이라고 기술되어 있다.

망, 그리고 정신적 육체적 건강을 겸비한 인격자로서의 국민, (2) 창조적인 개척 정신을 가진 국민, (3) 협동 정신과 애국심이 있는 국민, (4) 민주 사회의 시민으로서의 책임과 의무를 다하는 국민, (5) 앞날에 대하여 신념과 긍지를 가진 근면한 국민 등의 다섯 가지를 언어를 통하여 기르는 것을 국민 교육의 목표로 삼을 수도 있다.[4] 그러나 외국어로서의 한국어 교육이나 자국인에 대한 외국어 교육에 있어서 그 궁극적 목표는 언어 교육자가 언어 학습자에게 목표 언어 (target language)의 구조를 정확하게 유창하게, 그리고 자의적으로 사용할 수 있도록 하게 하는 능력을 학습시키는 데에 있다. 그리고 그것의 궁극적인 목적은 목표 언어의 학습을 통하여 그 나라 사람의 생활, 제도, 풍속, 문화 및 사고 방식 등을 이해시키고, 국제간의 상호 교류를 통하여 친선을 도모하며 세계적인 평화를 유지시키려고 하는 데에 있다고 할 수 있다. 다시 말하면, 언어 교육의 목표에 있어서 한국어 교육이 수단적 가치로서의 지식 교육이기 이전에 이해와 표현의 지도를 통한 인간 교육임에 반하여, 외국어로서의 한국어 교육이나 외국어 교육은 주로 발음, 문법 구조, 어휘, 그리고 문자, 등 언어 그 자체의 교육인 것이다.

언어 교육과 언어 학습의 문제는 교육에 있어서 가장 핵심적인

---

4) 한국어과 교육 과정 (1997: 29)에서는 한국어 교육의 목표로서 한국어 교육에서는 "언어 활동과 언어와 문학의 본질을 총체적으로 이해하고, 언어 활동의 맥락과 목적과 대상과 내용을 종합적으로 고려하면서 한국어를 정확하고 효과적으로 사용하며, 한국어 문화를 바르게 이해하고, 한국어의 발전과 민족의 언어 문화 창달에 이바지할 수 있는 능력과 태도를 기른다."고 하고, (1) 언어 활동과 언어와 문학에 대한 기본적인 지식을 익혀 이를 다양한 한국어 사용 상황에서 활용하는 능력, (2) 정확하고 효과적인 한국어 사용의 원리와 작용 향상을 익혀 다양한 유형의 한국어 자료를 바탕으로 이해라고 사상과 정서를 창의적으로 표현하는 능력, (3) 한국어 세계에 흥미를 가지고 언어 현상을 계속적으로 탐구하여 한국어의 발전과 한국어 문화 창조에 이바지하려는 태도 등을 기르는 것이라고 기술하고 있다.

중요한 문제이다. 왜냐하면 언어 교육에 있어서 언어 학습자에게 언어를 정확하고 풍부하게 잘 가르치는 것이, 바로 그의 삶의 세계를 알차고 보람되게 하는 것이기 때문이다. 언어 교육과 언어 학습의 문제는 단순한 지식의 전달 도구의 획득이나 정확한 문법 학습의 문제가 아니라, 보다 근본적인 인간 형성의 문제인 것이다. 따라서 우리는 언어 교육을 능률적으로 수행할 수 있게 하는 언어 학습의 단계를 모색해야 하는 것이다.

2. 언어 능력과 언어 학습

인간의 언어 학습의 단계는 언어 학습의 과정의 관찰을 통하여 설정될 수 있다. 언어 학습의 과정은 인간의 의식 생활의 첫 순간에서부터 시작된다고 할 수 있다. 어린아이가 부모나 그 밖의 다른 사람들의 말에 대하여 어떤 행동적 반응을 보이기 시작할 때부터 언어 학습의 과정은 시작된다고 할 수 있는 것이다. 어린아이가 부모나 다른 사람들의 말에 대하여 어떤 행동적 반응을 보인다고 하는 것은 언어 학습의 첫째 단계가 듣기의 단계이며 이해의 단계라는 것을 말해 준다. 이 듣기의 단계는 사물의 존재나 현상을 식별하는 인식의 단계라고 할 수 있다. 듣기와 이해를 통한 어린아이의 행동적 반응은 그의 부모나 주위 사람들의 음성 언어에 대한 모방과 반복을 거쳐서 음성적 반응으로 발전한다. 이와 같이 어린아이가 부모나 다른 사람들의 음성 언어에 대하여 언어적 반응을 보인다고 하는 것은 언어 학습의 둘째 단계가 말하기의 단계이며 표현의 단계라는 것을 가리킨다. 그리고 어린아이가 일반적으로 다섯 살이나 여섯 살이 되면 먼저 글자 읽기를 배우고 이어서 글 읽기를 배우게 된다. 어린아이가 글자 읽기와 글 읽기를 배운다고 하는 것은 곧, 그가 글자와 글의 형태와 체계와 구조를 이해한다는 것을 뜻한다. 그러므로 언어 학습의 셋째 단계는 읽기의 단계이며 이해의 단계라고 할 수 있다. 그리고 어린아이가 글자와 글을 읽을 줄 알게 되면, 그 다음으로 그는 글자 쓰기와 글쓰기의 방법을 배우게 된다. 어린아이가 글자 쓰기와 글쓰기를 배운다고 하는 것은 즉, 자기의 생각을 글자와 글로 표현하는 것을 배운다는 것을 의미한다. 따라서 언어 학습의 넷째 단계는 쓰기의 단계이며 표현의 단계라고 할 수 있다. 따라서 인간의 자연적인 언어 학습의 단계는 듣기에서 말하기로, 말하기에서 읽기로, 그리고 읽기에서 쓰기로 이행된다고 할 수 있는 것이다. 다시 말하면 인간의 언어 학습의 단계는 음성에서 문자로 그리고 이해에서 표현으로 발전하는 것이다. 그런데 언어 학습에 있어서 이러한 듣기에서 말하기로, 그리고 읽기에서 쓰기로의 변화 과정은 이미 존재하는 역사적이고 사회적인 문화재로서의 언어를 받아들이고 이해하는 것이 표현하는 것보다 앞선다는 것을 의미한다. 결국 언어 학습의 과정은 음성에서 문자로, 그리고 이해에서 표현으로 진행한다. 이를 바꾸어 말하면, 언어 학습의 과정의 자연적인 발전 단계는 듣기 → 말하기 → 읽기 → 쓰기인 것이다. 이러한 언어 능력의 학습 단계는 언어 학습에 있어서의 하나의 원리라고 할 수 있다.

그런데 일반적으로 언어 능력의 배양은 언어 학습을 통하여 이루어질 수 있다. 여기에서 언어 학습이라고 하는 것은 언어 교육자가 언어 학습자에게 언어의 기능적인 요소인 듣기, 말하기, 읽기, 그리고 쓰기의 능력을 학습시키는 것이다. 그런데 사실상 언어 학습에 있어서 가장 중요한 것은 '생각하기'이다. 그 이유는 듣기, 말하기, 읽기, 그리고 쓰기의 모두가 생각하기를 공유하고 있고 생각하기와 함께 작용하고 있기 때문이다. 가령, 우리의 어떤 생각이 말이나 글을 통하여 밖으로 표현되지 않았다고 치더라도, 그것이 내적인 대화로서 내적 표현을 계속해 나간다면, 우리의 생각은 바로 언어의 제약을 받고 있는 셈이다. 그러므로 생각하기는 언어의 모체이며 생각하기 그 자체가 이미 말이라고 할 수 있는 것이다.

생각하기를 전제 조건으로 하는 듣기, 말하기, 읽기, 그리고 쓰기는 서로 유기적 관계를 가지고 있다. 다시 말하면, 그것들은 상호 기계적인 윤회 관계에 있다. 생각하기는 말하기와 쓰기를 통하여 표현되고 그 표현은 듣기와 읽기의 이해 과정을 거쳐 다시 생각하기로 환원되는 과정이 물리적으로 되풀이되는 것이다. 언어 기능 사이의 이러한 기계적인 윤회 관계를 그림으로 보이면, 그것은 다음의 그림 1과 같다.

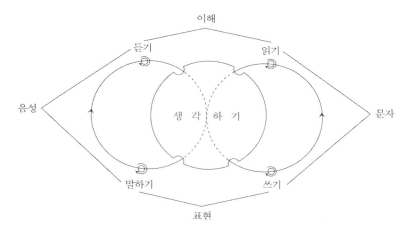

〔그림 1〕

언어 교육에 있어서 언어의 기능별 학습 목표의 설정은 가능하다. 그러나 언어의 기능별 학습 지도는 실제적으로 효과적인 방법이라고 보기 어렵다. 언어의 각 기능은 독립적인 것이 아니고 서로 유기적인 상호 관계에 있기 때문이다. 따라서 앞으로의 언어 교육에 있어서는 '듣고 말하기,' '읽고 말하기,' '쓰고 말하기,' '듣고 쓰기,' '읽고 쓰기,' … 등과 같이 복합적인 언어 기능의 향상을 위한 구체적인 교육의 목표와 방안이 논의되어야 한다.

3. 언어 학습의 단계

일반적으로 언어 교육의 목표는 언어 교육의 현장에서 언어 학습의 단계, 언어 교육의 방법, 그리고 언어 교육의 기술이 효과적으로 이루어지고 활용됨으로써 보다 바람직하게 달성될 수 있다. 언어 학습의 단계는 언어를 효과적으로 학습시키는 데에 필요한 전제 조건이며 언어 교육의 방법과 기술 또한 언어 학습의 효율을 극대화시킬 수 있는 필요 충분 조건이다. 일반적으로 언어 학습은 다음과 같은 네 단계에 의하여 바람직하게 이루어질 수 있다.5)

---

5) Patricia O'conner & W. F. Twadell (1960)에서는 언어 학습의 단계를 (1) 인식의 단계 (Recognition), (2) 모방의 단계 (Imitation), (3) 반복의 단계 (Repetition), (4) 변형의 단계 (Variation), 그리고 (5) 선정의 단계 (Selection) 등의 다섯 단계로 구분하였다. 그런데 학습 절차상 인식의 단계는 제시의 단계와 설명의 단계로 재구분하는 것이 더 바람직하다. 그리고 모방의 단계와 반복의 단계는 그 성질상 같으므로, 하나로 통합하여 그냥 반복의 단계라고 하는 것이 좋고, 변형의 단계와 선정의 단계도 결국은 응용 능력의 학습 단계이므로 하나로 통합시키는 것이 합리적이다. 또한 언어 학습의 단계는 고정적인 것이 아니다. 따라서 언어

(1) 제시의 단계 (Presentation)

(2) 설명의 단계 (Explanation)

(3) 반복의 단계 (Repetition)

(4) 응용의 단계 (Transfer of Transposition)

이들 언어 학습의 각 단계는 강조나 효과 기대의 필요성에 따라서 그 순서를 달리할 수도 있다. 곧, 다음의 그림 2와 같은 세 가지의 순서가 모두 가능하다.6) 그러나 언어 학습에 있어서 가장 효과적인 일반적 단계는 제시 단계 → 설명 단계 → 반복 단계 → 응용 단계이다.

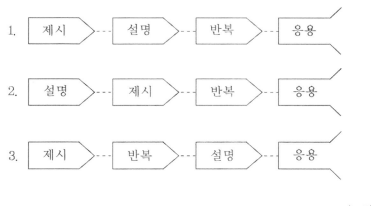

〔그림 2〕

학습의 단계는 필요에 따라서 그 순서를 적당히 바꿀 수도 있는 것이다.

6) 언어 학습의 단계의 순서를 도식화한 것 가운데 '제시,' '설명,' 그리고 '반복'에 있어서 각 단계를 뾰족하게 연결시켜 놓은 것은, 언어 학습의 단계의 진행에 있어서 각 단계 사이의 제한성, 명확성, 그리고 분절성을 나타내기 위한 것이다. 그리고 '응용'에 있어서 그 꼴을 밖으로 벌려 놓은 까닭은 응용 단계의 무한성과 다양성을 표시하기 위해서이다.

언어 학습의 단계 중에서 첫째로, 제시의 단계는 언어 교육자가 언어 학습자에게 학습 목표를 명확하게 인식시키는 단계이며 학습 내용을 정확하게 소개하는 단계이다. 그런데 이 제시의 단계에서 언어 교육자가 특별히 유념해야 할 일은, 그가 언어 학습자에게 학습 내용을 제시하는 데에 있어서 표준적이고 모범적인 것을 명시적으로 제시해야 한다는 것이다. 만일 언어 교육자가 언어 학습자에게 비표준적이거나 비모범적인 교육 내용을 제시하면, 학습의 방향이 오도될 뿐만 아니라 학습의 효과도 기대할 수가 없게 되기 때문이다.

둘째로, 설명의 단계는 언어 교육자가 앞의 제시 단계에서 제시한 학습 내용을 언어 학습자에게 구체적으로 정확하게 이해시키는 단계이다. 그런데 이 설명 단계에서 중요한 것은 언어 교육자가 언어 학습자에게 학습 내용을 정확하게 이해시키기 위해서는 학습 내용과 관련된 어떤 원리에 대하여 그 이유를 대어 주어야 한다는 것이다. 그리고 설명 단계에서는 학습 내용에 따라서 그에 관한 설명 방법으로서 귀납적 방법이나 연역적 방법이나 유추적 방법이나 또는 비유적 방법 등이 이용되는 것이 바람직하다.

셋째로, 반복의 단계는 언어 교육자가 언어 학습자에게 제시하고 설명한 학습 내용을 언어 학습자가 자기의 것으로 소화시키기 위한 모방과 반복의 단계이고, 습관 형성의 단계이며, 암기의 단계이다. 일반적으로 언어 습관은 계속적인 모방과 반복의 연습을 통해서 형성된다. 따라서 언어 학습에 있어서 모방과 반복의 양은 많으면 많을수록 언어의 습관 형성은 촉진된다. 그리고 언어의 습관 형성이라고 하는 것은 바로 표현 능력의 학습을 의미하므로, 반복의 단계는 곧, 내적인 표현 단계인 동시에 외적인 표현 단계라고 할 수 있다.

넷째로, 응용의 단계는 언어 교육자가 언어 학습자로 하여금 앞의 단계에서 학습한 내용을 다양한 상황에 적용시켜 보게 함으로써 학습 내용을 완전히 언어 학습자의 소유로 만들어 자유롭게 활용할 수 있게 하는 전이의 단계이며 전환의 단계이다. 이 단계에서는 언어 교육자가 언어 학습자에게 그가 이전에 학습한 여러 가지 교육 내용들을 알맞게 통합시키고 변형시키게 함으로써 보다 바람직한 교육 효과를 낼 수 있도록 해야 한다. 학습 내용의 적절한 통합과 변형은 언어 학습자에게 그가 이미 학습한 교육 내용을 자의적으로 그리고 창조적으로 응용할 수 있는 능력을 향상시킬 수 있기 때문이다. 그러므로 응용의 단계는 학습 내용의 자의적인 표현의 단계인 동시에 학습 내용의 창조적 단계라고 할 수 있다.

언어 학습이 효과적으로 이루어지려면 언어 교육의 현장에서의 교육 내용이 위에서 제시한 언어 학습의 네 단계에 따라서 충실히 실행되어야 한다. 그리고 언어 학습의 단계도 제시 단계에서 설명 단계로, 설명 단계에서 반복 단계로, 그리고 반복 단계에서 응용 단계로 각각 그 진행이 명확하게 이루어져야 한다. 그뿐만이 아니라 언어 학습 냉용의 각 단계별 분할 비율에 있어서도 제시 단계의 비율이 설명 단계의 비율보다 커서는 안 되고 설명 단계의 비율이 반복 단계의 비율보다 많아도 안 되며 반복 단계의 비율이 응용 단계의 비율보다 커서도 안 된다. 물론 경우에 따라서는 언어 학습자의 이해와 표현의 정확성을 기하기 위하여 어느 한 학습 단계를 적당히 되풀이하여야 할 필요가 있을 때도 있다. 그러나 위에서 언급한 바와 같이 일정한 단위 시간 내의 연습량에 있어서 제시의 단계가 설명의 단계보다 그 비중이 크지 않도록 해야 하며, 또한 설명의 시간이 반복의 시간보다 더 길지 않도록 해야 된다. 설명의 단계는 이해의 단계이고 반복의 단계는 표현의 단계이므로, 설명의 시간이 길다고 하는 것은 결국 반복의 시간이 부족하다고 하는 것을 의미하고, 반복의 양이 부족하다고 하는 것은 언어 습관을 형성시킬 수 있는 가능성이 적다는 것을 뜻하기 때문이다. 언어 학습의 단계에 있어서 가장 많은 연습의 비율을 차지해야할 것은 응용의 단계이다. 이 단계에서 비로소 앞 단계에서 이해하고어느 정도 습관이 형성된 언어 항목들이 살아 있는 실용적인 지식으로승화될 수 있기 때문이다. 언어 학습의 단계와 각 단계 사이의 연습비율을 그림으로 보이면 그것은 다음의 그림 3과 같다.

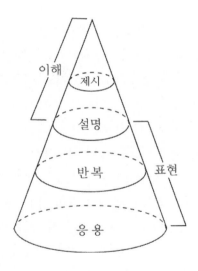

이해

제시

설명

반복

표현

응 용

〔그림 3〕

3. 마무리

지금까지 우리가 위에서 살펴본 언어 학습의 단계는 한국어 교육, 외국어로서의 한국어 교육, 그리고 외국어 교육에 모두 적용될 수 있다. 그리고 언어 학습의 단계는 우리의 삶과 역사를 위하여 큰 의의를 가진 언어 소유를 돕는 결정적인 구실을 통하여 언어 교육의 목표를 달성하게 할 수 있다. 그 언어 소유의 형식이 객관적 언어 구조를 그대로 받아들이기만 하는 형식이든지, 개인이 자율적으로 언어를 비판하여 그것을 자기의 소유로 만드는 언어 소유의 형식이든지, 또는 인간이 언어를 창조적으로 발전시키는 언어 소유의 형식이든지를 막론하고, 언어 학습의 단계는 언어 소유의 길을 빠르고 쉽게 하는 방법이며 순서인 것이다. 언어 교육은 알찬 교과 내용, 명확한 학습 단계, 그리고 합리적인 교육 방법이 삼위일체가 될 때에 마침내 바람직하게 이루어질 수 있을 것이다.

2. 어린이의 언어 교육과 언어 학습

1. 언어 교육의 목적

　언어는 인간의 사상과 감정을 표현하고 전달하는 수단이며 도구인 동시에 사회적이고 관습적인 행동이다. 그런데 사람들은 자기의 생각과 느낌을 남에게 표현하고 전달하기 위하여 주로 음성과 문자를 이용한다. 따라서 일반적으로 언어는 음성 언어와 문자 언어로 구분된다. 음성 언어라고 하는 것은 음성적 기호를 통하여 우리의 사고 내용과 정서를 표현하고 전달하는 데에 사용되는 언어를 가리킨다. 다시 말해서 음성 언어는 화자가 입으로 말한 내용을 청자가 귀로 들어서 이해하는 데에 이용되는 언어를 뜻한다. 그리고 문자 언어라고 하는 것은 시각적 기호인 문자를 이용하여 우리의 사상과 감정을 나타내고 전달하는 데에 사용되는 언어를 지칭한다. 곧, 문자 언어는 화자가 손으로 쓴 글을 청자가 눈으로 읽어서 이해하는 데에 씌어지는 언어를 가리킨다. 그러므로 음성 언어는 '말하기'와 '듣기'를 내포하고 문자 언어는 '쓰기'와 '읽기'를 포함한다.

언어 교육의 목적은 그것이 한국어 교육이든지, 외국어로서의 한국어 교육이든지, 또는 외국어 교육이든지 간에, 한마디로 음성 언어의 능력과 문자 언어의 능력을 기르는 데에 있다고 할 수 있다. 즉, 언어 교육의 목적은 언어 교육자가 언어 학습자로 하여금 말하기 능력, 듣기 능력, 쓰기 능력, 그리고 읽기 능력을 각각 학습시키고 향상시키도록 하는 데에 있는 것이다. 이를 좀더 구체적으로 말하면, 언어 교육자는 언어 학습자로 하여금 첫째로, 시간과 장소와 대상의 제약을 받지 않고 자기가 표현하고 싶은 것을 정확하고 자연스럽고 유창하게 말할 수 있게 하고, 둘째로, 다른 사람의 말을 정확하게 듣고 이해할 수 있게 하며, 셋째로, 자기가 쓰고 싶은 글이나 써야 할 글을 무엇이든지 어려움 없이 명확하고 다양하게 쓸 수 있게 하고, 넷째로, 어떤 종류의 글이든지 빨리 정확하게 읽고 이해할 수 있게 하는 언어 능력을 길러 주는 데에 언어 교육의 목적이 있는 것이다. 그런데 위에서 말한 말하기 능력과 쓰기 능력은 표현 능력에 내포되고, 듣기 능력과 읽기 능력은 이해 능력에 포함된다. 따라서 언어 교육의 목적은, 한마디로 언어에 대한 언어 학습자의 표현 능력과 이해 능력을 학습시키고 함양시키는 데에 있다고 할 수 있는 것이다.

언어 교육의 목적은 일차적으로는 위에서 언급한 바와 같이 언어 학습자에게 언어 능력, 곧, 표현 능력과 이해 능력을 학습시켜 주고 향상시켜 주는 데에 있으나, 이차적으로는 언어 학습자에게 첫째로, 언어 생활을 통하여 인격을 함양시켜 주고, 둘째로, 언어 생활의 영역을 확대시켜서 문제 해결의 능력을 배양시켜 주며, 셋째로, 언어를 순화시켜 주는 데에 그 궁극적 목적이 있다고 할 수 있다.

2. 언어 능력의 학습 과정

언어 교육은 언어 학습의 과정이나 단계와 밀접한 관계가 있다. 언어 교육의 방법과 기술은 언어 학습의 과정이나 단계에 따라서 달리 적용되어야 교육적 효과가 커지기 때문이다. 따라서 언어 교육자는 언어 학습의 과정이나 단계에 따른 다양한 언어 교육의 방법과 기술을 연구하고, 보다 효율적인 언어 교육의 방법과 기술을 개발할 필요가 있다.

언어 교육과 언어 학습의 문제는 사실상 인간의 모든 교육에 있어서 가장 중요한 문제이다. 왜냐하면 우리의 모든 분야에 있어서 교육과 학습은 언어를 매개체로 하여 이루어지기 때문이다. 다시 말해서 언어를 매개체로 하지 않는 교육과 학습은 그것이 가정에서이든지 학교에서이든지 거의 불가능하기 때문이다. 그러므로 우리가 언어 학습자에게 효과적인 언어 교육을 통하여 고도의 언어 능력을 학습시켜 준다고 하는 것은, 모든 교육 분야의 기본 능력을 학습시켜 주는 것이라고 말할 수도 있는 것이다. 바로 여기에 언어 교육과 언어 학습의 중요성과 필요성이 있다고 할 수 있다. 그런데 언어 교육자가 언어 학습자에게 언어의 표현 능력과 이해 능력을 충분히 갖출 수 있도록 교육하는 것은, 바로 언어 학습자의 인생과 생활을 알차고 보람이 있게 만들어 주는 것이라고 해도 지나친 말이 아니다. 따라서 언어 교육과 언어 학습의 궁극적 목적은, 단순한 지식의 전달이나 학습을 위한 수단으로서의 언어 학습자의 표현 능력과 이해 능력을 향상시켜 주는 데에서 한 걸음 더 나아가, 보다 근본적인 문제라고 할 수 있는 인격을 형성시켜 주는 데에 두어야 한다. 그리고 언어 교육자가 언어 교육과 언어 학습의 궁극적 목적을 충족시키기 위해서는, 언어 교육과 언어 학습의 효율적인 방법, 교육 기술 및 교육 내용의 창안과 선정에 끊임없는 관심과 노력을 경주해야 한다.

언어 교육의 방법은 언어 학습의 과정이나 단계를 기초로 하여 세워 질 수 있다. 언어 학습의 과정은 사실상 우리가 이 세상에 태어나는 순간, 곧, 인간으로서의 외계에 대한 의식 생활의 첫 순간에서부터 시작된다고 볼 수 있다. 이를 좀더 엄밀히 말하면, 어린이가 부모나 그 밖의 주위에 있는 다른 사람들의 말소리에 대하여 어떤 태도적 반응을 보이기 시작할 때부터 언어 학습의 과정은 시작되는 것이라고 할 수 있는 것이다. 이는 언어 학습에 있어서 첫째 단계가 듣기의 단계이며 동시에 이해의 단계라는 것을 뜻한다. 이 듣기의 단계, 곧, 이해의 단계는 달리 말하면 어린이가 사물의 존재와 현상을 식별할 줄 알게 되는 인식의 단계라고 할 수 있다. 그런데 인식의 단계에서 듣기를 통한 어린이의 태도적 반응은, 주위 사람들의 음성 언어에 대한 어느 정도의 모방과 반복을 거쳐서 점차 음성적 반응으로 발전하게 된다. 어린이가 음성적 반응을 보이기 시작하는 단계가 바로 언어 학습의 둘째 단계인 말하기 단계이며 표현의 단계이다. 이러한 언어 학습에 있어서 듣기 단계로부터 말하기 단계로의 발달 과정은, 이미 존재하는 역사적이고도 사회적인 문화재로서의 언어를 듣고 이해하는 것이 말하고 표현하는 것보다 선행한다는 것을 의미한다. 따라서 인간의 언어 학습의 과정은 음성적 측면에서 볼 때에 듣기에서 말하기로, 곧, 인식에서 모방 반복으로, 또는 이해에서 표현으로 발전한다고 할 수 있는 것이다. 또한 문자적 측면에서 보면, 이미 앞에서 언급한 바와 같이, 읽기 능력은 이해 능력에 속하고 쓰기 능력은 표현 능력에 속할 뿐만 아니라, 음성 언어의 학습 과정이 듣기에서 말하기로, 즉, 이해에서 표현으로 발전하므로 읽기 능력은 쓰기 능력에 선행한다고 볼 수 있다. 그러므로 인간의 언어 능력 학습의 자연적인 발전 과정은 듣기 → 말하기 → 읽기 → 쓰기인 것이다. 다시 말하면 언어 능력의 자연적인 학습 과정은 음성에서 문자로, 그리고 이해에서 표현으로 진행되는 것이다. 이러한 언어 능력의 자연적인 학습 과정은 언어 교육에 있어서 언어 능력 학습의 인위적인 단계, 언어 교육의 방법, 그리고 언어 교육의 기술과 밀접한 연관이 있다.

3. 언어 능력의 학습 단계

언어 학습의 단계는 언어 교육자가 언어 학습자에게 언어 능력을 효과적으로 학습시킬 수 있게 하는 전제 조건이 되는 동시에, 언어 교육자로 하여금 바람직한 교육 방법과 교육 기술을 창출해 낼 수 있게 하는 기초가 된다. 언어 능력의 학습은 앞장에서도 언급한 바와 같이 (1) 제시 단계, (2) 설명 단계, (3) 반복 단계, 그리고 (4) 응용 단계에 의하여 효율적으로 성취될 수 있다. 제시 단계는 언어 교육자가 언어 학습자에게 학습할 내용을 소개하는 단계이며 학습 목표를 명확히 인식시키는 단계이다. 이 제시 단계에서 특히 언어 교육자가 유념해야 할 것은 학습 내용이나 어떤 상황이나 또는 사실을 제시하는 데에 있어서 표준적이고 모범적인 보기를 명시적으로 제시해야 한다는 것이다. 만일 그렇게 하지 않으면, 교육의 효과가 잘 드러나지 않거나 교육의 방향이 오도될 수 있기 때문이다. 설명 단계는 언어 교육자가 언어 학습자에게 제시한 학습 내용을 구체적으로 이해시키는 단계이며 납득이 갈만한 이유를 대주는 단계이다. 이 설명 단계에서의 설명은 직접적 방법과 간접적 방법, 그리고 귀납적 방법과 연역적 방법, 또는 유추적 방법이나 비유적 방법 등이 활용될 수 있다. 반복 단계는 언어 교육자가 제시하고 설명한 학습 내용을 언어 학습자가 자기의 것으로 소화시키기 위한 모방의 단계이고, 암기의 단계이며 습관 형성의 단계이다. 일반적으로 언어 능력은 어느 정도의 모방 반복 연습을 통하여 학습된다. 따라서 언어 능력의 학습에 있어서는, 모방 반복의 연습량이 많으면 많을수록 언어 능력의 습관 형성은 촉진되는 것이다. 이 반복 단계에서는 언어 교육자가 언어 학습자로 하여금 언어 습관이 형성될 때까지 반복하여 연습하도록 유도할 필요가 있다. 그리고 응용 단계는 언어 교육자가 언어 학습자에게 반복 단계를 통하여 학습한 학습 내용을 다양한 상황에 적용시켜 보게 함으로써, 그것을 완전히 언어 학습자의 소유로 만들어 활용할 수 있게 하는 전이의 단계이며 활용의 단계이다. 이 응용 단계에서는 이미 전 단계에서 학습된 학습 내용들의 통합과 변형이 이루어짐으로써 보다 효과적인 교육 결과가 기대될 수 있다. 학습 내용의 통합과 변형은 언어 학습자로 하여금 학습 내용을 자의적으로 그리고 창조적으로 사용할 수 있게 하는 것이기 때문이다. 따라서 응용 단계는 학습 내용의 자의적인 표현 단계인 동시에 창조적인 사용 단계라고 할 수 있다.

4. 언어 능력의 교육 방법

언어 능력의 학습에 있어서 어린이는 놀랄만한 능력을 지니고 있다. 모든 어린이는 특별한 경우를 제외하고는 모국어를 완전히 학습할 수 있으며 모국어와 동시에 외국어의 사용 환경에 노출시켜 놓으면 자연스럽게 이중 언어를 구사할 수 있게 된다. 어린이는 특히 외국어를 학습할 때에, 어른만큼 모방과 반복을 하지 않고도 쉽게 숙달될 수가 있다. 우리 어른들은 누구나 외국어의 한 단어의 발음과 의미를 학습하기 위하여, 수십 번씩 모방 반복을 하여도 잘 암기되지 않았던 경험을 가지고 있다. 그러나 어린이들의 경우에는 외국어의 단어뿐만 아니라 복잡한 문법 구조까지 그리 어렵지 않게 학습할 수가 있는 것이다.

어린이가 언어를 빨리 그리고 쉽게 배울 수 있는 까닭은 아직 과학적으로 규명되어 있지는 않다. 그러나 그 이유는 아마도 어린이가 천부적인 잠재적 언어 능력, 모방 능력, 왕성한 기억력, 그리고 사고의 단일성 등을 타고났기 때문일 것으로 추측된다. 사람은 누구든지 어른으로 성장할수록 생활 국면의 다양화, 인식 대상의 확대화, 그리고 사고의 분산화로 말미암아, 어떤 특정한 분야를 제외하고는 기억과 관심의 초점이 흐려지게 된다. 따라서 언어 능력의 학습도 그만큼 약화되는 것이라고 할 수 있다. 반면에 어린이는 어른과는 달리 어느 정도 생활 국면이 한정되어 있고 인식의 대상도 제한되어 있으며 사고도 단일하므로, 자연히 개개의 사물과 상황에 대한 관심과 기억이 강화될 수 있다. 그러므로 언어 능력의 학습 능력도 그만큼 강력하다고 말할 수 있는 것이다. 하여간 어린이는 언어 학습에 있어서는 천부적인 능력을 타고났다고 말할 수 있다. 이는 앞에서도 지적한 바와 같이, 특수한 경우를 제외하고는 모국어를 학습하지 못하는 어린이는 없으며, 외국어의 사용 환경에 어린이를 노출시켜 놓았을 경우에 그 외국어를 배우지 못하는 어린이는 없다는 사실이 그 증거가 된다.

그런데 어린이의 그러한 천부적인 언어 학습의 능력은 어린이 혼자 저절로 계발되는 것이 아니다. 만일 우리가 어떤 어린이를 언어가 없는 상황에 격리시켜 놓는다면, 그 어린이의 천부적인 언어 능력은 전혀 나타날 수가 없는 것이다. 따라서 어린이의 언어 학습 능력은 부모, 형제, 그리고 기타 여러 주위 사람들의 언어에 의하여 계발될 수 있는 것이라고 할 수 있다. 여기에 어린이에 대한 언어 교육에 있어서 인간 언어의 역할, 특히 부모 언어의 역할의 중요성이 있다고 할 수 있는 것이다.

부모는 어린이의 언어 교육을 위하여 우선 자기 자신의 뚜렷한 교육관을 확립해 가지고 있어야 한다. 그뿐만 아니라 부모는 어떤 구체적인 대상이나 추상적인 대상에 대하여서도 바람직한 관점을 정립해 놓고 있어야 한다. 부모가 어떤 교육관을 가지고 있느냐에 따라서, 그리고 부모가 어떤 대상에 대하여 어떤 관점을 가지고 있느냐에 따라서, 어린이의 사고 방식, 행동 양식, 태도, 그리고 문제 해결의 방법 등이 달라질 수 있기 때문이다.

교육 철학적으로 말해서 교육관에는 세 가지가 있다. 첫째는 교육을 '만드는 것'이라고 보는 관점이고, 둘째는 교육을 '기르는 것'이라고 보는 관점이며, 셋째는 교육을 '만나는 것'이라고 보는 관점이다. '교육은 만드는 것이다'라고 하는 교육관을 가진 사람은 교육을 수공업적인 기술로 이해한다. 곧, 그는, 교육자는 피교육자를 자기 마음대로 지배하면서 능동적으로 작용해도 좋은 것으로 믿는다. 그러므로 그러한 교육관을 가진 사람은 피교육자의 능력이나 개성이나 취미나 희망을 무시하기 쉽고, 또한 일정한 목표를 달성하기 위하여 조급하게 서두르기가 쉽다. 가령, 어린이에 대한 언어 교육에 있어서 그러한 교육관을 가진 사람은 어린이의 듣기 능력과 말하기 능력이 아직 부족한 단계에서 읽기 능력이나 쓰기 능력의 학습을 강요함으로써 교육적인 역효과를 초래할 수가 있는 것이다.

'교육은 기르는 것이다'라고 하는 교육관을 가진 사람은 교육을 식물 재배적인 것으로 이해한다. 곧, 그는 교육자는 피교육자가 자라나는 것을 도와주는 역할만 하면 된다고 믿는다. 또한 그러한 교육관을 가진 사람은, 사람이란 정신적으로 육체적으로 성장하기 위하여는 일정한 시간과 단계를 거쳐야 하므로 인내심을 가지고 기다릴 줄 알아야 한다고 주장한다. 따라서 그러한 교육관을 가진 사람은, 예컨대, 어린이에 대한 언어 교육에 있어서 어린이에게 필요한 언어 학습의 도구만 갖추어 주면 저절로 교육이 이루어질 것으로 믿기 쉽다. 그러나 우리가 잘 아는 바와 같이 언어 학습의 도구만으로 언어 교육이 이루어지는 것은 아닌 것이다.

'교육은 만나는 것이다'라고 하는 교육관을 가진 사람은, '나'의 사람됨은 결정적 차원에서는 언제나 인격적인 '너'와의 만남을 통하여 비약적으로 이룩되는 것으로 믿는다. 곧, 그러한 교육관을 가지고 있는 사람은, 교육은 자유를 본질로 하는 열린 꼴로서의 인간을 상대로 하는 것이므로, 만남 그 자체가 숙명적이고 모험적인 성격을 띠고 있기는 하지만 그 만남을 통하여 우리의 삶의 차원이 비약적으로 달라지고 삶의 방향이 달라진다고 믿는 것이다. 여기에서 '나'와 '너'의 만남이라고 하는 것은 살아 있는 인물, 과거의 역사적 인물, 문학 작품 속에 창조된 인물, 예술 작품, 등과의 만남일 수가 있다. 가령, 어린이에 대한 언어 교육에 있어서 이러한 교육관을 가진 부모는 어린이와의 많은 만남을 통하여 어린이의 언어 능력을 향상시킬 수가 있다. 다시 말해서 부모와 어린이 사이에 서로 바람직한 대화가 많은 만남이나 어린이와 다른 사람 사이에 교육적인 대화가 많으면 많을수록 어린이의 언어 능력의 학습을 촉진시킬 수 있는 것이다.

어린이는 부모와의 만남을 통하여, 좀더 구체적으로 말하면, 부모의 언어 능력과의 접촉을 통하여 각 언어 능력을 학습하게 된다. 따라서 어린이에 대한 부모의 교육적 역할은 대단히 중요하다. 앞에서도 지적한 바와 같이, 어린이는 일차적으로 부모와의 언어적 접촉을 통하여 언어 능력을 학습하기 때문에, 부모와 어린이 사이에 대화의 기회와 양이 적으면 적을수록 어린이의 언어 능력은 그만큼 발전하지 않는다. 또한 부모가 부정확하거나 비속한 언어 표현을 사용하면, 어린이는 그를 모방하여 역시 부정확하거나 비속한 언어 표현을 쓰게 된다. 그러므로 부모는 어린이의 올바른 언어 능력을 학습을 위하여 어린이와 바람직한 대화를 많이 나누어야 하며, 정확하고 올바르며 풍부한 언어 표현을 사용하도록 노력해야 한다. 언어는 인간의 정신을 반영하는 것이고 인간의 사고는 언어를 통하여 형성되는 것이다. 따라서 부모가 어린이에게 정확하고 올바르며 풍부하고 다양한 언어 표현을 사용하면, 어린이의 언어 표현과 사고 또한 정확하고 올바르며 깊고 넓게 형성될 수 있는 것이다.

　어린이의 언어 교육에 있어서 가장 중요한 것은 어린이에게 언어적 상황이나 환경을 가능한 한 풍부하게 조성시켜 주어야 한다는 것이다. 언어적 상황이나 환경의 도움이 없이는 어린이가 언어 능력을 학습할 수 없기 때문이다. 언어적 환경은 음성 언어적 환경과 문자 언어적 환경으로 구분된다. 음성 언어적 환경이라고 하는 것은 음성적 언어 표현이 존재하는 상황을 가리킨다. 이를테면, 대화 나누기나 이야기 들려주기, 등과 같은 것이 곧 음성 언어적 환경이다. 그리고 문자 언어적 환경이라고 하는 것은 문자가 적혀 있는 자료가 존재하는 상황을 지칭한다. 예컨대, 책, 잡지, 그리고 신문, 등과 같은 것들이 어린이 주변에 갖추어져 있는 환경이 바로 문자 언어적 환경이다. 이러한 음성 언어적 환경과 문자 언어적 환경은 어린이의 언어 능력의 학습을 자극하고 촉진할 수가 있다. 사실상 풍부한 음성 언어적 환경과 문자 언어적 환경 가운데에서 성장하는 어린이는, 그러한 언어적 환경이 미비된 상황에서 자라나는 어린이에 비하여 언어 능력의 학습이 빠를 뿐 아니라, 그의 언어 능력은 무한히 개발될 수가 있는 것이다. 여기에 어린이에 대한 언어적 환경이나 상황 조성의 중요성과 필요성이 있다.

　어린이들은 새로운 사물이나 사실에 대하여 호기심이 많을뿐더러, 새로운 것을 배우고자 하는 강한 학습 의욕을 가지고 있다. 따라서 어린이들은 부모에게 다음의 (1), (2), 그리고 (3)와 같은 질문을 끊임없이 해오는 경우가 많다.

　(1) ㄱ. 이것이 뭐야?
　　　ㄴ. 그것은 뭐야?
　　　ㄷ. 저것은 뭐야?

(2) ㄱ. 이것이 어떻게 되어 있는 거야?
　　ㄴ. 그것은 어떻게 되어 있는 거야?
　　ㄷ. 저것은 어떻게 되어 있는 거야?

(3) ㄱ. 이것이 왜 그런 거야?
　　ㄴ. 그것은 왜 그런 거야?
　　ㄷ. 저것은 왜 그런 거야?

　어린이들의 위의 (1), (2), 그리고 (3)과 같은 질문에 대한 부모의 친절하고 성실하며 구체적인 대답은, 어떤 사물과 상황에 대한 어린이의 관찰 능력과 사실 판단의 능력, 분석－분류의 능력과 종합 능력, 그리고 가치 판단의 능력과 설명 능력, 등을 길러 줄 수가 있다. 그런데 어떤 부모들은 어린이의 질문에 대하여 처음에는 친절하고 성실하게 그리고 구체적으로 대답해 주다가, 어린이의 계속적인 질문에 귀찮아져서 다음의 (4)와 같은 반응을 보이는 수가 있다.

(4) ㄱ. 귀찮다.
　　ㄴ. 그만 물어 보아라.
　　ㄷ. 시끄럽다.
　　ㄹ. 모르겠다.
　　ㅁ. 나가서 놀아라.
　　⋮

　위의 (4)와 같은 부모의 반응은 어린이의 언어 능력의 학습에 대한 의욕을 꺾을 뿐만 아니라, 과학 정신 또는 학문 정신의 기초가 되는 호기심과 의구심을 말살시킬 수가 있다. 만일 부모가 어린이의 앞의 (1), (2) 및 (3)과 같은 질문에 대하여 자주 또는 계속해서 위의 (4)와 같은 반응을 보인다면, 어린이는 (1), (2), 그리고 (3)과 같은 질문을 하지 않게 될 것이고, 따라서 어린이의 호기심과 의구심은 사라지게 될 것이다. 그렇게 되면 언어 능력을 학습할 수 있는 기회도 그만큼 줄어들게 되는 것이다. 그러므로 부모는 어린이의 계속적인 질문에 대하여 위의 (4)와 같은 반응을 반드시 회피해야 하며, 가능한 한 인내심과 성실성을 가지고 친절하게 그리고 자상하게 응답해 주어야 한다. 그렇게 해야만 어린이의 언어 능력은 향상될 수 있고 호기심과 의구심이 늘 발동하여 과학 정신이나 학문 정신의 기초도 확립될 수 있는 것이다. 그리고 어린이의 언어 학습과 언어 교육적인 측면에서 볼 때에 부모의 역할 가운데 중요한 것은, 부모가 어린이의 질문에 대하여 잘 대답해 주는 것 이외에 이미 대답해 준 것을 어린이가 학습했는지 학습하지 못했는지 여부를 확인하기 위하여 어린이에게 되물어 보는 일을 해야 하는 것이다. 이는 학습의 강화를 위해서도 필요한 일인 것이다.

일반적으로 우리 부모들은 어른들끼리 이야기할 때나 손님과 대화를 나눌 때에 어린이가 그 대화에 참여하려고 하면, 다음의 (5)와 같은 말로 어린이를 언어적 환경에서 제거하려고 하는 경향이 있다.

(5) ㄱ. 나가서 놀아라.
　　ㄴ. 네 방에 들어가 있어라.
　　ㄷ. 조용히 잠자코 있어라.
　　ㄹ. 동생하고 놀아라.
　　⋮

어린이에 대한 부모의 위의 (5)와 같은 말은 결국 부모가 어린이로부터 언어 능력의 학습 기회를 빼앗아 버리는 것이나 다름없다. 어린이가 어른이 아닌 다른 어린이에게서 언어 능력을 전혀 배울 수 없는 것은 아니다. 그러나 어린이의 언어는 문법적 견지에서 볼 때에 아직 완전하지 않은 것이므로, 부모가 어린이를 어린이와만 놀게 하는 것은 언어 교육적인 면에서 그리 바람직스러운 일이 아니다. 어린이가 어린이로부터 배운 말은 문법적으로 부정확한 말일 수 있기 때문이다. 따라서 부모는 성인들 사이의 대화 상황에 될 수 있는 대로 어린이를 적극 참여시켜서, 어린이에게 말을 많이 듣고 말을 많이 할 수 있는 기회를 부여함으로써, 문법적으로 정확하고 적절한 언어 능력을 학습할 수 있게 해 주어야 한다.

언어 학습과 언어 교육적인 면에서 볼 때에, 부모가 어린이에게 여러 대화 상황에 참여하도록 허락하고 또 대화에 참여할 수 있는 기회를 될 수 있는 대로 많이 만들어 주는 것은 대단히 중요하고도 필요한 일이다. 그런데 부모가 어린이에게 어떤 설명을 해 줄 때나 어린이와 대화를 나눌 때에 알아두어야 할 중요한 것 가운데 하나는, 부모가 스스로 어려운 말일 것이라고 판단하여 어린이에게 일부러 쉬운 말만 골라서 말하지 말아야 한다는 것이다. 부모가 어린이에게는 어려운 말일 것이라고 단정하는 것은 부모의 주관적 판단일 뿐, 새로운 말을 배우는 어린이의 입장에서는 이른바 쉽고 어려운 것의 구별이 그리 큰 문제가 되지 않는 것이다. 사실상 어린이는 어른들이 생각하는 말의 쉽고 어려움의 구분에 관계없이 새로운 말을 무조건 배우게 되는 것이다. 어른들이, 어린들은 배우기에 어려울 것이라고 믿는 말을 어린이가 과연 배울 수 있는가 없는가 하는 문제는 오로지 부모의 설명 능력과 교육 방법에 달려 있다. 물론 어린이는 구체적인 개념을 나타내는 말보다는, 추상적인 개념을 나타내는 말을 학습하는 데에 있어서 좀더 시간이 걸릴 수는 있다. 그러나 어린이가 들은 추상적인 의미를 가진 말은 어린이의 심층적인 언어 능력 속에 잠재적인 영상으로 남아 있다가, 반복적 청취와 더불어 일정한 시간이 흐른 후에 다시 재생되어 나타날 수 있는 것이다. 따라서 부모는 어린이의 언어 학습과 언어 교육에 있어서 언어 표현의 난이도를 미리 생각할 필요 없이, 자연스럽게 흘러나오는 말 그대로, 정확하게 말하기만 하면 되는 것이다. 다음으로, 부모가 어린이에게 이야기를 시킬 때에는 '듣고 말하기'와 '보고 말하기' 및 '하고 말하기', 등을 활용하는 것이 좋다. '듣고 말하기'는, 부모가 어린이에게 어떤 이야기를 들려 준 다음에, 그 이야기의 내용에 대하여 여러 가지 질문을 하여 어린이로 하여금 대답을 하게 하거나 들은 이야기를 다시 부모에게 말하게 하는 것을 가리킨다. '보고 말하기'는, 부모가 어린이에게 어떤 그림이나 사진이나 책이나 또는 물건 등을 보여 주고 그 내용에 대하여 질문하여 어린이로 하여금 스스로 설명하도록 하는 것을 뜻한다. 그리고 '하고 말하기'는 부모가 어린이에게 어떤 일을 시킨 다음에, 그 일을 처리한 과정이나 결과를 논리적으로 체계 있게 설명하게 하는 것을 말한다. 이와 같은 방법은 부모가 어린이의 언어 능력을 보다 빠르고 효과적으로 학습시킬 수 있게 할 수 있는 것이다.

5. 마무리

결국, 어린이의 언어 능력의 학습과 발달의 문제는 부모의 교육적 역할과 밀접한 관계가 있다. 어린이의 언어 학습과 언어 교육에 있어서 부모는 자신의 올바른 교육관을 확립해야 하고, 뚜렷한 교육 목표를 인식해야 하며, 효과적인 교육 방법과 기술을 학습해야, 어린이의 언어 학습과 언어 교육을 효율적이고 성공적인 결과를 이끌 수가 있는 것이다. 그리고 부모는 어린이의 언어 능력의 향상을 위하여 끊임없는 인내심과 성실성과 준비성을 가지고 풍부하고 다양한 언어적 환경을 조성해 나가도록 노력해야 한다. 한 마디로 말해서 부모는 어린이의 언어 학습과 언어 교육을 위해서 훌륭하고 모범적인 언어 교육자가 되어야 하는 것이다.

Ⅱ.
언어 교육과 방법

1. Microwave의 Macrowave화

1. 언어 학습과 언어 교육

언어는 사회적 현상의 하나로서 인간의 사상과 감정을 전달하고 다른 사람과의 관계를 조정하는 기능을 가지고 있다. 즉, 언어는 어느 한 특정한 개인과 어느 다른 한 특정한 개인이나 집단 사이에 의사의 소통을 가능하게 하는 도구의 구실을 한다. 다시 말하면, 언어는 개인과 사회의 사이를 연결짓는 매개체인 것이다. 또한 언어는 인간 사회에서 발생하는 정치적, 외교적, 경제적, 상업적, 문화적, 그리고 과학적 여러 문제를 해결할 수 있게 한다 (Pei 1969: 50). 그리고 언어는 우리의 의사 전달과 여행을 쉽게 하고, 사업 범위를 확장시키며, 아이디어를 전파시키고, 민족적, 국내적, 국제적, 그리고 윤리적 문제들을 해결할 수 있게 한다. 언어는 문화 자체의 한 요소이고 일체의 문화적 활동의 기본이며, 자기가 살고 있는 동시대의 어떠한 사회적 집단의 특질적 양상에 가장 쉽게 접근하게 하기도 하고, 가장 좋은 결과를 얻을 수 있게 하기도 한다. 그리고 각 공동 사회는 언어 활동에 의하여 형성되고, 발화는 사회 활동에 있어서 가장 직접적인 통찰력을 우리에게 주며, 그 공동 사회에서 이루어지는 모든 것에 있어서 하나의 역할을 하는 것이다 (Bloch and Trager 1942: 5). 언어 학습의 중요성과 필요성 특히 외국어 학습의 중요성과 필요성은 바로 여기에 있다고 할 수 있다.

일반적으로 언어 교육 특히 외국어로서의 언어 교육의 목적은 언어 교육자가 언어 학습자에게 새로운 언어 구조를 사용할 능력을 학습시키는 데에 있다. 다시 말하면, 외국어 학습은 언어 교육자가 언어 학습자로 하여금 목표 언어의 구조나 조직 체계 내에서의 유창한 사용을 위한 표현과 내용, 그리고 표현과 내용의 연합을 학습하게 하는 것이다 (Lado 1964: 38). 따라서 외국어로서의 한국어 교육의 궁극적 목적도 언어 교육자가 언어 학습자에게 한국어의 구조를 정확하고 유창하게, 그리고 자의적으로 사용할 수 있는 능력을 학습시켜 주는 데에 있다고 할 수 있다.

일반적으로 언어 교육의 목적은 효과적인 교육 방법과 능률적인 교육 기술의 창안과 개선 그리고 바람직한 교재의 개발을 통하여 그 구체적인 목표에 도달될 수 있다. 지금까지 서구에서 창출된 외국어로서의 언어 교육 방법에는 여러 가지가 있으나, 그 가운데에서 대표적인 것에는 문법-번역 방법 (the Grammar Translation Method), 직접 방법 (the Direct Method), 읽기 방법 (the Reading Method), 그리고 듣고 말하기 방법 (the Audio-Lingual Method), 등이 있다 (Rivers 1968: 13). 이밖에도 최근에 새로 개발되어 실험중인 여러 언어 교육 방법들이 있으나, 여기에서는 일찍이 Stevic (1969)이 개발한 단파식

(Microwave) 언어 교육 방법의 이론을 소개하고 그의 문제점을 지적한 다음에 그의 결점을 보완하여 외국어로서의 한국어 교육에 응용할 수 있는 새로운 장파식 (Macrowave) 언어 교육 방법론을 제시하고자 한다.

2. 단파식 언어 교육 방법의 가정과 차원

2.1. 다섯 가지 가정

단파식 (Microwave) 언어 교육 방법은 Stevic (1969: 2)의 말대로 일종의 교안 작성법이라고 할 수 있다. 그것은 다음의 다섯 가지 가정, 즉, (1) 실용성, (2) 조직성, (3) 개별성, (4) 책임성, 그리고 (5) 다원성을 바탕으로 하여 창안된 것이다. 이와 같은 다섯 가지의 가정은 언어 교육의 목적, 목표, 상황 및 조건 등을 감안하여 설정한 언어 교육의 함축적 원리로서 단파식 언어 교육 방법은 언어 교육의 방향을 새롭게 제시한 것이라고 할 수 있다. 여기에서 첫째 가정인 실용성이라고 하는 것은 언어 학습자가 모의 상황에서 언어 학습의 내용을 모방하고 암기하고 응용하는 것으로만 끝내지 말고 계속하여 실제 상황이나 유사 상황에서 언어 학습 내용을 활용하도록 해야만 언어 학습이 효과적으로 이루어질 수 있다는 것을 의미한다. 그리고 언어 교육자가 언어 학습자로 하여금 언어 학습 내용을 실제 상황이나 유사 상황에서 활용하도록 하기 위해서는 언어 교육자가 언어 학습자에게 역할 놀이 (role play)를 시켜야 하며 문형과 어휘는 한정되어야 한다는 것이다. 둘째 가정인 조직성이라고 하는 것은 언어 교육자가 언어 학습자에게 적어도 초급 단계에서 새로운 학습 내용을 제시할 때에는 어떠한 순서가 있어야 되고, 수업이 진행될 때에도 어떠한 조직이 있어야 된다는 것을 의미한다. 다시 말하면 교안의 구성과 수업 절차가 조직적이어야 한다는 것이다. 그리고 문형이나 단어는 그 난이도와 연관성에 의하여 선정된 순서로 제시되어야 하고, 수업을 진행할 때에 교육 절차와 교육 기술은 명확해야 한다는 것이다. 셋째 가정인 개별성이이라고 하는 것은 교육 냉용과 교육 방법은 다양한 언어 학습자들의 각기 다른 관심과 필요성에 부응하고 적응되도록 가능한 한 융통성이 있어야 된다는 것을 뜻한다. 즉, 언어 교육자는 언어 학습자의 개별성과 다양성을 늘 인정해서 각 개인별 각 집단별로 그의 능력, 목적 및 동기 등을 측정하여 그에게 알맞도록 언어 교재와 교육 방법을 조정해야 한다는 것이다. 넷째 가정인 책임성이이라고 하는 것은 언어 교육자와 언어 학습자가 각기 언어 교육의 내용과 방법을 잘 인식하고 있어야 한다는 것을 가리킨다. 곧 언어 교육자는 자기가 무엇을, 어떻게, 왜 가르치고 있는지, 그리고 언어 학습자는 자기가 무엇을, 어떻게, 왜 배우고 있는지를 분명히 의식하고 있어야만 언어 교육과 언어 학습의 효과가 증대될 수 있다는 것이다. 이는 사실상 언어 교육자가 언어 학습자에게 언어 학습에 있어서 중요한 요소 가운데 하나인 학습의 동기를 유발시켜야 한다는 것과 관계가 있다. 다섯째 가정인 다원성이라고 하는 것은 언어 교육에 있어서는 교안이 잘 잘 구성되어 있거나 교육 방법이 체계적이라고 하더라도 그것이 모든 언어 학습자나 교육 집단에 반드시 적합한 것은 아니라는 것을 의미한다. 곧, 언어 학습자들은 각기 그들의 교육 배경이 다양하고 교육 집단의 구성원의 성격도 서로 다르기 때문에 절대적인 교안이나 교육 방법은 없다는 것이다. 다시 말하면, 언어 교육은 여러 가지 복합적 변수가 조화적 기능을 발휘해야 하는 작업이므로 각 상황과 각 변수에 알맞게 적용되거나 수정되어야만 그것이 진정한 교육 방법이 된다는 것이다. 그러므로 언어 교육은 하나의 기술로 여겨져야 하며, 언어 교육의 성패는 바로 언어 교육자의 열성과 능력에 달려 있다는 것이다.

이상에서 우리가 살펴본 Stevic의 다섯 가지 가정은 앞에서도 언급한 바와 같이 언어 교육의 목적, 상황, 그리고 조건들이 감안되어 설정된 언어 교육의 함축적인 원리로서, 언어 교육 방법의 새로운 한 방향을 제시한 것이라고 할 수 있다.

2.2. 세 가지 차원

Stevic (1966: 84-94)은 앞에서 제시한 다섯 가지의 가정에 입각하여 단파식 언어 교육 내용의 단위 자료인 각 주기 (Cycle)를 작성할 때에는 세 가지의 차원, 곧 (1) 습관화, (2) 선명성, 그리고 (3) 책임성을 그 축으로 사용해야 한다고 하였다. 여기에서 첫째 차원인 습관화라고 하는 것은 언어 학습자의 음성 재생이나 문법적인 문형의 사용에 있어서 그의 말하기 습관의 발전을 위하여 언어 교육자는 고도로 체계적이고 반복적인 연습 유형을 만들어 내어 언어 학습자에게 연습시켜야 한다는 것을 의미한다. 둘째 차원인 선명성이라고 하는 것은 언어 교육자가 언어 학습자의 머리 속에 들어 있는 의미의 현실성의 정도나 언어 학습자가 말하고 있는 내용에 대한 관심의 정도를 분명하게 파악하고 예상하여야 한다는 것을 뜻한다. 셋째 차원인 책임성이라고 하는 것은 언어 교육자가 언어 학습자에게 필요한 연습의 범위, 이를테면, 단순 교체 연습이나 문장에 있어서 상호 관련된 변화를 요구하는 교체 연습이나 또는 시각적 자극에 대한 반응으로서 문장 생성의 연습 등에 관하여 잘 알고 있어야 할뿐더러, 그것을 예측할 수도 있어야 한다는 것을 가리킨다.

　　우리가 위에서 살펴본 Stevic의 단파식 언어 교육 방법에 있어서의 다섯 가지의 가정과 세 가지의 차원을 서로 비교해 보면 다섯 가지의 가정이 교육의 상황, 교재 작성의 원칙, 그리고 교육의 능동성과 융통성 등과 같은 언어 교육의 큰 방향을 규정한데 비하여, 세 가지의 차원은 언어 교육자가 교육 현장에서 알아두어야 할 언어 교육의 구체적인 방향을 제시한 것이라고 할 수 있다. 다시 말하면, 다섯 가지의 가정이 언어 교육의 포괄적 원리라고 한다면, 세 가지의 차원은 언어 교육의 개별적 원리인 것이다. 다섯 가지의 가정과 세 가지의 차원의 관계를 그림으로 보이면 그것은 다음의 그림 1과 같다.

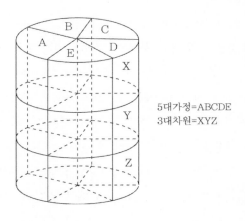

5대가정=ABCDE
3대차원=XYZ

〔그림 1〕

2.3. 일반적 가정

일반적으로 언어 교육의 원리는 언어 교육의 방법에 따라서 차이가 있을 수 있다. 그런데 위에서 말한 Stevic의 단파식 언어 교육의 가정과 차원은 사실상 다음과 같은 외국어로서의 언어 학습에 관한 일반적 가정들을 기초로 하여 이루어진 것이라고 볼 수 있다. 첫째로, 외국어로서의 언어 학습은 근본적으로 새로운 언어 습관을 형성하는 과정이다. 둘째로, 외국어에 관한 언어 습관은 새로운 언어 그 자체의 연습을 통하여 형성되고 빈번한 보강에 의해서 강화된다. 셋째로, 언어 학습자에게 흥미가 있고, 필요하며, 일상생활에 유용한 학습 내용은 그렇지 않은 학습 내용보다 더 적은 반복 연습을 통하여 더욱 빨리 학습된다. 넷째로, 언어를 연습할 때에 형성되는 언어 습관은 올바른 응답을 통하여 더 효과적으로 형성된다. 다섯째로, 언어 학습자의 모국어 습관은 새로운 언어를 학습할 때에 방해가 된다. 그러므로 언어 교육자는 언어 학습자의 모국어와 목표 언어 사이의 구조적 차이를 알고 잘 있는 것이 바람직하다. 여섯째로, 언어 학습자는 모범적이고 신빙성이 있는 표준적 학습 내용의 모델을 모방해야 한다. 일곱째로, 언어 교육에 있어서 언어 교육자가 언어 학습자의 응답 결과에 대한 정보 반송인 되먹임 (feedback)을 해 주는 일은 대단히 중요하다. 따라서 언어 교육자는 언어 학습자가 새로운 언어 자료를 연습할 때에 그의 정확성 여부를 잘 관찰하여 그에게 잘잘못을 알려 줄 필요가 있다. 여덟째로, 새로운 언어 학습의 내용은 그것에 대한 제시와 연습의 순서가 듣기 → 말하기 → 읽기 → 쓰기의 순서일 때에 더 효과적으로 학습된다. 아홉째로, 언어 교육자가 학습 내용을 언어 학습자에게 그의 모국어로 간단히 설명해 주는 것은 도움이 될지 모르나 번역해 주는 일은 삼가야 한다. 열째로, 새로운 언어 학습의 내용은 일반적으로 분석이나 설명을 통하여 학습되는 것보다는 유추와 반복 연습을 통하여 더 잘 학습된다. 열한째로, 새로운 언어 학습의 내용은 단계적으로 제시되고 연습되는 것이 바람직하다. 곧, 학습 내용은 비교적 작고 쉬운 자료에서부터 점차적으로 크고 어려운 자료로 제시되는 것이 좋다. 열두째로, 새로운 언어 학습의 내용은 언어 학습자에게 가깝고 친숙한 것으로부터 멀고 덜 친밀한 것으로 순차적으로 제시되어야 한다. 열셋째로, 언어 학습자에게 새 단어, 새 문형, 새 문법 구조가 동시에 제시되는 것은 바람직하지 않다. 언어 교육자가 언어 학습자에게 새 단어를 연습시킬 때에는 언어 학습자가 이미 학습한 문형을 이용하여야 하고, 새 문형의 연습시킬 때에는 그가 이미 학습한 단어들을 활용해야 한다. 열넷째로, 청각적으로 학습될 교육의 내용을 강화하기 위하여 시각적 자료를 활용하는 것은 대단히 효과적이다. 열다섯째로, 언어 학습자는 새로운 언어 교육의 내용을 이해하기 위하여 목표 언어의 문화를 이해할 필요가 있다.

언어 교육에 있어서 이상의 열다섯 개의 원리들은 사실상 언어 교육의 내용 선정과 구성의 원리이면서 동시에 교안 작성과 교육 절차의 원리라고 할 수 있다. 이는 한 마디로 말하면 언어 교육 방법의 일반적인 원리라고 할 수 있는 것이다.

3. 단파식 언어 교육 방법

단파식 (Microwave) 언어 교육 방법에 있어서 'micro'는 학습 내용의 적은 도막을 가리키고 'wave'는 학습 내용의 주기를 의미한다 (Stevic 1966: 1-3). 그러므로 단파식 언어 교육 방법이라고 하는 것은 한 마디로 말하면 적은 학습 내용을 일련의 주기로 반복해서 학습시키는 교육 방법이라고 할 수 있다.

단파식 언어 교육 과정에 있어서 중요한 구성 요소는 일련의 주기 (Cycle)이다. 각 주기는 새로운 학습 내용의 소개로 시작하여 그 학습 내용이 의사 소통의 목적으로 사용됨과 더불어 끝이 난다. 그리고 각 주기는 크게 두 개의 단계 (phase)로 구성되는데, 그 두 개의 단계라고 하는 것은 M 단계 (M-phase)와 C 단계 (C-phase)를 가리킨다. 또한 각 단계는 최소한 하나의 M 단계와 하나의 C 단계로 구성된다. 여기에서 M 단계는 발음의 모방 (Mimicry), 의미 (Meaning)의 제시, 문법적 요소의 조작 (Manipulation), 그리고 학습 내용의 암기 (Memorization)를 의미하고, C 단계는 회화 (Conversation)의 연습, 다시 말하면, 의사 소통 (Communication)의 연습을 가리킨다. 이상의 단파식 언어 교육 방법에 있어서 각 주기의 구성 원리를 그림으로 보이면, 그것은 다음의 그림 2와 같다.

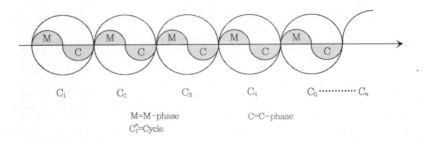

〔그림 2〕

단파식 언어 교육 방법에 있어서 각 주기의 구성 요소는 수업의 진행 절차와 일치한다. 즉, 그 교육 절차는 언어 교육자가 언어 학습자에게 먼저 학습 내용을 모방 반복시키고, 다음으로 학습 내용에 대한 의미를 제시하고 설명한 후에, 이어서 문법 구조를 조작하면서 암기시키고, 마지막으로 의사 소통을 위한 회화를 연습시키는 것이라고 할 수 있다. 그런데 이러한 수업 진행의 순서는 언어 학습의 단계와 밀접한 관계를 가지고 있다. 따라서 단파식 언어 교육에 있어서 교육 절차는 곧 그의 학습 단계라고 규정될 수 있다. 그러면 먼저 각 주기에 있어서의 M 단계와 C 단계의 교육 방법을 살펴보기로 한다.

1. M 단계에서의 교육 방법

(1) 발음 모방

발음 모방에 있어서는 첫째로, 언어 교육자는 각기 완전한 문장을 자연스러운 소리로 언어 학습자에게 들려준 후에 언어 학습자로 하여금 그것을 모방하여 반복하게 한다. 이 때에 말의 속도는 보통 정상 속도를 유지한다. 둘째로, 언어 교육자는 언어 학습자가 부정확한 발음으로 모방 반복 할 때마다 즉시 정확한 발음을 들려주고 그것을 교정시켜 준다. 언어 학습자가 각 문장을 잘 모방 반복할 수 있게 되면, 언어 교육자는 다음의 의미 제시의 단계로 넘어 간다.

(2) 의미 제시

의미 제시에 있어서는 첫째로, 언어 교육자는 언어 학습자에게 한 문장을 모방 반복시키고 나서 그 문장의 의미를 언어 학습자의 모국어로 번역하여 가르쳐 준다. 둘째로, 언어 교육자는 문장의 의미에 대한 언어 학습자의 이해 여부를 조사하기 위하여, 언어 학습자의 모국어와 목표 언어를 임의로 주면서 상대적으로 번역하여 말하게 한다. 언어 학습자가 문장의 의미를 완전히 이해하게 되면, 언어 교육자는 언어 학습자에게 그 다음 단계인 문법 구조의 조작을 연습시킨다.

(3) 문법 구조 조작

문법 구조의 조작에 있어서 언어 교육자는 언어 학습자에게 문장의 일정한 부분을 교체시키는 연습을 하게 한다. 이 교체 연습은 다음의 (1)에서와 같이 문법 구조의 일부가 변형되지 않는 것과 (2)에서처럼 변형되는 것을 모두 포함한다.

(1) 선생: 집에 갑니다.
    학생: 집에 갑니다.

    선생: 학교
    학생: 학교에 갑니다.

    선생: 시장
    학생: 시장에 갑니다.

(2) 선생: 친구가 왔어요?
    학생: 친구가 왔어요?

    선생: 어머님
    학생: 어머님께서 오셨어요?

    선생: 누구
    학생: 누가 왔어요?

일반적으로 M 단계의 구성은 한 단위에서 세 단위까지로 이루어질 수 있다. 각 단위는 M-1, M-2 및 M-3로 표시되고 그 각 단위의 교육 내용은 단일한 문법 구조로 형성된다. 그리고 M 단계의 교육 내용은 보통 자극 또는 질문과 반응 또는 응답의 형식으로 구성된다. 곧, M-1이 자극형이면 M-2는 반응형으로, M-1이 반응형이면 M-2는 자극형으로 구성된다.

2. C 단계에서의 교육 방법

일반적으로 C 단계는 M 단계의 하위 단위인 M-1과 M-2의 배합이나 M-1과 M-3의 배합과 같은 짧은 대화로 구성된다. 그리고 C 단계는 M 단계에서와 마찬가지로 그 하위 단계가 C-1 및 C-2와 같이 구성될 수 있다. C 단계의 교육에 있어서는 첫째로, M 단계의 M-1과 M-2의 배합으로 이루어진 대화에서 언어 교육자는 자극의 역할을 하고 언어 학습자는 반응의 역할을 하면서 언어 학습자에게 연습을 시키고, 그 후에 서로 역할을 바꾸어 가면서 연습하도록 한다. 둘째로, 언어 교육자는 각 대화의 쌍을 언어 학습자들끼리 역할을 교대로 바꾸어 가면서 연습하게 한다. 그리고 C 단계에서는 언어 학습자에게 흥미가 있는 실제적인 인물이나 장소나 사물 등에 대한 보충 어휘를 준다. 여기에서 보충 어휘는 문장 구조의 일정한 부분과 교체가 가능한 것이어야 한다. 언어 학습자가 새 언어 자료를 정확하고 유창하게 사용할 수 있게 되면 한 주기가 끝나게 된다. 각 주기는 최소한 한 쌍의 대화를 위한 적당한 자료를 포함하고 있으므로 각각 독자적으로 사용될 수 있다. 그러나 그 대화는 주기가 문형의 난이도와 빈도수에 따라서 쉬운 것에서 어려운 것으로, 그리고 단일한 것에서 복잡한 것으로 진행되어 나가므로, 각 대화에는 이미 지난 주기에서 다룬 자료가 포함될 수도 있다. 언어 교육자는 언어 학습자에 대한 한 주기의 반복 연습 시간을 보통 20분 내지 30분으로 하고 나머지 시간은 대화 연습을 시키되, 언어 학습자의 활동 중심으로 이끌어 나가도록 한다.

결국 단파적 언어 교육 방법에 있어서 각 주기의 구성 요건은 다음과 같이 마무리될 수 있다. 첫째로, 문장의 길이는 짧아야 된다. 둘째로, 문장의 문법적 구조는 단순해야 한다. 셋째로, 단어는 엄격히 제한되어야 한다. 넷째로, 한 주기의 학습이 끝나면 언어 학습자에게 새로운 보충 어휘를 준다. 다섯째로, 단어 선택에 있어서는 발음의 문제도 선택의 기준이 될 수 있다. 여섯째로, 한 주기의 연습 시간의 길이는 20분 내지 30분이 되도록 한다. 일곱째로, 언어 학습자가 이미 학습한 주기를 수업이 끝나기 전에 그에게 한두 번 복습시키도록 한다. 따라서 한 주기의 총 수업 시간은 50분이 된다. 여덟째로, 언어 학습자가 20개의 주기를 학습한 후에 이들을 기초로 하여 긴 대화를 나눌 수 있게 한다. 아홉째로, 모든 학습 내용은 입말에서 사용되는 살아 있는 자료이어야 한다.

이상의 각 주기의 구성 조건들은 (1) 각 주기의 내부 구조, (2) 각 주기 상호 간의 관계, 그리고 (3) 학습 자료와 언어 학습자의 흥미 관계 등의 세 가지 요소를 기본으로 하여 성공적으로 실현될 수 있다. 그러면 이제 우리가 앞에서 살펴본 단파식 교육 방법, 곧, 교안 작성법의 여러 원리에 입각하여 씌어진 한국어 교재[1] 중에서, 한 주기를 실례로 들어 단파식 교육 방법에 있어서의 문제점들에 대하여 논의하여 보기로 한다.

Cycle 4

M-1   이것이 무엇입니까?
      그것이 무엇입니까?

---

1)   Microwave 교육 방법에 의한 한국어 교재로는 박 창해, 박 기덕 (1970)의 *Korean 100: Microwave*와 노 대규 (1970)의 *Korean: Microwave 101-200* 이 있다.

저것이 무엇입니까?

M-2 이것은 책입니다.
그것은 신문입니다.
저것은 잡지입니다.

C-1 선생: 이것이 무엇입니까?
학생: 이것이 책입니다.

선생: 그것이 무엇입니까?
학생: 이것이 신문입니다.

선생: 저것이 무엇입니까?
학생: 저것이 잡지입니다.

C-2 선생: 이것은 무엇입니까?
학생: 그것은 교과서입니다.

선생: 그것은 무엇입니까?
학생: 이것은 조선일보입니다.

선생: 저것은 무엇입니까?
학생: 저것은 '타임'입니다.

단파식 언어 교육 방법에서는 수업의 진행 절차에 있어서 언어
교육자가 언어 학습자에게 M 단계를 교육시킬 때에 언어 학습자로 하

여금 먼저 언어 교육자의 발음을 모방 반복하게 하고, 언어 학습자가 그것을 정확하고 유창하게 따라하게 되면, 다음으로 언어 학습자의 모국어로 의미를 제시하게 되어 있다. 그런데 이러한 교육 방법에는 두 가지의 중요한 문제가 있다고 여겨진다. 하나는 언어 학습의 단계와 관련된 문제이고, 또 다른 하나는 번역과 연관된 문제이다.

4. 단파식 교육 방법의 문제점

언어 학습의 단계는 앞에서도 이미 언급한 바와 같이 언어 교육자가 언어 학습자에게 언어를 효과적으로 학습시켜 교육 목표에 도달하게 하는 교육 절차라고 할 수 있다. 일반적으로 언어 교육의 내용은 (1) 제시 단계, (2) 설명 단계, (3) 반복 단계, 그리고 (4) 응용 단계를 통하여 바람직하게 학습될 수 있다. 제시 단계는 학습시킬 내용을 소개하고 학습 목표를 분명히 인식시키는 단계이다. 설명 단계는 제시한 항목의 학습 내용을 구체적으로 이해시키는 단계이다. 반복 단계는 제시한 항목을 자기 것으로 소화시키기 위한 모방 반복을 통한 암기의 단계이며 습관 형성의 단계이다. 그리고 응용 단계는 반복 단계에서 학습한 항목들을 다양한 상황에 적용시켜 봄으로써, 그것들을 완전히 자기 것으로 만들어 다양하게 활용할 수 있게 하는 전이의 단계이고 표현의 단계이며 창조의 단계이다. 다시 말하면, 제시와 설명의 단계는 이해 단계이고 반복과 응용의 단계는 표현 단계인 것이다.

언어 학습의 단계는 언어 학습의 과정의 관찰을 통하여 설정될 수 있다. 언어 학습의 과정은 인간의 의식 생활의 첫 순간에서부터 시작된다. 어린 아기가 부모나 다른 사람들의 말을 듣고 어떤 태도적 반응을 보이기 시작할 때가 바로 언어의 학습 과정의 시초인 것이다. 이는 언어 학습의 첫째 단계가 이해의 단계라는 것을 의미한다. 이 이해의 단계는 사물의 존재나 현상을 식별하는 인식의 단계이다. 이해를 통한 아기의 태도적 반응은 주위 사람들의 음성 언어에 대한 모방과 반복을 통해서 음성적 반응으로 발전한다. 곧, 언어 학습의 과정은 이해 단계에서 표현 단계로 진행하는 것이다. 여기에서 각 단계 사이의 유기적 관계를 그림으로 보이면 그것은 다음의 그림 3과 같다.

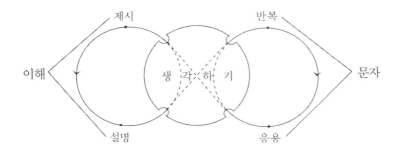

〔그림 3〕

그런데 단파식 언어 교육 방법에서는 우리가 앞의 M 단계의 교육 방법에서 살펴본 바와 같이, 그 학습 단계가 제시 단계 → 반복 단계 → 설명 단계 → 응용 단계의 순서이다. 언어 교육자가 언어 학습자에게 단어나 문장이나 문형의 의미와 그 용법을 이해시키지 않고 문법에 관한 설명도 하지 않은 채로 무조건 모방 반복 연습을 시킬 경우에는, 다음과 같은 두 가지 문제점이 야기될 수 있다. 그 하나는 언어 교육자가 언어 학습자의 언어 습관의 잘못 형성시킬 가능성이 있다는 것이고, 그 다른 하나는 언어 교육자가 언어 학습자의 학습 동기를 유발시키지 못할 가능성이 있다는 것이다. 이러한 문제점은 결국 언어 학습자로 하여금 학습의 흥미와 활기를 잃게 하여 학습 효과를 떨어뜨리게 할 수 있다. 이는 앞에서 예시한 한국어 주기에 대한 실험 결과가 잘 증명해 주고 있다.[2] 실험에 따르면, 우리가 거의 같은 수준의 언어 학습자를 A 집단과 B 집단으로 나누어 A 집단에게는 제시 → 설명 → 반복 → 응용의 단계를 적용하고, B 집단에게는 제시 → 반복 → 설명 → 응용의 단계를 적용하여 수업을 진행시켜 본 결과, B 집단에서 다음과 같은 현상이 드러났다. 첫째로, 대부분의 언어 학습자들이 모방 반복 연습을 할 때에 사전을 찾아보았다. 둘째로, 대부분의 언어 학습자들이 모방 반복 연습 중에 언어 교육자에게 질문을 하거나 구체적인 설명을 요구했다. 셋째로, 언어 교육자가 언어 학습자들의 질문에 반응을 보이지 않고 계속 모방 반복을 시킨 결과, 언어 교육자에 대한 불만 불평이 생겼다. 이러한 현상은 결국 심리적으로 수업의 분위기나 활기를 잃게 하여 학습 효과를 떨어뜨리는 것이다. 그러므로 단파식 언어 교육 방법에 있어서의 학습 단계인 제시 단계 → 반복 단계 → 설명 단계 → 응용 단계는 제시 단계 → 설명 단계 → 반복 단계 → 응용 단계와 같은 순서로 수정되어야 한다.

언어 교육자가 언어 학습자에게 언어 교육의 방법으로서 번역 방법을 사용하는 것은, 언어 학습자의 모국어와 목표 언어 구조가 서로 유사하고 언어 학습자의 국가의 문화가 목표 언어의 문화가 동질적인 경우에 학습 시간을 단축시켜 준다는 점에서 어느 정도 효과적일 수가

---

2) 이에 관한 것은 노 대규 (1970: 2-3)의 *Korean: Microwave* 실험 결과 보고서를 참조하라.

있다. 그러나 언어 학습자가 언어 구조도 서로 다르고 역사, 경제, 사회, 문화가 전혀 다른 이질적 사회의 언어를 배울 때에는 언어 교육 방법으로서의 번역법은 그리 효과적이라고 할 수 없다. 가령, 두 요소인 A, B에 있어서 A⊂B이고 B⊂A이면 이들 두 요소는 상호 비교가 가능하지만, A⊄B이고 B⊄A이면 상호 비교가 불가능하기 때문이다. 다시 말하면, 다음의 그림 4와 같은 경우에는 A와 B의 상호 비교가 가능하지만, 그림 5와 같은 경우에는 A와 B의 상호 비교가 불가능한 것이다.

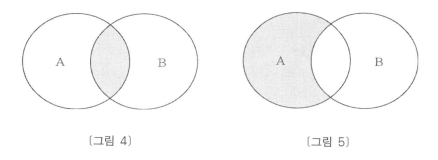

〔그림 4〕　　　　　　　　　　　　〔그림 5〕

　　그러면 이제 다음의 (3)과 같은 예를 통해서 번역 방법의 문제점을 간단히 살펴보기로 한다.

　　(3) ㄱ. 멋이 있습니다.
　　　　ㄴ. 그 친구는 의리가 없어요.
　　　　ㄷ. 날씨가 춥습니다.
　　　　ㄹ. 물이 차가워요.
　　　　ㅁ. 저녁을 먹고 왔습니다.
　　　　ㅂ. 집에 가서 하겠습니다.
　　　　ㅅ. 바빠서 못 갑니다.

ㅇ. 돈이 없기 때문에 못 샀어요.

ㅈ. 많으니까 많이 드세요.

가령, 위의 (3)에서 (3ㄱ)의 '멋'과 (3ㄴ)의 '의리'라는 단어는 한국적인 독특한 개념을 내포하고 있으므로, 우리는 외국어에서 그것에 딱 알맞은 번역어를 찾을 수가 없다. (3ㄷ)과 (3ㄹ)에서의 '춥다, 차갑다'는 모두 영어로는 'cold'로 번역될 수 있는데, 그렇게 번역할 경우에는 삼단 논법의 오류를 범하기 쉽다. 즉, "A=X이고, B=X이면, A=B이다"에서와 같이, 언어 학습자가 '춥다=차갑다'로 잘못 생각하여 "추운 맥주를 주세요."나 "손이 춥습니다."와 같은 의미적으로 비정상적인 문장을 만들어 내게 되는 것이다. (3ㅁ)과 (3ㅂ)에서의 순서를 가리키는 'Vst-고'와 'Vst-{아/어/여}서'를[3] 영어의 'and'로 번역하면, 위와 마찬가지의 오류를 범하게 되어 "집에 가고 쉬십시오."나 "전화를 걸어서 오겠습니다."와 같은 비문법적인 말을 하게 된다. (3ㅅ), (3ㅇ), 그리고 (3ㅈ)에는 모두 이유나 원인을 나타내는 문형이 나타나 있는데, 이를 영어로 'because'로 번역할 경우에는, "재미가 없어서 보지 마세요."나 "비가 오기 때문에 가지 말까요?"같은 비문법적 문장을 만들어 내게 된다.

일반적으로 언어 학습자는 목표 언어의 언어 문화나 문법 구조의 특징이나 의미 구조를 그의 모국어의 그것과 동일시하는 경향이 있어서, 목표 언어가 자기의 모국어로 번역되기를 바라거나 번역된 것을 그대로 받아들이는 일이 많다. 언어 교육 방법에 있어서 번역 방법의 위험성은 바로 여기에 있는 것이다. 따라서 언어 학습 단계에 있어서

---

3) 여기에서 'Vst'는 Verb stem의 약자로서 용언의 어간을 가리킨다.

의 설명 단계에서는 번역 방법보다는 상황 제시나 실물 제시를 통한 설명 방법이 더 효과적이라고 할 수 있다. 가령, 전례의 주기에서 언어 교육자가 언어 학습자에게 '이, 그, 저'의 의미와 용법을 가르쳐 줄 때에 '이, 그, 저'를 각각 언어 학습자의 모국어로 번역해 주려고 하여도 언어 학습자의 모국어에 따라서는 그것에 딱 일치하는 단어가 없어서 언어 교육자가 언어 학습자에게 그것의 의미와 용법을 완전히 이해시킬 수 없는 경우가 있는 것이다. '이, 그, 저'의 의미와 용법은 화자와 청자와 어떤 대상과의 삼각 거리 관계에 따라서 서로 달라지므로 언어 교육자는 언어 학습자와 어떤 대상과의 삼각 거리 관계를 움직여 조절해 가면서 그것들의 구조적인 의미의 차이를 설명해 주어야만 언어 학습자는 그 용법적 의미와 차이를 효과적으로 이해할 수가 있는 것이다.

단파식 언어 교육 방법에서는 우리가 앞에서 살펴본 바와 같이 각 주기의 구성과 수업 경영의 원리로서 다섯 가지의 가정을 제시하고 주기 구성의 성공 요소로서 세 가지 조건을 내세웠다. 그리고 이 교육 방법에서는 각 주기를 조직하고 배열할 때에는 각 문형과 단어의 난이도와 흥미도 및 연관성을 감안하여야 한다고 하고, 20 주기가 끝난 뒤에는 그를 기초로 한 긴 대화를 만들 수 있다고 하였다. 그러나 이 교육 방법에서는 각 주기의 연관성 추출과 긴 대화 구성의 구체적 방법이 논의되어 있지 않다. 첫째로, 각 주기의 배열의 연관성 맺음에 있어서 가령 C_1부터 C_n까지가 각기 다른 새로운 문형 사이의 의미적 연관성에 따른 배열인지 동일한 문형의 용법적 차이에서 오는 연관성인지가 논의되어 있지 않다. 다시 말하면, 문형 A와 문형 B의 배합형인 문형 C를 새로운 문형으로서 한 주기로 구성하느냐 구성하지 않느냐 하는 문제에 있어서, 이 언어 교육 방법에서는 A와 B를 가르치면 언어 학습자가 자연히 배합 문형 C를 학습할 수 있는 것으로 보고, C를 새로운 주기로 구성하지 않아도 되는 것으로 여기고 있다. 그러나 언어 교육자가 언어 학습자에게 C를 하나의 주기로 연습시키지 않을 경우에, 그는 C를 분석해 낼 수는 있지만 활용할 수는 없다는 것이 실험 결과로 나타났다.[4] 따라서 'Vst-고 싶으면,' 'Vst-(으)려면,' 'Vst-(으)ㄹ 수 있지만,' 'N에서도,' 'N에만,' … 등과 같은 배합 문형은 각각 하나의 새로운 주기로 다루어져야 한다. 그리고 동일 형태의 문형으로서 의미적, 용법적 차이가 있는 'Vst-(으)면서$_1$,' 'Vst-(으)면서$_2$,' 'Vst-(으)면서$_3$,'이나 'Vst-(으)니까$_1$,' 'Vst-(으)니까$_2$,'나 'Vst-고$_1$,' 'Vst-고$_2$'와 같은 것도 각각 한 개의 주기로 취급되어야 한다. 다시 말하면 문형 A와 문형 B의 배합형인 문형 C를 하나의 새로운 문형으로 보아서 한 주기로 다루고, 가령, 문형 A가 각각 A$_1$, A$_2$, A$_3$ 등의 의미로 사용될 때에는 이들도 각각 새로운 별개의 주기로 다루는 것이 언어 교육적 견지에서 볼 때 더 효과적이라는 것이다. 둘째로, 단파식 언어 교육 방법에 있어서 20 개의 주기 후에 각 주기의 내용을 기초로 하여 긴 대화를 만들 수 있다고 하는 것은 20 개의 문형을 적절히 나열하면 적어도 10 개의 대화를 만들 수 있다고 하는 것으로 이해된다. 그런데 20이라고 하는 간격은 너무 커서 한 개의 대화를 구성할 때에 거기에는 여러 가지의 상황과 문형이 포함되어야 할뿐더러 대화 자체가 한 개의 상황을 전제로 하기 때문에 다양성의 부족 현상이 초래되기 쉽다. 따라서 20 개의 주기의 간격보다는 넷 내지 다섯 주기의 간격으로 대화를 만들어 이를 다시 새로운 한 주기로 만드는 것이 바람직 한 것이다.

---

4) 이에 관한 것은 노 대규 (1970: 4-5)의 *Korean: Microwave* 실험 결과 보고서를 참조하라.

단파식 언어 교육 교재에 있어서 다양성의 부족은 우리가 위에서 지적한 바와 같은 실험 결과가 그것을 잘 증명해 준다. 단파식 언어 교육 방법은 언어 학습자가 비교적 간단한 단문으로 된 응답은 잘 하게 할 수 있으나 비교적 긴 복합문으로 된 대답은 잘 못하게 하는 문제점을 지니고 있다. 그 이유는 바로 주기 구성상의 문제에 있다고 할 수 있다. 곧, 단파식 교육 방법의 단점은 단일한 자극에 대한 단일한 반응을 하게 하는 구성에 있다고 할 수 있는 것이다. 우리가 언어 교재의 이상적인 구성 목표를 단일한 자극에 대한 다양한 반응의 기대라고 볼 때에, 그러한 구성 목표를 달성시킬 수 있는 새로운 주기의 구성 방법의 모색이 요청되는 것이다. 주기의 새로운 구성 방법이라고 하는 것은 단파식 (Microwave) 언어 교육 방법의 장파식 (Macrowave) 언어 교육 방법화이다.[5] 'micro'는 학습 자료의 단편인데, 그 'micro'가 'micro'로서 계속적으로 이어져 나가기 때문에 위에서 지적한 바와 같은 결점이 드러나게 되는 것이다. 그러므로 그 'micro'와 'micro'가 상호 연관성을 가지고 적절히 'micro'끼리 모여 그것들이 더 크고 복합적인 자료인 'macro'가 될 때에, 'micro'의 단점은 극복되고 언어 교육의 목표도 성취될 수 있을 것으로 여겨진다.

---

5) 　Macrowave 구성 방법에 따라서 지은 한국어 교육용 실험 교재로는 노 대규 (1972)의 *Korean: Macrowave 1 - 100*, 서울: 주한 미국 평화 봉사단이 있다.

5. 장파식 언어 교육 방법

장파식 (Macrowave) 언어 교육 방법에 있어서 그 교육 내용의 구성 방법은 다음과 같다. 첫째로, 언어 교육자는 동일한 형태의 문형의 의미적 용법적 차이와 문법적 차이를 중시하여 그 의미나 용법의 수효를 빈도수와 중요도와 필요성에 따라서 한정하고, 다음의 표 1에서와 같이 이들을 연속체로 배열해야 한다. 연속적 주기가 구성되면 매 다섯째나 여섯째 주기마다 그 앞의 주기들의 학습 내용을 기술적으로 배합시켜서 다음의 (4)에서와 같이 상황적 대화를 만들어 한 개의 장파 (Macro Cycle)를 구성한다. 이러한 원리에 따라서 장파식 주기의 구성 방법을 공식화하면, 그것은 다음의 그림 (6)과 같고 그 구성의 구체적인 보기는 다음의 표 (1) 및 대화 예문 (4)와 같다.

$$C_5 \supseteq \{C_1,\ C_2,\ C_3,\ C_4\}$$

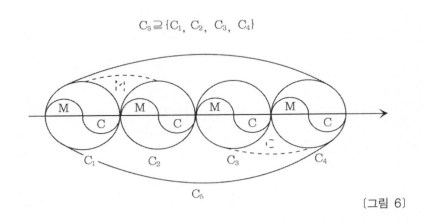

〔그림 6〕

Cycle	문 형	의 미	어 휘
Cycle 1	N에$_1$	방향	생략
Cycle 2	N에$_2$	장소	〃
Cycle 3	N에$_3$	시간	〃
Cycle 4	N에$_4$	비율	〃
Cycle 5	대화 구성		

〔표 1〕

(4) 교육자: 주말에 어디에 갔었어요?
　　학습자: 롯데 백화점에 갔었습니다. 이걸 샀습니다.

　　교육자: 그거 얼마에 샀어요?.
　　학습자: 이거 만원에 샀습니다.

　　교육자: 그래요? 전 현대 백화점에서 팔천원에 샀어요.
　　학습자: 그 백화점이 어디에 있습니까?

　　교육자: 신촌에 있어요.
　　학습자: 신촌에요? 전 몰랐습니다.

　　교육자: 오늘 저녁에 시간이 있어요?
　　학습자: 네. 오늘 저녁에 시간이 많습니다.

　　교육자: 그럼 우리 집에 놀러 오세요.

학습자: 그러지요. 몇 시에 갈까요?

교육자: 일곱시경에 오세요.
학습자: 알았습니다. 일곱시경에 가겠습니다.

둘째로, 언어 교육자는 배합이 가능한 문형을 먼저 한 개의 주기로 나열하고, 그것을 다시 결합시키어 새로운 문형으로서 또 하나의 새로운 주기를 구성한 다음에, 앞에서와 마찬가지로 장파식 주기를 구성한다. 이러한 방식에 따른 장파식 주기 구성의 방법을 공식화하면, 그것은 다음의 그림 7, 그림 8 및 그림 9와 같고, 장파식 구성의 구체적인 예는 다음의 표 2와 같으며, 대화 구성의 예는 다음의 (6)과 같다.

$$C_5 \supseteq \{C_1, C_2, C_4, \{C_1, C_2\}\}$$
$$C_5 \supseteq \{C_1, C_2, C_3, \{C_2, C_3\}\}$$
$$C_6 \supseteq \{C_1, C_2, C_4, \{C_1, C_2\}, \{C_1, C_4\}\}$$
$$C^7 \supseteq \{C_1, C_2, C_4, C_5, \{C_1, C_2\}, \{C_4, C_5\}\}$$

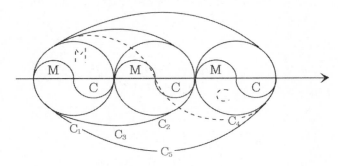

〔그림 7〕

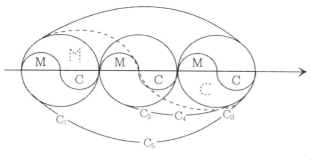

〔그림 8〕

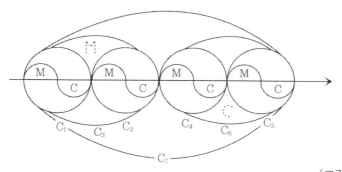

〔그림 9〕

Cycle	문 형	의 미	어 휘
Cycle 1	N에서	장소	생략
Cycle 2	N도	포함	〃
Cycle 3	N에서도	장소, 포함	〃
Cycle 4	N만	한정	〃
Cycle 5	N에서만	장소, 한정	〃
Cycle 6	대화 구성		

〔표 2〕

(6) 교육자: 어디<u>에서</u> 한국말을 배우셨습니까?
　　학습자: 연세대학교 한국어학당<u>에서</u> 배웠습니다.

　　교육자: 한문도 공부하셨습니까?
　　학습자: 아니오. 한국말<u>만</u> 배웠습니다.

　　교육자: 집<u>에서도</u> 한국말을 공부하십니까?
　　학습자: 아니오. 학교<u>에서만</u> 공부합니다.

　　이와 같이 언어 교육의 내용을 주기로 구성할 때에 단파식 구성 방법을 장파식 구성 방법으로 수정하고 보완하면, 이러한 개선책은 언어 학습자의 언어 학습 효과를 향상시켜 줄뿐만 아니라 그의 언어 능력을 증대시켜 주는 데에도 기여할 수 있을 것으로 기대된다.

5. 마무리

　　오늘날 외국어로서의 한국어의 교육과 한국어 학습의 중요성과 필요성은 한국의 국력 신장과 더불어 날로 증대되어 가고 있다. 그러나 지금까지 외국어로서의 한국어의 교육 방법, 교육 과정, 그리고 교재 개발 등에 관한 연구는 이루어져 있는 것이 별로 없다. 외국어로서의 한국어 교육의 목적은 언어 교육자가 언어 학습자에게 한국어의 구조를 정확하고 유창하게 그리고 자의적으로 사용할 수 있는 능력을 길러 주는 데에 있다. 외국어로서의 한국어 교육의 목적이 달성되려면 뚜렷한 한국어 교육의 정책 수립, 구체적인 언어 기능별 목표의 설정, 바람직한 한국어 교육 내용의 결정, 능률적인 한국어 교육용 교재의 개발, 그리고 효과적인 한국어 교육 방법의 개발 등에 관한 연구가 수행되어야 한다. 여기에서는 외국어로서의 한국어 교육 방법의 개선을 위하여 단파식 언어 교육 방법을 소개하고 그의 문제점을 지적한 다음에 그를 보완한 장파식 언어 교육 방법을 제시하였다.

단파식 언어 교육 방법론은 원래 Stevic이 언어 교육의 과학화의 일환으로 창안한 획기적인 것이었다. 그러나 단파식 언어 교육 방법은 언어 학습자에게 단시일 내에 단답 형식의 정확성을 학습시킬 수 있는 장점은 있으나, 활용성과 다양성을 부족하게 하는 단점이 있는 것으로 나타났다. 따라서 여기에서는 단파식 언어 교육 방법론의 단점을 수정 보완한 새로운 장파식 언어 교육 방법을 제안하였다. 첫째로, 단파식 언어 교육 방법에 있어서 학습 단계인 제시 → 반복 → 설명 → 응용의 순서는 제시 → 설명 → 반복 → 응용의 순서로 수정되어야 한다. 언어 학습의 단계에 있어서 설명보다 반복을 우선하면 언어 학습자가 언어 습관을 잘못 형성시키고 아울러 학습 동기를 유발시키지 못하며 학습 효과를 떨어뜨릴 수 있기 때문이다. 둘째로, 설명 단계의 의미 제시에 있어서 번역 방법은 그리 바람직하지 않다. 그 이유는 언어 교육에 있어서 번역 방법보다 실물 제시, 전환 제시, 상황 제시, 그리고 시청각적인 제시, 등의 방법이 더 효과적이기 때문이다. 셋째로, 주기(Cycle)의 구성에 있어서는 '단파 (micro)'식 구성이 'macro (장파)'식 구성으로 수정되어야 한다. 그렇게 함으로써 언어 학습자의 언어 능력의 다양성과 융통성이 강화되고 언어 학습도 효과적으로 수행될 수 있기 때문이다.

2. 청각 - 구두식 언어 교육 방법

1. 들머리

언어는 인간의 사상과 감정을 전달하고 다른 사람과의 관계를 조정하는 기능을 가지고 있다. 따라서 언어는 인간 사회에서 발생하는 정치적, 경제적, 사회적, 문화적, 그리고 과학적인 여러 가지 문제를 해결할 수 있다. 다시 말해서 언어는 우리의 의사 소통과 여행을 수월하게 하고, 사업의 범위를 확장시키며, 다양한 아이디어를 전파시키고, 민족적, 국내적, 국제적 및 윤리적 문제들을 해결할 수 있게 한다.

오늘날 우리는 세계 각 국가 사이의 국제적 무역의 증가와 기술 보조 계획의 확대, 그리고 교육, 학술 및 문화 교류의 증대로 외국어의 이해와 표현을 위한 외국어 학습의 필요성과 중요성을 절감하고 있다. 이에 부응하기 위하여 수많은 심리학자들과 응용 언어학자들은 새로운 언어 학습의 이론과 보다 효과적으로 언어 학습자에게 외국어를 학습시킬 수 있게 하는 새로운 언어 교육 방법[1]을 창안해 내고 있다.

언어 교육의 궁극적 목적은 목표 언어의 구조를 정확하고, 유창하며, 자연스럽게 사용할 수 있는 능력을 언어 학습자에게 학습시키는데에 있다. 이러한 언어 교육의 목적 달성을 위해서 현재 세계 각국의언어 교육 기관에서는 여러 가지 언어 교육 방법을 다양하게 사용하고있다.[2] 그러나 그 가운데에서도 가장 많이 보급되어 있는 언어 교육방법은 이른바 청각 - 구두식 언어 교육 방법 (audio-lingual method),곧, '듣고 말하기 교육 방법'이다.[3] 실제로 우리 나라의 대표적인 한국어 교육 기관들에서도 이 언어 교육 방법이 사용되고 있다.[4]

이 글의 목적은 먼저, '청각 - 구두식 언어 교육 방법'의 주요 특징

---

1) 언어 교육 방법이라고 하는 말은 일반적으로 언어 교수법과 같은 의미로 사용되고 있다. 그러나 여기에서 필자는 언어 교육 방법을 좀 새로운 뜻으로 쓰고자 한다. 곧, 필자는 이론적 연구에 치중하는 '언어 교육 방법론'과 실제적 기능적 연구와 관련이 있는 '언어 교육 기술'이 통합된 개념으로서 '언어 교육 방법'이라고하는 말을 사용하려고 한다.

2) Mackey (1966: 151)는 언어 교육 방법을 (1) Direct Method, (2) Natural Method, (3) Psychological Method, (4) Phonetic Method, (5) Reading Method, (6) Grammar Method, (7) Translation Method, (8) Grammar- Translation Method, (9) Eclectic Method, (10) Unit Method, (11) Language-Control Method, (12) Mimicry-Memorization Method, (13) Practice-Theory Method, (14) Cognate Method, (15) Dual-Language Method 등과 같이 열다섯 가지의 유형으로 분류하고 있다. 그리고 Rivers (1968: 13)는 주요한 언어 교육 방법으로서 (1) Grammar-Translation Method, (2) Direct Method, (3) Reading Method, 그리고 (4) Audio-Lingual Method를 들고 있다. 이밖에도 Micro-wave Method와 Silent Way, 등이 있다.

3) Audio-Lingual Method는 'Aural-Oral Method,' 'Scientific Method,' 'Linguistic Method,' 'Michigan Method' 또는 'Structural Approach' 등과 같은 다른 이름으로도 사용된다. Audio-Lingual Method는 '청각-구두식 언어 교육 방법'이나 '듣고 말하기 교육 방법'이라고 번역될 수 있다.

4) 현재 우리 나라에 있어서 외국어로서의 한국어를 가르치고 있는 교육 기관 중 가장 오래된 대표적인 교육 기관인 연세 대학교 한국어 학당에서도 이 교육 방법을 사용하고 있다. 이밖에 서울 대학교 어학 연구소와 언어 교육 연구원에서도이 교육 방법을 쓰고 있으며, 지금은 없어진 명도원과 주한 미국 평화 봉사단에서도 이 교육 방법을 사용하였다.

과 기본적 가정을 살펴보고, 다음으로, 이 교육 방법이 사용되고 있는 언어 교육의 현장에서 일어나는 문제점들을 제시한 후에, 끝으로, 그 문제점들의 해결 방안을 강구하는 데에 있다.

2. 청각 - 구두식 언어 교육 방법의 주요 특징과 기본 가정

　청각 - 구두식 언어 교육 방법의 기원은 행동주의 심리학자들의 영향을 받은 미국의 구조주의 언어학자들과 문화 인류학자들의 언어 연구에서 비롯되었다. 1920년대와 1930년대는 인간의 행동을 연구하는 데에 있어서 과학적이고도 객관적인 엄격한 방법을 따라야 한다는 요구가 널리 성행한 시기였다. 이러한 요청은 언어학에 있어서 언어 연구의 기술적 접근 (descriptive approach)이라는 방식을 초래하였다. 구조주의 언어학자들은 언어를 전통 문법의 틀 속에 짜맞추어 넣으려고 하지 않고 그들이 관찰한 대로 음성의 유형과 단어의 배합을 기술하려고 하였다. 그러한 기술 언어학적 접근은 사람들이 말해야 하는 것을 탐구해야 한다는 전통 문법학자들의 주장과는 정반대인, 사람들이 실제로 말하는 것을 조사하고 연구해야 한다는 방향으로 연구 태도를 전환시켰다.

　한편으로 인류학자들은 문화에 있어서의 인간 행동의 유형을 탐구함에 있어서, 언어는 문화적으로 결정된 여러 다른 행위들과 마찬가지로 인간의 사회 생활에서 학습된 행동이라고 여겼다. 그리고 그들은 행동주의 심리학자들이 주장하는 바와 같이, 언어의 사용은 사회적 상황에서의 보강이나 보상에 의하여 이루어지는 일련의 습관이라고 생각하였다. 또한 그들은 어린이의 언어 학습에 있어서 학습된 행동으로서의 언어는 먼저 구어체로 학습된 것이라고 하였다. 이는, 언어 학습자가 외국어를 배울 때에 문어체보다 구어체가 먼저 제시되면, 그가 훨씬 더 쉽게 외국어를 학습할 수 있다는 이론적 근거가 되었다.

1940년대와 1950년대에 미국의 구조주의 언어학자들은 언어 교육에 일대 혁신을 가져왔다. 그들은 언어학의 연구 결과를, 즉, 언어학의 주요한 원리를 일련의 표어 (slogan)로 줄여서, 언어 교육자로 하여금 교재 준비에 적용하게 하고 교육 기술에도 응용하게 하였다. Moulton (1961: 86-89)에 따르면 그 표어의 문구는 다음과 같다.

(1) 언어란 문어를 지칭하는 것이 아니라 구어를 지칭하는 것이다.
(2) 언어는 습관의 총체이다.
(3) 언어에 관해서 가르치지 말고 언어를 가르쳐라.
(4) 언어는 모국어 화자가 말해야 하는 것이 아니고 말하는 것이다.
(5) 언어들은 서로 다르다.5)

우리가 위의 표어에서 알 수 있는 바와 같이, 그 표어의 내용에는 언어 교육의 방법과 기술에 대한 아무런 언급도 포함되어 있지 않다. 거기에는 다만 언어 교육에 대한 이론적 접근만이 제시되어 있을 따름이다.6) 그러나 그의 이론적 접근은 청각 - 구두식 언어 교육 방법에 있

---

5) 이와 같은 일련의 언어학적 원리들은 Bloomfield (1942), Hass (1953), O'Connor & Twaddell (1960), Anthony (1963), Lado (1964), Rivers (1964), 그리고 Brooks (1964) 등과 같은 언어학자나 응용 언어학자들의 글에도 나타나 있다.

어서의 구체적인 언어 교육 방법과 기술 개발에 중요한 바탕이 되었다. Rivers (1964: 13-18)는 청각-구두식 언어 교육 방법의 주요한 특징들을 다음과 같이 기술하고 있다. 청각-구두식 언어 교육 방법에서는 첫째로, 언어의 항목들 (items)은 문어체 형식으로 제시되기 전에 먼저 구어체 형식으로 제시되어야 한다. 다시 말해서 언어 학습의 단계는 어린이가 모국어를 학습하는 자연적인 순서와 같이 듣기 → 말하기 → 읽기 → 쓰기의 순서로 진행되어야 한다. 듣기와 말하기의 단계에서는 문자나 문어의 사용 없이 귀와 입만의 훈련이 실시되어야 한다. 읽기 단계에서는 듣고 말하기 단계에서 이미 언어 학습자가 학습한 내용만을 읽게 해야 한다.

둘째로, 언어 학습자의 모국어와 목표 언어의 과학적인 대조 분석이 주의 깊게 이루어져야 한다. 그리고 그 대조 분석의 결과는 교실에서 사용될 교재와 언어 연습실에서 사용될 교재 속에 적절히 포함되어야 한다. 곧, 언어 교육의 교재는 언어 학습자의 모국어와 목표 언어의 과학적인 대조 분석의 결과를 토대로 작성되어야 하는 것이다.

셋째로, 문형 연습 (pattern practice)이나 구조 연습 (structural drill)은 언어 학습자에게 습관 형성이 되어 자동적인 반응이 이루어지도록 집중적으로 반복되어야 한다. 언어 교육자는 언어 학습자에게 목표 언어의 전형적인 구조를 제시하고 정확한 발음과 억양을 연습시켜야 한다. 연습 유형으로는 교체 연습 (substitution drill), 확장 연습 (expansion drill), 그리고 변형 연습 (transformation drill) 등이 사용된

---

6) 표어에 나타나 있는 언어 교육에 대한 이론적 접근에 관한 구체적 설명과 그 이론적 접근 및 청각-구두식 언어 교육 방법 (Audio-lingual method)의 상호 관계에 관한 자세한 설명 내용에 대하여는 Rivers (1968: 37-41)와 Diller (1971: 10-20)를 참조하라.

다. 그리고 문법은 먼저 구조에 관한 연습을 통해서 제시되고, 그 다음에 문법 원리에 관한 간단한 일반화가 이루어질 수 있도록 해야 한다.

넷째로, 언어 교육자는 가능한 한 실제 생활의 대화 상황과 가깝게 만들어진 상황에서 언어 학습자가 응답할 수 있도록 환경을 조성해야 한다. 그리고 대화 (dialogue)에 있어서는 새로운 문법 구조가 단계적으로 소개되어야 하며, 문법 구조는 생활의 여러 국면을 나타내는 대화의 모형으로 연습되어야 한다. 대화는 대화 상황에서 자동적인 반응이 이루어질 때까지 충분히 연습되어야 하고, 여러 가지로 응용된 상황에서도 연습되어야 한다.

다섯째로, 읽기 자료나 교재는, 언어 학습자가 자기 모국어로 번역하지 않고 처음부터 직접 읽을 수 있도록 언어의 난이도에 따라 등급이 정해져야 하고, 언어 학습자의 언어 능력 수준에 적합해야 한다.

여섯째로, 모든 어휘는 문맥을 통해서 학습되어야 하며, 언어 학습자의 모국어와 목표 언어의 단어의 의미를 대조시킨 단어 목록은 교육 목적으로 사용되어서는 안 된다. 그리고 언어 학습자의 어휘 확장은 나중에 읽기 단계에서 이루어지도록 한다.

일곱째로, 쓰기는 읽기와 마찬가지로 점진적으로 소개되어야 하며, 언어 학습자가 이미 듣고 반복해서 학습한 것으로 엄격히 한정되어야 한다.

이상에서 우리가 살펴본 청각 - 구두식 언어 교육 방법의 주요한 특징의 저변에는 Rivers (1964: 19-22)에 의하면, 다음과 같은 언어 학습에 관한 네 개의 기본적인 가정 (assumption)이 자리 잡고 있다. 이 가정들은 심리학적 논거로부터 추출된 것이다.

가정 1: 외국어 학습은 근본적으로 습관 형성이라는 기계적인[7] 과정이다.

추론 1: 습관은 보강에 의해서 강화된다.

추론 2: 외국어 습관은 틀린 반응을 통해서가 아니라 올바른 반응을 통해서 가장 효과적으로 형성된다.

추론 3: 언어는 행동이며 그 행동은 언어 학습자로 하여금 행동하게 함으로써만 학습될 수 있다.

가정 2: 언어 기능은 외국어의 항목이 문어체로 제시되기 전에 구어체로 제시되면 보다 더 효과적으로 학습된다.

가정 3: 유추는 외국어 학습에 있어서 분석보다도 더 나은 기초를 마련해 준다.

가정 4: 한 언어의 단어가 모국어 화자에게 주는 의미는 그 언어를 사용하는 사람들의 문화를 가리키는 모형을 통해서만 학습될 수 있다.[8]

3. 청각 - 구두식 언어 교육 방법의 문제점

지금까지 우리는 위에서 청각 - 구두식 언어 교육 방법의 주요 특징과 그의 심층에 내재하는 기본적 가정을 살펴보았다. 그러면 이제

---

7) 여기에서 '기계적'이라는 말은 자의적인 연상 (arbitrary association)이라는 의미로 사용된 것이다.
8) 이는 문화에 대한 이해가 없이는 단어의 의미가 이해될 수 없다는 것을 가리키는 것이다.

언어 교실 안에서 발생하는 다음과 같은 문제점들에 관하여 생각해 보기로 한다.

학습자 A: 교실에서 대화 연습이나 교체 연습을 할 때에는 잘 말하는데 실제의 대화 상황에 직면할 경우에는 잘 말하지 못한다.

학습자 B: 교실에서 학습에 권태를 느끼거나 피곤해 한다.

학습자 C: 문장을 말해 보려고 하지도 않고 그 문장의 의미 제시나 문법적 설명을 요구한다.

일반적으로 언어 학습의 문제점을 지니고 있는 언어 학습자는 위에 제시되어 있는 세 가지의 유형으로 분류될 수 있다. 그런데 청각 - 구두식 언어 교육 방법을 사용하고 있는 교실에 언어 학습상의 문제를 지니고 있는 언어 학습자가 있다는 사실은 우리로 하여금 다음과 같은 의문을 제기케 한다. 첫째로, 만일 청각 - 구두식 언어 교육 방법이 최선의 언어 교육 방법이나 최상의 언어 학습 방법으로서 언어 교육과 언어 학습에 가장 적절한 해결책을 제공하는 교육 방법이라면, 왜 위와 같은 문제점을 안고 있는 언어 학습자가 존재하는가? 둘째로, 청각 - 구두식 언어 교육 방법은 혹시 그의 근간을 이루고 있는 가정들이 합리적 타당성이 없고 불명확하므로 제일 좋은 교육 방법은 아니지 않을까? 우리는 이러한 의문점을 해결하기 위해서, 우리가 언어 학습자에게 가르치는 대상인 언어의 본질에 관하여 잠시 살펴볼 필요가 있다.

언어에 대한 정의는 언어를 보는 관점에 따라서 여러 가지로 달라질 수 있다. 그러나 일반적으로 언어란 자의적인 음성 기호의 체계이며 사회 집단의 협동을 가능하게 하는 수단이다. 그러나 심리학자들은 언어의 본질에 대한 사고의 차이로 인하여 적어도 두 개의 학파로 양분된다. 그 한 학파는 Skinner를 대표로 하는 행동주의 학파이고, 그 다른 한 학파는 Mowrer로 대표되는 신행동주의 학파이다. Skinner (1958)는 관습적인 어형 (speech pattern)의 개인적인 사용으로서의 언어에 연구의 중점을 두고 있다. 그는 그러한 어형을 언어 행동 (verbal behavior)이라 부르고, 우리는 실제적으로 관찰할 수 있는 것에만 자신을 국한시킴으로써, 언어 행동을 포함한 인간의 모든 행동에 관하여 논의할 수 있다고 주장한다. 사실상 우리는 한 개인이 언어를 학습할 때나 구사할 때에 그의 내부에서 무엇이 일어나고 있는지 알 수가 없다. 그는 외국어 교육 방법에 대하여 다음과 같이 설명하고 있다. 즉, 언어 학습자가 언어 교육자의 인정으로 보상되고 강화된 외국어의 반응을 보이면, 그 강화로 인하여 언어 학습자의 반응은 재발되기 쉽다는 것이다. 그리고 계속적인 강화로 말미암아 언어 학습자의 반응은 확실한 만족의 근원이 되며, 따라서 자동적인 반응 곧 언어 습관이 형성된다는 것이다. 그는 언어 학습자가 왜 반응을 보이는가 하는 보다 더 근본적인 문제에는 관심을 두지 않는다. 그 이유는, 우리가 언어 학습자의 내부에서 일어나는 어떠한 것도 직접적으로 관찰할 수 없기 때문에, 언어 학습자로 하여금 말하게 하는 어떤 내적 요인에 관해서도 생각할 필요가 없다는 데에 있다. 그는, 습관이라고 하는 것은 어떤 알려지지 않은 자극과 어떤 관찰 가능한 반응 사이에서 이루어지는 자동적이며 기계적인 관계라고 말한다. 그리고 학습이라고 하는 것은 언어 학습자가 할 수 있는 것을 변화시키는 것이라고 주장한다. 곧, 언어 학습자는 그가 전에 수행할 수 없었던 반응을 새로 수행할 수 있게 된다는 것이다. 이렇게 보면 분명히 청각-구두식 언어 교육 방법의 가정들과 연습 방법들은 Skinner의 언어 학습 이론에 근거를 두고 있다고 할 수 있다.

반면에 Mowrer (1960)는 Skinner의 접근 방법과는 대조적으로 외국어로의 반응을 가능하게 하는 근원적인 자극이 무엇인가에 연구의 중점을 두고 있다. 그는 언어 행동에 있어서 정서의 중요성을 강조한다. 그는 언어 학습을 정서적 동기, 예컨대, 공포나 실망 내지는 정서적 강화, 이를테면, 희망이나 안도에 대한 반응으로 본다. 그는 외국어 학습에 대하여 다음과 같이 설명하고 있다. 그에 따르면 하나의 모국어 단어는 언어 학습자가 보상받을 때의 상황에 있던 대상이나 사건과 이미 연관되어 있으므로, 모국어 단어와 관련된 어떤 자극은 언어 학습자에게 더 큰 보상에 대한 희망을 불러일으키며, 따라서 그 모국어의 단어는 상기와 재발이 쉽다는 것이다. 그리고 하나의 외국어의 단어는 보상받을 때의 상황에 있던 동일한 대상이나 동일한 사건과 연관될 수 있고, 또 보상 상황, 예컨대, 언어 교육자의 인정, 대화의 만족감, 동료들 사이의 명성, 등에 있던 모국어 단어와도 관련될 수 있다고 한다. 언어 학습자의 내부에 있는 관찰 불가능한 상태인 희망적 정서가, 언어 학습자로 하여금 그 단어를 연상시켜서 다시 말하고 싶게 한다는 것이다. 그는 습관을 자동적인 관계로 보지 않고, 반복적인 보상 상황에서 발전된 희망의 야기에 의하여 일어나는 반응의 용이함으로 보는 것이다. 그는 Skinner 학파의 행동주의적인 행위의 의미에서의 반응은 결코 학습되지 않으며, 또한 그것은 양적인 강화에도 의존하지 않는다고 말한다. 다시 말해서 학습은 행동을 기계적이고 자동적인 방식으로 고정시키지 않으며, 그 대신에 언어 학습자가 할 수 있는 것보다는 오히려 언어 학습자가 하고 싶어 하는 것을 변화시킨다는 것이다. 만일 우리가 그의 학습 이론을 그대로 받아들인다면, 언어 교실에서의 언어 교육 방법은 청각-구두식 언어 교육 방법과는 어느 정도 다르게 될 것이 분명하다. 그러면 수업 진행상에 있어서 어떠한 차이가 있을 수 있는지를 알아보기 위해서, 앞에서 제시한 문제 학생들에 관하여 심리학이 어떻게 설명하고 있는지를 살펴보기로 한다.

4. 청각-구두식 언어 교육 방법의 문제점 해결

먼저 앞에 제시되어 있는 언어 학습자 A의 경우에 대하여 생각해 보기로 한다. 일반적으로 심리학자들은 언어 행동에는 두 개의 단계가 있다고 주장한다. Skinner에 의하면 그 첫째 단계는 언어 조작 능력의 낮은 단계인 습관 형성의 기계적 과정이다. 이 첫째 단계에서 언어 학습자는 주어와 서술어의 일치, 어순, 질문형, 부정형, 등과 같은 구조를 다루는 조작 능력을 학습해야 한다. 청각-구두식 언어 교육 방법에 따르면 언어 학습자가 문장 내의 어렵거나 중요한 사항에 대한 설명을 언어 교육자로부터 듣지 않고도 언어 교육자의 발화를 가장 근사하게 모방함으로써 그와 같은 조작 능력을 학습할 수 있으며, 또한 모방 반복 연습이 끝난 후에 그 설명을 들음으로써도 학습할 수 있다. 그러나 만일 그러한 모방 반복 연습이 모든 언어 학습의 기본으로 사용된다면, 언어 학습자는 모방 반복 연습이 지니는 부수적인 강화와 과잉 학습으로 말미암아, 변형된 상황에 적응하는 능력은 학습하지 못하고 학습한 것만을 그대로 재생시키는 능력을 학습하는 결과를 초래하게 될 것이다.

Gestalt 심리학자들은 학습이 동일한 상황이 아닌 유사한 상황으로 쉽게 전이가 될 수 있도록 하기 위하여, 전체를 구성하는 각 부분적인 요소들의 기능에 대한 이해에 가치를 부여하고 있다. 이는 외국어 학습의 경우에 문장의 각 성분들 사이의 관계와 다른 문장들과의 관계에 대한 이해가 중요하다는 것을 의미한다. 언어 학습자 A는 이와 같은 언어 행동의 둘째 단계에 있어서의 연습 부족으로 인하여 표현의 곤란을 느끼게 되는 것이라고 할 수 있다. 즉 언어 학습자는 문장 구조의 조작 연습을 할 때에 자기의 역할을 분명히 인식하고 연습하도록 지도를 받지 않았을 뿐만 아니라, 자기의 오류를 식별해 낼 수 있도록 훈련받지도 않은 것이다. 그러므로 언어 학습자 A는 교실에서 구조화된 연습을 할 때에 접하게 되는 상황과 다른 상황에 자기의 행동을 적응시키지 못하며, 따라서 실제의 대화 상황에서도 적응하지 못하게 되는 것이다.

청각-구두식 언어 교육 방법에 있어서 모방 학습은 언어 학습자로 하여금 연습 모형에 너무 집중하게 하고 모방의 정확성에 지나치게 신경을 쓰게 하는 나머지, 언어 학습자에게 행동을 독자적으로 수행하게 하는 연습의 중요한 요소들을 향하여 언어 학습자의 주의력을 집중시키지 못하게 하는 단점이 있다. 언어 학습자는 그가 알아야 하는 모든 요점들을 포함하고 있는 여러 종류의 자극에 대하여 반응하기를 배워야 한다. 그리고 외국어 학습에 있어서는 문장의 구조와 문법적 특징에 대한 정확한 사전 설명이 반드시 언어 학습자에게 주어져야 한다.

앞에서 제시한 가정 3과는 반대로 일정한 기본 문장으로부터 유사한 문장을 만들어 내게 하는 유추는, 언어 학습자에게 문장의 구조적 차이나 문법적 특성의 차이를 구별할 수 있도록 훈련시키지 못한다. 그러므로 분석은 필요하고도 중요하다고 할 수 있다. 가령, 설명이 미리 주어지지 않거나 문형 연습이 다 끝날 때까지 설명이 지연될 경우에는, 언어 학습자는 자기 자신에게 틀린 설명을 스스로 할 수 있게 되고, 언어 교육자는 그 잘못을 다시 수정해 주어야만 하는 사태가 발생하게 되는 것이다. 비록 언어 교육자가 교정을 해 주더라도, 언어 학습자는 이미 자기의 잘못된 설명으로 연습을 했기 때문에 습관 형성이 잘못되어서 새롭고 올바른 습관 형성을 다시 시키려면 그만큼 많은 시간과 노력이 들게 된다. 그러면 설명은 언어 학습자에게 어떻게 제시되어야 하는가? 설명은 문형 연습을 시킬 때에 다음과 같은 절차로 제시되는 것이 가장 바람직하다.

첫째로, 언어 교육자는 학습할 문법적 요점을 칠판에 쓰면서 구두로 제시하거나 또는 언어 학습자의 능력에 따라서 구두로만 제시한다.

둘째로, 언어 교육자는 언어 학습자로 하여금 그가 알고 있는 어떠한 말로든지 문장 내의 구조적 기능을 말할 수 있도록 유도한다. 이때에 문법적 용어가 반드시 필요한 것은 아니다.

셋째로, 만일 언어 학습자가 문장 구조의 기능에 대하여 틀린 말을 하거나 부정확한 반응을 보이면, 언어 교육자는 간단하고 명료하게 비전문적인 말로 설명을 해 준다. 그러한 설명은 언어 학습자가 새로운 문형을 연습할 때에 그에 내재하는 중요한 문법적 요소에 관하여 언어 학습자의 관심을 환기시킬 수 있다.

넷째로, 언어 교육자는 이상과 같이 간단히 분석적 설명을 한 후에 언어 학습자에게 문장을 연습시킨다.

우리가 위에서 제시한 것과 같은 절차에 따라서 언어 교육자가 언어 학습자에게 연습을 시키면, 그 연습은 의미 있는 연습이 되며 언어 학습자가 문장의 의미를 이해하고 연습하기 때문에 학습의 효과도 증대된다. 또한 언어 학습자의 자동적인 통제 기능도 더욱 신속히 성취되고, 언어 학습자는 자기의 반응의 정확성 여부를 알게 될뿐더러 정확성의 이유도 알게 되며, 따라서 언어 사용의 융통성도 향상되는 것이다.

우리는 언어 학습자 A의 문제에 대한 해답이 언어 학습자 C의 문제도 해결해 줄 수 있음을 알 수 있다. 사실상 언어 학습자 C의 문제는 문제라고 할 수도 없다. 왜냐하면 그의 설명에 대한 욕구는 언어 행동에 있어서 언어 조작이라고 하는 첫째 단계로부터 독자적인 회화라고 하는 둘째 단계로의 이행을 그가 필요로 하고 있다는 점에 비추어 이해될 수 있는 것이기 때문이다. 따라서 언어 학습자 C는 스스로 정확한 설명을 할 수 있도록 유도되고 훈련되어야 하며 그렇게 되지 않을 경우에는 언어 교육자가 그에게 설명을 해 주어야 한다.

언어 학습자 A의 문제는 또한 동기의 문제를 제기한다. 모든 언어 학습자는 다 같이 동일한 목적을 가지고 외국어를 학습하는 것이 아니다. 그들 가운데에는 목표 언어의 숙달 목적을 스스로 인식하고 있는 이도 있고, 문형이나 대화를 반복 연습하고 암기하는 데에 만족하는 이도 있다. 그리고 교실 밖의 문제와는 아무 연관 없이 단순히 외국어 학습이라는 활동 그 자체에만 충족하는 이도 있다. Lambert (1963: 114-121)는 미래의 직업에 대비하여 자기의 능력을 확대시켜 놓을 목적으로 외국어를 학습하는 사람들과, 목표 언어가 사용되는 사회와 문화에 관해서 더욱 많은 것을 알고자 하는 욕구에서 외국어를 학습하는 사람들을 구별하였다. 그는 전자를 도구적 지향성 (instrumental orientation)을 가진 사람들이라고 하고 후자를 통합적 지향성 (integrative orientation)을 지닌 사람들이라고 하였다. 그리고 그는 이들 두 집단을 비교 연구하여 그 차이점을 발견하였다. 그의 실험적 연구 결과에 의하면, 통합적 접근 동기를 가진 언어 학습자들이 도구적 접근 동기를 지닌 언어 학습자들보다 언어 학습과 언어 능력 개발에 있어서 더 성공적이라는 것이다. 그러면 언어 교육자는 어떻게 이 통합적 접근 동기를 유발시킬 수 있을 것인가? 그것은 다음과 같은 성취될 수 있고 보상받을 수 있는 여러 가지의 다양한 활동을 언어 학습자로 하여금 직접 경험하게 함으로써 가능하다.

(1) 수업 활동을 다양하게 한다.
(2) 번역시키지 않고 간단한 이야기나 희곡을 읽게 한다.
(3) 연극에서 하나의 역할을 맡겨 연기하게 한다.
(4) 문화적 내용을 나타내는 노래, 놀이, 그리고 민속 무용, 등을 익히게 한다.
(5) 간단한 편지를 쓰게 한다.

위와 같은 다양한 체험 세계에 대한 언어 학습자의 참여는 단순한 모방이 아니고 실제의 대화로 인도하는 성공적인 언어 학습에 필요한 통합적 접근 동기를 유발해 낼 수 있다.

언어 학습자의 문제는 상당히 복합적인 경우가 많다. 따라서 언어 학습자 B가 느끼는 권태와 피로는 몇 가지의 원인이 있을 수 있다. 과

잉 학습은 정확한 응답을 가능하게 하는 습관을 형성시키므로, 언어 학습자는 문형 연습과 대화 연습을 많이 반복할 필요가 있다고 하는 주장에는 의문의 여지가 있다. 우리는 앞에서 그러한 연습의 결과가 아무 생각 없이 앵무새처럼 문형 연습만 잘 따라하는 언어 학습자 A 의 문제와 같은 문제를 초래함을 알았다. 게다가 만약 우리가 습관이 라는 것이 희망적인 정서를 불러일으킴으로써 형성된다는 Mowrer의 습관 형성의 이론을 받아들인다면, 집중적인 반복 연습은 학습 의욕을 증대시키기는커녕, 오히려 권태감을 갖게 하여 학습 효과를 저하시킨 다는 사실을 알 수 있게 된다. 권태와 피로는 너무 오랜 시간 동안 같 은 유형의 작업을 계속함으로써 생기는 것이다.

청각-구두식 언어 교육 방법의 기본인 문형 연습과 대화 연습은 그 둘 다 모두 반복과 암기를 요구한다는 점에서 같다고 할 수 있다. 대화 부분이 암기를 위하여 작은 단위로 나누어지는 경우에 전체 대화 상황에 대한 이해는 감소되고 그 상황에 대한 관심도 또한 유지되기가 어렵게 된다. 대화 부분의 작은 단위의 암기도 결국 문형 연습과 다름 없는 또 하나의 다른 암기 작업이기 때문이다. 피로 역시 정서적인 요 인 때문에 나타날 수 있다. 매사에 관심을 가지고 있으며 성공을 해 본 경험이 있는 언어 학습자는 실패로 인하여 좌절감을 느끼고 있거나, 현재 자기가 하고 있는 일에서 보람을 찾지 못하고 있는 언어 학습자 보다도 더 오랫동안 연습에 노력을 기울일 수가 있다. 언어 교육자는 언어 학습자에게 필요한 문형 연습의 이면에 있는 근본 원리를 설명하 여, 그로 하여금 언어 연습이 언어 학습의 장기적인 목표와 관계가 있 다는 사실을 인식하게 해야 한다. 지금 자기가 왜 이 연습을 하고 있 는지를 이해하고 있는 언어 학습자는, 그 사실을 모르고 있는 언어 학습자보다 더 오랫동안 연습을 계속할 수 있는 것이다.

　권태와 피로는 언어 학습자에게 도피구를 찾게 하는 결과를 초래할 수 있다. 도피는 신체적이거나 정서적인 것으로부터 나타난다. 신체적인 도피는 언어 학습자가 결석하는 경우이고, 정서적인 도피는 언어 교육자가 언어 학습자에게 연습을 시킬 때에 따라하고는 있으나 그의 생각은 다른 곳에 가 있는 경우이다. 그리고 권태롭고 피로한 상태 하에서 반복 연습했던 문장들은 그 다음 수업 시간에 불쾌한 정서를 일으킬 수 있으며, 또한 외국어의 능동적 사용을 방해할 수도 있다. 이에 대하여 Rivers (1964: 42)는 Mowrer (1960: 220)의 말을 인용하면서 다음과 같이 설명하고 있다. "학습은 언어 학습자가 할 수 있는 것보다는 오히려 하고자 하는 것을 변화시킨다. 따라서 언어 학습에 있어서 중요한 것은 자극적인 동기를 유발시키는 일이다. 집중적인 반복 연습과 대화 학습은 언어 학습자가 원하지 않는 한, 외국어의 구절을 적절히 만들어 낼 수는 없다. 서로 얼굴을 마주 대하는 상황에서 언어 학습자로 하여금 대화를 나누고 싶어 하게 하는 것이 자연스러우며 그러한 환경에서 학습은 이루어지는 것이다. 사실상 언어 교육자는 이중의 문제에 직면해 있다고 볼 수 있다. 그 첫째 문제는 새로운 언어 표현의 정확한 형식을 언어 학습자에게 제시하는 것이고, 그 둘째 문제는 그 언어로 표현하고자 하는 욕구를 유발시키는 것이다. 이 두 개의 문제는 인간의 사상과 감정의 순수하고 개인적인 상호 교환을 위해서 근본적이고도 필수적인 것이다. 따라서 가장 효과적인 교육 방법은 그 두 가지 영역에 있어서의 발전을 위해 필요한 자극을 제공하는 것이다."

　대화 연습과 문형 연습은 서로 얼굴을 마주 보고 있는 자연스러운 상황과, 언어 학습자가 그의 일상 생활과 연관되어 있는 주제를 자유롭게 표현할 수 있는 편안한 환경에서 실시되어야 한다. 대화의 응용은 수업 시간에 이루어질 수 있는 자연스러운 회화의 일종이다. 언어 학습자는 다섯 행 이하 정도의 짧고 완전한 대화를 빨리 암기한 후에, 자기가 이미 학습한 언어 자료를 활용할 수 있어야 한다. 그리고 언어 학습자는 자기의 관심사에 맞추어 대화를 응용할 수 있도록 언어 교육자에게 새로운 언어 자료를 요구할 수도 있다. 응용 연습을 할 때에 중요한 것은, 새로운 회화가 언어 조작에 있어서의 또 다른 암기 연습이 되어서는 안 되고 다만 회화 연습으로만 유지되어야 한다는 점이다. 이제 우리는 언어 학습자 A의 문제에 대한 해결 방안과 마찬가지로 언어 학습자 B의 문제에 대한 해결 방안으로서, 언어 조작에 있어서 기계적인 모방 반복과 암기보다는 회화, 곧, 응용 단계의 확장을 강조할 필요가 있다는 것을 제시할 수 있다.

그러면 이제 언어 능력은 목표 언어의 항목이 문어체로 제시되기 전에 구어체로 제시되어야 보다 효과적으로 학습된다는 가정 2에 대하여 생각해 보기로 한다. 지각 작용에 관한 연구 결과에 의하면, 언어 학습의 초기 단계에서 언어 학습자로 하여금 청각적 신호에만 의지하게 하는 것은, 모국어 학습의 경우보다 외국어 학습의 경우에 있어서 더 큰 부담을 언어 학습자에게 주게 된다고 한다. 모국어 상황에서 언어 학습자가 어떤 통사적이며 연상적인 말 (syntactic and associational cues)을 들으면 환경적인 말 (environmental cues)로부터 문맥을 인식하게 되고, 그가 분명하게 듣지 못한 것은 이미 학습한 언어 지식과 환경으로부터 보충해 가지고 이해하게 된다. 그러나 외국어 상황에서는 그러한 말을 인식하는 위치가 다르다. 외국어 상황에서 모국어 상황처럼 인식하고 이해하려는 데에서 생기는 불안정은 언어 학습자에게, 특히 언어 학습자가 문어체 자료로부터 정보를 얻은 훈련을 받은 경험이 있는 성인의 경우에, 그가 들은 말을 기억하여 조직하는 것을 방해하는 긴장감을 불러일으킬 수가 있는 것이다. 그러므로 언어 교육자는 가능한 한 빨리 언어 학습자에게 문어체 형식을 제시해 주어야 한다. 언어 교육자가 언어 학습자에게 교재를 보지 못하게 하고 새로운 언어 자료를 청각적으로 제시할 수 있으나, 그 자료는 반드시 암기되기 전에 시청각적인 자극으로서 제시되고 연습되어야 한다. 그래야만 암기에 필요한 시간이 단축되고 또한 그 자료를 다양한 방법으로 다룰 수 있는 시간적 여유가 생기게 되는 것이다.

5. 마무리

언어 학습 특히 외국어 학습에 있어서 언어 교육자의 역할은 대단히 중요하다. 언어 교육자의 역할은 언어 학습자의 언어 학습의 성공 여부, 곧, 언어 학습자의 언어 기능의 성취도와 밀접한 관계가 있기 때문이다. 따라서 언어 교육자에게 필요하고도 중요한 임무는 첫째로, 실제의 생활 환경과 관련이 있는 유사 상황을 가능한 한 많이 창조해 내고, 둘째로, 그것을 수업의 현장 활동에 도입시키며, 셋째로, 언어 학습자가 언어를 의사 소통의 도구로 충분히 활용할 수 있도록 그에게 필요하고도 보상받을 수 있는 연습을 시키는 일이다. 의사 전달이라고 하는 것은 단순한 문장의 모방 반복과 암기 그리고 문법 구조의 조작이 아니라, 언어에 관한 모든 것이다. 외국어의 유창한 사용은 인간의 사상과 감정의 표현과 이해에 있어서 국가를 초월하는 하나의 수단이고, 이 시대를 살고 있는 모든 사람들에게 요구되는 능력이며 기술인 것이다.

3. 한국어의 발음 교육

1. 들머리

외국어로서의 한국어의 발음 교육의 목적은 한국어를 학습하려고 하는 외국인에게 표준 한국어의 단어와 문장을 정확하게, 자연스럽게, 그리고 자유롭게 발음할 수 있는 능력을 학습시키고 향상시키는 데에 있다. 여기에서 표준 한국어란 현재 서울 지방에서 교양이 있는 사람들이 두루 쓰고 있는 말씨를 가리킨다.

일반적으로 모든 언어에 있어서 발음은 언어의 네 가지 능력인 말하기 능력, 듣기 능력, 읽기 능력, 그리고 쓰기 능력 가운데에서 말하기 능력, 읽기 능력 및 듣기 능력과 밀접한 관계가 있다. 다시 말해서 화자가 아무리 문법적으로 정확하고 유창하게 말을 하더라도, 그의 발음이 부정확하고 부자연스러우면 청자는 그의 말을 명확하게 듣고 이해하기가 어렵다. 또한 화자가 아무리 유창하게 글을 읽을지라도 그의 발음이 나쁘면 청자는 역시 그를 정확히 듣고 이해하기가 곤란한 것이다. 이와 같이 발음은 인간의 의사 소통에 있어서 정확하고 충분한 의사 전달과 밀접한 관련이 있기 때문에, 특히 언어 교육에 있어서의 발음 교육은 대단히 중요한 것이다.

외국어로서의 한국어 교육에 있어서 발음 교육의 대상자는 주로 취학 이전의 어린이들을 제외한 사람들로 한정된다. 취학 이전의 어린이들은 학교에서 실시하는 것과 같은 형식적이고도 전문적인 발음 교육을 받지 않아도 정확한 발음 학습에 별로 어려움을 느끼지 않기 때문이다. 그러나 취학 이전의 어린이들을 제외한 사람들의 경우에는, 비록 학교에서 공식적이고 전문적인 발음 교육을 받더라도 정확한 발음을 학습하는 데에 여러 가지 어려운 장애 요소가 뒤따른다. 따라서 외국어로서의 한국어의 발음 교육에 있어서 그 대상자는 주로 취학 이전의 어린이들을 제외한 사람들로 한정되는 것이다.

일반적으로 학교에서의 한국어의 발음 교육은 다음과 같은 두 가지의 방식으로 실시될 수 있다. 그 하나는 한국어 교재의 각 단원에 나오는 단어의 발음과 대화 내용에 나타나 있는 문장의 발음만을 교육시키는 것이고, 그 다른 하나는 잘 짜여진 별도의 발음 교재를 만들어 가지고1) 정규 한국어 교육 시간 속에 따로 특별한 발음 교육 시간을 책정해서 집중적으로 발음을 교육시키는 것이다. 그런데 앞에서 언급한 발음 교육의 목적을 효과적으로 충족시키고 구체적인 발음 교육의 목표에 도달하기 위해서는 첫째 방식만으로는 부족하다. 그러므로 둘째 방식으로 발음 교육을 실시하는 것이 바람직하다. 그리고 한국어의 발음을 가르치는 언어 교육자는 반드시 표준 한국어를 사용해야 하고,

---

1) 언어 교육자는 발음 교육 시에 별도의 발음 교재를 만들지 않고 한국어 교재 속에 발음 교육의 내용을 적절히 나누어 포함시킬 수도 있다.

적어도 한국어의 음성학과 음운론에 관한 지식을 어느 정도 갖추고 있어야 하며, 또한 한국어를 배우는 학생의 모국어에 대한 음성학적, 음운론적 지식도 어느 정도 지니고 있어야 한다. 그래야만 외국인에 대한 발음 교육이 효과적으로 그리고 성공적으로 이루어질 수 있기 때문이다.

여기에서는 외국어로서의 한국어의 발음 교육에 있어서 언어 교육자가 반드시 알아두어야 할 발음 교육의 범위와 내용, 발음 교육의 단계와 방법, 그리고 발음 연습의 유형 등을 살펴보는 데에 그 목적을 둔다.

2. 발음 교육의 범위와 내용

발음은 일반적으로 한국어 사전이나 영어 사전에 따르면 '말의 소리를 냄'이나 '낱말들을 소리 내는 행위나 방법' 또는 '언어 사회 안에서 개인이나 집단이 언어음을 조음하는 방법' 등으로 정의된다. 그런데 이들 정의에는 발음 교육에 있어서 언어 교육자가 다루어야 할 구체적인 발음의 범위와 내용이 포함되어 있지 않다. 따라서 우리는 효과적인 발음 교육을 위해서 우선 구체적인 발음 교육의 범위와 내용을 살펴볼 필요가 있다.

발음은 음운론적으로 말하면 이른바 분절 음소 (segmental phoneme)와 비분절 음소 (suprasegmental phoneme)[2]를 포함한다. 분절 음소는

---

2) '초분절 음소'는 '비분절 음소,' '덧 음소' 또는 '상가 음소' 등으로 불리기도한다.

홀소리 (vowel)3)와 닿소리 (consonant)4)로 나누어지고 비분절 음소는 음조 (intonation)5)와 운율 (rhythm)로 구분된다. 그리고 다시 음조는 높이 (pitch)6)와 말끝줄 (terminal contour)7)로, 운율은 세기 (stress),8) 길이 (length),9) 그리고 이음새 (juncture)10)로 분류된다. 이제 위에서 분류한 발음의 범주를 그림으로 나타내 보이면 그것은 다음의 그림 1 과 같다.

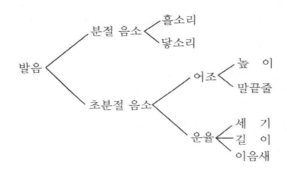

〔그림 1〕

외국어로서의 한국어의 발음 교육에 있어서는 위에서 제시한 발 음의 범위가 발음의 교육 내용에 모두 포함되어야 할뿐만 아니라 각

---

3) 이는 전통적으로 '모음'이라고 하는데 '홀소리'라고 하는 용어가 더 좋다. '홀소리'는 '홀로 나는 소리'라는 것을 뜻하기 때문이다.
4) 이는 전통적으로 '자음'이라고 하는데 '닿소리'란 발음부에서 '조음 체' (능동부)가 '조음점' (고정부)에 가 닿아 나는 소리라는 것을 의 미하므로, '자음'보다는 '닿소리'라는 용어가 더 바람직하다.
5) '음조'는 '억양'이나 '어조'라고도 불린다.
6) '높이'는 '높낮이'나 '고저'나 '음고'라고도 불린다.
7) '말끝줄'은 '문미곡선,' '절종결' 또는 '어말선' 등으로 불리기도 한다.
8) '세기'는 '강세'나 '강약'이나 '음세'라고도 불린다.
9) '길이'는 '장단'이나 '음장'라고도 불린다.
10) '이음새'는 '연접' 또는 '개리 연접'이라고도 불린다.

발음의 특성과 발음의 방법도 포함되어야 한다. 또한 한 음소의 변이음을 실현시키는 음운 규칙[11]과, 한 형태소의 음소가 그 놓이는 환경에 따라 다른 음소로 바뀌는 규칙인 변동 규칙[12], 그리고 음절 유형 등에 관한 것도 발음 교육의 내용에 포함되어야 한다.

가령, 분절 음소에 있어서 각 '홀소리'의 발음을 교육시킬 경우에는 (1) 혀의 높낮이 (tongue height), (2) 혀의 앞뒤의 위치 (tongue advancement), (3) 입술의 둥글기 정도 (lip rounding)에 대한 것들이 설명되어야 한다. 그리고 각 '닿소리'의 발음을 교육시킬 때에는 조음의 위치와 관계가 있는 입술 소리 (labial)[13], 혀끝 소리 (alveolar)[14], 앞혓바닥 소리 (palatal)[15], 뒤혓바닥 소리 (velar),[16] 목청 소리 (glottal)[17]와, 조음의 방법과 연관이 있는 터짐 소리 (stop),[18] 갈이 소리 (fricative),[19] 붙갈이 소리 (affricate),[20] 콧소리 (nasal),[21] 흐름 소리 (liquid),[22] 약한 소리 (simple),[23] 된 소리 (tension),[24] 그리고 거센 소리 (aspirated),[25] 등에 대한 설명이 이루어져야 한다.

---

11) 이에는 닫음소리 되기, 입천장소리 되기, 등이 있다.
12) 이는 닿소리의 이어 바뀜, 닮음, 줄임, 없앰, 덧남, 등을 가리킨다.
13) 이는 '순음'이라고도 한다.
14) 이는 '잇몸 소리'나 '치경음'이라고도 불린다.
15) 이는 '센입천장 소리'나 '치경 구개음' 또는 '경구개음'이라고도 한다.
16) 이는 '여린입천장 소리'나 '연구개음'이라고도 불린다.
17) 이는 '후음'이라고도 한다.
18) 이는 '파열음'이라고도 불린다.
19) 이는 '마찰음'이라고도 한다.
20) 이는 '파찰음'이라고도 불린다.
21) 이는 '비음'이나 '비강음' 또는 '통비음'이라고도 한다.
22) 이는 '설측음'이나 '유음'이라고도 불린다.
23) 이는 '예사 소리'나 '평음' 또는 '단순음'이라고도 한다.
24) 이는 '경음'이나 '긴장음'이라고도 불린다.
25) 이는 '격음'이나 '유기음'이라고도 한다.

비분절 음운에 있어서 음조를 교육시킬 때에는 '높이'를 3 (고, high), 2 (중, mid), 1 (저, low)로 표시하고, '말끝줄'을 ＼ (내림, falling)26), ↗ (올림, rising)27), → (끌음, sustaining)28)으로 표시하여,29) 가령, 서술문의 음조는 정상적인 발화의 경우에 ／221＼／로 된다는 식의 설명이 포함되어야 한다. 그리고 운율을 교육시킬 때에는 '세기'를30) 발화의 각 어절의 첫머리에 놓는 기분으로 말하는 것이 가장 자연스럽다든지,31) '길이'가 어떤 형용사나 부사의 홀소리 위에 길게 얹히면 의미상 어감이 달라진다든지,32) '이음새'에 있어서 어디를 '개방 이음새'도 하고 어디를 '긴밀 이음새'도 하느냐에 따라서 문장의 의미가 달라진다든지33) 하는 설명이 이루어져야 한다.

음운 규칙에 있어서는 약한 터짐소리인 /k, t, p/가 끝소리 자리에서 닫음소리인 [k˹, t˹, p˹]34)가 되는 것과, 혀끝소리인 /s, s', n, l/이 앞 높은 홀소리와 반홀소리 /i, j/ 앞에서 앞혓바닥 소리, 곧, 센입천장소리인 [ɕ, ɕ', ɲ, ʎ]35)로 바뀌는 것 등에 대한 것이 포함되어야 하고 변동 규칙에 있어서는 다음과 같은 것들이 포함되어야 한다.36)

---

26) 이는 '하강'이라고도 불린다.
27) 이를 '상승'이라고도 한다.
28) 이는 '지속'이라고도 불린다.
29) '말끝줄'의 배합형으로 [＼↗], [↗＼], [↗＼／], [→＼], [→↗], 등이 제시될 수도 있다.
30) '세기'의 표시에 있어서는 제일 강세음 [´], 제이 강세음 [^], 제삼 강세음[ˋ], 약음[˘] 등의 구별은 별로 필요하지 않고, 제일 강세음만 표시해 주는 것이 좋다.
31) 이는 [´오늘은 ´날씨가 ´참 ´좋습니다.]와 같이 표기하는 것을 말한다.
32) 이에 관한 보기로는 [좋다/좋 : 다], [잘 한다/잘 : 한다], [저기/저 : 기], 등과 같은 것을 들 수 있다.
33) 이에 관한 예로는 [아빠가⁺ 엄마와 나를 때렸다]와 [아빠가 엄마와⁺나를 때렸다.]와 같은 것을 들 수 있다.
34) 이에 관한 보기로는 '국, 곧, 밥' 같은 것들이 있다.
35) 이에 관한 예에는 '실, 날씨, 남녀, 달력' 등이 있다.

(1) 겹받침 줄이기 (보기 : 닭, 없다, 굶다)

(2) ㅎ끝소리 자리 바꾸기 (보기 : 좋다, 많지, 빨갛고)

(3) 일곱 끝소리 되기 (보기 : 옷, 낮, 꽃)

(4) ㄴ의 ㄹ되기 (보기 : 진로, 만리, 칼날)

(5) ㄹ의 ㄴ되기 (보기 : 종로, 국론, 감리교)

(6) 콧소리 되기 (보기 : 국물, 앞날, 빗물)

(7) 입천장 소리 되기 (보기 : 같이, 굳이, 밭이)

(9) 끝소리의 자리 옮기기 (보기 : 신발, 눈물, 감기)

(10) ㅂ의 공깃길 닮기 (보기 : 도와, 누워, 고이)

(11) ㄷ의 공깃길 닮기 (보기 : 들어, 물어, 걸어)

(12) ㅣ의 치닮기 (보기 : 먹이, 잡히다, 막히다)

(13) 반홀소리 되기 (보기 : 그려, 봐라, 줘)

(14) 거센 소리 되기 (보기 : 입학, 먹히다, 좋다)

(15) ㅡ 없애기 (보기 : 꺼라, 떠서, 달리)

(16) ㅓ 없애기 (보기 : 섰다, 개서, 보내라)

(17) ㄹ 없애기 (보기 : 놉니다, 고니까, 돌고도는)

(18) ㅅ 없애기 (보기 : 그어, 지었다, 나아서)

(19) ㅎ 없애기 (보기 : 까만, 노래서, 빨개요)

(20) ㄴ 덧나기 (보기 : 잡일, 맹장염, 댓잎)

(21) ㄷ 덧나기 (보기 : 등불, 평가, 냇가)

다음으로 음절 유형에 있어서는, 한국어의 음절 짜임새가 '첫소리
－가운뎃소리－끝소리'(CVC)로 이루어져 있으므로, V, CV, VC, CVC
로 나타날 수 있는 음절수에 대한 연습 내용이 포함되어야 한다. 한국
어에서 첫소리는 19개이고, 가운뎃소리는 22개 (홀홀소리 10개와 겹홀

---

36) 이에 관한 자세한 것은 허 웅 (1983: 121－122)을 참조하라.

소리 12개)이며, 끝소리는 7개이다. 따라서 V=22, CV=19×22=418, VC=22×7=154, CVC=19×22×7=2,926을 모두 합하면, 이론적으로 나타날 수 있는 한국어의 음절의 수는 3,520이다. 그러나 실제로 쓰이는 음절의 수는 약 1,000개 정도이므로, 이에 대한 것이 골고루 연습될 수 있도록 포함되어야 한다.[37]

3. 발음 교육의 단계와 방법

언어 교육자가 언어 학습자에게 발음 교육을 시킬 때에는 정연한 단계와 명확한 교육 방법을 따름으로써 보다 더 교육적인 효과를 초래할 수 있다. 발음 교육의 단계는 학습자에게 효율적으로 발음을 학습시킬 수 있게 하는 전제 조건인 동시에, 바람직한 교육 방법과 기술을 창출해 낼 수 있게 하는 바탕이 될 수 있다.

언어 학습자의 발음 학습은 (1) 제시 단계, (2) 설명 단계, (3) 반복 단계, 그리고 (4) 응용 단계와 같은 네 단계에 의하여 효과적으로 이루어질 수 있다.[38]

3.1. 제시 단계

제시 단계는 언어 교육자가 언어 학습자에게 교육할 내용을 소개

---

37) 이에 관하여 자세한 것은 허 웅 (1983: 98-99)을 참조하라.
38) 이에 관한 자세한 것은 노 대규 (1985: 32-33)를 참조하라.

하는 단계이며 동시에 학습 목표를 분명하게 인식시키는 단계이다. 이 단계에서 언어 교육자가 유념해야 할 일은 언어 학습자에게 표준적이고도 모범적인 학습 항목을 제시해야 한다는 것이다. 가령, 언어 교육자가 언어 학습자에게 'ㅂ' 소리와 'ㅃ' 소리의 발음을 연습시키려면, 연습을 시작하기 전에 언어 교육자는 먼저 다음의 (1)과 같이 발음을 하고, 'ㅂ' 소리와 'ㅃ' 소리가 들어 있는 한 쌍의 단어를 언어 학습자에게 들려주어야 한다.

(1) "오늘은 'ㅂ'소리와 'ㅃ'소리에 대해서 연습하겠습니다."

① ㄱ. [방]
　 ㄴ. [빵]

② ㄱ. [불]
　 ㄴ. [뿔]

③ ㄱ. [비다]
　 ㄴ. [삐다]

또한, 언어 교육자가 언어 학습자에게 '의' 소리의 발음을 연습시킬 때에는, 먼저 다음의 (2)와 같이 발음을 하고 '의' 소리가 들어 있는 낱말을 제시해야 한다. 이 때에 '의' 소리를 '으' 소리나 '이' 소리로 제시하면 안 된다. '으' 소리나 '이' 소리는 표준 발음이 아니기 때문이다.

(2) "이 시간에는 '의' 소리에 대하여 연습하겠습니다."

① [의사] (*으사, *이사)
② [의견] (*으견, *이견)
③ [의미] (*으미, *이미)

3.2. 설명 단계

설명 단계는 제시 단계에서 언어 교육자가 언어 학습자에게 제시한 학습 내용을 구체적으로 이해시키는 단계이며 납득이 갈만한 설명을 해 주는 단계이다. 이 단계에서는 언어 학습자의 정도 (초급, 중급, 또는 고급)나 필요에 따라서 한국어와 언어 학습자의 모국어 중에 어느 하나가 설명의 도구로 사용될 수 있다.[39]

이 단계에서 언어 교육자가 주의해야 할 일은 설명의 시간이 너무 길면 안 된다는 것이다. 설명은 될 수 있는 대로 간결하고 명확하게 하는 것이 바람직하다. 또한 이 단계에서는 설명에 필요한 여러 가지 보조적 도구로서 '그림'이나 '줄'이나 '숫자'나 또는 '종이' 등을 활용하는 것이 효과적이다. 그리고 가능하면 언어 학습자에게 한국어의 발음과 언어 학습자의 모국어와의 발음의 유사점이나 차이점을 인식시키는 것도 필요하다. 예컨대, 언어 교육자가 특히 미국 영어를 모국어로 사용하고 있는 언어 학습자에게, 다음의 (3ㄱ)에 있는 한국어의 'ㅃ', 'ㄸ', 'ㄲ'의 발음을 연습시킬 경우에는, (3ㄴ)에서와 같이 미국 영어에서 [s]소리의 다음에 오는 [ph], [th], [kh]가, 각각 된소리인 [pp], [tt], [kk]

---

39) 초급 단계에서는 설명의 도구로 언어 학습자의 모국어 사용이 허용될 수 있으나, 중급이나 고급 단계에서는 언어 학습자의 모국어 사용이 금지되어야 한다. 중급이나 고급 단계에서는 언어 학습자가 이해할 수 있는 쉬운 한국어로 설명해 주는 것이 바람직하다.

로 발음된다는 사실을 상기시키고, 이들 [pp], [tt], [kk]소리가 한국어의 'ㅃ', 'ㄸ', 'ㄲ'소리와 각각 거의 같다고 설명함으로써, 'ㅃ', 'ㄸ', 'ㄲ'의 발음을 빨리 학습하게 할 수가 있다.

(3) ㄱ. ① 빵, 뽀뽀, 뿌리, …
　　② 떡, 땅, 똑똑, …
　　③ 꿀, 까치, 꼬리, …

ㄴ. ① speed [sppi : d]
　② star [stta : r]
　③ school [skku : l]

그리고 'ㅃ', 'ㄸ', 'ㄲ'의 발음을 연습시킬 때에는 이들 소리가 유기음이 아니라 무기음이라는 점을 인식시키기 위해서, 다음의 (4)와 같이 유기음인 'ㅍ', 'ㅌ', 'ㅋ'과 각각 대립되는 한 쌍의 낱말들을 만들어 가지고 설명에 필요한 보조적 도구로서 종이를 이용하는 것이 좋다.

(4) ㄱ. ① 뿔
　　② 풀

ㄴ. ① 땅
　② 탕

ㄷ. ① 깨다
　② 캐다

곧, 언어 교육자는 얇은 종이를 입술 가까이 대고, 위의 (4ㄱ-ㄷ)의 ①과 ②를 각각 발음해 보임으로써 ①을 발음할 때에는 종이가 움직이지 않고 ②를 발음할 적에는 종이가 움직인다는 사실을 언어 학습자에게 인식시킬 수가 있는 것이다. 그 다음에는 언어 교육자가 언어 학습자에게 역시 종이를 사용하여 발음하여 보게 함으로써 언어 학습자 자신이 ①과 ②를 구별하여 정확히 발음하고 있는 지의 여부를 확인시킬 수가 있다.

또한 영어가 모국어인 언어 학습자에게는 한국어의 파열음이 비강 자음 앞에서 비음으로 되는 것을 연습시킬 때에도 영어의 경우와 대조시켜 그 차이점을 설명하는 것이 효과적이다. 가령, 한국어의 경우에 'ㅂ', 'ㄷ', 'ㄱ' 소리는, 다음의 (5ㄱ)에서와 같이 'ㅁ', 'ㄴ' 앞에서 각각 'ㅁ', 'ㄴ', 'ㅇ'으로 비음이 된다. 그러나 (5ㄴ)에서와 같이 영어의 경우에는, [p], [t], [k]가 [m], [n]앞에서 각각 [m], [n], [ŋ]으로 비음이 되지 않는다.

(5) ㄱ. ① 밥물 → [밤물]
　　　 ② 믿는다 → [민는다]
　　　 ③ 국민 → [궁민]

　　 ㄴ. ① topmost [tapmowst] ↛ [*tammowst]
　　　 ② catnap [kætnæp] ↛ [*kænnæp]
　　　 ③ back number [bæknʌmbər] ↛ [*bæŋnʌmbər]

이처럼 언어 교육자가 한국어와 언어 학습자의 모국어를 대조하여 그 차이점을 설명해 줌으로써 언어 학습자는 보다 쉽게 그리고 빨리 발음을 학습할 수 있는 것이다.

다음으로, 각 닿소리의 발음을 교육시킬 때에는 설명의 보조적 수단으로서 발성 기관의 '그림'을 이용하여 정확한 조음 위치와 조음 방식을 설명하고, 각 홀소리의 발음을 가르칠 때에도 역시 그림을 이용하여 설명하는 것이 좋다.

음조에 따라서 발화의 의미가 달라지는 다음의 (6), (7), (8) 및 (9)와 같은 문장의 발음을 교육시킬 때에는, '높이'를 나타내는 '숫자'와 '말끝줄'을 나타내는 '선'을 이용하는 것이 좋다.

(6) ㄱ. ^{2}누가 ^{2}왔습니까^1? ↘
    ㄴ. ^{2}누가 ^{2}왔습니까^2? ↗

(7) ㄱ. ^{2}언제 ^{2}김 선생님을 ^{2}만나셨습니까^1? ↘
    ㄴ. ^{2}언제 ^{2}김 선생님을 ^{2}만나셨습니까^2? ↗

(8) ㄱ. ^{2}무엇을 ^{2}잡수셨습니까^1? ↘
    ㄴ. ^{2}무엇을 ^{2}잡수셨습니까^2? ↗

(9) ㄱ. ^{2}저분이 ^{2}누구야^1? ↘ ^{2}김 선생^1 ↘
    ㄴ. ^{2}저분이 ^{2}누구야^1? ↘ ^{2}김 선생^2? ↗

또한 '운율'을 교육시킬 때에는 다음의 (10)에서와 같이 발화의 각 어절의 첫 음절 위에 [´]와 같은 세기의 기호를 찍어 놓고 언어교육자로 하여금 약간 과장되게 발음하게 함으로써, 그의 모국어의 운율 습관에서 자연스런 한국어의 운율 습관으로 전환되도록 할 수 있다.

(10) ′저는 ′연세대학교 ′한국어학당에서 ′한국말을 ′공부합니다.

　　그리고 '길이'에 관해서 교육시킬 때에는 긴 소리를 나타내는 [:]
와 같은 기호를 이용하는 것이 좋다. 한국에서는 홀소리의 길고 짧음
에 따라 낱말의 의미 변화를 초래하는 수가 있기 때문이다. 곧, 모음의
장단에 따라서 다음의 (11)은 단어의 의미가 분화된 예이고 (12)는 거
리감이 달라진 보기이며, (13)은 양의 정도가 차이가 나는 경우이고
(14)는 어떤 상태의 정도가 다르게 인식되는 보기이며 (15)는 일종의
반어법으로서 정반대의 의미가 나타나는 경우이다.

(11) ㄱ. [굴] (具), [말] (馬), [병] (瓶)
　　　ㄴ. [굴 :] (窟), [말 :] (言), [병 :] (病)

(12) ㄱ. [저기] 나무가 하나 보이지요?
　　　ㄴ. [저 : 기] 나무가 하나 보이지요?

(13) ㄱ. 사람이 [많이] 모였어요.
　　　ㄴ. 사람이 [많 : 이] 모였어요.

(14) ㄱ. 날씨가 [참] 좋습니다.
　　　ㄴ. 날씨가 [참 :] 좋습니다.

(15) ㄱ. 공부를 [잘] 하는구나!
　　　ㄴ. 공부를 [잘 :] 하는구나!

　　끝으로 발음 교육에 있어서 '이음새'를 교육시킬 때에는, 다음의

(16)에서와 같이 개방 이음새의 자리에 [+]와 같은 기호를 사용함으로써 같은 말이 두 가지의 뜻으로 해석될 수 있음을 이해시키는 것이 좋다.

(16) ㄱ. 나는⁺ 형님과 동생을 만났습니다.
    ㄴ. 나는 형님과⁺ 동생을 만났습니다.

3.3. 반복 단계

반복 단계는 언어 교육자가 제시하고 설명한 학습 내용을 언어 학습자가 자기의 것으로 소화시키기 위한 모방의 단계이고 습관 형성의 단계이며 암기의 단계이다. 이 단계에서는 모방 반복의 양이 많으면 많을수록 습관 형성이 잘 이루어지므로 언어 교육자는 언어 학습자가 한국어의 발음을 정확하게, 자연스럽게, 그리고 자유롭게 따라 할 수 있을 때까지 반복을 시킬 필요가 있다. 이 반복 단계에서는 다음의 (17)과 같은 삼 단계 연습 방법이나 (18)과 같은 사 단계 연습 방법이 사용될 수 있다.[40]

(17) 삼 단계 연습 방법

단 계	일 단계	이 단계	삼 단계
교육자	자극		정확한 반응
학습자		기도된 반응	

---

40) 이에 관하여 자세한 것은 Dae-Kyu Noh (1974: 149)를 참조하라.

(18) 사 단계 연습 방법

단계	일 단계	이 단계	삼 단계	사 단계
교육자	자극		정확한 반응	
학습자		기도된 반응		반복

위의 삼 단계 연습 방법은 다음의 (19)와 같이 언어 교육자가 먼저 정확한 발음을 언어 학습자에게 들려주고 그에게 따라하게 한 다음에 언어 교육자가 다시 한 번 더 정확한 발음을 들려주는 것이다. 그리고 사 단계 연습 방법은 다음의 (20)과 같이 언어 학습자에게 언어 교육자의 발음을 두 번 모방 반복하게 하는 것이다. 반복 단계에 있어서 반복의 횟수는 언어 교육자의 발음에 대한 언어 학습자의 모방 정도와 습관 형성의 정도에 따라 증가될 수도 있다.

(19) 교육자: 어머니
     학습자: 어머니
     교육자: 어머니

(20) 교육자: 안녕하십니까?
     학습자: 안녕하십니까?

     교육자: 안녕하십니까?
     학습자: 안녕하십니까?

그리고 반복 단계에서는 다음의 (21)와 같이 전체 언어 학습자로 하여금 모두 다 같이 언어 교육자의 발음을 따라하게 하는 방법과 (22)처럼 한 명씩 모방 반복하게 하는 방법이 활용될 수 있다.

  (21) 교육자: 아버지
       학습자: (다 함께) 아버지

  (22) 교육자: 감사합니다.
       학습자₁: 감사합니다.

       교육자: 감사합니다.
       학습자₂: 감사합니다.

       교육자: 감사합니다.
       학습자₃ : 감사합니다.

반복 단계에서 언어 교육자가 언어 학습자에게 발음의 모방 반복을 시킬 때에 언어 교육자는 언어 학습자가 정확한 반응을 보이면, 그에게 잘했다는 뜻으로 "좋습니다."라고 말해 주든지 머리를 끄덕여 주는 것이 학습 심리 상 좋다. 그리고 언어 교육자가 개별 언어 학습자에게 모방 반복 연습을 시킬 때에는 언어 학습자의 앉아 있는 순서대로, 곧, 언어 학습자의 왼쪽에서 오른쪽으로 또는 오른쪽에서 왼쪽으로 연습을 시키는 것보다는 일정한 순서를 따르지 않고 무순으로 연습시키는 것이, 언어 교육자의 발음에 대한 학생의 집중력을 강화시킬 수 있기 때문에 더욱 효과적이다. 또한 반복 단계에서는 언어 교육자의 발음 이외에 다양한 여러 다른 발음을 언어 학습자에게 들려주기 위하여, 여러 다른 목소리로 미리 녹음된 테이프를 이용하는 것도 바람직하다.

3.4. 응용 단계

응용 단계는 언어 학습자가 반복 단계를 통하여 학습한 학습 내용을 여러 다른 상황에 적용시켜 봄으로써, 학습 내용을 완전히 자기의 소유로 만들어 자유롭게 사용할 수 있게 하는 전이의 단계이며 활용의 단계이다. 이 단계에서는 문형 연습 (pattern drill)에서 사용되는 교체 연습, 변형 연습, 연결 연습, 전위 연습, 축약 연습, 확장 연습, 응답 연습 및 회화 연습 등과 같은 연습 유형이 발음 연습으로 활용될 수 있다.41) 그리고 언어 학습자의 수준에 따라서 언어 교육자가 언어 학습자에게 그림이나 사진을 보여 주고 말하게 할 수도 있고, 언어 교육자가 준비된 이야기를 들려주고 그 이야기의 내용에 대하여 질문한 다음에, 언어 학습자로 하여금 대답하게 하거나 그 이야기를 다시 말하게 할 수도 있다. 또한 언어 교육자가 언어 학습자에게 어떤 주제를 주고 그 주제에 대하여 자유롭게 자기의 견해를 말하게 할 수도 있으며 새로운 글을 소리 내어 읽게 할 수도 있다. 그리고 어떤 주어진 상황에서의 역할 놀이 (role play)나 극화 (dramatization)를 통하여 말하게 할 수도 있다. 응용 단계에서는 이렇게 여러 가지 방법으로 언어 학습자가 말한 내용을 언어 교육자가 녹음기에 녹음하여, 이를 언어 학습자에게 다시 들려주면서 그의 발음을 교정시켜 주는 것이 발음 교육상 효과적이다.

---

41) 발음 연습의 유형에 관한 것은 뒤에서 구체적으로 논의될 것이다.

4. 발음 연습의 유형

발음 교육에서 언어 교육자가 활용할 수 있는 발음 연습의 유형에는 듣기와 관련이 있는 것으로는 식별 연습이 있고, 말하기와 관련된 것으로는 교체 연습, 변형 연습, 연결 연습 또는 통합 연습, 전위 연습, 축약 연습, 확장 연습 또는 첨가 연습, 응답 연습 및 회화 연습이 있으며, 읽기와 관련이 있는 것으로는 따라 읽기 연습과 혼자 읽기 연습 등이 있다.

4.1. 식별 연습

발음 교육의 초기 단계에서는 언어 학습자에게 음성적으로는 유사하나 음운적으로는 상이한 소리들을 식별하게 하는 연습을 시키는 것이 필요하고도 중요하다. 식별 연습에 있어서 언어 교육자는 다음의 (22)와 같이 한 쌍의 최소 대립어를 언어 학습자에게 들려주고, 언어 학습자로 하여금 (22´)과 같이 답안지에다가 두 단어의 발음이 같은 소리로 들렸으면 '같음'에 다른 소리로 들렸으면 '다름'에 밑줄을 치거나 동그라미를 그려서 발음을 식별하게 할 수 있다.

    (23) ㄱ. 고기 : 거기
         ㄴ. 털다 : 털다
         ㄷ. 개 : 개
         ㄹ. 뿔 : 풀

(23′) ㄱ. 같음 <u>다름</u> (또는 S Ⓓ)

　　　ㄴ. <u>같음</u> 다름 (또는 Ⓢ D)

　　　ㄷ. <u>같음</u> 다름 (또는 Ⓢ D)

　　　ㄹ. 같음 <u>다름</u> (또는 S Ⓓ)

그리고 언어 교육자는 다음의 (24)와 같이 언어 학습자에게 세 개의
단어를 들려주고, (24′)와 같이 답안지에 그 중 발음이 같은 두 개의
단어를 골라 밑줄을 치게 하거나 동그라미를 그리게 할 수도 있다.

(24) ㄱ. 장구 : 짱구 : 장구

　　　ㄴ. 귀 : 귀 : 기

　　　ㄷ. 살 : 쌀 : 쌀

　　　ㄹ. 우리 : 오리 : 우리

(24′) ㄱ. ①. 2. ③.

　　　ㄴ. ①. ②. 3.

　　　ㄷ. 1. ②. ③.

　　　ㄹ. ①. 2. ③.

　　또한 언어 교육자는 다음의 (25)와 같이 최소 대립어가 될 수 있
는 단어가 한 개 들어 있는 문장을 언어 학습자에게 들려주고, (25′)
처럼 답안지에 한 쌍의 최소 대립어를 제시한 다음에, 언어 학습자로
하여금 그가 들은 문장 속에 들어 있는 단어에다가 동그라미를 그리게
할 수도 있다.

(25) ㄱ. 큰 빵이 있습니다.

ㄴ. 철수가 '과자'하고 말했습니다.

ㄷ. 도끼를 보았습니까?

ㄹ. 윤 선생이 왔습니다.

(25′) ㄱ. 여기에 큰 [1. 방   ②. 빵]이 있습니다.

ㄴ. 철수가 [①. 과자   2. 가자]하고 말했습니다.

ㄷ. 선생님은 [①. 도끼   2. 토끼]를 보았습니까?

ㄹ. 어저께 [①. 윤 선생   2. 연 선생]이 왔습니다.

4.2. 교체 연습

교체 연습은 언어 학습자로 하여금 한 문장의 요소, 곧, 어떤 단어나 구절을 동일한 위치에서 다른 단어나 구절로 바꾸어 말하게 하는 연습이다. 이 연습에 있어서 언어 교육자가 유념해야 할 것은 문장의 일부가 교체되더라도 음조와 운율이 그대로 유지되도록 언어 학습자에게 주지시켜야 한다는 것이다. 교체 연습으로는 다음의 (26)과 같은 한 자리 교체 연습, (27)과 같은 두 자리 교체 연습, (28)과 같은 세 자리 교체 연습, 그리고 (29)와 같은 이동 자리 교체 연습 등이 활용될 수 있다.

(26) 교육자: 날씨가 참 좋지요?

교육자: 나쁩니다.
학습자: 날씨가 참 나쁘지요?

교육자: 덥습니다.
학습자: 날씨가 참 덥지요?

(27) 교육자: 길에서 그분을 만났습니다.

교육자: 다방, 김 선생
학습자: 다방에서 김 선생을 만났습니다.

교육자: 술집, 친구
학습자: 술집에서 친구를 만났습니다.

(28) 교육자: 9시부터 11시까지 집에 있겠습니다.

교육자: 2시, 5시, 사무실
학습자: 2시부터 5시까지 사무실에 있겠습니다.

교육자: 1시, 3시, 연구실
학습자: 1시부터 3시까지 연구실에 있겠습니다.

(29) 교육자: 제가 돈을 잃어 버렸습니다.

교육자: 최 선생
학습자: 최 선생이 돈을 잃어 버렸습니다.

교육자: 책
학습자: 최 선생이 책을 잃어 버렸습니다.

교육자: 찾았습니다.

학습자: 최 선생이 책을 찾았습니다.

4.3. 변형 연습

변형 연습은 언어 교육자가 언어 학습자에게 기본 문장을 들려주고 언어 학습자로 하여금 그 기본 문장에 어떤 구조적 변화를 가하여 그 기본 문장을 다른 문장으로 바꾸도록 하는 연습이다. 이 연습에 있어서 언어 교육자는 기본 문장의 변형으로 생길 수 있는 음조와 운율의 변화가 제대로 이루어지는지에 대하여 잘 관찰하고, 그렇지 않을 때에는 그를 올바르게 시정해 주어야 한다. 변형 연습은 다음의 (30)-(34)에서와 같이 서술문을 질문문이나 명령문이나 청유문이나 또는 감탄문으로 바꾸는 것, (35)-(37)에서처럼 긍정문을 부정문으로 바꾸는 것, (38)에서와 같이 능동문을 피동문으로 바꾸는 것, 그리고 (39)에서처럼 비존대문을 존대문으로 바꾸는 것 등을 포함한다.

(30) ㄱ. 교육자: 집에 갑니다.
　　　　학습자: 집에 갑니까?

　　 ㄴ. 교육자: 시간이 없습니다.
　　　　학습자: 시간이 없습니까?

　　 ㄷ. 교육자: 저것이 남대문입니다.
　　　　학습자: 저것이 남대문입니까?

(31) ㄱ. 교육자: 잠깐 쉽니다.
　　　　학습자: 잠깐 쉴까요?

　　ㄴ. 교육자: 다방에 갑니다.
　　　　학습자: 다방에 갈까요?

　　ㄷ. 교육자: 내일 비가 옵니다.
　　　　학습자: 내일 비가 올까요?

(32) ㄱ. 교육자: 들어옵니다.
　　　　학습자: 들어오십시오.

　　ㄴ. 교육자: 커피를 마십니다.
　　　　학습자: 커피를 마시십시오.

　　ㄷ. 교육자: 이 사진을 봅니다.
　　　　학습자: 이 사진을 보십시오.

(33) ㄱ. 교육자: 또 만납니다.
　　　　학습자: 또 만납시다.

　　ㄴ. 교육자: 같이 이야기합니다.
　　　　학습자: 같이 이야기합시다.

　　ㄷ. 교육자: 그만 일어납니다.
　　　　학습자: 그만 일어납시다.

(34) ㄱ. 교육자: 눈이 옵니다.
　　　 학습자: 눈이 오는군요!

　　 ㄴ. 교육자 : 꽃이 참 예쁩니다.
　　　 학습자 : 꽃이 참 예쁘군요!

　　 ㄷ. 교육자: 저분이 노 선생입니다.
　　　 학습자: 저분이 노 선생이군요!

(35) ㄱ. 교육자: 저는 미국에 갑니다.
　　　 학습자: 저는 미국에 안 갑니다.

　　 ㄴ. 교육자: 기분이 좋습니다.
　　　 학습자: 기분이 안 좋습니다.

　　 ㄷ. 교육자: 저분은 담배를 피웁니다.
　　　 학습자: 저분은 담배를 안 피웁니다.

(36) ㄱ. 교육자: 저는 텔레비전을 봅니다.
　　　 학습자: 저는 텔레비전을 보지 않습니다.

　　 ㄴ. 교육자: 날씨가 좋습니다.
　　　 학습자: 날씨가 좋지 않습니다.

　　 ㄷ. 교육자: 그 분은 술을 마십니다.
　　　 학습자: 그 분은 술을 마시지 않습니다.

(37) ㄱ. 교육자: 저는 중국 사람입니다.
　　　학습자: 저는 중국 사람이 아닙니다.

　　ㄴ. 교육자: 그이는 의사입니다.
　　　학습자: 그이는 의사가 아닙니다.

　　ㄷ. 교육자: 이것은 국산품입니다.
　　　학습자: 이것은 국산품이 아닙니다.

(38) ㄱ. 교육자: 경찰이 도둑을 잡았습니다.
　　　학습자: 도둑이 경찰에게 잡혔습니다.

　　ㄴ. 교육자: 개가 아이를 물었습니다.
　　　학습자: 아이가 개한테 물렸습니다.

　　ㄷ. 교육자: 어머니가 아기를 안았습니다.
　　　학습자: 아기가 어머니에게 안겼습니다.

(39) ㄱ. 교육자: 할아버지가 집에 있습니다.
　　　학습자: 할아버지께서 집에 계십니다.

　　ㄴ. 교육자: 할머니가 밥을 먹습니다.
　　　학습자: 할머니께서 진지를 잡수십니다.

　　ㄷ. 교육자: 박 선생이 집에 갔습니다.
　　　학습자: 박 선생께서 집에 가셨습니다.

4.4. 연결 연습

연결 연습은 언어 교육자가 언어 학습자에게 두 개의 단문을 들려주고 언어 학습자로 하여금 그 두 개의 단문을 연결시켜 한 개의 복문으로 만들어 말하게 하는 연습이다. 이 연습에 있어서도 언어 교육자는 언어 학습자가 복문을 말할 때에 음조나 운율이 자연스럽게 발음되는지 유념하고, 그렇지 않을 경우에는 바르게 지도해 주어야 한다.

연결 연습으로는 다음의 (40)~(42)와 같이 대등 접속문을 만드는 것, (43)과 (44)처럼 종속 접속문을 만드는 것, (45) 및 (46)과 같이 명사절이 내포되는 복문을 만드는 것, 그리고 (47)처럼 관형절이 포함되는 복문을 만드는 것 등이 활용될 수 있다.

(40) ㄱ. 교육자: 이분은 김 선생입니다. 이분은 오 선생입니다.
　　　 학습자: 이분은 김 선생이고 이분은 오 선생입니다.

　　 ㄴ. 교육자: 바람이 붑니다. 비가 옵니다.
　　　 학습자: 바람이 불고 비가 옵니다.

　　 ㄷ. 교육자: 이것은 쌉니다. 저것은 비쌉니다.
　　　 학습자: 이것은 싸고 저것은 비쌉니다.

(41) ㄱ. 교육자: 차를 마십니다. 이야기합시다.
　　　 학습자: 차를 마시면서 이야기합시다.

　　 ㄴ. 교육자: 음악을 듣습니다. 차를 마실까요?

학습자: 음악을 들으면서 차를 마실까요?

ㄷ. 교육자: 운전합니다. 졸면 안됩니다.
　　학습자: 운전하면서 졸면 안됩니다.

(42) ㄱ. 교육자: 값은 쌉니다. 질은 나쁩니다.
　　　학습자: 값은 싸지만 질은 나쁩니다.

ㄴ. 교육자: 비가 옵니다. 그냥 떠납시다.
　　학습자: 비가 오지만 그냥 떠납시다.

ㄷ. 교육자: 이 물건은 좋습니다. 너무 값이 비쌉니다.
　　학습자: 이 물건은 좋지만 너무 값이 비쌉니다.

(43) ㄱ. 교육자: 약속이 있습니다. 시내에 갑니다.
　　　학습자: 약속이 있어서 시내에 갑니다.

ㄴ. 교육자: 몸이 아픕니다. 병원에 갑니다.
　　학습자: 몸이 아파서 병원에 갑니다.

ㄷ. 교육자: 좀 피곤합니다. 쉬고 싶습니다.
　　학습자: 좀 피곤해서 쉬고 싶습니다.

(44) ㄱ. 교육자: 술을 마십니다. 기분이 좋군요!
　　　학습자: 술을 마시니까 기분이 좋군요!

ㄴ. 교육자: 지금 바쁩니다. 다음에 오십시오.

학습자: 지금 바쁘니까 다음에 오십시오.

ㄷ. 교육자: 시간이 됐습니다. 그만 합시다.
　　　학습자: 시간이 됐으니까 그만 합시다.

(45) ㄱ. 교육자: 한국말을 배웁니다. 참 어렵습니다.
　　　　학습자: 한국말을 배우기가 참 어렵습니다.

ㄴ. 교육자: 한국에서 삽니다. 어떻습니까?
　　　학습자: 한국에서 살기가 어떻습니까?

ㄷ. 교육자: 대학에 들어갑니다. 힘이 듭니다.
　　　학습자: 대학에 들어가기가 힘이 듭니다.

(46) ㄱ. 교육자: 그이가 안 갑니다. 틀림이 없습니다.
　　　　학습자: 그이가 안 가는 것이 틀림이 없습니다.

ㄴ. 교육자: 제가 결혼했습니다. 알았습니까?
　　　학습자: 제가 결혼한 것을 알았습니까?

ㄷ. 교육자: 다시 만날 것입니다. 우리는 약속했습니다.
　　　학습자: 다시 만날 것을 우리는 약속했습니다.

(47) ㄱ. 교육자: 김 선생을 보았습니다. 그 곳이 어디입니까?
　　　　학습자: 김 선생을 본 곳이 어디입니까?

ㄴ. 교육자: 영어를 잘 합니다. 그런 사람이 있습니다.

학습자: 영어를 잘 하는 사람이 있습니다.

ㄷ. 교육자: 책을 읽어야 합니다. 책이 많습니다.
　　학습자: 읽어야 할 책이 많습니다.

4.5. 전위 연습

전위 연습은 언어 교육자가 언어 학습자로 하여금 문장의 어순을
다음의 (48)과 같이 도치시켜 말하게 하는 연습이다. 한국어의 어순에
는 고정 어순과 자유 어순이 있는데, 문어체에서는 주로 고정 어순이
사용되나 일반 회화에서도 비교적 자유 어순이 많이 사용되므로 언어
교육자는 언어 학습자에게 전위 연습을 시킬 필요가 있다. 전위 연습
시에도 언어 교육자는 언어 학습자에게 음조와 운율의 변화를 동시에
연습시켜야 한다.

(48) ㄱ. 교육자: 많이 있으니까 많이 드세요.
　　　학습자: 많이 드세요. 많이 있으니까.

ㄴ. 교육자: 한국말은 어렵지 않습니다.
　　학습자: 어렵지 않습니다. 한국말은.

ㄷ. 교육자: 정 선생님, 오래간만입니다.
　　학습자: 오래간만입니다. 정 선생님.

4.6. 축약 연습

축약 연습은 다음의 (49)에서와 같이 언어 교육자가 언어 학습자로 하여금 어떤 문장의 언어 형태를 음운론적으로 축약시켜 발음하게 하는 연습이다. 일반적으로 축약 형태는 구어에서 더 많이 사용되므로 발음 연습에 있어서 축약 연습은 중요하다고 볼 수 있다.

(49) ㄱ. 교육자: 이것이 무엇입니까?
　　　학습자: 이게 뭡니까?

　　 ㄴ. 교육자: 저것은 제 것입니다.
　　　학습자: 저건 제겁니다.

　　 ㄷ. 교육자: 그이는 안 올 것입니다.
　　　학습자: 그인 안 올 겁니다.

　　 ㄹ. 교육자: 이것이 얼마입니까?
　　　학습자: 이거 얼맙니까?

4.7. 확장 연습

확장 연습은 언어 교육자가 언어 학습자로 하여금 다음의 (50)과 같이 한 문장의 서술어에 새로운 어절을 점차적으로 첨가시키면서 문장을 확장시켜 말하게 하는 연습이다. 한국어는 서술어 중심 언어일 뿐만 아니라 한 문장의 음조와 운율이 비교적 단조로우므로 확장 연습을 시킬 때에는 문장의 뒤쪽에서부터 앞쪽으로 어절 단위로 첨가시키면서 확장하게 하는 것이 좋다. 그래야만 음조와 운율의 변화가 적어지기 때문이다.

(50) 교육자: 오십시오.
　　　학습자: 오십시오.

　　　교육자: 저의 집으로
　　　학습자: 저의 집으로 오십시오.

　　　교육자: 6시까지
　　　학습자: 6시까지 저의 집으로 오십시오.

　　　교육자: 내일 저녁
　　　학습자: 내일 저녁 6시까지 저의 집으로 오십시오.

4.8. 응답 연습

　응답 연습은 어느 정도 통제된 문형이나 상황을 이용한 언어 교육자의 질문에 대하여 언어 학습자로 하여금 역시 통제된 문형이나 상황이나 또는 그에게 이미 알려져 있는 정보를 사용하여 대답하게 하는 연습이다. 그러므로 응답 연습은 제한적인 단답형 유형의 연습이라고 할 수 있다. 이 연습에 있어서도 언어 교육자는 언어 학습자의 발음상의 음조와 운율에 유념하고 잘못된 것은 즉시 교정해 주어야 한다. 응답 연습의 보기는 다음의 (51)과 같다.

(51) ㄱ. 교육자: 한국말을 배우기가 어렵습니까?
　　　　학습자: 예, 한국말을 배우기가 어렵습니다.

　　　ㄴ. 교육자: 영어를 배우기가 쉽습니까?
　　　　학습자: 아니오, 영어를 배우기가 쉽지 않습니다.

　　　ㄷ. 교육자: 일본어를 배우기가 어렵습니까?
　　　　학습자: 아니오, 일본어를 배우기가 어렵지 않습니다.
　　　　일본어를 배우기가 쉽습니다.

4.9. 회화 연습

　회화 연습은 언어 교육자가 언어 학습자로 하여금 어떤 특정한 문형이나 통제된 상황에 구애를 받지 않고 그가 배운 모든 것을 이용하여 자유롭게 대답하게 하는 연습이다. 따라서 회화 연습은 비통제적인 임의 대답형의 연습 유형이라고 할 수 있다. 회화 연습에 있어서 언어 교육자는 언어 학습자가 말하는 내용을 녹음했다가 그에게 다시 들려주면서 발음을 교정해 주는 것이 좋다. 회화 연습의 보기를 들면 그것은 다음의 (52)와 같다.

(52) ㄱ. 교육자: 한국말을 배우기가 어떻습니까?
　　　　학습자: 한국말을 배우기가 재미있지만 좀 어렵습니다.
　　　　　　(또는 학습자의 마음대로 대답할 수 있음.)

　　　ㄴ. 교육자: 언제 어디에서 만날까요?

학습자: 내일 저녁 7시쯤 롯데 호텔 커피숍에서 만납시다.
(또는 학습자의 마음대로 대답할 수 있음.)

ㄷ. 교육자: 어떻게 오셨습니까?
학습자: 박 선생님 좀 만나 뵈러 왔는데요.
(또는 학습자의 마음대로 대답할 수 있음.)

4.10. 따라 읽기 연습

따라 읽기 연습은 언어 교육자가 미리 준비한 문장이나 단락을 언어 학습자에게 정확하고 자연스럽게 읽어 주고 언어 학습자로 하여금 하나 하나 그대로 따라 읽게 하는 연습이다. 따라 읽기 연습에 있어서 언어 교육자는 문장을 읽어서 언어 학습자에게 들려줄 때에 각 문장의 발음을 음운 규칙과 변동 규칙에 따라서 정확히 발음해야 할뿐만 아니라, 음조에 있어서의 높이와 말끝줄, 그리고 운율에 있어서의 세기, 길이 및 이음새도 자연스럽게 발음하도록 해야 한다. 따라 읽기 연습의 보기는 생략하기로 한다.

4.11. 혼자 읽기 연습

혼자 읽기 연습은 언어 학습자로 하여금 언어 교육자의 도움 없이 혼자서 한국어로 된 글, 곧, 문장이나 단락을 정확하고 자연스럽게 읽게 하는 연습이다. 혼자 읽기 연습에 있어서는 언어 교육자가 언어 학습자에게 따라 읽기 연습을 시킨 글을 언어 학습자가 스스로 정확하고 자연스럽게 읽게 할 수도 있고, 언어 학습자가 연습한 적이 없는 글을 언어 학습자 혼자서 정확하고 자연스럽게 읽게 할 수도 있다. 혼자 읽기 연습의 경우에 언어 교육자는 언어 학습자가 혼자 글을 읽을 때에 이를 녹음했다가 다시 들려주면서 잘못된 발음을 시정해 주는 것이 효과적이다. 혼자 읽기 연습의 보기는 생략하기로 한다.

5. 마무리

일반적으로 발음은 인간의 의사 소통에 있어서 정확하고 충분한 의사 전달과 밀접한 관련이 있다. 따라서 발음 교육은 언어 교육에 있어서 대단히 중요하다. 외국어로서의 한국어 교육에 있어서 발음 교육의 궁극적 목적은 한국어를 학습하는 외국인에게 표준 한국어를 정확하게, 자연스럽게, 그리고 자유롭게 발음할 수 있는 능력을 학습시키고 향상시키는 데에 있다. 이러한 외국어로서의 한국어 발음 교육의 목적 달성을 위해서 여기에서는 외국인에게 한국어를 교육할 때에 언어 교육자가 반드시 알아두어야 할 발음 교육의 범위와 내용, 발음 교육의 단계와 방법, 그리고 발음 연습의 유형 등을 구체적으로 살펴보았다. 첫째로, 발음 교육에 있어서는 각 홀소리와 닿소리의 발음 방법뿐만 아니라 음조 (intonation)와 운율 (rhythm)의 발음 방법도 함께 다루어져야 한다. 그리고 음조 교육에 있어서는 높이 (pitch)와 말끝줄 (terminal contour)의 발음 방법이, 운율 교육에 있어서는 세기 (stress), 길이 (length) 및 이음새 (juncture)의 발음 방법이 포함되어야 한다. 둘째로, 발음 교육에 있어서는 한 음소의 변이음을 실현시키는 음운 규칙과 한 형태소의 음소가 그 놓이는 환경에 따라서 다른 음소로 바뀌는 변동 규칙, 그리고 가능한 음절 유형 등이 포함되어야 한다. 셋째로, 발음 교육은 제시 단계, 설명 단계, 반복 단계, 그리고 응용 단계와 같은 네 단계에 의하여 효과적으로 이루어질 수 있다. 넷째로, 발음 설명에 있어서는 여러 가지의 보조적 도구, 예컨대, 조음 기관의 그림, 녹음기, 기호, 줄, 종이, 등이 활용되는 것이 바람직하다. 다섯째로, 발음 교육에 있어서는 한국어의 발음과 언어 학습자의 모국어의 발음의 대조 분석을 통해서 상호 유사점이나 차이점을 언어 학습자에게 인식시키는 것이 효과적이다. 여섯째로, 발음 연습에 있어서는 삼 단계 연습 방법이나 사 단계 연습 방법을 사용하는 것이 효과적이다. 일곱째로, 발음 연습의 유형으로는 식별 연습, 교체 연습, 변형 연습, 연결 연습, 전위 연습, 축약 연습, 확장 연습, 응답 연습, 회화 연습, 따라 읽기 연습, 그리고 혼자 읽기 연습 등을 활용하는 것이 효과적이다.

4. 한국어의 연습 유형

1. 들머리

인간의 모든 행동은 상호 관계가 있으며 습관 형성이 되는 경향이 있다. 습관이라고 하는 것은 어떤 행동이나 의식 형태가 고정되어서 그것이 언제나 같은 형태로 무의식중에 나타나는 것으로서 어떤 자극과 반응의 계열이 여러 번 반복됨으로써 형성된다. 주어진 상황 내에서 반복적 행동으로 형성된 습관은 그와 유사한 다른 상황으로의 습관성 전이가 가능하다. 이러한 사실은 언어 교육과 언어 학습의 문제에도 그대로 적용될 수가 있다.

행동주의 심리학적 견지에서 볼 때에 언어는 일련의 상호 관련된 관습적 활동이며 그것은 반복 연습 (drill)을 통해서 학습될 수 있다. 즉, 언어 학습은 근본적으로 새로운 습관을 형성하는 과정이며 그 언어 습관은 새로운 언어를 반복해서 연습함으로써 형성되고 빈번한 보강에 의해서 강화되는 것이다. 그리고 언어 학습에 있어서 모국어의 학습 과정과 외국어의 학습 과정의 관계를 포괄적인 측면에서 보면 그것들 사이에는 본질적인 차이가 없으나, 외연적인 측면에서 보면 언어 학습 심리 상 그 둘 사이에는 언어의 구조적 문화적 차이가 있다. 사실상 외국어의 학습이라고 하는 것은 새로운 언어 구조를 사용할 능력을 학습하는 것이다. 다시 말하면 외국어 학습은 목표 언어 (target language)의 구조, 즉, 그 조직 체계 안에서의 유창한 사용을 위한 표현과 내용, 그리고 표현과 내용의 연합을 학습하는 것이다. 특히 외국어 학습에 있어서 그 언어 구조를 사용할 능력의 학습이라고 하는 것은 언어 능력에 있어서 '말하기'와 '쓰기'를 내포하는 표현 능력의 학습과, '듣기'와 '읽기'를 포함하는 이해 능력의 학습을 의미한다. 그리고 그 언어의 유창한 사용이라고 하는 것은 자의적인 사용을 말하며, 표현과 내용의 학습이라고 하는 것은 정확성의 학습을 의미한다. 언어의 본질에 있어서 언어 능력이 연역되는 관계를 그림으로 보이면 그것은 다음의 그림 1과 같다.

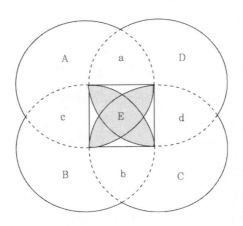

〔그림 1〕

A＝듣기　　　B＝말하기　　　C＝읽기　　　D＝쓰기

a＝이해　　　b＝표현　　　　c＝음성　　　d＝문자

ABCD＝언어 능력　　　　　　E＝언어 본질

　일반적으로 언어 교육은 언어 학습과 상보적인 관계가 있다. 즉, 언어 교육은 언어 교육자가 언어 학습자에게 새로운 언어 구조를 사용할 수 있는 능력을 학습시키는 것이다. 그리고 언어 교육자는 언어 학습자에게 새로운 언어 능력을 학습시키기 위해서 새로운 언어 습관을 형성시켜 주어야 하며, 새로운 언어 습관의 형성은 반복 연습을 통해서 이루어져야 한다. 다시 말하면 언어 교육은 언어 교육자가 언어 학습자에게 새로운 언어 습관을 형성하도록 반복 연습을 시켜서 새로운 언어 구조를 사용할 수 있는 능력을 학습시키는 것이다. 이와 같은 언어 교육의 목적은 한국어를 외국어로서 교육하는 경우에도 그대로 적용될 수 있다. 따라서 외국어로서의 한국어 교육의 궁극적 목적은 언어 교육자가 언어 학습자에게 한국어의 구조를 정확하게, 유창하게, 그리고 자의적으로 사용할 수 있도록 하는 능력을 학습시켜 주는 데에 있다고 할 수 있다.

　언어 교육에 있어서 언어 교육자가 교육의 정확성을 기하기 위해서는 언어 학습자의 오류를 교정해 주는 것보다는 오류를 범하지 않도록 방지해 주는 것이 이상적이다. 언어 교육에 있어서 오류는 교육 과정의 신중한 선정, 정연한 단계, 그리고 명확한 도입을 통한 교육 방법으로 방지될 수 있다. 발화의 유창성과 자의성은 반복 연습의 빈도 및 다양성과 밀접한 연관이 있으므로, 언어 학습자는 여러 연습 유형을 반복 연습함으로써만 그의 학습이 가능하다. 따라서 외국어로서의 한국어 교육에 있어서는 언어의 표현 능력인 '말하기'와 '쓰기' 그리고 이해 능력인 '듣기'와 '읽기'의 여러 연습 유형에 의한 반복 연습을 통해서 그 목적이 달성될 수가 있다.

오늘날 외국어 학습의 필요성은 날마다 점점 증가해 가고 있다. 외국어로서의 한 언어는 문화 자체의 한 요소이고 일체의 문화 활동의 기본이며 우리가 살고 있는 동시대의 사회적 특질과 양상에 가장 접근하기 쉽게 하기도 하고 가장 좋은 결과를 얻게 할 수도 있는 열쇠가 되기 때문이다. 따라서 외국어로서의 언어 학습의 필요성은 새로운 언어 교육 방법과 언어 교육 기술의 창안과 발전을 촉구하고 있다. 과거부터 현재에 이르기까지 지난 수세기 동안 서구에서 창안되어 발전되어 온 언어 교육 방법에는 여러 가지가 있으나, 그 가운데에서 가장 대표적인 것은 (1) 문법 번역 교육 방법 (grammar-translation method), (2) 직접 교육 방법 (direct method), 그리고 (3) 청각-구두식 언어 교육 방법 (audio-lingual method)이다. 문법 번역 교육 방법은 전통적인 교육 방법이고, 직접 교육 방법은 문법 번역 교육 방법에 대한 반동으로 창안된 교육 방법이며, 청각-구두식 언어 교육 방법은 직접 교육 방법을 수정 보완한 교육 방법으로서 현재에도 교육 현장에서 가장 많이 사용되고 있는 교육 방법이다. 여기에서 필자는 청각-구두식 언어 교육 방법의 범위 안에서 언어 연습의 유형을 분류하고자 한다.

2. 언어 능력과 연습 유형

언어 교육에는 일정한 단계가 있다. 언어 교육의 단계라고 하는 것은 교육의 효과를 극대화하기 위하여 언어 교육자가 필요로 하는 교육 방법상의 순서이다. 언어 교육의 단계에는 언어 학습의 단계와 마찬가지로 (1) 인식 단계, (2) 모방 단계, (3) 반복 단계, (4) 변형 단계, 그리고 (5) 선정 단계가 있다. 언어 교육의 단계는 언어의 연습 유형과 밀접한 관계가 있으며 또한 그 연습 유형은 언어 능력과 관련이 있다. 우리가 잘 아는 바와 같이 언어 능력에는 '듣기,' '말하기,' '읽기,' 그리고 '쓰기'가 있다. 그런데 '듣기'와 '말하기'는 음성 면에 내포되고 '읽기'와 '쓰기'는 문자 면에 포함된다. 그리고 이해 능력은 '듣기'와 '읽기'를 내포하고 표현 능력은 '말하기'와 '쓰기'를 포함한다. 그런데 '말하기'와 '쓰기'는 보조적 수단으로서 '읽기'를 공유한다. 따라서 이들 네 개의 언어 능력은 각기 독립적인 것이 아니라 서로 유기적인 관계를 가지고 상호 보조적 작용을 하고 있는 것이다. 각 언어 능력 사이의 유기적 관계를 그림으로 보이면 그것은 다음의 그림 2와 같다.

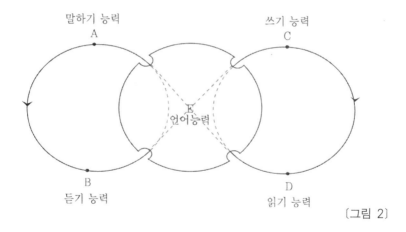

〔그림 2〕

각 언어 능력은 (1) 인식 연습, (2) 이해 연습, 그리고 (3) 표현 연습을 통해서 학습될 수 있다. 언어 학습자는 인식 연습으로써 각 언어 능력을 향상시킬 수 있고, 이해 연습을 통하여 '듣기' 능력과 '읽기' 능력을 신장시킬 수 있으며, 표현 연습으로써 '말하기' 능력과 '쓰기' 능력을 계발시킬 수 있다. 우리가 이들 세 연습 유형을 언어 교육의 단계와 관련지어 보면 인식 연습은 인식 단계, 모방 단계, 그리고 반복 단계에서 실행되고, 이해 연습과 표현 연습은 각기 변형 단계와 선정 단계에서 실현된다. 그리고 연습 유형의 발전 과정은 인식 연습 → 이해 연습, 인식 연습 → 표현 연습, 그리고 인식 연습 → 이해 연습 → 표현 연습이며, 각 언어 능력은 언어 교육의 원리에 따라서 구두―청각적 능력이 문자적 능력보다 선행되어야 한다. 다시 말하면 언어 교육의 순서에 있어서 '듣기와 말하기' 연습은 '읽기와 쓰기' 연습보다 선행되어야 하는 것이다. 언어 교육의 단계와 연습 유형 및 언어 능력 사이의 상호 관계를 그림으로 보이면 그것은 다음의 그림 3과 같다.

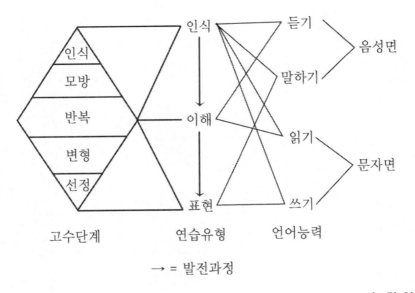

〔그림 3〕

3. 듣기 연습

듣기 연습 (listening drill)은 음운 조직의 즉각적 무의식적 인식과 구문 조직이 나타내는 의미의 이해를 촉진하는 연습이며 말하기 연습을 위한 준비 과정이다. 언어 학습자는 여러 음성의 구성 요소인 음운의 차이를 인식하지 못하면 그 음운을 잘 산출해 낼 수가 없다. 물론 듣기 연습은 다른 언어 능력이나 다른 활동과 연합될 수도 있다. 듣기 연습은 크게 (1) 인식 연습 (recognition drill)과 (2) 이해 연습 (comprehension drill)의 둘로 분류될 수 있다.

3.1. 인식 연습

일반적으로 듣기 능력의 계발은 청각 인식에서 비롯된다. 따라서 듣기 능력은 (1) 모방 반복 연습과 (2) 판별 연습을 통해서 그의 학습이 가능하다.

3.1.1. 모방 반복 연습

모방 반복 연습 (imitation repetition drill)은 말하기 연습과 읽기 연습에서 사용된 언어 자료를 이용하여 실행될 수 있다. 모방 반복 연습을 비롯한 재생 연습과 문형 변형 연습은 일련의 자극과 반응으로 구성된다. 그러므로 그러한 연습 유형은 다음과 같은 단계 연습 주기의 방법을 사용하여 교육하는 것이 효과적이다. 단계 연습의 주기에는 다음의 그림 4와 같은 삼 단계 연습 주기와 그림 5와 같은 사 단계 연습 주기의 두 종류가 있다.

교육자:	자 극		정확한 반응
학습자:		기도된 반응	
	일 단계	이 단계	삼 단계

일 단계: 언어 교육자가 자극어를 준다.

이 단계: 언어 학습자는 자극어에 대한 반응을 한다.

삼 단계: 언어 교육자는 반응어의 정확성 여부를 지적하고 즉각적 송환을 시키면서 정확한 반응어를 준다.

〔그림 4〕

교육자:	자 극		정확한 반응	
학습자:		기도된 반응		반복
	일 단계	이 단계	삼 단계	사 단계

일 단계: 언어 교육자가 자극을 준다.

이 단계: 언어 학습자는 자극어에 대한 반응을 한다.

삼 단계: 언어 교육자는 반응어의 정확성 여부를 지적하고 즉각적 송환을 시키면서 정확한 반응어를 준다.

사 단계: 언어 학습자는 정확한 반응을 강화하도록 반복한다.

〔그림 5〕

모방 반복 연습에는 각 음운을 개별적으로 모방 반복시키느냐 그 것들을 배합하여 연습시키느냐에 따라서 (1) 개별 연습과 (2) 배합 연 습으로 구분된다.

3.1.1.1. 개별 연습

개별 연습 (individuation drill)은 언어 교육자가 언어 학습자에게 분절 음운과 비분절 음운을 개별적으로 연습시키는 것이다. 그런데 비 분절 음운은 분절 음운 위에 얹히나 주로 배합된 분절 음운 위에 얹히 므로 이는 배합 연습에서 다루기로 한다. 한국어의 분절 음운에는 모 음류와 자음류가 있다. 따라서 개별 연습은 (1) 모음 음운의 연습과 (2) 자음 음운의 연습으로 구분된다. 개별 연습에 있어서는 자음 음운 보다 모음 음운이 먼저 연습되는 것이 바람직하다.

1. 모음 음운의 연습

한국어의 기본 모음 음운은 열 개이다. 그리고 그것들은 음운 구 조상의 계열을 형성한다. 모음 음운은 두 입술의 모양과 혀의 앞 뒤 위치와 혀의 높낮이에 따라서 조음되는데 모음 음운의 구조를 그림으 로 보이면 그것은 다음의 그림 6과 같다.

	평순	원순	평순	원순
고	i	ü	ɨ	u
중	e	ö	ə	o
저	ä		a	
	전설	전설	후설	후설

〔그림 6〕

위의 그림에서 /i/ : /ɨ/, /e/ : /ə/, /ä/ : /a/, /ö/ : /o/, /ü/ : /u/ 들은 각기 조음 시에 입술 모양은 같으면서 혀의 위치만이 서로 다르므로 서로 대립된다. 그리고 /i, ü, ɨ, u/ : /e, ö, ə, o/ : /ä, a/는 혀의 높이가 서로 다르므로 상호 대립된다. 조음시의 입술 모양을 그림으로 보이면 그것은 다음의 그림 7과 같다.

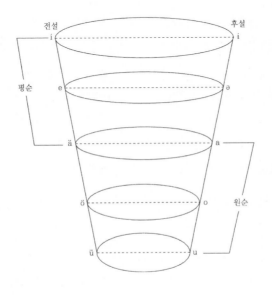

〔그림 7〕

모음 음운의 연습에서는 위와 같은 조음 방법에 따라서 언어 교육자가 언어 학습자에게 다음과 같은 방식으로 연습시키는 것이 좋다.

① 입술을 평순에 고정시켜 놓고 /i/ : /ɨ/, /e/ : /ə/, /ä/ : /a/를 혀의 위치가 전설과 후설로 움직이는 것을 보여 주면서 연습시킨다.

② 입술을 원순에 고정시켜 놓고 /ä/ : /a/, /ö/ : /o/, /ü/ : /u/

를 대립적으로 혀의 위치를 전후로 움직이는 모양을 보여
주면서 연습시킨다.

③ 혀의 위치를 전설에 고정시켜 놓고 /i/ : /e/ : /ä/ : /ö/ : /ü/
의 혀의 높이가 변화하는 모양을 보여 주면서 연습시킨다.

④ 혀를 후설에 고정시켜 놓고 /ɨ/ : /ə/ : /a/ : /o/ : /u/를 혀의
높이와 입술 모양이 변화하는 모습을 보여 주면서 연습시킨다.

2. 자음 음운의 연습

한국어의 기본 자음 음운은 19개이다. 그리고 그것들은 일정한 조
음점과 조음 방법에 따라서 조음된다. 모음 음운이 조음의 계열을 가
지는 것과 같이 자음 음운도 조음의 계열을 가진다. 조음 계열에 속한
자음 음운의 구조를 그림으로 보이면 그것은 다음의 그림 8과 같다.

조음방법 \ 조음점	양순	치경	치경구개		연구개	성문
			마찰	파찰		
단순	p	t	c	s	k	
긴장	pp	tt	cc	ss	kk	
유기	ph	th	ch		kh	h
비강	m	n		ŋ		
설측		l				

〔그림 8〕

위에서 제시한 자음 음운의 계열 중에서 긴장 음운의 계열과 유
기 음운의 계열은 두 개의 음운의 배합이므로 그것들은 배합 연습에서

다루어지는 것이 좋다. 따라서 개별 음운 연습에서는 다음의 (1)과 같은 연습 유형이 있을 수 있는데, 그것은 실질적으로는 개별 모음 음운과 개별 자음 음운의 배합 연습이 되는 것이다.

(1) ㄱ. V   /i/   /u/
    ㄴ. CV   /cə/   /na/
    ㄷ. VC   /an/   /ot/
    ㄹ. CVC   /kuk/   /nun/

3.1.1.2. 배합 연습

배합 연습 (combination drill)에는 (1) 모음 음운의 배합 연습, (2) 자음 음운의 배합 연습, (3) 모음 음운과 자음 음운의 배합 연습, 그리고 (4) 비분절 음운 연습 등이 있다.

1) 모음 음운의 배합 연습

모음 음운의 배합 연습은 단모음과 단모음이 결합될 때에 그 어느 하나가 반모음, 곧, y와 w로 발음되는 현상을 연습시키는 것이다. 이에 관한 연습 유형으로는 다음의 (2)와 같은 것이 있다.

(2) VV → (sV): ㄱ. [이우]→[유] [/iu/ → /yu/]
               ㄴ. [이에]→[예] [/ie/ → /ye/]
               ㄷ. [이어]→[여] [/iə/ → /yə/]
               ㄹ. [이오]→[요] [/io/ → /yo/]

ㅁ. [이애]→[얘] [/iä/ → /yä/]

ㅂ. [이아]→[야] [/ia/ → /ya/]

ㅅ. [오아]→[와] [/oa/ → /wa/]

ㅇ. [오애]→[왜] [/oä/ → /wä/]

ㅈ. [우이]→[위] [/ui/ → /wi/]

ㅊ. [우에]→[웨] [/ue/ → /we/]

ㅋ. [우어]→[워] [/uə/ → /wə/]

2) 자음 음운의 배합 연습

자음 음운의 배합은 개별 자음 음운의 연습에서 이미 제시한 바와 같이 그 유형은 CC이지만, 그것을 독자적으로 연습시킬 수 없으므로 이는 모음 음운과의 배합 연습에서 다루기로 한다.

3) 모음 음운과 자음 음운의 배합 연습

모음 음운과 자음 음운의 배합 연습에는 다음의 (3), (4), (5) 및 (6)과 같은 연습 유형이 있을 수 있다. 그런데 이 연습의 경우에는 단어에서 구절과 문장으로 그 연습의 예를 확장시켜야 하며, 그 때에 발생하는 음운 변동도 언어 학습자에게 연습시켜야 한다.

   (3) 개별 자음 음운과 개별 모음 음운의 배합

     ㄱ. VC　[안] [/an/]

     ㄴ. CV　[노] [/no/]

     ㄷ. CVC [박] [/pak/]

(4) 개별 자음 음운과 배합 모음 음운의 배합

    ㄱ. CsV [교] [/kyo/]

    ㄴ. sVC [약] [/yak/]

    ㄷ. CsVC [멱] [/myək/]

(5) 배합 자음 음운과 개별 모음 음운의 배합

    ㄱ. CCV [또] [/tto/]

    ㄴ. CCVC [꽃] [/kkot/]

(6) 배합 자음 음운과 배합 모음 음운의 배합

    ㄱ. CCsV [껴] [/kkyə/]

    ㄴ. CCsVC [뺨] [/ppyam/]

4) 비분절 음운 연습

비분절 음운 연습에는 (1) 음세 연습, (2) 음고 연습, (3) 절종결 연습, (4) 장단 연습, (5) 개리 연접 연습 등이 있다.

(1) 음세 연습

한국어의 음세는 음절−시간 (syllable-timed rhythm)을 가지고 있으므로 발화의 흐름에 있어서 음절이 조음 상 고르게 나타나도록 연습시켜야 한다. 곧, 음세 연습에 있어서는 거의 같은 시간의 박자가 발화된 말의 음절 위에 얹히도록 해야 한다. 논리적인 강조를 필요로 할 경우에는 음세를 음절의 핵음에 얹히도록 하고 음세의 진폭을 넓혀서 발화하도록 해야 한다. 그런데 음세가 얹힐 때에는 자연히 음고가 높아지는 것이 보통이다. 일반적으로 음세는 제일 강음 (/ ´ /), 제이 강음 (/ ` /), 그리고 약음 (/ /)으로 각각 표기하고 진폭을 넓히는 것은 / > /로 표기하여 사용할 수 있다.

(2) 음고 연습

음고 연습은 정서 또는 감정을 강조하거나 동일한 발화가 음고의 대립으로 의미적 차이를 나타내는 것을 인식시키는 연습이다. 음고는 일반적으로 고음 /3/, 중음 /2/, 그리고 저음 /1/로 표기하여 연습시킬 수 있는데 한국어의 경우에 정상적인 서술문의 발화에 나타나는 음고의 배합형은 /221/이라고 할 수 있다. 음고에 있어서 /3/은 발화자의 정서나 감정적 표현의 정도가 높음을, /2/는 정상적인 발화에서의 높이를 /1/은 안정된 마음의 상태를 나타낸다. 발화자의 정서나 감정적 표현의 정도를 더욱 강조하여 /4/를 사용할 수도 있고, 안정의 극치나 최고로 강조된 정서적 표현을 나타내기 위하여 /0/를 이용할 수도 있다.

(3) 절종결 연습

절종결 연습은 절종결을 발화의 마디나 끝에 덧붙이거나 마디의 마지막 음절이나 발화의 끝 음절에 얹혀 의미를 분화시키는 연습이다. 절종결은 하강 (/╲╲/), 상승 (/╱╱/), 수직 하강 (/↓/), 그리고 지속 (/→/) 등과 같은 기호를 사용하여 교육할 수 있다. /╱╱/은 단정, /╱╱/은 의문, /↓/은 명령, 그리고 /→/은 회의를 각각 나타낸다. 그리고 이들을 배합시키면 /↗↘/은 권유를, /↘↗/은 재확인을, /→↗↘/은 주저하다가 권유함을, 그리고 /↗↘↗/은 주저하다가 재확인함을 각각 의미한다고 할 수 있다.

(4) 장단 연습

장단 연습은 장음 연습과 단음 연습으로 구분된다. 장음 연습은 어떤 지리적 거리나 수량이나 질을 강조하기 위하여 단어의 핵음 위에 장장단 음운을 얹혀서 발음하는 연습이다. 장음은 / : /로 표기하고 거리나 수량이나 질을 더욱 강조하고자 할 때에 이를 배합하여 / : : /나 그 이상의 점으로 나타내어 연습시킬 수 있다. 한국어에서 장단음운은 주로 형용사류어나 부사류어의 모음 위에 얹히는 것이 일반적이다.

(5) 연접 연습

연접 연습은 발화에서 말과 말 사이를 적당한 위치에서 붙이거나 떼게 함으로써 구조적 의미의 구분을 명확하게 드러내게 하는 연습이다. 연접은 /+/와 같은 휴지 기호로 표기하여 연습시킬 수 있다.

3.1.2. 판별 연습

판별 연습 (distinction drill)은 대조적 음운을 식별해 내는 능력을 길러주기 위한 연습으로서 최소 대립어 연습 (minimal pair drill)이라고 할 수도 있다. 이 연습 유형에는 (1) 동이 연습, (2) 선택 연습, 그리고 (3) 호번 연습이 있다.

3.1.2.1. 동이 연습

동이 연습 (same different drill)은 다음의 (7)에서와 같이 언어 교육자가 한 쌍의 최소 대립어를 발음하면 언어 학습자는 그 한 쌍의 최소 대립어가 동일하게 발음되었는지 다르게 발음되었는지를 구별하여 반응하게 하는 연습이다. 이 때에 언어 학습자는 '같습니다'나 '다릅니다'로 대답할 수도 있고 고개를 움직여 보임으로서 나타낼 수도 있다. 이 때에 언어 교육자는 언어 학습자의 반응에 대하여 정확한 반응으로 되먹임 (feedback)을 해 주는 것이 좋다.

(7) ㄱ. 교육자: [불, 불] [/pul, pul/]
　　　학습자: 같습니다.
　　　교육자: 네. 같습니다.

　　ㄴ. 교육자: [도끼, 토끼] [/tokki, thokki/]
　　　학습자: 다릅니다.
　　　교육자: 네. 다릅니다.

3.1.2.2. 선택 연습

선택 연습 (selection drill)은 근본적으로는 동이 연습과 유사하다. 선택 연습은 다음의 (8)에서처럼 언어 교육자가 세 단어에 각각 일, 이, 삼의 번호를 붙여서 그 중에 어느 두 단어만 발음을 같게 하면, 언어 학습자는 같은 발음의 단어 번호를 선택하여 말하게 하는 연습이다. 이 때에 언어 학습자는 손가락으로 그 답을 표시할 수도 있다. 그리고 이 연습에서는 세 쌍을 다 같은 발음으로 하여, '없습니다'라고 대답하게 할 수도 있고, 학생이 틀리게 반응했을 때는, '아닙니다, 다시 들어보십시오.'하고 다시 한번 들려주고 정확한 대답을 할 수 있는 기회를 줄 수도 있다.

(8) ㄱ. 교육자: ① [달] [/tal/] ② [딸] [/ttal/] ③ [달] [/tal/]
　　　학습자: 일, 삼
　　　교육자: 네. 일 삼입니다.

　　ㄴ. 교육자: (1) [좋죠] [/cochyo/] (2) [좋죠] [/cochyo/]
　　　　　　　(3) [조죠] [/cocyo/]
　　　학습자: 일, 이
　　　교육자: 네. 일 이입니다.

3.1.2.3. 호번 연습

호번 연습 (say the number drill)은 언어 교육자가 최소 대립 음운에 각기 번호를 매기고 그 최소 대립 음운을 포함하는 발화를 발음한 후에, 언어 학습자가 그 번호를 말하게 하는 연습이다. 이 연습은 대립적인 음성을 동시에 들려주지 않으므로 동이 연습이나 선택 연습보다는 좀 더 어렵다.

(9) ㄱ. 교육자: /o/는 1번, /ə/는 2번

교육자: [덥습니다] [/təpssimnita/]

학습자: 2번

교육자: 네, 2번입니다.

ㄴ. 교육자: /i/는 1번, /u/는 2번

　　교육자: [듭니다] [/timnita/]

　　학습자: 1번

　　교육자: 네, 1번입니다.

3.2. 이해 연습

　일반적으로 청각적 이해는 발화 형식의 이해와 발화 의미의 이해를 내포한다. 언어 학습자가 언어음을 듣는 데에 익숙해지기 시작하면 언어 교육자는 언어 학습자로 하여금 언어의 의미 이해의 속도를 증가시킬 수 있도록 해야 한다. 언어의 의미를 이해시키기 위한 '듣기 연습'은 그것이 '말하기'를 위한 준비 과정일 때에 가장 효과적으로 수행될 수 있다. 이해 연습 (comprehension drill)은 언어 학습에 있어서 다른 활동, 즉, 보기, 지적하기, 행동하기, 쓰기, 그리고 말하기, 등과 연합하여 실시될 수 있다.

3.2.1. 보며 듣기 연습

　언어 교육자가 언어 학습자에게 단어, 문형, 그리고 문장의 내용을 미리 제시하지 않은 채, 다만 들려주기만 하는 것은 일종의 소음과 같다고 할 수 있다. 그러므로 그러한 교육 방법은 교육적 효과를 지니고 있다고 할 수가 없다. 따라서 언어 교육자는 언어 학습자에게 단어, 문형, 문장, 또는 교재 내용의 의미나 상황이 표현된 일련의 연쇄적 그림이나, 사진이나, 슬라이드나, 영화나, 카드나 또는 실물, 등과 같은 시청각적 보조 자료를 제시해 주고 언어 학습자가 그것을 보면서 언어 교육자의 발음을 듣게 하는 것이 효과적이다. 또한 이 때에는 언어 교육자가 직접 칠판에 판화를 그려서 언어 학습자에게 보여 줄 수도 있고 극화해서 보여 줄 수도 있다. 이러한 방법이 보고 듣기 연습 (look and listen drill)이다. 보고 듣기 연습의 보기는 다음의 (10)과 같다.

(10) ㄱ. 교육자: [교회] [/kyohwe/] (사진이나 그림이나 또는 칠판
에 약화로 그려 보여 주면서 들려준다.)
학습자: (듣는다)

ㄴ. 교육자: [녹차를 마십니다] [/nokchalil masimnita/] (녹차
를 마시는 사진이나 그림을 보여 주거나 또는 실
물을 갖다 놓고 마시는 시늉을 하면서 들려준다.)
학습자: (듣는다)

3.2.2. 듣고 지적하기 연습

듣고 지적하기 연습 (listen and point drill)은 언어 교육자가 어느 대상의 이름을 부르거나 상황을 나타내는 말을 하면, 언어 학습자는 그에 적합한 미리 준비된 대상이나 상황을 나타낸 그림이나 사진이나

실물을 지적하는 연습이다. 이에 관한 예는 다음의 (11)과 같다.

(11) ㄱ. 교육자: [저것이 시계입니다][/cəkəsi sikyeimnita/]
　　　학습자: (시계를 지적한다.)

　　 ㄴ. 교육자: [아이가 울고 있습니다][/aika ulko issimnita/]
　　　학습자: (아이가 울고 있는 사진을 지적한다.)

이 연습에서는 '이', '그', '저'와 같은 구조적 의미를 갖고 있는 단어의 의미도 연습시킬 수 있다. '이'는 어떤 대상이 화자에 가까이 있을 때에 사용되고, '그'는 그 대상이 화자에게보다 청자에게 더 가까이 있을 때에 사용되며, '저'는 대상이 화자와 청자로부터 동시에 멀리 떨어져 있을 때에 사용된다. 그러므로 언어 교육자는 언어 학습자와 대상과의 삼각 거리 관계를 움직여 조절하면서 '이, 그, 저'의 각 의미와 용법을 교육시킬 수 있고 또 연습시킬 수 있다.

3.2.3. 듣고 행동하기 연습

듣고 행동하기 연습 (listen and do drill)은 언어 교육자가 어떤 말을 하면 언어 학습자가 그 말에 따라서 행동을 하는 연습이다. 다음의 (12)는 듣고 행동하기 연습의 보기이다.

(12) ㄱ. 교육자: [잠깐만 일어나 주십시오]
　　　　　　[/camkkanman iləna cusipssyo/]
　　　학습자: (일어난다.)

ㄴ. 교육자: [연필을 좀 빌려주십시오]

[/yənphilil com pilyəcusipsyo/]

학습자: (연필을 교육자에게 준다.)

3.2.4. 듣고 말하기 연습

듣고 말하기 연습 (listen and say drill)은 말하기 연습 유형에 있어서 문형 변형의 응답 연습이나 자유 회화의 응답 연습과 동일하다. 따라서 이 연습은 뒤의 말하기 연습 부분에서 다루기로 한다.

3.2.5. 듣고 쓰기 연습

듣고 쓰기 연습 (listen and write drill)은 언어 교육자가 말하는 단어나 문장을 언어 학습자가 직접 듣고 그대로 받아쓰거나 학습 내용의 이해 여부를 조사하기 위한 질문에 알맞은 답을 쓰는 연습이다. 이 연습은 듣고 받아쓰기 연습의 과정을 거쳐서 듣고 쓰기 연습으로 발전하게 된다. 이에 관한 예문은 생략하기로 한다.

4. 말하기 연습

듣기 연습이 음운 조직의 즉각적 무의식적 인식과 구문 조직이 나타내는 의미의 이해를 포함하듯이, 말하기 연습도 음운 구조의 즉각적 무의식적 인식과 통어 구조가 나타내는 의미의 이해를 포괄하는 동시에, 음운 조직을 발음할 수 있는 능력과 구문 조직을 표현할 수 있는 능력을 내포한다. 따라서 말하기 연습은 (1) 인식 연습과 (2) 표현 연습으로 분류된다. 말하기 연습은 다른 언어 능력의 연습, 곧, 듣기 연습의 모방 반복 연습과 읽기 연습이나 다른 활동들과 연합될 수도 있다.

4.1. 인식 연습

말하기 연습에 있어서 인식 연습 (recognition drill)은 사실상 발음 연습이다. 정확한 발음은 (1) 모방 반복 연습과 (2) 재생 연습을 통해서 학습될 수 있다. 이 연습은 읽기 연습에 있어서의 인식 연습과 동시에 실시될 수도 있다.

4.1.1. 모방 반복 연습

모방 반복 연습 (imitation repetition drill)에서는 듣기 연습의 인식 연습과 판별 연습 시에 사용되는 동일한 자료의 동시적 사용이 가능하다. 모방 반복 연습에는 (1) 개별 연습 (individuation drill)과 (2) 배합 연습 (combination drill)이 있다. 개별 연습은 분절 음운의 발음하기 연습이고 배합 연습은 배합된 분절 음운과 비분절 음운의 발음하기 연습이다. 배합 연습에서는 단어, 구절, 문장의 발음하기 순서로 연습시키는 것이 효과적이며 음운 변화의 연습이 동시에 실시되어야 함은 물론이다. 언어 교육자가 언어 학습자에게 발음 연습을 시킬 때에는 조음 방법의 학습을 위하여 조음체와 조음점과의 접촉 관계 및 언어 학습자의 모국어와의 차이점을 간단히 설명해 주는 것이 좋다. 모방 반복 연습에서는 사단계 연습 주기의 방법을 사용할 수 있다.

4.1.2. 재생 연습

재생 연습 (reproduction drill)은 언어 학습자가 모방 반복 연습에서 어느 정도 익숙해진 발음을 자연스럽게 재생할 수 있는지를 언어 교육자가 연습시키는 것이다. 이 연습은 언어 교육자의 큰 자극이 없이도 사실상 언어 학습자가 스스로 발음해 볼 수 있는 연습이기도 하다. 이 연습에는 (1) 듣고 발음하기 연습과 (2) 보고 발음하기 연습이 있다.

4.1.2.1. 듣고 발음하기 연습

듣고 발음하기 연습 (listen and pronounce drill)은 언어 교육자가 칠판이나 카드나 또는 슬라이드에 단어나 구절이나 문장을 적어 언어 학습자에게 보여주면서 언어 학습자로 하여금 언어 교육자를 따라서 발음해 보게 하는 것이다. 단어에 있어서는 단음절어부터 다음절어로 연습시키는 것이 좋고, 비교적 긴 구절이나 문장을 문장의 끝에서부터 어절 단위로 분절시켜 앞으로 첨가시키면서 발음시키는 것이 좋다. 이 때에는 다음의 (13)에서와 같이 음운 변화에 대한 간단한 설명을 해 주는 것이 효과적이다.

(13) ㄱ. 교육자: 갑니다 [/kapnita/ → /kamnita/]
　　　　학습자: 갑니다 [감니다]

　　　ㄴ. 교육자: 잘 있습니다 [/cal issipnita/ → /calissimnita/]
　　　　학습자: 잘 있습니다 [자리씀니다]

4.1.2.2. 보고 발음하기 연습

　보고 발음하기 연습 (look and pronounce drill)은 사실상 읽기 연습에 있어서 인식 연습과 동시에 실행되는 연습이다. 이는 다음의 (14)에서처럼 언어 교육자가 언어 학습자로 하여금 듣고 발음하기 연습에서 이미 익숙해진 단어나 구절이나 문장을 칠판이나, 카드나, 또는 슬라이드를 통해서 발음해 보게 하면서, 그와 유사한 발음 구조를 유추해 낼 수 있는 능력을 기르게 하는 연습이다.

　(14) ㄱ. 교육자: (춤을 추는 그림/사진/슬라이드, 등을 보여 준다.)
　　　　학습자: 춤을 춥니다.

　　　ㄴ. 교육자: (사진을 찍는 그림/사진/슬라이드, 등을 보여준다.)
　　　　학습자: 사진을 찍습니다.

4.2. 표현 연습

　표현 연습 (expression drill)은 언어 교육자가 언어 학습자로 하여금 언어 형식을 생각하지 않고 내용을 생각하면서 자동적으로 표현할 수 있게 하는, 즉, 독창적으로 스스로 문장을 구성하여 말할 수 있게 하는 연습이다. 표현 연습은 발음 교육과 더불어 문장 구조와 어휘의 교육을 포함한다. 표현 능력의 학습은 (1) 모방 반복 연습, (2) 문형 변형 연습, 그리고 (3) 회화 연습을 통해서 이루어질 수 있다.

4.2.1. 모방 반복 연습

모방 반복 연습 (imitation repetition drill)은 언어 교육자가 언어 학습자에게 다음의 (15)에서와 같이 문형이 포함되어 있는 문장이나 어휘를 모방시키고 반복시키는 연습이다. 언어 교육자가 언어 학습자에게 문장을 연습시킬 경우에는 먼저 새 문형을 이미 배운 옛 문형과 비교하여 예시를 통해 간단히 설명해 주고 세 개 정도의 보충 문장을 들려준 다음에 모방 반복시키는 것이 바람직하다.

(15) 옛 문형: 아이들이 날마다 책을 읽습니다.
     새 문형: 아이들이 지금 책을 읽고 있습니다.

     보충 문장: 김 선생이 지금 신문을 보고 있습니다.
             제가 지금 밥을 먹고 있습니다.
             아주머니가 지금 일을 하고 있습니다.

그리고 언어 교육자가 언어 학습자에게 비교적 긴 문장을 모방 반복 연습시킬 때에는 다음의 (16)에서와 같이 문장의 뒷부분부터 의미 분할의 단위나 어절 단위나 또는 호흡 휴지의 단위로 분단하여 점차로 앞으로 첨가시키면서 연습시키는 것이 좋다.

(16) 교육자: 요즘 날마다 연세 대학교 한국어 학당에서 한국말을 공부합니다.
　　 교육자: 공부합니다.
　　 학습자: 공부합니다.

　　 교육자: 한국말을 공부합니다.
　　 학습자: 한국말을 공부합니다.

　　 교육자: 한국어 학당에서 한국말을 공부합니다.
　　 학습자: 한국어 학당에서 한국말을 공부합니다.

　　 교육자: 연세 대학교 한국어 학당에서 한국말을 공부합니다.
　　 학습자: 연세 대학교 한국어 학당에서 한국말을 공부합니다.

　　 교육자: 날마다 연세 대학교 한국어 학당에서 한국말을 공부합니다.
　　 학습자: 날마다 연세 대학교 한국어 학당에서 한국말을 공부합니다.

　　 교육자: 요즘 날마다 연세 대학교 한국어 학당에서 한국말을 공부합니다.
　　 학습자: 요즘 날마다 연세 대학교 한국어 학당에서 한국말을 공부합니다.

언어 교육자가 언어 학습자에게 어휘를 모방 반복 연습시킬 때에는 어휘의 의미를 동시에 이해시켜 주어야 한다. 언어 교육자가 언어 학습자에게 어휘의 의미를 이해시켜 주기 위하여서는 그림, 사진, 실물, 극화, 문맥, 유의어, 반의어, 그리고 정의, 등을 이용할 수 있다. 결국 모방 반복 연습은 언어 학습자에게 문형과 어휘를 암기시키기 위한 연습이라고 할 수 있는 것이다. 그런데 암기 연습 (memorization drill)의 방법에는 두 가지 유형이 있다. 하나는 개별적 전체 암기 연습 방법이고, 그 다른 하나는 소급적 전체 암기 연습이다. 전자는 먼저 각 대화의 쌍을 순서에 따라 개별적으로 암기시킨 후에 점차 배가시켜 전체 대화를 암기시키는 방법이고, 후자는 첫째 쌍의 대화를 암기시키고 둘째 쌍의 대화를 암기시킨 후에 첫째 쌍의 대화로 소급하여 첫째 쌍과 둘째 쌍의 대화를 연쇄적으로 암기시키는 방법이다. 암기 연습 방법의 두 유형을 그림으로 보이면 전자는 그림1과 같고 후자는 그림2와 같다.

1) 개별적 전체 암기 연습 방법

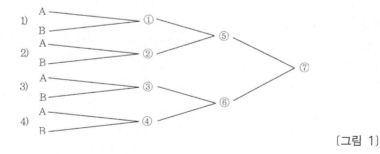

〔그림 1〕

2) 소급적 전체 암기 연습 방법

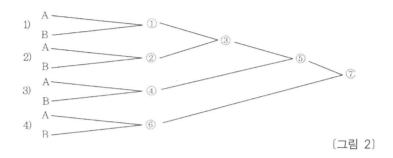

〔그림 2〕

4.2.2. 문형 변형 연습

문형 변형 연습 (pattern variation drill)은 언어 학습자가 모방 반복 연습을 통해서 암기한 문장을 언어 교육자가 그에게 주어진 상황에 따라서 다른 문형으로 변형시켜 보게 함으로써, 형식이나 구조에 대하여 생각지 않고 자동적이며 무의식적으로 새 문형을 사용할 수 있게 하는 연습이다. 언어 교육자가 언어 학습자에게 문형 변형 연습을 시킬 때에는 문법에 대한 설명이 불필요하고 다음의 (17)에서와 같이 단지 어떤 변형을 연습할 것이며 어떻게 변형시켜야 하는가 하는 변형 방법을 간단히 예시해 주기만 하면 된다.

(17) ㄱ. 교육자: 학교에 갑니다.
　　　　 교육자: 집
　　　　 학습자: 집에 갑니다.

　　　　 교육자: 교회

학습자: 교회에 갑니다.

ㄴ. 교육자: 말합니다.
　　교육자: 말할 수 있습니다.
　　학습자: 말할 수 있습니다.

　　교육자: 읽습니다.
　　학습자: 읽을 수 있습니다.

　　교육자: 옵니다.
　　학습자: 올 수 있습니다.

그리고 이 연습에서 언어 학습자는 문형의 의미를 이해하며 연습해야 하므로 언어 교육자는 새 형식에 대한 주의를 집중시킨 다음에는 의미의 이해에 대하여 주의를 환기시켜야 한다. 문형 변형 연습을 시킬 때에는 사 단계 연습 주기 방법의 사용이 가능하다.

　　문형 변형 연습에는 여러 연습 유형들이 있는데 지금까지 제시되어 있는 여러 연습 유형들을 종합해 보면 결국 문형 연습의 유형은 크게 세 가지의 기본적인 유형, 즉, (1) 교체 연습, (2) 변형 연습, 그리고 (3) 응답 연습으로 집약된다. 여타의 연습 유형들은 위의 세 가지의 기본적 연습 유형 중의 어느 하나에 속하며 특히 번역 연습은 언어 교육에 있어서 그리 큰 효과를 내지 못하므로 연습 유형에 포함시키지 않는다. 그리고 문형 연습의 유형인 교체 연습, 변형 연습 및 응답 연습은 사실상 모두 문장의 일부를 변형시키므로 이들은 모두 문형 변형 연습에 속한다고 할 수 있다.

4.2.2.1. 교체 연습

교체 연습 (substitution drill)은 다음의 (18)에서와 같이 언어 교육자가 언어 학습자로 하여금 어느 한 문장 안의 요소인 단어나 구절을 다른 단어나 구절로 바꾸게 하는 연습이다.

(18) 교육자: 돈이 있습니다.
　　　교육자: 시간
　　　학습자: 시간이 있습니다.

　　　교육자: 전화
　　　학습자: 전화가 있습니다.

이 연습은 자극어를 대입할 때에 문장 상의 어느 한 부분이나 자극어 자체에 변화의 유무에 따라서 (1) 단순 교체 연습과 (2) 상관 교체 연습으로 분류되며, 교체시키는 자리의 수에 따라서 (1) 한 자리 교체 연습, (2) 두 자리 교체 연습, (3) 세 자리 교체 연습, 그리고 (4) 이동 자리 교체 연습 등으로 나누어질 수 있다.

4.2.2.1.1. 단순 교체 연습

단순 교체 연습 (simple substitution drill)은 다음의 (19)에서와 같이 언어 교육자가 언어 학습자에게 어느 한 문장 내의 한 단어만을 교체하도록 하는 연습이다. 이 연습은 한 단어만 바꾸어 말하게 하는 것이므로 한 자리 교체 연습이라고 할 수 있다.

(19) 교육자: 미국에서 왔습니다.

교육자: 일본

학습자: 일본에서 왔습니다.

교육자: 독일

학습자: 독일에서 왔습니다.

4.2.2.1.2. 상관 교체 연습

상관 교체 연습 (correlated substitution drill)은 다음의 (20)에서와 같이 언어 교육자가 언어 학습자에게 어느 한 문장 안의 한 단어를 교체시키도록 할 때에 단어나 어미나 조사의 어형도 아울러 변화를 시키게 하는 연습이다. 이 연습도 교체시키는 단어의 수가 한 개이므로 한 자리 교체 연습이라고 할 수 있다.

(20) ㄱ. 교육자: 시계를 고쳐 주십시오.

교육자: 사다

학습자: 시계를 사 주십시오.

교육자: 보이다

학습자: 시계를 보여 주십시오.

ㄴ. 교육자: 좋은 것으로 주세요.

교육자: 크다

학습자: 큰 것으로 주세요.

교육자: 뜨겁다

학습자: 뜨거운 것으로 주세요.

4.2.2.1.3. 두 자리 교체 연습

두 자리 교체 연습 (double slot substitution drill)은 다음의 (21)에서와 같이 언어 교육자가 언어 학습자에게 어느 한 문장 안에서 두 단어를 동시에 교체시키도록 하는 연습이다.

(21) ㄱ. 교육자: 1시부터 5시까지 공부합니다.

교육자: 9시, 1시

학습자: 9시부터 1시까지 공부합니다.

교육자: 2시, 4시

학습자: 2시부터 4시까지 공부합니다.

ㄴ. 교육자: 어느 음식이 제일 맛이 있습니까?

교육자: 책, 재미있습니다.

학습자: 어느 책이 재미있습니까?

교육자: 물건, 좋습니까?

학습자: 어느 물건이 제일 좋습니까?

4.2.2.1.4. 세 자리 교체 연습

세 자리 교체 연습 (tripple slot substitution drill)은 다음의 (22) 에서와 같이 언어 교육자가 언어 학습자에게 어느 한 문장 안에서 세 단어를 동시에 교체시키도록 하는 연습이다.

(22) 교육자: 날마다 학교에서 한국말을 배웁니다.
　　　교육자: 일요일, 교회, 예배를 보다
　　　학습자: 일요일마다 교회에서 예배를 봅니다.

　　　교육자: 토요일, 집, 텔레비전을 보다
　　　학습자: 토요일마다 집에서 텔레비전을 봅니다.

　　　교육자: 주말, 체육관, 운동을 하다
　　　학습자: 주말마다 체육관에서 운동을 합니다.

4.2.2.1.5. 이동 자리 교체 연습

이동 자리 교체 연습 (moving slot substitution drill)은 다음의 (23)에서와 같이 어느 한 문장 안의 단어들을 어순과 관계없이 자유롭게 이동시키면서 하나씩 교체시키도록 하는 연습이다. 이 연습은 기본적으로는 한 자리 교체 연습과 같으나, 고정된 어순의 어느 한 자리만을 교체시키지 않고 이리 저리 이동하면서 교체하도록 한다는 면에서 한 자리 교체 연습과는 다르다.

(23) 교육자: 제가 돈을 잃어버렸습니다.
　　　 교육자: 김 선생
　　　 학습자: 김 선생이 돈을 잃어버렸습니다.

　　　 교육자: 찾았다
　　　 학습자: 김 선생이 돈을 찾았습니다.

　　　 교육자: 책
　　　 학습자: 김 선생이 책을 찾았습니다.

4.2.2.2. 변형 연습

　변형 연습 (transformation drill)은 언어 교육자가 언어 학습자에게 어느 한 발화 내에 있는 문형이나 문법 요소에 일정한 변형을 시켜서 구조적인 변형이 이루어지도록 하는 연습이다. 변형 연습에는 (1) 단순 변형 연습, (2) 통합 연습, (3) 전위 연습, (4) 축약 연습, 그리고 (5) 첨가 연습 등이 있다.

4.2.2.2.1. 단순 변형 연습

　단순 변형 연습 (simple transformation drill)은 한국어 문법에 있어서의 변형 규칙에 따라 여러 가지로 하위 분류될 수 있다. 그러나 여기에서는 우선 (1) 시제의 변형 연습, (2) 종결법의 변형 연습, (3) 긍정과 부정의 변형 연습, (4) 피동태와 사동태의 변형 연습, 그리고 (5) 조사의 변형 연습 등만을 다루기로 한다.

1) 시제의 변형 연습

시제의 변형 연습은 언어 교육자가 언어 학습자에게 다음의 (24)에서와 같이 서술어의 현재형을 과거형이나 미래형으로 바꾸게 하는 것이다.

(24) ㄱ. 교육자: 어제, 점심을 먹습니까?
        학습자: 어제 점심을 먹었습니까?

     ㄴ. 교육자: 내일, 숙제를 합니다.
        학습자: 내일 숙제를 하겠습니다.

     ㄷ. 교육자: 아까, 친구를 만납니다.
        학습자: 아까 친구를 만났습니다.

     ㄹ. 교육자: 이따가, 옵니다.
        학습자: 이따가 오겠습니다.

2) 종결법의 변형 연습

종결법의 변형 연습은 다음의 (25)에서와 같이 언어 교육자의 질문에 대하여 언어 학습자가 서술형 종결 어미, 질문형 종결 어미, 명령형 종결 어미, 제안형 종결 어미 등을 이용하여 응답하게 하는 것이다.

(25) ㄱ. 교육자: 전화를 걸었습니까?

학습자: 전화를 걸었습니다.

ㄴ. 교육자: 신문을 봅니다.
　　학습자: 신문을 봅니까?

ㄷ. 교육자: 제가 학교에 갈까요?
　　학습자: 예. 학교에 가십시오.

ㄹ. 교육자: 학교에 같이 갈까요?
　　학습자: 예. 학교에 같이 갑시다.

3) 긍정과 부정의 변형 연습

　긍정과 부정의 변형 연습은 다음의 (26)에서와 같이 언어 교육자가 언어 학습자에게 긍정문을 부정문으로, 부정문을 긍정문으로 바꾸게 하는 것이다.

(26) ㄱ. 교육자: 우리 이제 일을 합시다.
　　　학습자: 우리 이제 일을 하지 맙시다.

　　　교육자: 거기에 가십시오.
　　　학습자: 거기에 가지 마십시오.

ㄴ. 교육자: 공부를 하지 않습니다.
　　학습자: 공부를 합니다.

교육자: 오늘 편지가 오지 않았습니다.
학습자: 오늘 편지가 왔습니다.

4) 피동태와 사동태의 변형 연습

피동태와 사동태의 변형 연습은 다음의 (27)에서와 같이 언어 교육자가 언어 학습자에게 능동문을 피동문이나 사동문으로 바꾸어 말하게 하는 것이다.

(27) ㄱ. 교육자: 제가 산을 봅니다.
　　　학습자: 저에게 산이 보입니다.

　　　교육자: 요즘 밥을 잘 먹습니다.
　　　학습자: 요즘 밥이 잘 먹힙니다.

　　ㄴ. 교육자: 사람들이 웃었습니다.
　　　학습자: 사람들을 웃겼습니다.

　　　교육자: 아이가 울었습니다.
　　　학습자: 아이를 울렸습니다.

5) 조사의 변형 연습

조사의 변형 연습은 다음의 (28)에서와 같이 언어 교육자가 언어 학습자로 하여금 용언의 종류에 따라서 조사를 달리 사용하게 하는 것이다.

(28) ㄱ. 교육자: 저는 김 선생이 좋습니다.
　　　학습자: 저는 김 선생을 좋아합니다.

ㄴ. 교육자: 저는 김치를 싫어합니다.
　학습자: 저는 김치가 싫습니다.

ㄷ. 교육자: 선생은 아이가 밉습니까?
　학습자: 선생은 아이를 미워합니까?

ㄹ. 교육자: 선생은 이 문제가 어렵습니까?
　학습자: 선생은 이 문제를 어려워합니까?

4.2.2.2.2. 통합 연습

통합 연습 (integration drill)은 다음의 (29)에서와 같이 두 개의 분리된 발화를 하나의 발화로 연결시키는 연습이다. 즉, 이는 언어 교육자가 언어 학습자에게 두 개의 문장을 들려주면, 언어 학습자는 그 두 문장 사이에 적절한 접속 어미를 이용하여 단일한 구조적 단위로 통합시키는 연습이다.

(29) ㄱ. 교육자: 값이 비쌉니다. 안 사겠습니다.
　　　학습자: 값이 비싸서 안 사겠습니다.

ㄴ. 교육자: 제가 한국에 왔습니다. 2년이 되었습니다.
　　학습자: 제가 한국에 온지 2년이 되었습니다.

ㄷ. 교육자: 날씨가 좋습니다. 밖으로 산보하러 갑시다.
　　학습자: 날씨가 좋으니까 밖으로 산보하러 갑시다.

ㄹ. 교육자: 시간이 있습니다. 언제든지 놀러 오십시오.
　　학습자: 시간이 있으면 언제든지 놀러 오십시오.

4.2.2.2.3. 전위 연습

전위 연습 (inversion drill)은 다음의 (30)에서와 같이 어순을 도치시키는 연습이다. 일반적으로 어순에는 고정 어순과 자유 어순이 있는데 한국어의 입말에서는 비교적 자유 어순이 사용되는 경우가 많으므로 고정 어순을 자유 어순으로 바꾸게 하는 연습이 필요하다.

(30) ㄱ. 교육자: 음식이 많으니까 많이 드세요.
　　　학습자: 많이 드세요. 음식이 많으니까요.

ㄴ. 교육자: 그분이 돌아가셨습니까?
　　학습자: 돌아가셨습니까? 그분이?

ㄷ. 교육자: 값이 비싸서 안 사겠습니다.
　　학습자: 안 사겠습니다. 값이 비싸서.

ㄹ. 교육자: 비가 그치면 밖으로 나갑시다.

학습자: 밖으로 나갑시다. 비가 그치면.

4.2.2.2.4. 축약 연습

축약 연습 (contraction drill)은 다음의 (31)에서와 같이 언어 교육자가 언어 학습자에게 격식적 발화 형식의 일부를 축약시키면서 이를 비격식적 발화로 바꾸어 말하게 하는 연습이다.

(31) ㄱ. 교육자: 이것이 무엇입니까?
　　　 학습자: 이게 뭡니까?

　　 ㄴ. 교육자: 그분이 올 수 있을 것입니다.
　　　 학습자: 그분이 올 수 있을 겁니다.

　　 ㄷ. 교육자: 좋은 것이 많아요.
　　　 학습자: 좋은 게 많아요.

　　 ㄹ. 교육자: 저를 보러 오셨어요?
　　　 학습자: 절 보러 오셨어요?

4.2.2.2.5. 첨가 연습

첨가 연습 (addition drill)은 언어 교육자가 언어 학습자에게 어느 한 발화에 새로운 요소, 즉, 어떤 단어나 단어군 또는 어절을 차례 차례로 첨가시켜 말하게 하는 연습이다. 첨가 연습을 실시할 경우에는 다음의 (32)에서와 같이 문장 뒤쪽의 서술어에서 그 앞쪽으로 단어나 어절을 첨가시키도록 하는 것이 좋다. 한국어는 서술어 중심 언어이기 때문이다.

(32) 교육자: 오십시오.
　　　학습자: 오십시오.

　　　교육자: 저의 집으로
　　　학습자: 저의 집으로 오십시오.

　　　교육자: 아홉 시까지
　　　학습자: 아홉 시까지 저의 집으로 오십시오.

　　　교육자: 내일 아침
　　　학습자: 내일 아침 아홉 시까지 저의 집으로 오십시오.

4.2.2.3. 응답 연습

응답 연습 (response drill)은 문형 변형 연습에 있어서 교체 연습과 변형 연습의 다음의 마지막 단계의 연습으로서 언어 교육자가 언어 학습자에게 변형 연습에서 연습한 문형으로 간단한 질문을 하면, 언어 학습자가 그에 대하여 응답하는 연습이다. 그러므로 이 연습은 제한적 응답 연습이라고 할 수도 있다. 이 연습은 언어 교육자가 언어 학습자의 문형 이해의 여부를 알아내고 교체 연습이나 변형 연습에서 이미 다룬 문형을 그에게 다시 연습시키는 데에 그 목적이 있다. 응답 연습의 보기는 다음의 (33)과 같다.

(33) ㄱ. 교육자: 한국말을 배우기가 쉽습니까?
　　　학습자: 네. 한국말을 배우기가 쉽습니다.

　　ㄴ. 교육자 : 김 선생님을 아십니까?
　　　학습자 : 아니오. 김 선생님을 모릅니다.

　　ㄷ. 교육자: 어제 누구를 만났습니까?
　　　학습자: 어제 친구를 만났습니다.

　　ㄹ. 교육자: 한국 음식 중에서 무엇을 제일 좋아하십니까?
　　　학습자: 한국 음식 중에서 갈비를 제일 좋아합니다.

4.2.3. 회화 연습

　회화 연습 (conversation drill)은 표현 연습에 있어서 모방 반복 연습과 문형 변형 연습의 다음 단계에서 연습시키는 유형이다. 따라서 이 연습은 말하기 연습의 마지막 단계 연습이며 교육 단계의 면에서 보면 선정 단계에서 실시되는 연습이다. 문형 변형 연습에 있어서의 응답 연습이 제한적인데 비하여 회화 연습은 자유적이며 응용적이다. 즉, 회화 연습은 언어 교육자의 질문에 대하여 언어 학습자가 어휘나 어미만을 간단히 바꾸어 기계적으로 응답을 하는 것이 아니라, 이미 학습한 모든 문형과 어휘를 통합적으로 이용하여 상황에 따라서 자유롭게 스스로 문장을 구성하여 표현하게 하는 연습이다. 이 연습의 유형에는 (1) 보고 말하기 연습, (2) 듣고 말하기 연습, (3) 읽고 말하기 연습, (4) 문답 연습, (5) 토론 연습, 그리고 (6) 연설 연습 등이 있다.

4.2.3.1. 보고 말하기 연습

보고 말하기 연습 (look and say drill)은 말하기 능력을 촉진하는 데에 사용할 수 있는 시각적 자료인 그림, 사진, 쾌도, 슬라이드, 또는 극화를 보고 자유롭게 구두 작문 (oral composition)을 하는 연습이다. 물론, 언어 교육자가 그 시각적 자료에 대한 질문을 하고 언어 학습자가 그에 대답하는 연습이 될 수도 있다. 일반적으로 시각적 자료는 주제적 자료, 의미적 자료, 기억 증진적 자료로 구분될 수 있다. 주제적 자료는 도시, 농촌, 시장 등과 같이 복합적 장면을 나타낸 자료 즉, 이 야깃거리가 많은 상황을 포함한 자료를 말한다. 의미적 자료는 단일한 대상이나 행동을 나타낸 단일한 의미를 표현하는 자료를 말한다. 기억 증진적 자료는 언어 학습자가 교과서의 내용을 기억할 수 있도록 고안된 자료이다. 곧, 한 단위의 내용에 따른 그림을 연관성 있게 그려 가지고 단원을 가르칠 때에 그 그림을 사용했다가 단원이 다 끝난 후에 그 그림만 보고 그 단원을 말할 수 있게 하는 자료이다.

4.2.3.2. 듣고 말하기 연습

듣고 말하기 연습 (listen and say drill)은 이해 능력과 표현 능력을 향상시키기 위한 연습이다. 언어 교육자는 준비된 듣기 자료를 언어 학습자에게 들려준 다음에 언어 학습자로 하여금 그 자료의 내용을 말하게 해야 한다. 듣기 자료는 교과 과정과 관계가 있는 산문이나 간단한 이야기, 소설, 신문 기사 등을 포함할 수 있다. 언어 학습자에게 이야기를 들려줄 때에는 언어 교육자가 직접 육성으로 들려줄 수도 있고 녹음기를 이용할 수도 있다.

4.2.3.3. 읽고 말하기 연습

읽고 말하기 연습 (read and say drill)도 이해 능력과 표현 능력의 개발을 위한 연습 유형이다. 언어 교육자는 준비된 읽기 자료를 언어 학습자에게 읽게 한 다음에 그에 대하여 말하게 하는 것이다. 읽기 자료는 듣기 자료를 그대로 사용할 수도 있으며 그 내용에 교과 과정과 관계가 있는 신문, 이야기, 소설, 기타 여러 종류의 글들을 포함시킬 수 있다.

4.2.3.4. 문답 연습

문답 연습 (question and say drill)은 보고 말하기 연습, 듣고 말하기 연습, 읽고 말하기 연습, 그리고 연설 등에서 동시에 사용될 수 있다. 즉, 이는 언어 교육자가 언어 학습자에게 보여준 자료, 들려준 자료, 읽힌 자료의 내용에 대하여 언어 교육자가 질문을 하면 언어 학습자가 그에 대하여 응답하는 연습이다. 언어 교육자는 언어 학습자가 그 자료에 대하여 완전히 이해하고 있는지의 여부를 파악하기 위해 문답 연습을 실시해 보는 것이 필요하다.

4.2.3.5. 토론 연습

토론 연습 (discussion drill)은 언어 교육자가 언어 학습자에게 어떤 주제를 주고 그 주제에 대해서 자유롭게 토론하게 하는 연습이다. 토론 연습을 실시할 때에는 일반적으로 언어 학습자를 찬반 양론으로 나누어 연습시키는 것이 좋다.

4.2.3.6. 연설 연습

연설 연습 (speech drill)은 언어 교육자가 언어 학습자에게 그의 문장 구성 능력의 한도 내에서, 삼분 내지 오분 동안 연설할 내용을 미리 준비시키고 연설하게 하는 연습이다. 이 연습에 있어서는 언어 학습자가 연설을 하기 전에 먼저 언어 교육자가 언어 학습자에게 문장을 짓게 한 후에 언어 교육자가 그 내용을 수정해 주고 그것을 암기시킨 후에 연설하도록 하는 것이 좋다. 한 언어 학습자의 연설이 끝나면 나머지 언어 학습자는 연설 내용에 대하여 질문을 하고 연설자는 그에 대하여 대답하게 할 수도 있다.

5. 읽기 연습

읽기 연습 (reading drill)은 문어체 언어로부터 언어 유형을 이해하는 연습이다. 듣기 연습과 말하기 연습이 음운 조직과 구문 조직의 즉각적 무의식적 인식과, 의미의 이해를 내포하는 데에 비하여, 읽기 연습은 문자와 어휘의 시각적 인식 능력과 어휘 내용의 이해 능력을 포함한다. 전자가 읽기를 위한 읽기 연습이라면 후자는 지식 학습을 위한 읽기 연습이라고 할 수 있다. 읽기 능력은 (1) 인식 연습과 (2) 이해 연습을 통해서 학습된다. 그리고 읽기 연습은 다른 언어 능력의 연습 유형과 같이 연합하여 실행될 수 있다.

5.1. 인식 연습

읽기 능력의 계발은 언어의 소리와 의미를 표상하는 시각적 상징 기호의 인식에서 비롯된다. 그리고 그러한 인식을 용이하게 하는 학습 은 그 언어 기호의 (1) 모방 반복 연습과 (2) 재생 연습을 통해서 가능 하다.

5.1.1. 모방 반복 연습

모방 반복 연습 (imitation repetition drill)에서는 듣기 연습과 말 하기 연습에서 인식 연습 시에 사용되었던 교육 자료, 학습 순서, 그리 고 교육 방법이 그대로 적용될 수 있다. 이 연습에서는 언어 학습자가 한국어 자모의 형태 구조와 결합 구조 및 배합 구조를 이해하면, 곧, 재생 연습으로 넘어가는 것이 좋다. 모방 반복 연습에는 (1) 개별 연습 과 (2) 배합 연습이 있다.

5.1.1.1. 개별 연습

개별 연습 (individuation drill)은 개별 자모의 읽기 연습으로서 듣기 연습에서 사용한 자료가 그대로 사용되는 것이 좋다.

5.1.1.2. 배합 연습

배합 연습 (combination drill)은 개별 자모를 배합하여 읽는 연습으로서 이 연습은 듣기 연습의 배합 연습에서 사용되었던 자료가 그대로 이용되는 것이 좋다.

5.1.2. 재생 연습

재생 연습 (reproduction drill)은 언어 학습자가 모방 반복 연습을 통해서 언어 기호의 배합에 어느 정도 익숙해진 어휘나 문장을 언어 교육자가 언어 학습자에게 혼자 속독할 수 있는 능력을 길러주는 연습이다. 이 연습에서는 속독 능력의 학습을 위하여 카드, 슬라이드, 또는 필름 스트립이 사용되는 것이 효과적이다. 재생 연습에는 (1) 들으며 읽기 연습과 (2) 보고 읽기 연습이 있다.

5.1.2.1. 들고 읽기 연습

들고 읽기 연습 (listen and read drill)은 언어 교육자가 단어나 구절이나 문장을 언어 학습자에게 읽어 주면 언어 학습자가 그것을 큰 목소리로 따라 읽는 연습이다. 언어 학습자가 연습을 많이 하면 많이 할수록 독자적 독서 능력과 속독 능력이 증진된다. 이 연습은 말하기 연습의 듣고 발음하기 연습과 동시에 실행될 수 있다.

5.1.2.2. 보고 읽기 연습

보고 읽기 연습 (look and read drill)은 들으며 읽기 연습 시에 사용되었던 교육 자료를 언어 학습자가 혼자 보고 읽는 연습이다. 언어 학습자가 이 연습을 충분히 한 후에는 언어 교육자가 그로 하여금 응용 문장이나 새로운 문장을 보고 혼자 읽도록 연습시키는 것이 좋다.

5.2. 이해 연습

읽기 연습의 궁극적 목적은 언어 학습자의 독해력의 향상이라고 할 수 있다. 그러므로 이해 연습 (comprehension drill)에 있어서 중요한 것은 단어나 구절이나 문장에 의미를 부여하는 일이다. 이해 연습을 위해서는 정독을 위한 읽기 자료와 다독을 위한 읽기 자료가 필요하다. 전자를 위해서는 교재 자료와, 그 보조 자료로서 사진, 그림, 그리고 녹음 자료가 필요하고, 후자를 위하여서는 언어 학습자의 언어학적 정신적 수준에 맞게 쓰여진 교재가 필요하다. 다독을 위한 읽기 자료는 언어 학습자가 어휘나 문형에 곤란을 느끼지 않고 읽을 수 있는 것을 원칙으로 한다. 정독을 위한 읽기 자료와 다독을 위한 읽기 자료는, (1) 읽고 말하기 연습, (2) 읽고 쓰기 연습, 그리고 (3) 읽고 행동하기 연습 등을 통하여 언어 학습자의 이해 능력을 증진시킬 수 있다.

5.2.1. 읽고 말하기 연습

읽고 말하기 연습 (read and say drill)은 언어 교육자가 언어 학습자에게 제시한 문장을 그가 읽고 가능한 한 자세히 그 문장의 내용을 말하게 하는 연습이다. 언어 교육자가 언어 학습자에게 이 연습을 시킬 때에는 학습 내용에 대한 언어 학습자의 이해 여부를 알아보기 위해 문답 연습을 병용할 수도 있다.

5.2.2. 읽고 쓰기 연습

읽고 쓰기 연습 (read and write drill)은 언어 교육자가 언어 학습자에게 제시한 글을 언어 학습자로 하여금 읽게 한 후에 그 글의 내용을 쓰게 하거나 그 글의 내용에 따른 질문에 답을 쓰게 하는 연습이다. 이 연습에는 (1) 바꿔 쓰기 연습, (2) 결합 연습, (3) 대의 파악 연습, (4) 내용 일치 연습, (5) 문답 연습, (6) 정서 연습, (7) 진위 파악 연습, (8) 골자되는 문장 찾기 연습, (9) 제목 선택 연습, 그리고 (10) 부적당한 문장 찾기 연습 등이 있으며 이밖에도 더 세분된 연습 유형이 있을 수 있다.

5.2.2.1. 바꿔 쓰기 연습

바꿔 쓰기 연습 (rewriting drill)은 언어 교육자가 비교적 짧은 문장을 제시하고 언어 학습자로 하여금 그것과 뜻이 같은 문장으로 바꿔 써 놓은 문장을 고르게 하는 연습이다.

5.2.2.2. 결합 연습

결합 연습 (combination drill)은 언어 교육자가 한 문장의 전반부를 분리시켜 놓고 언어 학습자로 하여금 의미상 당연히 연결되어야 할 짝끼리 묶게 하는 연습이다.

5.2.2.3. 대의 파악 연습

대의 파악 연습 (main idea drill)은 언어 교육자가 언어 학습자에게 비교적 장문을 읽게 하고 그 대의를 파악하는 힘을 기르게 하는 연습이다.

5.2.2.4. 내용 일치 연습

내용 일치 연습 (partial comprehension drill)은 언어 교육자가 언어 학습자로 하여금 글의 대의를 파악하게 할뿐만 아니라 한 걸음 더 나아가 그 글의 전체 내용을 구성하는 각 부분의 뜻을 이해시키는 연습이다.

5.2.2.5. 문답 연습

문답 연습 (question and answer drill)은 언어 교육자가 글의 내용에 대하여 언어 학습자에게 질문을 하고 그로 하여금 그 질문에 대한 대답을 하게 하는 연습이다.

5.2.2.6. 배열 연습

배열 연습 (arrangement drill)은 언어 교육자가 여러 개의 문장의 순서를 뒤섞어 놓고 언어 학습자로 하여금 그것의 의미가 통하도록 재배열하게 하는 연습이다.

5.2.2.7. 진위 연습

진위 연습 (true-false drill)은 언어 교육자가 이야기를 제시하고 그 내용과 합치되지 않거나 반대되는 문장을 여러 개 늘어놓아 언어 학습자로 하여금 그 내용의 진위를 가려내게 하는 연습이다.

5.2.2.8. 주제문 찾기 연습

주제문 찾기 연습 (topic sentence drill)은 언어 교육자가 대의를 따로 제시하지 않고 언어 학습자에게 어떤 것이 그 글의 주제인지를 찾아내게 하는 연습이다.

5.2.2.9. 제목 선택 연습

제목 선택 연습 (title drill)은 언어 교육자가 언어 학습자에게 이야기의 내용을 포괄적으로 나타내는 간명한 제목을 선정하게 하는 연습이다.

5.2.2.10. 부적당한 문장 찾기 연습

부적당한 문장 찾기 연습 (proper sentence drill)은 언어 교육자가 비교적 논리가 정연한 글 중에서 이와는 별다른 관계가 없는 문장이 끼어 있는 것을 언어 학습자로 하여금 찾아내게 하는 연습이다.

5.2.3. 읽고 행동하기 연습

읽고 행동하기 연습 (read and do drill)은 다음의 (34)에서와 같이 언어 교육자가 카드나 필름 스트립이나 또는 슬라이드에 글을 제시하고 언어 학습자로 하여금 그 글을 읽게 한 다음에 그 글이 지시하는 대로 행동하게 하는 연습이다.

(34) ㄱ. 카드: 잠깐만 일어나십시오.
　　　　학습자: (일어난다)

　　　ㄴ. 카드: 책을 가방에 넣으십시오.
　　　　학습자: (책을 가방에 넣는다)

ㄷ. 카드: 창문을 열어 주세요.
　　　학습자: (창문을 연다)

ㄹ. 카드: 교실 밖으로 나가십시오.
　　　학습자: (교실 밖으로 나간다)

6. 쓰기 연습

쓰기 연습 (writing drill)은 언어 교육자가 언어 학습자로 하여금 듣기 연습, 말하기 연습, 그리고 읽기 연습을 통해서 학습한 언어 습관과 언어 능력을 더욱 강화시키고 고착시키기 위한 연습이다. 언어 학습자는 쓰기 연습을 통하여 (1) 자모의 올바른 모사 능력, (2) 자모의 올바른 배합 능력, (3) 단어와 문형을 통한 창의적 글짓기 능력 등을 개발시킬 수 있다. 자모를 올바르게 모사하는 능력과 자모를 올바르게 배합하는 방법, 즉, 철자법의 학습은 인식 연습을 통해서 가능하고, 단어와 문형을 통해서 자신의 생각을 표현하는 작문 능력은 표현 연습을 통해서 가능하다. 쓰기 연습은 (1) 인식 연습과 (2) 표현 연습으로 구분된다.

6.1. 인식 연습

인식 연습 (recognition drill)은 쓰기 학습의 초기 단계이므로 언어 교육자는 언어 학습자의 구두 연습 시에 사용했던 학습 자료를 이용하여 언어 학습자에게 연습시켜야 효과적이다. 이 연습에 있어서는 단어보다는 구절이나 문장을 연습 단위로 하는 것이 좋다. 인식 연습에는 (1) 모방 전사 연습과 (2) 재생 연습이 있다.

6.1.1. 모방 전사 연습

모방 전사 연습 (imitation transcription drill)은 언어 교육자가 언어 학습자에게 문자를 보고 베껴 쓰게 하는 연습이다. 이 연습은 언어 교육자가 언어 학습자로 하여금 자모의 단일 형태와 배합 형태를 보고 그것을 직접 써 보게 하는 과정을 통해서, 단어나 문장의 형태 구조를 시각적으로 인식하고 자모와 그 배합의 필법을 암기하여 보다 능숙하게 그것을 쓸 수 있게 하는 능력을 학습시키는 데에 그 목적이 있다. 모방 전사 연습에는 (1) 덧쓰기 연습과 (2) 복사 연습이 있다.

6.1.1.1. 덧쓰기 연습

덧쓰기 연습 (tracing drill)은 언어 교육자가 언어 학습자로 하여금 점선으로 인쇄된 문자를 점선을 따라 써 보게 하는 연습이다. 이 연습에서는 듣기 연습의 개별 연습과 배합 연습 시에 사용되었던 자료를 그대로 이용할 수 있다.

6.1.1.2. 복사 연습

복사 연습 (copying drill)은 언어 교육자가 언어 학습자에게 단어나 구절이나 문장을 보고 그것을 그대로 옮겨 써 보게 하는 연습이다. 언어 학습자의 저급 단계에서는 이 연습이 많이 실행되는 것이 좋다.

6.1.2. 재생 연습

재생 연습 (reproduction drill)은 언어 학습자가 모방 전사 연습을 통해서 익숙해진 단어나 구절이나 또는 문장의 형태를 직접 보지 않고 독자적으로 쓸 수 있게 하는 능력을 기르기 위한 연습이다. 재생 연습에는 (1) 완성 연습, (2) 듣고 받아쓰기 연습, 그리고 (3) 보고 쓰기 연습이 있다.

6.1.2.1. 완성 연습

완성 연습 (completion drill)은 언어 교육자가 주로 단어의 어느 한 자음이나 모음을 생략해 놓고, 언어 학습자로 하여금 그 불완전한 부분을 완전한 철자가 된 단어로 완성시키게 하는 연습이다. 이 연습은 언어 학습자가 문자를 읽을 때에 한 번에 문자 전체를 인식할 수 있도록 단어의 형태를 관찰하도록 하는 데에 그 목적이 있다.

6.1.2.2. 듣고 받아쓰기 연습

듣고 받아쓰기 연습 (dictation drill)은 언어 학습자가 이미 듣기 연습, 말하기 연습, 그리고 읽기 연습에서 학습한 학습 자료를 언어 교육자가 읽어 주면 언어 학습자가 그것을 듣고 받아쓰게 하는 연습이다. 이 연습은 언어 학습자의 듣고 이해하는 능력과 쓰면서 철자법에 익숙하게 하도록 하는 철자 능력을 길러준다.

6.1.2.3. 보고 쓰기 연습

보고 쓰기 연습 (look and write drill)은 다음의 (35)에서와 같이 언어 교육자가 언어 학습자로 하여금 시각적 학습 자료를 보고 그 대상의 이름을 쓰게 하는 연습이다. 이 때에 시각 자료는 구체적 대상으로 제한하는 것이 바람직하다.

(35) ㄱ. 교육자: '책'을 보여 준다
　　　 학습자: '책'이라고 쓴다.

　　 ㄴ. 교육자: '시계'를 보여 준다
　　　 학습자: '시계'라고 쓴다.

　　 ㄷ. 교육자: '사과'를 보여 준다
　　　 학습자: '사과'라고 쓴다.

　　 ㄹ. 교육자: '비행기'를 보여 준다

학습자: '비행기'라고 쓴다.

6.2. 표현 연습

표현 연습 (expression drill)은 언어 교육자가 언어 학습자로 하여금 인식 연습을 통해서 학습한 어휘와 문형을 이용하여 자기의 생각을 자유롭게 표현할 수 있게 하는 능력을 함양시켜 주기 위한 연습이다. 표현 능력은 (1) 제한 작문 연습과 (2) 자유 작문 연습을 통해서 그 학습이 가능하다.

6.2.1. 제한 작문 연습

제한 작문 연습 (controlled composition drill)은 언어 교육자가 어느 정도 언어 학습자의 자유 의사와 독창성을 제한하는 범위 내에서 그의 작문 능력을 향상시키기 위한 연습이다. 이에는 (1) 문답 연습, (2) 의문 구성 연습, (3) 완성 연습, (4) 전환 연습, (5) 결합 연습, (6) 정정 연습, (7) 교체 연습, (8) 첨가 연습, (9) 선택 연습, 그리고 (10) 단문 짓기 연습 등이 있다.

6.2.1.1. 문답 연습

문답 연습 (question and answer drill)은 언어 교육자가 언어 학습자에게 질문을 하면 언어 학습자가 그것에 대한 대답을 쓰게 하는 연습이다.

6.2.1.2. 의문 구성 연습

의문 구성 연습 (making question drill)은 언어 교육자가 언어 학습자에게 어떤 대답을 주면 언어 학습자가 그에 상응하는 질문을 구성하여 쓰게 하는 연습이다.

6.2.1.3. 완성 연습

완성 연습 (completion drill)은 언어 교육자가 문장 중의 일부를 생략해 놓고 언어 학습자로 하여금 적당한 어휘나 문형을 보충하여 문장을 완성시켜 쓰게 하는 연습이다.

6.2.1.4. 전환 연습

전환 연습 (conversion drill)은 언어 교육자가 언어 학습자에게 어떤 문장을 주고 그것을 다른 지정된 형태의 문장으로 변환시켜 쓰게 하는 연습이다.

6.2.1.5. 결합 연습

결합 연습 (connection drill)은 언어 교육자가 어떤 언어 자료를 뒤섞어 제시하면 언어 학습자가 그 주어진 언어 재료를 뜻이 통하도록 연결시켜 완전한 문장으로 만들어 쓰게 하는 연습이다.

6.2.1.6. 정정 연습

정정 연습 (correction drill)은 언어 교육자가 틀린 것이 포함된 어떤 문장을 제시하면 언어 학습자가 그 틀린 부분을 올바르게 정정하여 올바로 쓰게 하는 연습이다.

6.2.1.7. 교체 연습

교체 연습 (replacement drill)은 언어 교육자가 어떤 문형을 제시하고 언어 학습자로 하여금 그 문형의 일부를 다른 교체 요소로 교체하여 문장을 만들어 쓰게 함으로써 문형에 익숙하게 하는 연습이다.

6.2.1.8. 확장 연습

확장 연습 (expansion drill)은 언어 교육자가 어떤 문장을 언어 학습자에게 제시하면 그가 그 문장에 적절한 수식어를 첨가하여 주어진 문장을 확장시켜 쓰게 하는 연습이다.

6.2.1.9. 선택 연습

선택 연습 (selection drill)은 언어 교육자가 문장 중 일부에 두 개 이상의 요소를 삽입해 놓고 언어 학습자로 하여금 올바른 하나만을 선택하여 쓰게 하는 연습이다.

6.2.1.10. 단문 짓기 연습

단문 짓기 연습 (making short sentence drill)은 언어 교육자가 언어 학습자에게 단어나 문형을 제시하고 그로 하여금 짧은 문장을 만들어 쓰게 하는 연습이다.

6.2.2. 자유 작문 연습

자유 작문 연습 (free composition drill)은 언어 교육자가 언어 학습자로 하여금 아무런 제한을 받지 않고 자기의 어휘와 문형으로 자유 의사와 독창성을 살려 작문하게 하는 연습이다. 이 연습에는 구두 작문 연습과 필기 작문 연습이 있으나 구두 작문은 말하기 연습에 있어서 회화 연습에 포함되므로 이 연습은 필기 작문 연습을 의미한다. 자유 작문 연습에는 (1) 듣고 쓰기 연습, (2) 보고 쓰기 연습, 그리고 (3) 읽고 쓰기 연습 등이 있다.

6.2.2.1. 듣고 쓰기 연습

듣고 쓰기 연습 (listen and write drill)은 언어 교육자가 준비한 청각 자료를 언어 학습자가 듣고 그 듣기 자료의 내용에 따른 질문에 대답을 쓰거나 그 내용을 요약하여 쓰게 하는 연습이다. 이 연습은 언어 학습자의 이해력을 향상시키기 위한 표현 연습이다.

6.2.2.2. 보고 쓰기 연습

보고 쓰기 연습 (look and write drill)은 언어 교육자가 언어 학습자에게 시각 자료를 제시하고 그 자료에 대한 감상이나 그 자료가 나타내고 있는 이야기를 자기 언어로 작문하게 하는 연습이다.

6.2.2.3. 읽고 쓰기 연습

읽고 쓰기 연습 (read and write drill)은 언어 교육자가 언어 학습자로 하여금 책이나 글을 읽고 그 감상을 쓰게 하거나 내용을 요약하여 쓰게 하는 연습이다. 이 연습은 읽기 연습의 읽고 쓰기 연습에 포함될 수 있다. 사실상 읽고 쓰기 연습은 이해 연습을 선행 조건으로 하는 표현 연습이다.

7. 마무리

언어는 상호 관련된 습관적 활동이며 반복 연습을 통해서 학습될 수 있다. 그러므로 언어 학습은 새로운 언어 습관을 형성하는 과정이다. 그리고 언어 습관을 새로운 언어를 반복하여 연습함으로써 형성되고 빈번한 보강에 의해서 강화된다. 언어 학습에 있어서 외국어 학습은 새로운 언어 구조의 사용 능력 즉, 언어 능력에 있어서의 이해 능력과 표현 능력의 학습을 의미한다.

언어 교육은 언어 학습과 상호 보조적 관계에 있으므로 외국어 교육은 언어 학습자에게 새로운 언어 습관을 형성하도록 반복 연습을 시켜서 새로운 언어 구조를 사용할 능력을 학습시키는 것이다. 따라서 외국어로서의 한국어 교육의 궁극적 목적은, 언어 학습자에게 한국어 구조를 정확하고, 유창하며, 자의적으로 사용할 수 있도록 하는 능력을 학습시키는 것이다. 그리고 언어 학습에 있어서 정확성, 유창성 및 자의성의 학습은 언어 학습자가 여러 가지 연습 유형을 반복 연습함으로써 가능하다. 따라서 외국어로서의 한국어 교육은 언어 교육의 단계와 언어 능력간의 유기적 관계를 고려하여 하위 분류된 여러 연습 유형을 반복 연습함으로써 그 목적이 달성될 수 있다.

Ⅲ.
언어 교육과 시험

1. 발화력 숙달 시험의 언어 양상

1. 들머리

일반적으로 언어 숙달 시험 (language proficiency test)에는 발화력 숙달 시험, 청해력 숙달 시험, 독해력 숙달 시험, 작문력 숙달 시험, 어휘력 숙달 시험, 그리고 문법 구조 숙달 시험 등이 있다. 이 글의 목적은 언어 숙달 시험 가운데에서 발화력 숙달 시험의 언어 양상을 기술하고, 수험자 (testee)의 발화력의 숙달 정도를 적절히 평가하기 위한 시험의 실시 방법을 논의하는 데에 있다.

2. 발화력 숙달 시험의 방법

발화력 숙달 시험의 실시의 방법과 기술은 다른 언어 능력의 시험 실시의 방법이나 기술과는 다르다. 일반적으로 언어 교육자가 언어 학습자에게 교재의 어느 한 단원이나 교재를 통하여 가르친 교육 내용의 학습 성취도와 학습의 진전 상태, 그리고 학습의 효과를 측정하는 성적 시험 (achievement test)에서는 그 평가를 수량적인 계산에 의존한다. 그러나 발화력 숙달 시험에 있어서의 그 평가는 수험자가 그에게 주어진 문항을 정확하게 몇 개를 맞추었는가 하는 수량적인 계산에 의거하지 않고 그의 발화력 숙달도 (level of proficiency)에 대한 시험자 (tester)의 전반적인 판단에 의존하기 때문이다. 수험자의 발화력 숙달도에 대한 평가자의 전반적인 판단은 다음의 다섯 개 항목에 제시된 수험자의 구두 표현 숙달의 정도, 곧, 발화력 숙달의 수준에 의하여 이루어질 수 있다. 발화력 숙달의 정도와 수준은 다음과 같이 각 항목별로 규정될 수 있다. 발화력 숙달의 수준은 발화력 (speaking ability)을 의미하는 약자 S를 사용하여, 각기 S_{-1}, S_{-2}, S_{-3}, S_{-4}, 그리고 S_{-5}로 표시될 수 있다.[1]

S_{-1}: 언어 학습자의 발화력 숙달도가 S_{-1}이 되려면, 그는 일상적

---

[1] 이에 관하여 자세한 것은 A Check List for Self-appraisal of Speaking Proficiency, F. S .I. Washington, D. C. Department of State, U. S. A.를 참조하라. 그리고 수험자의 발화력 숙달의 수준이 각 항목의 기준을 조금 초과하거나 부족한 경우에는 부차적인 기준을 세워 $S_{-2}+$나 $S_{-3}-$ 등과 같이 '+'나 '-' 표시로 나타낼 수 있다.

인 활동에 필요한 표현 능력을 갖추어야 한다. 이를 좀 더 구체적으로 말하면 다음과 같다.

1) 언어 학습자는 친숙한 일상적인 화제에 관하여 질문할 수 있어야 하고 응답할 수 있어야 한다.
2) 언어 학습자는 제한된 언어 경험, 비교적 느린 발화 속도, 반복과 부연의 요구 등을 허용하는 범위 내에서, 간단한 질문과 설명을 듣고 이해할 수 있어야 한다.
3) 언어 학습자의 어휘는 가장 기본적인 사실과 상황 이외의 것을 표현하는 데 있어서 부적절하여도 괜찮다.
4) 언어 학습자의 발음과 문법상의 실수는 그 빈도수가 잦아도 좋으나 토착민 화자(native speaker)가 이해할 수 있을 정도로 발음과 문법을 구사할 수 있어야 한다.
5) 언어 학습자에게 언어에 대한 기초적인 요구와 필요성에 있어서는 개인차가 심한 것이 사실이다. 그러나 그가 적어도 S-1의 평가를 받으려면 간단한 음식을 주문할 수 있어야 하고, 여관이나 하숙을 정할 수 있어야 하며, 간단한 지시를 할 수 있어야 한다. 또한 그는 필요한 물건을 살 수 있어야 하고 시간을 물을 수 있어야 하며 시간에 대하여 대답할 수 있어야 한다.

S-2: 언어 학습자는 일상적인 사회적 요구와 제한된 작업에 필요한 표현 능력을 갖추어야 한다. 이를 좀 더 자세히 말하면 다음과 같다.

1) 언어 학습자는 자기의 일, 가족, 자서전적인 정보, 곧, 학력과

경력 및 시사적인 사건에 관하여 소개하고 대화하는 사회적인 상황에서 유창성은 없더라도 어느 정도 자신감을 가지고 말할 수 있어야 한다.

2) 언어 학습자가 제한된 작업에 필요한 표현을 하는데 있어서 좀 어렵거나 복잡한 경우에는 도움을 받아 가면서 표현할 수 있어야 한다.

3) 언어 학습자는 전문적인 지식을 필요로 하지 않는 비전문적인 화제에 대한 대화의 대부분을 이해할 수 있어야 한다.

4) 언어 학습자는 자기의 생각을 완곡하게 표현하기에 충분한 능동적인 어휘를 알고 있어야 한다.

5) 언어 학습자의 언어 표현은 억양은 좀 부자연스럽더라도 토착민 화자에게 이해될 수 있어야 한다.

6) 언어 학습자가 문법을 충분히 자신 있게 지배할 수는 없을 지라도 기초적인 문법 구조를 아주 정확하게 구성할 수 있어야 한다.

S-3: 언어 학습자는 실용적이고, 사회적이며, 전문적인 화제에 대한 공식적이거나 비공식적인 대화에 효과적으로 참여하기에 충분할 정도로 그의 문법 구조가 정확해야 하고 어휘가 풍부해야 한다. 이를 좀 더 구체화시키면 다음과 같다.

1) 언어 학습자는 자기 자신과 관계가 있는 특별한 관심사나 특수한 분야에 관하여 비교적 수월하게 토의할 수 있어야 한다.

2) 언어 학습자는 정상적인 속도의 발화를 들었을 때에 그에 대한 이해력이 완전해야 한다.

3) 언어 학습자의 어휘는 발화 도중에 단어 때문에 발화가 중단

이 되는 일이 없을 만큼 풍부해야 한다.

4) 언어 학습자의 억양은 토착민 화자처럼 자연스러워야 한다.

5) 언어 학습자는 문법 구조의 구성에 대한 지배가 비교적 만족스러워야 한다.

6) 언어 학습자의 발음이나 문법적인 실수가 대화의 이해를 혼란시키거나 방해해서는 안 된다.

S-4: 언어 학습자는 개인적인 필요에 따른 전문적인 화제에 관하여 모든 면에서 정상적으로 유창하고, 자연스러우며, 정확하게 표현할 수 있는 능력을 갖추어야 한다. 이를 좀 더 세분하면 다음과 같다.

1) 언어 학습자는 고도의 유창성과 단어 사용의 정확성을 가지고 어떠한 대화에든지 참여할 수 있어야 하며 그 대화의 내용을 이해할 수 있어야 한다.

2) 언어 학습자는 가끔 토착민 화자로 여겨질 정도이어야 한다.

3) 언어 학습자는 생소한 상황에서 친숙하지 않은 질문을 받았을 때에도 적절히 응답할 수 있어야 한다.

4) 언어 학습자의 발음이나 문법상의 오류는 극히 적어야 하며 비공식적인 통역을 할 수 있어야 한다.

S-5: 언어 학습자의 발화력의 숙달도가 교육을 받은 토착민 화자의 그것과 같아야 한다. 이를 좀 더 구체적으로 말하면, 언어 학습자의 어휘와 관용어구의 양, 구어체 언어 및 문화적 내용에 대한 언급 등을 포함하는 모든 면에 있어서의 발화가 고등 교육을 받은 토착민 화자로 충분히 용인될 수 있을 정도로 완전히 정확하고, 유창하며, 자연스러워

야 한다.

발화력 숙달 시험은 그 시험의 실시에 있어서 비형식적이며 자연스러운 대화의 형식을 취하기는 하지만, 즉흥적으로 그 때 그 때에 떠오르는 아무 화제에 대해서나 협조적인 대화의 형식을 취하지는 않는다. 발화력 숙달 시험은, 대체로 말하자면, 수험자가 위에서 제시한 다섯 개의 발화력 숙달도의 범주 가운데에서 어느 범주에 속하는가를 시험자가 결정하기 위하여 비교적 짧은 시험 시간에 발화력의 여러 양상을 효과적으로 조사하는 한정된 절차라고 할 수 있다.

3. 발화력 숙달 시험의 단계

발화력 숙달 시험은 적어도 두 개 내지 세 개의 단계를 포함해야 바람직하게 실시될 수 있다. 각 단계는 시험의 진행 절차를 자연스럽게 해 줄뿐더러 수험자의 언어 능력에 대한 지식을 확실하고 명확하게 해준다. 다시 말하면 각 단계는 시험자가 시험의 결과를 평가할 때에 객관적으로 적절하게 평점을 정할 수 있는 기준을 갖추고 있어야 한다. 일반적으로 발화력 숙달 시험의 단계에는 (1) 탐색 단계 (exploratory stage), (2) 분석 단계 (analytical stage), 그리고 (3) 상황 단계 (situation stage)가 있다.[2] 그러면 시험의 실시 절차에 있어서의 각 단계에 관하여 살

─────────

2) 이에 관하여 자세한 것은 *Manual for Peace Corps Language Testers*, pp. 12-14를 참조하라.

펴보기로 한다.

3.1. 탐색 단계

발화력 숙달도의 수준에 대한 탐색은 시험을 시작한 후 2분 내지 4분 내에 이루어져야 한다. 이 탐색 단계에서 시험자가 수험자에게 하는 질문은 그의 발화력 숙달도의 수준과 관계없이 자연스럽고 친절해야 하며 이해하기 쉽고 대답하기 쉬운 것이어야 한다. 시험자가 수험자에게 그가 응답하기에 그리 어렵지 않은 질문을 해야 하는 이유에는 두 가지가 있다. 하나는, 시험자가 수험자를 정서적으로 안정된 상태로 유도하기 위한 것이고, 다른 하나는, 시험자가 수험자의 일반적인 발화력 숙달도의 수준을 정하여 그의 수준에 알맞은 정도의 적절한 질문을 하기 위한 것이다.

3.2. 분석 단계

시험의 탐색 단계에서 몇 분간의 간단한 대화를 통하여 수험자의 일반적인 발화력 숙달도의 수준이 일단 정해지면, 다음의 약 10분 내지 15분간에는 시험자와 수험자 사이에 언어의 (1) 여러 국면에 있어서 발음, (2) 어휘, (3) 문법, (4) 유창성, 그리고 (5) 이해력의 측정을 목표로 한 일련의 대화가 이루어져야 한다.[3]

---

3) 언어 교육자는 언어 학습3자의 발화력 숙달의 수준을 측정하기 위한 기준을 (1) 정확성(accuracy), (2) 자연성(naturalness), (3) 유창성(fluency), 그리고 (4) 다양성(variety)에 둘 수도 있다. 정확성은 통사 부문, 자연성은 음운 부문, 유창성은 발화 속도, 그리고 다양성은 의미 부문과 관계가 있다.

(1) 발음

　수험자의 발음에 대한 적절한 평가는 일반적으로 대화를 통하여
자연히 이루어져야 한다. 시험자는 발음 평가를 위해서 일일이 특별하
게 기록할 필요는 없다. 왜냐하면 위에서 제시한 발화력 평가를 위한
다섯 개의 국면 가운데에서 발음은 평점을 매기는 데에 있어서 가장
적은 비율을 차지하기 때문이다. 그리고 가령 수험자가 발음이 부정확
하여 무엇을 말하고 있는지 시험자가 이해할 수 없다면, 그러한 결점
은 어휘와 문법의 부문에서도 그대로 반영될 것이다. 즉, 수험자는 이
해되지 않는 단어를 사용하거나 분간되지 않는 준굴곡 어미와 굴곡 어
미를 활용하게 될 것이다. 만일 수험자의 발음이 일반적으로 이해될
수 있는 편이라면, 발음에 있어서 구체적이고 세부적인 요소들을 S-1
부터 S-3까지의 평가에 반영시킬 필요는 없다.

(2) 어휘

　정상적인 발화력 숙달 시험에 있어서 시험자는 수험자에게 여러
가지의 다른 화제에 관하여 말할 수 있도록 유도함으로써, 그의 어휘
력의 범위와 수준을 효과적으로 측정 평가해야 한다.4) 그러나 경험이

---

4) 어휘에는 능동적 어휘 (active vocabulary)와 수동적 어휘 (passive vocabulary)가
　있다. 전자를 생산적 어휘 (production vocabulary), 후자를 인식적 어휘
　(recognition vocabulary)라고도 한다. cf. Lobert Lado, *Language Testing*, New
　York, McGraw-Hill Book Company, 1964, pp.184-185. 단어의 양상과 의미에
　관한 것은 다음 글을 참조하라. Robert Rado, "Patterns of Difficulty in
　Vocabulary," *Teaching English as a Second Language*, Harold B. Allen (ed),
　New York, McGraw-Hill Book Company, 1965, pp.209-212.

부족한 시험자는 수험자가 시험 시간의 대부분을 그와 친숙한 화제 (곧, 취미, 직업 등)에 관하여 말하는 데에 보내도록 허용함으로써, 타당성이 있는 평가를 내리지 못하는 수가 있다. 시험을 실시하는 중에 어떤 부문에 있어서는 시험자는 수험자가 말하고자 하는 화제에 관하여 시간을 할애해 줄 수 있다. 그러나 시험자는 대화의 주제를 자연스럽게 계속 바꾸어 가면서 여러 국면에 대한 수험자의 적절한 어휘 사용 능력을 측정해야 한다.

(3) 문법

문법에 대한 지식은 발화력 숙달 시험의 전반적인 평가에 있어서 가장 중요한 요소 가운데 하나이다.[5] 시험의 실시 과정에서 시험자는 수험자가 구어체 문법에 있어서의 조사, 접미사, 시상, 서법, 주어와 서술어의 일치, 존대법 및 기타 문법적인 양상들에 대한 지식을 나타내 보일 수 있도록 그에게 기회를 만들어 주어야 한다. 예를 들어서 분석 단계에서나 대화의 시간이 조금 흐른 단계에서 시험자가 수험자의 완료상에 대한 지식을 측정했다면, 그 다음에는 단속상이나 추정법이나 또는 회상법, 등에 관한 지식을 측정할 수 있도록 대화를 유도해 나가야 하는 것이다. 그리고 그 다음 단계에서 시험자는 한 차원을 높여 시상과 서법의 배합형에 대한 지식을 측정하기 위한 대화로 발전시켜 나가야 한다. 이와 같이 문법 구조에 대한 시험의 절차는 문법 구조의 단순 구성에서 점차적으로 복합 구성으로 넓혀 나가야 하는 것이다.

---

5) 구어체 언어에 있어서 문법구조의 중요성에 관한 것은 Harris(1969: 24)를 참조하라.

(4) 유창성

발화력 숙달 시험에 있어서 유창성이라고 하는 것은 수험자의 발화 속도와 관계가 있다고 하기보다는 오히려 발화의 전체적인 유연성, 연속성 및 자연성과 관련이 있다고 할 수 있다. 따라서 시험자는 유창성의 측정을 위한 특별한 방법을 사용할 필요는 없으며, 다만 시험의 과정에 있어서 수험자의 언어 수행에 나타나는 유창성의 양상을 참고 자료로 하여 전체적인 평가를 내리면 된다.

(5) 이해

시험자가 대화적인 기술을 사용하여 수험자의 청해력의 수준을 측정한다는 것은 그리 쉬운 일이 아니다.[6] 가령, 수험자가 교묘하게 대화를 해 나갈 경우에 평가자는 그의 청해력 수준이 발화력 수준과 동등한 것으로 확신할 수가 있다. 그러나 경우에 따라서는 발화력의 수준보다 청해력의 수준이 떨어지는 수험자도 있다. 일반적으로는 수험자의 청해력이 부족한 경우에 그의 발화력은 그것에 비례하여 부족하거나 그보다도 수준이 더 낮다. 그러나 수험자에게 청해력이 있더라도 어떤 경우에는 발화력의 한계가 대답을 적절하게 하지 못하게 하는 수도 있을 수 있다.

3.3. 상황 단계

발화력 숙달 시험의 절차에 있어서 위의 탐색 단계와 분석 단계

---

6) 청해력의 시험의 유형은 Harris (1969: 32-47)를 참조하라.

는 필수적인 단계이다. 그러나 상황 단계는 수의적인 단계라고 할 수 있다. 상황 단계에서는 두 명의 자격이 있는 시험자가 필요하다. 즉, 두 명의 시험자 중 한 명은 수험자의 모국어로만 말할 수 있는 것으로 가정하고, 다른 한 명은 수험자가 시험을 치고자 하는 목표 언어로만 말할 수 있는 것으로 가정한 상황을 설정하여 수험자에게 그 두 시험자 사이의 이야기를 통역하게 하는 것이 상황 단계이다.

시험자는 수험자의 발화력 숙달도에 따라서 그에 알맞은 여러 상황을 만들어 낼 수 있다. 예를 들면, 저급 수준에서는 호텔이나 여관방 예약, 기차표나 비행기표 사기, 길 찾기, 물건 사기, 등과 같은 일상적인 단순한 상황을 설정할 수 있으며, 고급 수준에서는 정부 관리의 예방, 정치, 경제, 사회, 문화, 그리고 역사 등의 제반 문제에 관한 찬반 토론 등과 같은 어렵고 복잡한 상황을 만들어 낼 수 있다.

위의 단순한 상황이나 복잡한 상황에서 수험자가 통역을 수행해 나가는 데에 있어서 어떤 특별한 전문적인 단어나 기술적인 표현을 모르더라도, 만일 그가 문법 상황을 통하여 알기 쉬운 말로 바꾸어 말할 수 있다면 그것은 만족스러운 것이다. 따라서 시험자는 위와 같은 경우에 있어서 수험자가 특별한 전문적인 단어나 표현을 몰랐거나 사용하지 못했다는 사실을 평가에 반영시켜서는 안 된다.

위에서 본 바와 같이 발화력 숙달 시험에 있어서 상황을 제시해 주는 방법은 저급 수준과 고급 수준의 발화력 숙달도의 측정을 위해서 효과적으로 사용될 수 있다. 또한 이 방법은 고급 수준의 청해력 평가에도 이용될 수 있다. 만약 수험자가 어느 정도 고급 수준의 언어 능력을 소유하고 있는 것으로 판단되면, 시험자는 수험자에게 정상적인 발화력 숙달 시험의 실시 과정에 적합한 발화 속도보다 더 빠른 구어체로 말을 해 보고 평가할 수 있는 것이다.

4. 마무리

발화력 숙달 시험에 있어서 시험의 실시의 절차와 과정상 시험자가 알아두어야 할 보충적인 유의 사항은 다음과 같다. 이 보충적인 유의 사항은 수험자의 발화력 숙달의 수준이 저급이거나 고급이거나에 상관없이 모든 수준에 적용된다.

첫째로, 시험자는 수험자가 기계적으로 '예'나 '아니오'로 대답할 수 있거나, 짧게 응답할 수 있는 질문을 많이 하는 것을 될 수 있는 대로 회피해야 한다. 그러한 질문으로는 시험자가 수험자의 언어 능력을 제대로 정확하게 측정할 수 없기 때문이다. 예를 들면, "한국 음식을 좋아하세요?"라는 질문은 "예."나 "예, 좋아합니다." 또는 "예, 좋아합니다. ××를 제일 좋아합니다."와 같은 대답밖에 유도하지 못하는 것이다. 그러므로 시험자는 수험자가 스스로 '생각하면서 길게' 응답할 수 있는 유형의 질문을 해야 한다. 다시 말하면 시험자가 수험자에게 어떤 사실이나 상황 또는 대상에 관하여 서술하게 하거나, 설명하게 하거나, 묘사하게 할 수 있는 질문을 함으로써 시험자는 수험자의 언어 능력에 대한 보다 효과적이고 바람직한 평가를 내릴 수 있는 것이다. 예를 들어, "한국 음식을 좋아하십니까?"라는 질문보다는 "한국 음식을 많이 잡수어 보셨지요? 한국 음식을 어떻게 생각하세요?"라는 질문이 더 좋은 것이다. 또 "어디에 사십니까?"라는 질문 다음에 "결혼하셨습니까?"나 "어느 대학을 나오셨어요?"하는 따위의 앞의 질문과 관련이 없는 후속 질문보다는 그와 관련이 있는 "어디에 사십니까?" "거기에 가려면 어떻게 해야 합니까?"와 같은 질문이 더 나은 것이다. 그러니까 언어 교육자는 언어 학습자에게 일단 '예'나 '아니오'로 간단히 대답할 수 있는 질문을 한 다음에는 반드시 길이가 긴 대답을 요구하는 질문을 해야 한다. 계속해서 '예'나 '아니오'로만 짧게 대답할 수 있는 질문의 연속은 회피되어야 한다.

둘째로 시험자는 수험자가 질문을 이해하지 못했거나 틀린 대답을 하고 있을 경우에 그대로 두면 안 된다. 시험자는 수험자에게 질문을 반복해 주거나 또는 보다 쉬운 형태로 바꾸어 질문해야 한다. 시험자가 쉬운 말로 풀어서 물어도 수험자가 질문의 요지를 이해하지 못하고 있다고 판단되면 즉시 새로운 다른 화제로 바꾸어야 한다. 그리고 수험자에게 허용될 수 있는 발화를 시작하기 전의 휴지나 주저함의 길이는 수험자에 따라서 각기 다르므로 평가 시에 이를 유념해야 한다. 가령, 어떤 수험자가 시험의 전 과정에 걸쳐 천천히 조직적인 방법으로 대답하고 있다면 그가 대답하기 전이나 발화 도중에 발생하는 휴지는 그가 대답을 준비하고 있다는 것을 의미하는 것이다. 그러나 만일 어떤 수험자가 아주 빠르고 자신 있게 답변을 하는 가운데 긴 휴지가 생긴다면 이는 대답이 끝났거나 막혔다는 것을 암시하는 것이다. 시험자는 수험자가 시험을 보는 도중에 그의 발화가 방해를 받거나 중단되면 대단히 당황하게 된다는 사실을 염두에 두어야 한다. 따라서 시험자는 수험자가 '이 질문에 대하여는 대답할 수 없다'고 절망하지 않도록 질문을 쉽게 다른 말로 바꾸어서 반복해 주거나 쉽게 대답할 수 있는 다른 질문으로 빨리 넘어가야 한다.

셋째로, 발화력 숙달 시험의 목적 가운데 하나는 시험자가 수험자로 하여금 제한된 시험의 시간 내에 가능한 한 많이, 길게, 그리고 잘 말하게 유도하는 것이다. 따라서 시험자는 수험자의 발화 도중에 끼어들어 질문을 하거나 의견을 표시하고 싶은 유혹을 기피해야 한다. 단, 시험자가 때때로 대화 도중에 수험자의 의견에 대하여 친절하고 자연스럽게 간단한 일반적인 언급을 하는 것은 괜찮다.

넷째로, 시험자는 분석 단계를 통하여 서서히 그리고 차근차근히 전체적인 대화의 속도와 난이도를 조절해 나가야 한다. 만일 분석 단계의 마지막에서 시험자가 수험자를 점진적인 단계를 거치게 하지 않고 그의 최대의 수준, 곧, 능력 한계의 범위 밖으로 끌어올릴 경우에, 거기에는 수험자를 그의 실제의 능력보다 낮게 평가할 위험성이 있는 것이다. 그러므로 시험자는 항상 수험자로 하여금 점차적으로 복합적인 문법 구조를 구성하게 하고 외연적이고 추상적인 어휘를 사용하게 하며, 발화의 속도를 증진시키도록 자극을 주어야 한다. 가령, 시험자의 질문이 수험자의 언어 능력의 최대 수준에 가 있거나 그의 한계 수준을 넘을 것으로 인식되었을 경우에는 즉시 한 단계 아래로 끌어내려야 한다. 시험자는 언제든지 점진적인 방법으로 대화의 수준을 높여가도록 노력해야 하는 것이다.

2. 한국어의 시험과 평가

1. 들머리

오늘날 서구에서의 응용 언어학적 연구는 순수 언어학, 심리학 및 교육학과 같은 인접 학문의 이론적 뒷받침으로 활발히 진행되고 있다. 그리고 언어 교육에 대한 응용 언어학적 접근은, 새로운 언어 교육 방법론과 교육 기술을 창안하여 그를 언어 교육 현장에 도입시킴으로써, 교육 효과를 증대시키고 있다. 그러나 우리 나라에 있어서 한국어의 응용 언어학적 연구는 서구의 그것에 비하면 아직 초기 단계에 있을 뿐만 아니라, 특히 언어 교육의 목적, 내용, 방법 그리고 기술과 밀접한 관계가 있는 언어 시험과 그 평가에 관한 연구는 거의 이루어지고 있지 않다.

일반적으로 언어 시험은 시험 대상자와 시험 대상 언어에 따라서, (1) 자국인에 대한 자국어 시험, (2) 자국인에 대한 외국어 시험, 그리고 (3) 외국인에 대한 자국어 시험 등으로 구분될 수 있다. 여기에서 '자국인에 대한 자국어 시험'이란 이른바 '한국어 시험'을 뜻하고, '자국인에 대한 외국어 시험'은 '제일 외국어 시험'이나 '제이 외국어 시험'을 가리키며, '외국인에 대한 자국어 시험'은 '외국어로서의 한국어 시험 (TOKFL: Test of Korean as a Foreign Language)'이나 '외국어로서의 영어 시험 (TOEFL)' 등과 같은 것을 지칭한다. 언어 시험에 관한 연구는 결국 위에서 제시한 세 가지의 측면에서 수행되어야 하고, 그 결과들은 서로 비교, 검토, 종합되어 언어 시험의 이론으로 정립되어야 한다.

그런데 앞에서도 언급된 바와 같이, 지금까지 우리 나라에 있어서는 언어 시험에 대한 연구가 거의 이루어져 있지 않을뿐더러, 언어 시험의 실시를 위한 전문 연구 기관이 거의 없는 실정이다. 그러므로 우리 나라에 유학하고자 하는 재외 한국 동포나 외국인의 한국어 능력을 객관적으로 측정하여 평가할 방법과 기준이, 현재로서는 거의 확립되어 있지 않다고 할 수 있다. 오늘날 한국의 국력 신장과 더불어 여러 외국에서의 한국학에 대한 관심이 점점 고조되어 가고 있으므로 한국어 학습의 필요성은 점차 증가되어 가고 있다. 그리고 특히 미국을 비롯한 여러 나라에서는 이민족에 대한 이중 언어 교육이 권장되고 있다. 따라서 재외 한국 동포 사회에서도 모국어 학습의 중요성과 필요성에 대한 인식이 날로 커져가고 있을 뿐 아니라, 아울러 좋은 모국어 학습 교재의 편찬과, 효과적인 모국어의 교육 방법, 교육 기술의 개발, 그리고 객관적인 시험과 평가의 방법 등도 절실히 요청되고 있다.

일반적으로 시험이라고 하는 것은 교육 내용을 평가하는 도구를 가리키고, 평가라고 하는 것은 교육의 목적과 목표의 달성도를 측정하는 것을 뜻한다. 따라서 우리가 재외 우리 동포나 외국인에 대한 한국어 교육의 목적과 목표의 성취도, 곧, 한국어 능력을 객관적으로 정확하게 측정하기 위해서는 외국어로서의 한국어 시험과 평가에 관한 연구가 선행되어야 하는 것이다. 여기에서는 외국어로서의 한국어 교육의 중요성과 필요성이 증대됨에 따라서 앞으로 시행되어야 할 외국어로서의 한국어 시험과 평가의 범주를 논의하고자 한다.

2. 언어 시험과 평가의 범주

2.1. 언어 능력과 언어 시험

언어 시험은 정확히 말하면 언어 능력에 관한 시험이라고 할 수 있다. 언어 능력은 표현 능력과 이해 능력을 포함하는데, 전자는 발화 능력과 작문 능력을 가리키고 후자는 청해 능력과 독해 능력을 지칭한다. 그리고 발화 능력과 청해 능력은 음성적 측면에 속하며 작문 능력과 독해 능력은 문자적 측면에 속한다. 그런데 이들 네 개의 언어 능력은 모두 사고 능력을 공유하며 그와 함께 작용한다. 이는 각 언어 능력이 모두 사고 능력을 핵심적 모체로 하여 상호 유기적인 관계에 있다는 것을 의미한다. 다시 말하면 '생각하기'는 '말하기'와 '쓰기'를 통하여 표현되고 '말하기'와 '쓰기'는 각기 '듣기'와 '읽기'를 통하여 다시 '생각하기'로 환원되는 것이다. 우리가 다음의 그림 1에서 보는 바와 같이 언어 활동에 있어서 각 언어 능력은 사고 능력과의 관계에서 볼 때에 위에서 말한 환원 과정이 물리적으로 반복되는 기계적인 윤회 관계에 있는 것이다.

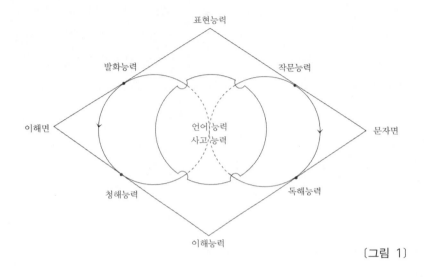

〔그림 1〕

이러한 관점에서 보면, 언어 능력은 사고 능력이며 사고 능력은 언어 수행의 능력이라고 할 수 있다. 언어 수행 능력이라고 하는 것은 일반적으로 문장의 생성 능력을 가리키는데, 이 문장 생성 능력은 문법 학습 능력과 관련이 있다. 한 언어의 문법은 그 언어의 이상적인 화자가 보유하고 있는 본유적인 언어 능력으로서 그 언어의 가능한 모든 문장을 생성해 낼 수 있는 문법 규칙의 유한 집합이다. 따라서 한 언어의 학습이라고 하는 것은 그 언어의 모든 문장을 생성해 낼 수 있는 문법의 학습 정도를 측정하여 평가하는 것이라고 할 수 있다. 즉, 사람은 누구나 언어 학습의 과정을 통하여 문장이 가지고 있는 문법성을 판단할 수 있는 능력을 기를 수 있으므로, 그 문법성을 판단할 수 있는 능력의 정도를 측정하는 것이 바로 언어 시험인 것이다. 그런데 문법 규칙에 의하여 생성되는 모든 문장은 (1) 의미 속성, (2) 통사 특성, 그리고 (3) 음운 속성 등과 같은 세 개의 속성을 갖는다. 의미 속성은 문장의 전달 내용인 생각 또는 개념과 관계가 있고, 통사 속성은 문장 내의 여러 가지 문법적 기능과 문법적 관계를 지배하는 규칙과 연관이 있으며, 음운 속성은 문장의 의미를 전달하는 데에 필요한 매개체로서의 음성과 관계가 있다. 그리고, 인간이 언어에 대하여 가지는 언어 능력을 그 연구 대상으로 삼는 문법은 (1) 의미부, (2) 통사부, 그리고 (3) 음운부 등의 세 부분으로 구성되는데, 이 세 부문은 모두 문장을 구성하는 어휘 항목을 포함하고 있다.

우리는 이상의 이론적 근거를 통하여 언어 능력은 사고 능력을 그 핵심적 모체로 하여 생성되는 표현 능력과 이해 능력을 내포하고, 문장은 단어의 집합으로서 의미 속성, 통사 속성, 그리고 음운 속성을 가지며 언어 수행을 통하여 나타나는 것임을 알 수 있다. 그러므로 언어 시험은 이러한 문장의 속성을 포함하는 표현 능력과 이해 능력, 곧, 발화 능력, 작문 능력, 청해 능력, 독해 능력, 그리고 문장의 기본이 되는 어휘 능력 및 문법 구조에 대한 능력 등을 측정하는 것이라고 할 수 있다.

2.2. 언어 시험과 평가

시험이라고 하는 것은 평가에 사용되는 도구를 의미한다. 그리고 평가는 교육의 목적과 목표의 성취도와 관계가 있다. 따라서 시험은 교육의 목적과 목표의 달성도를 측정하는 도구라고 할 수 있다. 그런데 교육 목적과 목표의 성취도는 행동의 변화량과 비례한다. 그러므로 시험은 행동 변화량의 측정이라고도 할 수 있다 (정 범모 1961: 2 - 9). 일반적으로 행동은 지식, 이해력, 사고력, 응용력, 기능, 흥미, 태도, 그리고 감상력 등을 포괄한다. Bloom (1956)에 따르면, 행동은 (1) 인식적 영역 (cognitive domain), (2) 정의적 영역 (affective domain) 및 (3) 심리－운동적 영역 (psycho-motor domain)으로 분류된다. 그리고 인식적 영역은 다시 (1) 지식, (2) 이해 능력, (3) 응용 능력, (4) 분석 능력, (5) 종합 능력 및 (6) 평가 능력으로 세분된다. 일반적으로 언어 시험은 행동의 인식적 영역이 분류된 항목들을 포함해야 한다. 이를 구체적으로 말하면 언어 시험은 언어에 대한 지식, 이해 능력, 응용 능력, 분석 능력, 종합 능력 및 평가 능력을 측정해야 한다는 것이다. 그리고 이들 여섯 가지의 항목은 모두 평가의 목표가 된다. 따라서 언어 시험의 문항은 적어도 위의 여섯 개의 항목을 기준으로 작성되어야 하는 것이다.

일반적으로 언어 시험의 주요한 목적은 (1) 언어 교육 계획의 준비, (2) 학생의 언어 능력에 따른 분류와 교실 배정, (3) 학생의 구체적인 장점과 단점 진단, (4) 언어 학습에 대한 적성 확인, (5) 교육 목표에 대한 학생의 성취도 측정, 그리고 (6) 교육 효과에 대한 평가 등과 같이 여섯 가지로 구분된다 (Harris 1969: 2 - 3). 이상의 언어 시험의 여섯 가지 목적은 언어 시험의 대표적인 세 종류인 (1) 숙달 시험 (proficiency test), (2) 적성 시험 (aptitude test), 그리고 (3) 학력 시험 (achievement test)의 목적에 따라 재구분될 수 있다 (Finocchiaro & Bonomo 1973: 205). 즉, 우리가 앞에서 제시한 언어 시험의 목적 가운데에서 (1), (2), 그리고 (3)은 숙달 시험의 목적에, (4)는 적성 시험의 목적에, 그리고 (5)와 (6)은 학력 시험의 목적에 해당될 수 있다. 그런데 언어 시험의 세 가지 유형 중에서 '외국어로서의 한국어 시험 (TOKFL)'은 숙달 시험에 해당된다고 할 수 있다.

일반적으로 모든 좋은 시험은 (1) 타당도 (validity), (2) 신뢰도 (reliability) 그리고 (3) 실용도 (practicality)와 같은 세 가지의 요건을 갖추어야 한다 (Harris 1969: 11). 여기에서 타당도라고 하는 것은 "이 시험이 무엇을 측정하고 있는가?"와 "이 시험은 측정하고자 하는 것을 어느 정도로 측정하고 있는가?" 하는 문제와 관련이 있다 (황 정규 1972: 56-58). 다시 말하면, 시험이 측정하려고 하는 것 이외의 것을 측정하지 않는 정도가 크면 클수록 그 시험의 타당도는 높은 것이다. 가령, 발음 시험이 발음만을 측정하고 그 밖의 것을 측정하지 않는다면, 그 시험은 타당도를 갖춘 시험인 것이다. 그런데 언어 시험에 있어서 타당도는 시험의 언어적 내용과 그 내용을 측정하기 위하여 사용된 상황과 기술, 곧, 연관성이 있는 질문의 연속체에 의존한다 (Lado 1961: 30). 그러므로 우리가 언어 시험의 타당도를 높이려면 시험 문항의 작성 시에 언어 내용과 실시 상황 및 실시 기술을 고려하여야 한다. 신뢰도라고 하는 것은 "시험이 어떻게 측정하고 있는가?"하는 물음과 관계가 있다. 곧, "평가 도구가 측정하고 있는 정도에 일관성이 있는가?"와 "그 측정의 오차는 얼마나 적은가?"하는 문제와 연관이 있다. 예컨대, 같은 평가 도구로 같은 대상을 두 번이나 그 이상을 반복해서 측정하여 같은 결과가 나왔다면, 그 시험은 신뢰도가 있다고 할 수 있다. 따라서 신뢰도는 점수의 안정성과 관계가 있다. 학생의 점수가 안정되어 있다면 그 시험은 신뢰도가 있는 것이며, 어떤 특별한 이유가 없이 점수에 변동이 생겼다면 그 시험은 신뢰도가 없는 것이다. 그리고 실용도라고 하는 것은 "한 개의 평가 도구가 시간과 정력을 얼마나 적게 들이고 활용될 수 있는가" 하는 정도를 가리킨다. 한 시험이 아무리 타당도와 신뢰도가 높더라도 실용도가 없으면 평가 도구로서의 가치가 상실된다. 그러므로 시험 문제를 작성할 때에는 그 실용도를 감안해야 한다. 실용도는 실시의 용이성, 채점의 용이성, 해석의 용이성 및 경제성을 포함한다. 실시의 용이성은 시험의 실시와 관련되는 시간 제한, 실시 과정, 그리고 실시 방법이 명료하고 간결하며 완전해야 하는 것을 뜻한다. 채점의 용이성은 평가 도구의 객관성, 적절한 채점 대상 및 완전한 채점 방법의 지시 등을 가리킨다. 그리고 해석의 용이성은 시험 결과가 누구에게나 쉽게 해석될 수 있고 응용될 수 있는 것이어야 한다는 것을 의미한다.[1] 여기에서 해석이라고 하는 문제는 시험의 결과인 점수를 어떻게 의미 있게 연관시키며 쉽게 비교할 수 있는가 하는 문제와 관련된다. 곧, 해석의 문제는 수험자가 얻은 양적 점수에 어떤 질적 의미를 부여하는가 하는 데에 있다. 그리고 경제성은 비용의 경제성과 시간의 경제성을 포함하는데, 하나의 시험 문제를 다시 사용할 수 있도록 한 문제 은행식 제도와 같은 것은 경제성이 고려된 것이라고 할 수 있다. 최소의 시간과 비용을 들여 최대의 효과를 낼 수 있게 제작된 시험은 실용도가 있는 시험이라고 할 수 있는 것이다.

---

1) TOEFL Scores의 해석은 Part Scores와 Total Scores의 해석으로 구분된다. Cf. *Test of English as a Foreign Language*, Handbook for Candidates 1924-1976 Edition, Educational Testing Service.

2.3. 언어 시험의 범주

언어 시험은 언어 능력과 밀접한 관계가 있다. 언어 능력은 표현 능력과 이해 능력으로 구성된다. 표현 능력은 발화 능력과 작문 능력을 포함하고 이해 능력은 청해 능력과 독해 능력을 내포한다. 그리고 이들 네 개의 언어 능력은 어휘 능력과 정확한 문법 구조의 학습 정도를 각각 그 기본 능력으로 하여 상보적인 관계에 있다. 따라서 언어 시험은 (1) 발화 능력 시험, (2) 청해 능력 시험, (3) 독해 능력 시험, (4) 작문 능력 시험, (5) 어휘 능력 시험, 그리고 (6) 문법 구조에 대한 시험으로 구성된다. 위의 (1)과 (4)는 각각 표현 능력 시험에 포함되고 (5)와 (6)은 각기 표현 능력 시험 및 이해 능력 시험과 상호 보충적인 불가분의 관계에 있다.

2.3.1. 발화 능력 시험

발화 능력 시험은 다른 언어 능력 시험보다도 여러 가지로 복잡한 문제들을 내포하고 있다. 발화 능력 시험의 실시상의 어려운 점은 다음과 같다 (Lado 1964: 161－162).

(1) 수험자의 성격이 발화 능력에 영향을 끼친다.
(2) 긴장된 상황 아래에서의 시험이 전체적 인상에 부당한 영향을 끼침과 동시에, 비전형적인 언어를 수행하게 한다.
(3) 구두 응답의 채점은 잘 통제된 상태 하에서도 상당히 주관적이다. 곧, 채점자에 따라서나 동일한 채점자의 동일한 대상에

대한 시차적인 시험에 따라서, 그 결과에는 큰 오차가 생길
수 있다.

(4) 개인별로 실시하는 발화 능력 시험은 시간 낭비가 많다. 시간
    절약을 위하여 시험 시간을 짧게 잡으면 무용한 시험이 되기
    쉽다.

또한 발화 능력 시험에 있어서는 (1) 문제의 신뢰도와 타당도, (2)
실시의 용이도, 그리고 (3) 평가의 객관도를 충족시킬 기준을 설정하기
가 대단히 어렵다.[2] 따라서 지금까지 발화 능력 시험은 다른 언어 능
력에 시험에 비하여 덜 연구되고 덜 개발되어 왔으며 현재에도 언어
시험의 범주에서 제외되고 있는 실정이다.[3] 그러나 발화 능력은 언어
능력 가운데 가장 기본이 되는 중요한 능력이다. 왜냐하면 우리가 한
언어를 말할 수 있게 된다는 것은 그 언어를 이해할 수 있게 된다는
것이고, 그렇게 되면 비교적 쉽고 빠르게 읽기와 쓰기를 배울 수 있게
되기 때문이다. 그러므로 발화 능력 시험을 제외하고 다른 언어 능력
의 시험만을 실시하여 그 언어의 숙달도를 측정했다면, 그것은 올바른
언어 능력 평가를 하였다고 보기 어렵다. 여기에 발화 능력 시험의 실
시의 필요성과 중요성이 있는 것이다.

발화 능력 시험의 구성 요소를 Morris (1962: 73)에서는 다음과
같이 분석하고 있다.

---

2) 이에 관한 것은 Paul Pimsleur의 "Testing Foreign Language Learning" in
   Albert Valdman (ed) (1966), *Trends in Language Teaching*, pp. 175-214,
   New York: McGraw-Hill Book Company를 참조하라.
3) TOEFL에도 발화 능력 시험 항목은 아직 포함되어 있지 않으나 곧 포함될 것이
   다.

(1) 단어, 구절 및 관용 어구의 지식

(2) 문법 지식

(3) 유창성, 곧, 지식의 자발적 응용

(4) 사고의 통합 능력과 종속 능력

(5) 음성의 조음 능력

(6) 고립된 환경에서가 아닌 문맥 상황에서의 단어의 발음 능력

(7) 서술, 의문, 욕망 및 정서를 나타내기 위하여 단어군에 적절한 음조를 붙이는 능력

(8) 언어에 적정한 리듬과 멜로디를 붙이는 능력

그리고 Finocchiaro & Bonomo (1973: 42)에서는 발화 능력 시험의 구성 요소를 (1) 음운 (음성 조직)과 (2) 문법으로 분류하고, 음운에는 모음, 자음, 억양, 강세, 리듬, 휴지를, 그리고 문법에는 형태론 (형태 음운론)과 통사론 (어순)을 그 하위 범주로 귀속시키고 있다. 또한 Pimsleur (1966: 195 - 200)에서는 발화 능력 시험의 구성 요소를 다음과 같이 제시하고 있다.

(1) 구상적인 어휘의 지식

(2) 추상적인 어휘의 지식

(3) 발음

(4) 통사

(5) 유창성

발화 능력 시험에 있어서 위에서 제시한 시험의 구성 요소들을 모두 포함하는 문제를 작성하여 시험을 실시하고 평가한다는 것은 그

리 간단한 일은 아니다. 형식적인 학력 시험에 있어서도 위의 구성 요소들 가운데 적당히 선택하여 활용할 수 있다. 그러나 '외국어로서의 한국어 시험 (TOKFL)'과 같은 숙달 시험의 경우에는 시험의 모든 구성 요소들을 충족시키는 문제를 만들기가 어려울뿐더러, 그 실시에 있어서도 대단히 곤란한 점이 없지 않다. 따라서 발화 능력 시험에 있어서는 발화 능력을 크게 (1) 일반 회화 수행 능력과 (2) 전문 회화 수행 능력으로 나누고, 그 각 능력을 (1) 정확성 (accuracy), (2) 자연성 (naturalness), (3) 유창성 (fluency), 그리고 다양성 (variety)의 관점에서 평가하는 것이 바람직하다. 그리고 그 평가 방법에 있어서 3점 등급제 (3-point scale)나 6점 등급제 (6 - point scale)을 사용하면 객관적인 평가를 할 수가 있다. 3점 등급제란 평점을 2, 1, 0으로 매기는 방법인데, 2의 의미는 모국어 화자와 같음을, 1은 모국어 화자와 같지는 않으나 적절함을, 그리고 0은 부적절함을 나타낸다 (Pimsleur 1966: 197).[4] 그런데, 이 3점 등급 제도는 일반 회화 수행 능력과 전문 회화 수행 능력의 정도를 표시할 수가 없다. 그러므로 좀 더 세분된 6점 등급제를 사용하는 것이 평가상 바람직하다. 6점 등급제에 있어서 일반 회화 수행 능력은 등급의 0부터 2까지로, 전문 회화 수행 능력의 등급은 3에서 5까지로 각각 나타낼 수 있다. 0부터 5까지의 대체적인 평가 기준은 다음과 같다.[5]

S_0: No practical speaking proficiency.
　　　NO PRACTICAL PROFICIENCY

---

4) 3, 2, 1의 의미를 Pimsleur 1966: 197에서는 다음과 같이 기술하고 있다. 2=like a native, 1=not native but adequate, 0=inadequate
5) 이에 관한 것은 평화 봉사단원 언어 숙달 시험 결과 보고서 참조하라.

S−1: Able to satisfy routine travel needs and minimum courtesy requirements
ELEMENTARY PROFICIENCY

S−2: Able to satisfy routine social work requirements.
LIMITED WORKING PROFICIENCY

S−3: Able to speak the language with sufficient structural accuracy and vocabulary to satisfy representation requirements and handle professional discussion within a special field.
MINIMUM PROFESSIONAL PROFICIENCY

S−4: Able to use the language fluently and accurately on all levels pertinent to foreign service needs.
FULL PROFESSIONAL PROFICIENCY

S−5: Speaking proficiency equivalent to that of an educated native speaker.
NATIVE OR BILINGUAL PROFICIENCY

위의 S−0부터 S−5까지에는, 수험자의 발화 능력의 수준이 각 항목의 기준을 조금 초과하거나 부족한 경우에, '+'나 '−'표시로 나타낼 수 있다.

이제 외국어로서의 한국어 시험에 있어서 발화 능력의 평가 기준을 구체화시켜 보이면 그것은 다음과 같다.[6]

S$_{-1-}$: 최소한 30개 정도의 단어를 적절한 문장 속에 넣어 사용할 수 있어야 한다.

S$_{-1}$: 1. 가까운 호텔이나 여관, 음식점 또는 우체국의 소재를 물어서 찾아갈 수 있어야 한다.

    2. 시간, 요일, 날짜를 물어볼 수 있어야 하고, 그에 대한 질문에 대답할 수 있어야 한다.

    3. 음식점에서 간단한 음식을 주문할 수 있어야 한다.

    4. 호텔과 여관의 숙박 요금 및 물건값을 적당히 조절할 수 있어야 한다.

    5. 필요한 물건이나 기차표나 버스표 등을 살 수 있어야 한다.

    6. 국적, 혼인 여부, 직업, 생년월일 등을 물어 볼 수 있어야 하고 그러한 질문에 대답할 수 있어야 한다.

    7. 인사말과 소개말을 할 수 있어야 한다.

S$_{-1+}$: S$_{-1}$의 요구 조건 이외에 S$_{-2}$의 요구 조건 중에서 최소한 3개 정도를 충족시켜야 한다.

S$_{-2}$: 1. 현재의 직업과 과거의 경력에 대하여 자세히 설명할 수 있어야 한다.

    2. 가족, 주택, 그리고 날씨 등에 관한 자세한 정보를 제공할 수 있어야 한다.

---

6) 이에 관한 자세한 것은 *A Check List for Self-appraisal of Speaking Proficiency*, F.S.I. Washington, D.C., Department of State를 참조하라.

3. 전화로 용건을 연락할 수 있어야 하고 연락 받을 수 있어야 한다.

4. 고용 조건을 제시할 수 있어야 하고, 피고용자가 해야 할 일을 지시할 수 있어야 한다.

5. 자기의 경력에 대하여 설명할 수 있어야 하고, 미래의 계획과 희망을 진술할 수 있어야 한다.

6. 자기가 살고 있는 지역이나 한국 지리에 대하여 설명할 수 있어야 한다.

7. 한국 정부의 기본적 구조와 교육 제도에 관하여 설명할 수 있어야 한다.

8. 자기가 속해 있는 기관의 목적과 기능을 설명할 수 있어야 한다.

9. 이상에서 제시한 화제에 대하여 한국인이 말하는 것을 자신감을 갖고 이해할 수 있어야 하며, 자기가 그 화제로 말할 때에 상대방에게 적어도 80% 정도는 이해시켜야 한다.

S-2+: S-2의 요구 조건 외에, S-3의 요구 조건 가운데 적어도 3개 정도를 충족시켜야 한다.

S-3: 1. 문법 구조의 사용에 있어서 회피함이 없어야 한다.

2. 발화 도중에 언어적 제한, 곧, 문법이나 어휘 때문에 발화가 중단되는 일이 없어야 한다.

3. 한국인이 담화에 포함시키려 할 때에 주저함과 어려움이 없이 그 담화에 참여할 수 있어야 한다.

4. 전화로 정보가 주어지는 것에 두려움이 없어야 한다.

5. 전문적인 주제를 가지고 한국인과 말할 수 있어야 하고 자기가 말하고자 하는 것을 상대방이 언어적으로 신경을 쓰지 않게 하면서 어려움 없이 말할 수 있어야 한다.

6. 자기가 특별히 관심이 있는 분야에 대한 강연이나 공식적인 토론을 듣고 기록할 수 있어야 하며 요약할 수 있어야 한다.

7. 한국이나 모국의 문화, 정치, 경제, 사회 등 제반 문제에 대한 비판적인 이야기를 듣고 그를 방어할 수 있어야 한다.

8. 자기나 동료에 의하여 생긴 외교적, 사회적인 실수의 언어 상황이나, 수도나 전기 또는 기타 시설물이 고장난 경우에, 그를 언어적으로 처리할 수 있어야 한다.

9. 비전문적인 주제를 가지고 계속적인 대담이나 토론을 할 수 있어야 한다.

10. S_{-3}의 범위에 속하는 주제를 가지고 말하는 것을 공식적으로 통역할 수 있어야 한다.

S_{-3+}: S_{-3}의 요구 조건과 S_{-4}의 요구 조건 중에 적어도 3개를 충족시켜야 한다.

S_{-4}: 1. 전문적인 토론에 있어서 자기의 의사를 정확하고 충분하게 표현할 수 있을 정도로 풍부한 어휘를 알고 있어야 한다.

2. 말하는 상대, 곧, 친구, 아이, 어른, 또는 교수 등에 따라서 말투를 의식적으로 변형시킬 수 있어야 한다.

3. 모든 사회적, 외교적 기능에 대하여 말하는 내용을 통역할 수 있어야 한다.

4. 문법적인 실수를 저지르지 말아야 한다.

5. 자기의 모국어로 작업 수행을 해 나갈 수 있는 것만큼 한국어로도 작업 수행을 효과적으로 해 나갈 수 있어야 한다.

S₋₄₊: 모든 주제를 가지고 토론할 수 있어야 하고 그 토론에서 정확하고 분명하게 의사 전달을 할 수 있을 만큼 충분하고도 광범위한 어휘를 알고 있어야 한다.

S₋₅: 1. 때때로 모국어보다는 한국어로 더 편리하게 말할 수 있어야 한다.

2. 한국어로 감속 없이 암산할 수 있어야 한다.

3. 자기가 알고 있는 모국어의 어휘량만큼 한국어의 어휘를 알고 있어야 한다.

4. 전화로 한국인과 말할 때에 상대방으로 하여금 외국인과 이야기하고 있다는 느낌을 일으키게 하지 말아야 한다.

발화 능력 시험에 있어서 정확성, 자연성, 유창성, 그리고 다양성의 평가는 다음과 같은 부문을 포함한다.

(1) 정확성: 통사 부문
(2) 자연성: 음운 부문
(3) 유창성: 발화 속도
(4) 다양성: 의미 부문

위에서 통사 부문은 문장의 생성 변형 규칙, 곧, 대치 규칙, 삭제 규칙, 첨가 규칙, 파생 규칙 및 합성 규칙, 등과 통사적 관계, 곧, 공존 관계, 위치상의 관계, 환치 가능성의 관계, 등 및 용언의 굴곡 형태, 곧, 태, 존대법, 시상, 서법, 등을 포함한다. 음운 부문은 분절 음운의 변화, 곧, 귀착, 동화 탈락, 첨가, 이화, 축약, 등과 비분절 음운의 변화, 곧, 연접, 음세, 음고, 장단, 절종결, 등을 포함한다. 발화 속도는 정상적인 발화와 응답의 속도를 포함한다. 그리고 의미 부문은 기본적인 어휘와 전문적인 어휘 및 용법, 곧, 관용적 표현, 속담, 문체, 등을 포함한다.

위에서 제시한 각 부문의 구성 요소들을 포함하는 문제를 수험자에게 시험을 보게 하고 평가할 때에 3점 등급제를 사용할 수 있는데 그 기준은 다음과 같이 정할 수 있다.

(1) 정확성: 통사 부문
    2=완전히 정확하다
    1=부분적으로 정확하다
    0=부정확하다

(2) 자연성: 음운 부문
    2=한국인과 같다
    1=한국인과 같지는 않으나 의사 소통상 괜찮다
    0=의사 소통이 안 된다

(3) 유창성: 발화 속도
    2=응답이 정상 속도이거나 그 이상으로 빠르다
    1=응답이 정상 속도보다 조금 느리고 약간 주저함이 있다
    0=응답이 너무 느리고 주저함이 많다

(4) 다양성: 의미 부문

    2=어휘와 용법의 사용이 적절하고 풍부하다

    1=어휘와 용법의 사용이 약간 부적절하고 약하다

    0=어휘와 용법의 사용이 아주 부적절하고 부족하다

발화 능력 시험의 평가는 사실상 위에 제시한 것과 같은 평가의 기준을 사용함으로써 어느 정도 객관성을 띨 수 있다. 평가의 객관성을 강화하기 위해서는 일인 이상의 평가를 포함하여 판정하는 것이 바람직하다. 이제 4명의 평가자가 한 수험자에 대하여 3점 등급제를 사용하여 평가한 것을 가정한 예를 표로 보이면 그것은 다음의 표 1과 같다.

평가기준 \\ 평가자	정확성	자연성	유창성	다양성	합계	평균
평가자 A	2	2	0	2	6	1.5
평가자 B	2	2	1	2	7	1.75
평가자 C	1	2	0	1	3	0.75
평가자 D	2	1	1	1	5	1.25
합계	7	6	3	6	21	.25
평균	1.75	1.75	0.5	1.5	5.25	1.31

〔표 1〕

한편 발화 능력 시험에 있어서 3점 등급제를 사용하지 않고 6점 등급제의 범주를 사용하되, 평가의 최고점을 100%로 잡고 각 부문을 25%씩으로 하여 4명의 평가자가 평가한 것으로 가정한 예를 표로 보이면 그것은 다음의 표 2와 같다. 물론 이 표에서 응시자의 수준에 따라서 각 부문간의 평가 비율은 달라질 수 있다. 가령, 저급에서 유창성의 비율은 자연히 적어지는 것이다.

평가기준 / 평가자	정확성	자연성	유창성	다양성	합계
평가자 A	23	22	20	22	87
평가자 B	20	19	21	23	83
평가자 C	22	23	22	21	88
평가자 D	19	18	21	20	78
합계	84	82	84	86	336
평균	21	20.5	21	21.5	84

〔표 2〕

만일 S-3에 도전한 응시자의 발화 능력 시험의 결과가 100점 만점에 70점 이상을 받았다면, S-3으로 평가할 수 있으며, 이를 더 세분하여 90~100의 분포에 속하면 S-3+로, 80~90에 속하면 S-3, 70~79에 속하면 S-3-로 평가할 수 있다.

2.3.2. 청해 능력 시험

청해 능력 시험은 구어체 한국어를 듣고 이해하는 능력의 정도를 측정하는 것이다. 여기에서 구어체 한국어에는 일반 회화와 전문 회화가 포함된다. 그리고 청해 능력 시험도 발화 능력 시험의 구성 요소인

(1) 통사 부문, (2) 음운 부문, (3) 의미 부문, 그리고 (4) 발화 속도를 포함하며 그밖에 문화 내용도 포함한다. 청해 능력 시험은 크게 (1) 청각 판별 시험 (Test of Auditory Discrimination)과 (2) 청각 이해 시험 (Test of Auditory Comprehension)으로 구성될 수 있다 (Harris 1969: 32-47).

청각 판별 시험에는 최소의 쌍이 되는 두 개 내지 세 개의 단어를 들려주고 그것이 같은지 다른지를 구별하게 하는 음운 식별 시험의 유형과 단어를 문맥 속에 넣어 그 문장을 들려주고 두 장 내지 석 장의 그림을 제시한 후에, 문장의 의미와 일치되는 그림을 골라내게 하는 의미 식별 시험의 유형이 있다. 다음의 (1)과 (2)의 예문을 보기로 한다.

(1) 지시: 문제의 각 항목을 한 번씩 들려주면서 두 쌍이 같으면 ⑤에, 다르면 ⑩에 까맣게 표시하도록 한다.

ㄱ. 문제: '불 [pul], 풀 [phul]'
   응답: ⑤　●

ㄴ. 문제: '토끼 [thokki], 토끼 [thokki]'
   응답: ●　⑩

ㄷ. 문제: '고기 [koki], 거기 [kəki]'
   응답: ⑤　●

(2) 지시: 문제의 각 항목을 한 번씩 들려주면서 세 쌍 가운데서 같은 두 쌍을 골라 까맣게 표시하도록 한다. 이 때에

다른 한 쌍에 표시하게 할 수도 있다.

ㄱ. 문제: '종 [choŋ], 종 [choŋ], 종 [coŋ]'
   응답: ● ● ③

ㄴ. 문제: '서리 [səli], 소리 [soli], 서리 [səli]'
   응답: ● ② ●

ㄷ. 문제: '딸 [ttal], 달 [tal], 달 [tal]'
   응답: ① ● ●

　　위와 같은 청각 판별 시험은 언어 학습의 초기 단계에서 주로 사용됨으로써 효과적인 결과를 초래할 수 있다. 따라서 외국어로서의 한국어 숙달 시험의 경우에는 한 차원이 높은 청각 이해 시험이 그 주가 된다.

　　청해 능력 시험의 항목은, 일반적인 영역과 전문적인 영역에 있어서의 여러 회화 상황을 기본으로 하여 (1) 질문-응답 유형 (Questions and Statements), (2) 대화 유형 (Dialogues), (3) 강의 유형 (Lectures) 등과 같은 세 가지의 유형으로 구분될 수 있다 (Harris 1969: 36-42). 청해 능력 시험은 이상의 세 유형 이외에 '듣고 행동하기,' '듣고 쓰기,' '듣고 지적하기' 등과 같은 유형으로도 분류될 수 있으나 이들은 모두 언어 학습의 초기 단계에 있어서의 청해 능력 시험에서 유용하며, 비교적 높은 수준의 청해 능력 숙달 시험에서는 사용될 필요가 없다.

　　질문-응답 유형은 비교적 짧은 한 개의 질문, 곧, 자극문과 네 개의 대답, 즉, 반응문으로 구성되는 객관식 선다형 시험이다. 여기에서 질문이란 질문문일 수 있고 서술문일 수도 있다. 질문문 형태의 질문에 대하여는 내용상 그에 가장 알맞은 응답을 한 개 선택하게 하고, 서술문 형태는 자극문에 대하여는 논리상 그 자극문의 내용과 가장 적절하게 일치되는 반응문을 하나 선택하게 하는 것이다. 이 때에 수험자는 인쇄되어 있는 응답을 미리 볼 수 없으며 질문은 한 번만 들을 수 있다. 다음의 (3), (4) 및 (5)는 질문—응답 유형의 시험에 속하는 것이다.

(3) 질문: "김 선생님이 어제 돌아가셨습니다."
    대답: ㄱ. 김 선생님이 집에 갔습니다.
         ㄴ. 김 선생님이 미쳤습니다.
         ㄷ. 김 선생님이 죽었습니다.
         ㄹ. 김 선생님이 멀리 갔습니다.

(4) 질문: "언제 한 번 같이 여행가시지 않으시겠어요?"
    대답: ㄱ. 아직 안 가겠습니다.
         ㄴ. 좋습니다. 그럽시다.
         ㄷ. 어디로 갔었습니까?
         ㄹ. 이번 주말에 가겠어요.

(5) 질문: "오전 8시부터 오후 2시까지 일을 합니다."
    대답: ㄱ. 4시간 일을 합니다.
         ㄴ. 5시간 일을 합니다.
         ㄷ. 6시간 일을 합니다.
         ㄹ. 7시간 일을 합니다.

대화 유형은 간단한 한 쌍의 대화와 그 대화 내용의 이해를 묻는 한 개의 질문과 그에 대한 네 개의 대답으로 구성되며, 가장 적절한 대답을 한 개 선택하게 하는 객관식 선다형의 시험이다. 이 대화 유형은 대화의 상황과 두 발화의 상호 관계에 대한 이해도를 측정하는 데에 가장 효과적이다. 시험 실시 상에 있어서 대화는, 남자와 여자의 음성으로, 질문은 다른 제삼자의 음성으로 들려주는 것이 바람직하다. 다음의 (6), (7), 그리고 (8)은 대화 유형 시험의 예문이다.

(6) 여: "상층 '아'의 44, 45인데요. 가운데 앞자리니까 화면이 잘 보일 거여요."

남: "아직 시간이 있으니까 좀 돌아다니다가 들어가지."

문제: "두 사람은 어디에 들어가려고 합니까?"
대답: ㄱ. 다방에
      ㄴ. 영화관에
      ㄷ. 호텔에
      ㄹ. 음악회에

(7) 남: "밥하고 찌개 꺼리는 내가 준비할 테니까 이 선생은 마실 것만 가지고 오셔요."

여: "그러죠. 과일은 오 선생보고 가지고 오라고 그래야겠는데요."

질문: "이 선생은 무엇을 가지고 가기로 했습니까?"
대답: ㄱ. 밥
      ㄴ. 찌개 꺼리
      ㄷ. 음료수

ㄹ. 과일

(8) 남: "김 뭐라는 사람이 쓴 한국사가 최근에 새로 나왔다는데
　　　있습니까?"
　　여: "잠깐만 기다려 보세요. 신간 서적 목록에서 한 번 찾아
　　　보겠습니다."

　　질문: "이 대화가 이루어진 곳을 어디겠습니까?"
　　대답: ㄱ. 서점
　　　　　ㄴ. 시장
　　　　　ㄷ. 사무실
　　　　　ㄹ. 백화점

　　강의 유형은 전형적인 대학 강의 상황에서 발생하는 내용, 곧 고
급 수준의 전문적인 발화 내용과 그 내용에 대한 일련의 질문과 각 질
문에 대한 네 가지의 대답으로 구성되는 객관적인 선다형 시험이다.
강의의 길이는 약 7분 내지 8분이 이상적이다. 수험자는 녹음되어 있
는 강의를 들으면서 주어진 별지에 필요한 사항을 메모했다가 답안 작
성 시에 그를 이용할 수 있다. 수험자는 강의를 듣기 전이나 듣는 도
중에 문항을 볼 수 없으며 강의가 다 끝난 후에만 그것을 읽을 수 있
다. 강의 유형의 시험의 예문은 생략하기로 한다.

2.3.3. 독해 능력 시험

독해 능력 시험은 언어 학습자가 한국어로 쓰여진 산문을 읽고 그 내용에 대한 이해력과 아울러 결론을 이끌어 내는 능력 및 추론 능력을 측정하는 시험이다. 이를 좀 더 구체적으로 말하면, 독해 능력 시험은 첫째로, 언어와 서사 기호 (graphic symbols)의 측면에서 (1) 전문적인 글에 들어 있는 빈도수가 높은 어휘 항목의 이해 능력과, 문맥을 통한 생소한 어휘 항목의 의미 유추 능력, (2) 형식적인 문어체에 나타나는 통사론적인 문형과 형태론적인 형태의 이해 능력 및 비교적 긴 문장에 대한 이해 능력, 그리고 (3) 문장의 의미를 분명하게 나타내기 위한 서사 기호, 곧, 구두점이나 단락 등에 대한 정확한 이해 능력을 측정 평가하고, 둘째로, 관념적인 측면에서 (1) 필자의 의도와 주제의 파악 능력, (2) 부주제와 소주제의 파악 능력, 그리고 (3) 결론을 정확하게 찾아내거나 그를 추론하는 능력을 측정 평가하며, 셋째로, 음조 (tone)와 문체 (style)의 측면에서 (1) 주제와 독자에 대한 필자의 태도, 곧, 글의 음조에 대한 인식 능력과 (2) 필자가 그의 사상을 나타내기 위하여 사용한 문체와 음조의 방식에 대한 이해 능력 등을 측정 평가하는 데에 그 목적이 있는 것이다. 독해 능력 시험은 위에서 제시한 여러 항목들을 포함하는 질문과 각 질문에 대한 네 개의 대답으로 구성되는 객관적인 선다형 시험이다. 언어 학습의 초기 단계에서의 독해력 시험에 있어서는 보고 읽기, 읽고 쓰기, 읽고 말하기, 읽고 행동하기 등과 같은 유형의 시험을 활용할 수 있다. 그러나 고급 수준의 독해 능력 시험에 있어서는 적어도 대학 강의를 듣는 데에 필요한 교과서나 학술 논문의 독해력을 측정해야 하므로 위의 시험 유형은 제외된다. 필자가 위에서 제시한 독해 능력 시험의 구성 요소들은 사실상 상호 의존적이다. 곧, 필자는 '실패'라고 하는 주제를 독자에게 해학적인 방법과 태도로 기술할 수도 있고, 이례적인 어휘를 사용하여 그 주제를 '익살'로 표현할 수도 있는 것이다. 하여간 독해 능력의 수준이 높은 독자는 글의 언어적인 면과, 관념적인 면 및 문체적인 면에 대한 문제에 대하여 동시에 적절한 대답을 할 수 있으며, 적당한 속독을 통하여 내용 이해를 만족할 만하게 나타낼 수 있다. 따라서 독해 능력 시험은 결국 독해력 시험의 구성 요소들에 대한 개별적인 능력 측정이 아니라, 그 요소들의 복합적인 능력의 성취도를 측정 평가하는 것이라고 할 수 있다.

독해 능력 시험은 글의 표면적 의미의 이해뿐만 아니라 내면적 의미, 곧, 필자의 의도, 목적, 태도, 그리고 방법 등에 대한 이해, 다시 말하면, 위에서 제시한 각 능력들을 측정하는 문제로 구성된다. 독해 능력 시험에서 한 문제의 길이는 약 100 단어 내지 250 단어로 된 비교적 짧은 문장이 적절하다. 즉, 각 문제 작성 시에 문장은 여섯 개 내지 일곱 개의 문항을 만들어 낼 수 있는 정도의 길이가 이상적이다. 각 문제의 자료는 소설, 수필, 논설문, 전기, 자연 과학이나 사회 과학에 대한 비전문적인 소논문 등에서 인용하거나 발췌될 수 있다. 독해 능력 시험 문제에 적합한 내용 단락은 (1) 일련의 사건을 연대기 순서로 기술한 것, (2) 둘 또는 그 이상의 인물이나 대상 또는 사건을 비교 대조시킨 것, 그리고 (3) 어떤 친숙한 대상에 대하여 필자의 개성적인 견해를 저술한 것 등이다.

외국어로서의 한국어 시험에 있어서, 독해 능력 시험은 약 100개 내지 250개의 단어로 이루어진 내용의 단락 5개 (five passages)와, 그에 대한 약 30개의 문항수로 구성되는 것이 바람직하다. 이에 관한 예문은 생략하기로 한다.

2.3.4. 작문 능력 시험

작문 능력 시험은 일상적이고 전문적인 작문 상황에서 언어 학습자가 한국어로 창의적이고 생산적인 글을 쓸 수 있는 능력과, 서사 표현 (graphic representation)을 할 수 있는 능력을 측정하는 것이다. 이를 좀 더 구체적으로 말하면, 작문 능력 시험은 문법 구조와, 어휘 항목 및 문체를 포함하고 있는 언어 요소와, 철자법, 띄어쓰기 및 문장 부호 등과 같은 것을 포함하고 있는 서사 표현으로 구성된다 (Lado 1961: 248 - 49).

일반적으로 작문은 다음과 같은 다섯 개의 구성 요소로 이루어진다 (Harris, 1969: 68 - 69).

(1) 작문의 본질인 내용
(2) 그 내용의 조직인 형식
(3) 문법적 형태와 통사적 문형을 포함하는 문법
(4) 특별한 어조나 맛을 내기 위한 구성과 어휘 항목의 선택 문제
(5) 서사적 규칙의 사용 기술

작문 능력은 이상과 같은 여러 요소들이 결합된 복합적인 능력이므로, 그에 대한 객관적인 평가를 내리기가 그리 간단하지 않다. 작문 능력 시험에는 (1) 주관식 방법과 (2) 객관식 방법의 두 가지가 있다. 주관식 방법이라고 하는 것은 수험자에게 일정한 제목을 주고 자유롭게 작문하게 하는 것이고, 객관식 방법이라고 하는 것은 작문의 구성

요소를 분석해 낸 다음에 그에 대하여 객관식 선다형으로 물어보는 것이다. 전자와 후자는 각기 장단점을 지니고 있다. 주관식 방법의 가치를 부여하는 이들은, 주관식 방법이 첫째로, 수험자가 자기 자신의 말로 구성하고 표현하므로 객관식 방법보다 더 효과적으로 작문 능력을 평가할 수 있고, 둘째로, 작문 능력을 향상시키려는 동기를 유발시키며, 셋째로, 객관식 방법보다 문제 작성이 빠르고 쉽다는 장점을 들고 있다. 반면에, 객관식 방법의 합리성을 주장하는 이들은, 주관식 방법이 첫째로, 수험자는 다른 상황에 따라서 다른 글을 쓰게 되고 또 그 평가에 있어서도 다분히 주관식이므로 신뢰도가 없으며, 둘째로, 수험자가 작문 시에 자기의 약점, 곧, 어떤 문법적 문형이나 어휘 항목을 회피하여 감출 수 있고, 셋째로, 객관식 방법보다 채점의 시간과 경비가 많이 소요된다는 점들을 들어 주관식 방법을 비판하고 있다 (Harris 1969: 69 - 70).

위와 같은 주관식 방법론자들과 객관식 방법론자들은 상호 배타적이어서 그들은 오늘날까지 그들의 고정적인 주장과 태도를 고수해 오고 있다. 그러나 최근에 발표된 연구 결과들은, 주관식 방법과 객관식 방법의 강점들을 각각 인정하면서 그 두 방법을 통합한 절충적인 방법을 제시하고 있다. 그들에 의하면 잘 구성된 객관적인 언어 능력 시험은 일반적인 작문 능력과 관계가 깊으며, 주관식 방법의 작문력 시험의 실시가 불가능한 상황에서도 객관식 시험은 일반적인 작문력 측정의 예언적인 도구로 사용할 수 있다는 것이다.[7]

---

7) 이에 관한 것은 다음과 같은 자료를 참조하라. *Test of English as a Foreign Language: Interpretive Information*, New York: College Entrance Examination Board; Princeton, N. J.: Educational Testing Service, 1967, p.18. And Fred I. Godshalk, Frances Swineford, and William E. Caffman, *Studies of the Question Types in the CEEB English Composition Test as Predictors of an*

그리고 또한 그들은 주관식 시험이 신뢰도가 있는 평가 도구로 사용될 수 있도록 주관식 작문 능력 시험을 실시하고 측정 평가하는 방법을 제시하였다.

외국어로서의 한국어 시험에 있어서, 작문 능력 시험은 (1) 객관식 시험 유형과 (2) 주관식 시험 유형을 포함한다. 객관식과 주관식 시험의 결과를 통하여 보다 더 타당성 있는 평가를 내릴 수 있기 때문이다. 객관식 작문 능력 시험은 구어체와 대조되는 문어체 문장에 적합한 문법적인 문형, 문체, 어법 등에 대한 민감도 (sensitivity)를 측정하는 것이다. 객관식 작문 능력 시험은 (1) 틀린 것 찾아내기 (Error recognition)와 (2) 문장 완성하기 (Sentence completion)와 같은 두 개의 유형으로 구성된다 (Harris 1969: 71-74). '틀린 것 찾아내기'의 유형은, 제시된 문장 중 밑줄 친 네 군데, 곧, 단어나 구절 가운데에서 틀렸거나 어울리지 않는 것을 하나 골라내는 것이고, '문장 완성하기'의 유형은 불완전한 문장을 제시하고 그 문장을 완성하기에 가장 적절한 단어나 구절을, 네 개의 보기 가운데에서 하나만 선택하는 객관식 선다형의 시험이다. 결국 객관식 작문 능력 시험은 문장 표현 구조의 파악 능력을 측정하는 것이라고 할 수 있다. 다음의 (9)-(12)는 객관식 작문 능력 시험의 보기이다.

(9) 고 이 승만 박사의 서거를 가슴 아프게 생각하며, 고인의
　　ㄱ　　　　　　　　ㄴ　　　　　　　　　　ㄷ
영전에 삼가 명복을 빕니다.
　　　ㄹ

Essay Criterion. Statistical Analysis Report 65-20, Princeton, N. J.: Educational Testing Service, 1965, p.22.

(10) <u>종합병원인</u> 그 <u>병원</u>은 환자들의 진료를 <u>불친절히</u> <u>하므로</u>,
    ㄱ   ㄴ   ㄷ   ㄹ
환자들의 불평이 대단하다.

(11) 나는 "이젠 살았구나!" (＿＿＿)생각했다.
    ㄱ. 를 ㄴ. 하고 ㄷ. 라고 ㄹ. 면서

(12) 범인이 검문소를 통과했다는 (   ).
    ㄱ. 일이 알려졌다
    ㄴ. 것이 나타났다
    ㄷ. 사실이 밝혀졌다
    ㄹ. 소문이 나왔다

　주관식 작문 능력 시험은 창작적인 작문 능력을 측정하는 것이 아니라, 글의 구성, 전개 및 표현에 있어서의 논리성과 명확성, 그리고 서술성의 정도를 측정하는 것이다. 따라서 주관식 작문 능력 시험의 문제는 서술이나 설명을 요구하는 것이어야 한다. 특히 언어 교육자는 언어 학습자에게 문제를 제시할 때에, 요구의 범위와 한계를 정하여 주는 것이 객관적인 평가를 위하여 효과적이며 또한 신뢰도를 높여 주는 것이 된다. 주관식 작문 능력의 평가는 그 평가 기준을 작문 능력의 구성 요소인 내용, 형식, 문법, 문체 및 서사 기호의 사용법 등의 측면에서 5점 등급제로 설정하면 객관성을 띨 수가 있다. 평점의 의미는 4=우수, 3=양호, 2=보통, 1=불량, 그리고 0=무답 등으로 정하고, 네 명의 평가자가 주관식 작문력을 평가한 예를 표로 보이면 그것은 다음의 표 3과 같다.

평가기준 평가자	내용	형식	문법	문체	서사기호	합계	평균
평가자A	3	2	3	2	3	13	2.6
평가자B	4	3	4	3	4	18	3.6
평가자C	3	3	3	3	2	12	2.8
평가자D	3	4	3	2	3	15	3.0
합계	13	12	13	10	12	60	12
평균	3.25	3	3.25	2.5	3	15	3.0

〔표3〕

2.3.5. 어휘 능력 시험

어휘 능력 시험은 발화력과 작문력에 필요한 능동적 어휘와 독해력에 필요한 수동적 어휘의 지식을 측정 평가하는 것이다. 능동적 어휘는 언어 학습자가 발화시나 작문시에 즉각적으로 상기해 낼 수 있는 생산적인 단어들을 말하고, 수동적 어휘는 독해 시에 의미 파악만 가능한 인식적인 단어들을 지칭한다. 그리고 어휘적 지식이라고 하는 것은 단어의 양상인 (1) 기능, (2) 형태, 그리고 (3) 의미 가운데에서 단어의 의미에 대한 지식을 가리키며, 단어의 의미는 (1) 사전적 의미, (2) 형태적 의미, 그리고 (3) 통사적 의미 중에서 사전적 의미를 가리킨다. 곧, 어휘 능력 시험이란 문법적 단위인 기능어에 대한 지식을 측정하는 것이 아니라, 생산적이고 인식적인 의미 단위로서의 내용어에 대한 지식을 측정 평가하는 것이다. 또한 어휘 능력 시험은 단일어뿐만 아니라 복합어와 구절 형태로서의 사전적 단위인 관용 표현도 포함한다.

어휘 능력 시험은 객관적인 어휘 선택을 그 선행 조건으로 한다. 어휘 선택은 학력 시험의 경우에는 언어 교육자가 언어 학습자에게 이미 가르쳐 준 어휘의 범위나 교재의 범위 가운데에서 선정할 수 있으므로 비교적 간단하고 쉽다. 그러나 숙달 시험의 경우에는 수많은 어휘 중에서 필요하고 중요한 적절한 어휘들을 골라내기가 복잡하고 어렵다. 어휘 선택은 일반적 어휘와 전문적 어휘의 선택 측면에서 어휘의 (1) 사용 빈도수 (frequency of occurrence)와 (2) 다양한 의미의 사용 빈도수 (frequency of various meanings)를 그 기준으로 삼아야 한다 (Lado 1961: 181). 어휘의 사용 빈도수 조사와 난이도 결정은 일상 생활의 여러 국면에 존재하는 다양한 대화 상황에서 발화된 어휘들과, 여러 전문 분야에서 여러 종류의 글로 씌어진 어휘들을 기초 자료로 하여 이루어진다. 그리고 어휘의 다양한 의미 사용 빈도수 조사와 그 범주 결정은 한 단어가 씌어진 여러 문맥적 상황이나 환경을 기본으로 한다.

어휘 능력 시험 문제는 (1) 완성 문제와 (2) 정의 문제로 구성된다. 완성 문제는 주어진 문장의 빈 자리에 가장 적합한 단어 하나를 네 개의 보기 가운데에서 고르는 객관식 선다형 문제이다. 우리가 의미를 간단히 정의할 수 있는 어휘들은 이러한 방법으로 출제될 수 있다. 그리고 정의 문제는 주어진 어휘나 구절에 가장 가까운 정의나 동의어를 네 개 가운데에서 하나만 선택하는 객관식 선다형 문제이다. 일반적으로 어휘 능력 시험 문제를 만들 때에 주의해야 할 사항은 다음과 같다 (Harris 1969 54 - 56).

(1) 정의는 이해가 쉽도록 간단하고 명료하게 내려야 한다.

(2) 동의어는 동일 수준의 난이도를 지닌 것들로 제시해야 한다.

(3) 선택 항목은 가능한 한 동일한 범주에 속하는 것들로 구성해야 한다.

(4) 각 선택 항목의 길이는 거의 비슷한 정도의 길이로 제시해야 한다.

어휘 능력 시험에 있어서 완성 문제와 정의 문제의 보기를 들면 그것은 다음의 (13)-(18)과 같다.

(13) 그이는 어제 회의에 (　　　)하지 않았다.
　　ㄱ. 참가　ㄴ. 참석　ㄷ. 참여　ㄹ. 가입

(14) 잘못했기 때문에 선생님한테서 욕을 (　　　).
　　ㄱ. 보았다　ㄴ. 들었다　ㄷ. 먹었다　ㄹ. 하였다

(15) 장마철에는 습기가 많아서 날씨가 (　　　).
　　ㄱ. 덥다　ㄴ. 따뜻하다　ㄷ. 찌다　ㄹ. 후덥지근하다

(16) 팔자
　　ㄱ. 불행　ㄴ. 운수　ㄷ. 희망　ㄹ. 고난

(17) 손을 보다
　　ㄱ. 점을 친다　ㄴ. 초대하다　ㄷ. 만나다　ㄹ. 고치다

(18) 날씬하다

　　ㄱ. 가늘다　　ㄴ. 멋이 있다　　ㄷ. 작다　　ㄹ. 근사하다

2.3.6. 문법 구조 시험

문법 구조 시험은 언어 교육자가 언어 학습자의 비격식적인 구어
체 언어의 문법 구조의 학습 정도를 측정하여 평가하는 것이다. 격식
적인 문어체 언어의 문법 구조, 문체 및 서사 기호 등에 대한 시험은
작문 능력 시험에서 다룰 수 있다. 따라서 이 문법 구조 시험에서는
구어체 한국어의 문법 구조만을 그 대상으로 한다. 사실상 언어 학습
자의 문법 구조 학습은 언어 학습 과정에 있어서 제일차적으로 음성
언어를 통하여 학습된다. 그런데 그가 문법 구조를 제대로 학습하지
못하면 청해력, 발화력, 독해력, 그리고 작문력을 향상시킬 수가 없다.
따라서 구어체 언어의 문법 구조는 중요한 것이다.

일반적으로 문법 구조는 음운론과 형태론, 그리고 통사론을 포함
한다. 이 가운데에서 음운론은 청해 능력 시험과 발화 능력 시험에서
각각 취급되므로 문법 구조 시험의 대상에서 제외된다. 그러므로 문법
구조 시험에 있어서는, 문장을 구성하는 단어들의 내부 구조, 곧, 형태
소들의 배합 방식을 규명하는 형태론과, 단어의 외부 구조, 즉, 문장
내에서의 단어들의 상호 관계와 단어 연결의 규칙적 구조 유형을 밝혀
내는 통사론을 그 대상으로 한다. 그런데 문법 구조 시험에서는 전자
보다는 후자에 주로 중점을 둔다.

문법 구조 시험의 내용 선정은, 학력 시험의 경우에는 일정한 기
간 동안 학습한 범위나 교재 범위를 기준으로 하므로 비교적 간단하고

용이하다. 그러나 숙달 시험의 경우에는 문법 구조 전체가 내용 선정의 대상이 되고 또한 구조적인 기준이 복잡하고 다양하므로 그리 수월하지가 않다. 대체적으로 문법 구조의 내용 범주는, 굴곡법, 존대법, 겸양법, 태 (사동태, 피동태), 시상 (시제와 양상), 서법, 접속법, 지배 일치 관계, 공존 관계, 어순 등을 포함한다.

　　문법 구조 시험은 두 사람의 대화 문장 중에서, 반응 문장의 빈 곳에 가장 잘 어울리는 단어나 구절을 네 개의 보기 가운데에서 하나를 선택하는 객관적인 완성 문제로 구성된다. 문법 구조 시험에서는 완성 문제 외에 같은 의미의 다른 표현 네 개를 제시하고 그 중에서 가장 정확한 문법 구조로 쓰어진 문장을 하나 골라내게 하는 문제 (sentence alternatives), 한 단어에 밑줄 친 문장에서 그 밑줄 친 단어가 그 문장 내에서 어떤 문법적인 관계에 놓여 있는지를 설명한 네 개의 단어나 구절을 제시하고 올바른 것 하나를 선택하게 하는 문제 (sentence interpretation), 한 문장의 단어나 구절을 섞어 놓고 올바른 어순으로 배열하게 하는 문제 (scrambled sentence) 등을 활용할 수 있다. 그러나 외국어로서의 한국어 시험에 있어서는 위의 다섯 가지 종류 가운데에서 완성 문제가 가장 알맞고 바람직하다. 완성 문제는 다른 문제와 달리 대화를 제시하므로, 언어적 상황과 문맥 환경이 분명하여 대화가 갖는 구어체적 성질을 유지할 수 있기 때문에, 구어체적 문법 구조를 시험하기에 적절한 것이다.

　　문법 구조 시험 문제의 일반적인 구성 원리는 다음과 같다 (Harris 1969: 29-31).

　　(1) 대화는 구어체로 형성되어야 하며 표기상 축약 형태를 그대로 써야 된다.

(2) 대화가 인위적인 느낌을 주도록 해서는 안 되며, 대화의 둘째 부분은 첫째 부분에 대하여 자연스러운 반응이 되도록 작성되어야 한다.

(3) 방언 구조나 철자법상의 문제 같은 것으로 혼동을 일으키게 하는 것은 피해야 된다.

문법 구조 시험에 있어서 완성 문제의 보기를 들면 그것은 다음의 (19)-(24)와 같다.

(19) "어제 밤에 한잠도 못 잤어요."
　　"그럼, (　　　　　).
　　ㄱ. 피곤하시군요
　　ㄴ. 피곤하셨군요
　　ㄷ. 피곤하시겠군요
　　ㄹ. 피곤하셨겠군요

(20) "그거 누가 준 거에요?"
　　"어머님(　　　) 왔어요."
　　ㄱ. 부터　ㄴ. 에게　ㄷ. 에서　ㄹ. 한테서

(21) "오늘 저녁에 한잔 합시다."
　　"오늘은 다른 약속이 (　　　) 내일 합시다."
　　ㄱ. 있어서　ㄴ. 있으므로　ㄷ. 있으니까　ㄹ. 있기 때문에

(22) "집에서 벌써 먹고 왔습니다."
　　"(　　　) 좀 잡수셔요."

ㄱ. 그래도 ㄴ. 그러면 ㄷ. 그래서 ㄹ. 그런데

(23) "언제쯤 돌아가실 예정이셔요?"

　　"앞으로 한 이 년쯤 (　　　　) 돌아갈까 합니다."

　　ㄱ. 있고 ㄴ. 있어서 ㄷ. 있으면 ㄹ. 있다가

(24) "일을 다 끝냈는데요."

　　"그럼 이제 (　　　　) 좋습니다.

　　ㄱ .가면 ㄴ. 가도 ㄷ. 가기 ㄹ. 가고

3. 마무리

　　언어학적으로나 학문적으로 모든 언어는 동등하다. 그러나 실용적인 면에서 볼 때에 어느 한 개인이나 국가에 있어서는 그에게 중요하게 여겨지는 언어도 있고 그렇지 않은 언어도 있다. 일반적으로 어느 한 언어를 중요하게 만드는 요인에는 (1) 인구, (2) 언어의 사용 인구, (3) 교육적 위상, (4) 학문적 위상, (5) 문화적 위상, (6) 경제적 위상, (7) 산업적 잠재성, (9) 정치적 위상, 그리고 (9) 군사적 위상 등이 있다. 오늘날 한국어는 이와 같은 요인들에 비추어 볼 때에 점차 중요한 언어로 자리를 잡아 가고 있다. 따라서 재외 한국 동포나 외국인들에게 한국어 학습의 필요성도 날로 증대되어 가고 있다고 볼 수 있다.

　　외국어로서의 한국어 학습의 중요성과 필요성은 한국어 교재와 교육 방법 및 기술의 개발을 요구한다. 그런데, 외국어로서의 한국어 교재와 교육 방법 및 기술의 개발은 외국어로서의 한국어 시험과 평가

결과에 따라 수정되고 보완되며 개선될 수 있다. 따라서 외국어로서의 한국어 시험과 평가에 관한 연구가 요청된다고 할 수 있다.

일반적으로 언어 시험은 언어 능력과 관계가 있다. 언어 능력은 표현 능력과 이해 능력으로 나누어진다. 그리고 표현 능력은 발화 능력과 작문 능력을 각각 내포하고, 이해 능력은 청해 능력과 독해 능력을 각기 포함한다. 그런데 이들 네 개의 각 언어 능력은 어휘 능력과 문법 구조에 대한 능력을 바탕으로 하여 상호 보충적인 관계에 있다. 그러므로 외국어로서의 한국어 시험은 (1) 발화 능력 시험, (2) 청해 능력 시험, (3) 독해 능력 시험, (4) 작문 능력 시험, (5) 어휘 능력 시험, 그리고 (6) 문법 구조 시험으로 구성되어야 한다. 이상의 여섯 종류의 시험은 객관적인 숙달 시험의 범주에 속한다. 또한 외국어로서의 한국어 시험과 평가에 있어서는 (1) 시험 내용 구성 요소 분석, (2) 시험의 유형 결정, (3) 문항 작성, (4) 문항 분석, (5) 평가 기준의 설정, 그리고 (6) 평가 방법의 확립 등이 그 절차로서 고려되어야 한다.

이상과 같은 외국어로서의 한국어 시험과 평가에 관한 구체적인 여러 문제들은, 전문적인 한국어 시험 연구소의 설립과, 외국어로서의 한국어 시험 제도의 실시에 의하여 바람직하게 해결될 수 있을 것으로 여겨진다.

Ⅳ.
언어 교육과 문화

1. 한국인의 비언어적 의사 표현 행위와
그 의미

1. 들머리

일반적으로 사람들은 자기의 어떤 의사나 감정을 언어적으로 표현할 수도 있고 비언어적으로 표시할 수도 있다. 여기에서 언어적 표현이란, 우리가 음성 언어나 문자 언어로 자기의 생각이나 느낌을 나타내는 것을 지칭한다. 그리고 비언어적 표현이란, 우리가 언어적 음성이 아닌 비언어적 음성이나 신체를 이용하여 자기의 의사나 감정을 나타내는 것을 가리킨다. 물론, 우리는 언어적 의사 표현 행위에 비언어적 의사 표현 행위 (nonlinguistic communicative behaviors)를 첨가시켜, 상대방에게 자기의 의사와 정서를 전달할 수도 있다.

전통적으로 언어학자들은 언어 연구에 있어서 언어 사용의 중요성, 즉, 입말 (구어, spoken language)과 글말 (문어, written language)의 사용의 중요성을 강조하여 왔다. 그러나 최근에 와서 언어학자들은 언어적 표현을 사용하지 않고도 이루어지는 비언어적 의사 표현의 중요성에 대하여도 새롭게 인식하기 시작하였다. 대개, 사람들은 몇몇 종류의 의사 전달에 있어서 언어적으로보다는 비언어적으로 더 많이 자기 의사를 표현하는 것이 사실이다. 가령 우리가 보기에 감정이 상한 것이 분명한 어떤 사람에게 "뭐 기분 나쁜 일 있어?" 하고 물었을 때에, 그가 "아무 것도 아니야, 괜찮아."라고 대답을 하더라도, 우리는 그의 태도나 얼굴 표정을 통해서 그가 기분이 좋지 않은 상태에 있다는 것을 알 수 있다. 그리고 우리가 어떤 사람에게 어떤 질문을 던졌을 때에, 그가 그 질문에 대하여 비록 침묵을 지키거나 대화를 거부하는 경우에도, 우리는 그가 적어도 어떤 정서적 의미를 전달하고 있음을 알아차릴 수 있는 것이다.

지금까지 한국에서는 말할이와 들을이가 서로 대화를 나눌 때에, 의사 전달 내용의 몇 퍼센트가 언어적 표현으로 전달되고 몇 퍼센트가 비언어적 표현으로 전달되는 지에 대한 연구가 전혀 이루어져 있지 않다. 따라서 우리는 그에 대한 구체적인 통계 숫자를 알 수가 없다. 그러나 미국에서 수행된 연구 결과에 의하면, 사람들이 의사를 소통할 때에 의사 전달 내용의 93 퍼센트는 음색과 얼굴 표정에 의하여 전달되고, 단지 7 퍼센트만이 언어적 표현으로 전달된다고 하는 보고도 있고 (Leki 1989: 273), 동일한 문화권에서 동일한 언어를 사용하는 사람들 사이에 이루어지는 의사 전달 내용에 있어서는 35 퍼센트만이 언어적 표현으로 전달되고, 나머지 65 퍼센트는 비언어적 표현으로 전달된다고 하는 보고도 있다 (Hinds 1984: 280). 이로 미루어 볼 때에, 분명히 사람들은 그의 생각과 느낌을 언어적 의사 표현 행위보다는 비언어적 의사 표현 행위로 더 많이 전달하고 있다고 볼 수 있는 것이다.

이 글의 목적은 주로 한국인들이 일상 생활에서 많이 사용하는 비언어적 의사 표현 행위에는 어떤 것들이 있는지를 구체적으로 살펴보고, 그러한 행위들이 나타내는 의미가 무엇인지를 밝히는 데에 있다. 한국인의 비언어적 의사 표현 행위에 대한 연구는 대단히 중요하고도 필요하다. 한국인의 비언어적 의사 전달 행위에 관한 연구의 결과는, 앞으로 세계화 시대에 있어서 외국인들이 한국인과 대화를 나누거나 한국 문화를 접할 때에 느끼는 문화 충격을 덜게 하는 데에 도움을 줄 수 있을 뿐만 아니라, 우리가 외국인들과의 국제적인 상호 이해를 증진시키고 아울러 국제 친선을 도모하는 데에도 도움을 줄 수 있기 때문이다.

2. 비언어적 의사 표현 행위의 기능

일반적으로 비언어적 의사 표현 행위라고 하는 것은, 앞에서도 언급한 바와 같이, 말할이가 들을이에게 자기의 의사와 감정을 전달할 때에, 그가 언어적 표현을 사용하지 않고 비언어적인 음성이나 신체의 이용을 통해서 어떤 의미를 나타내는 행위를 가리킨다. 세계적으로 볼 때에, 가령, 행복, 공포, 그리고 슬픔, 등과 같은 보편적 정서는 상호 유사한 비언어적 의사 전달의 행위로 표현된다. 그러나 특히 외국인에게 혼란의 근원이 될 수 있는 비언어적 의사 표현 행위의 차이는, 서로 다른 문화권 사이에 존재하는 것이 엄연한 사실이다. 예컨대, 우정이라고 하는 감정은 어느 곳에나 존재하지만 그것의 표현 행위의 방식은 서로 다를 수가 있다. 곧, 어떤 나라에서는 남성들이 서로 껴안거나 여성들이 서로 손을 잡는 것이 허용되나, 어떤 나라에서는 그러한 애정 표현이 충격적으로 받아들여지기도 하는 것이다.

어느 한 쪽의 문화권에서는 허용되는 비언어적 의사 표현 행위가 다른 문화권에서는 전혀 받아들여지지 않을 수도 있다. 예를 들면, 어느 한 문화권에서는 손가락을 움직여 사람을 부르는 행위가 적절하게 여겨질 수 있지만, 다른 문화권에서는 그러한 행위가 예의에 어긋나는 것으로 여겨질 수도 있다. 사실상, 우리는 비언어적 의사 표현 행위가 어떻게 의사 전달에 영향을 끼치는지를 잘 모를 때가 있다. 따라서 우리는 다른 문화권에서 사용되는 비언어적 의사 표현의 행위와 그 의미를 정확하게 이해하기 위하여, 그 문화권에서 쓰이는 비언어적 의사 표현의 행위와 그 의미를 연구할 필요가 있는 것이다.

비언어적 의사 표현 행위의 기능은 여러 가지가 있겠으나, 대략 다음과 같이 여섯 가지로 요약될 수 있다 (Klopf 1982: 74). 첫째로, 비언어적 의사 표현 행위는 언어적 표현의 의미를 반복시켜 주는 기능을 지니고 있다. 곧, 말할이가 상대방에게 "그 친구 말이야, 애인이 생겼어."라고 말하면서, 동시에 주먹을 쥔 상태에서 새끼손가락을 펴 보이는 행위를 하는 것은 한국 사회에서는 흔히 있는 일인 것이다. 둘째로, 비언어적 의사 표현 행위는 언어적 표현 대신에 사용될 수 있는 기능을 가지고 있다. 즉, 어머니가 아이에게 밥을 먹이려고 할 때에, 아이는 "먹기 싫어."라는 언어적 표현을 사용하지 않고 그 대신에 고개를 좌우로 흔들어 보임으로써 '먹기 싫다.'는 의미를 나타낼 수 있는 것이다. 셋째로, 비언어적 의사 표현 행위는 언어적 표현에 있어서 의미적으로 불명확한 점을 보충해 주는 기능을 띠고 있다. 예컨대, 어머니가 아기에게 "너, 엄마 얼마만큼 좋아?" 하고 물었을 때에, 아기가 "이만큼"이라고 대답하면서 두 손으로 큰 원을 그릴 때에, 그 원의 크기에 따라 엄마를 좋아하는 정도가 달라질 수 있는 것이다. 넷째로, 비언어적 의사 표현 행위는 언어적 표현 내용의 어떤 부분을 강조하여 상대방에게 의사 전달의 효과를 강하게 하는 기능을 지니고 있다. 가령, 상대방이 말할이에게 무엇을 더 달라고 부탁할 때에, 말할이가 상대방에게 "이제 더 이상 없어."하고 말하면서 두 손바닥을 펴 보이는 행위는, '없다.'는 것을 강조하는 효과를 나타내는 것이다. 다섯째로, 비언어적 의사 표현 행위는 상대방의 언어적 표현 행위를 통제할 수 있는 기능을 가지고 있다. 이를테면, 말할이가 상대방의 이야기를 들으면서 상대방에게 고개를 끄덕거리는 행위를 보여 줌으로써 상대방이 이야기를 계속하게 할 수도 있고, 고개를 좌우로 흔드는 행위를 보여 줌으로써 상대방의 이야기를 멈추게 할 수도 있는 것이다. 여섯째로, 비언어적 의사 표현 행위는 가끔 언어적 표현과는 모순된 의미를 전달할 수 있는 기능을 띠고 있다. 곧, 말할이는 상대방에게 기분 좋은 이야기를 하면서 찡그린 얼굴 표정을 지어 보일 수도 있고, 상대방에게 기분 나쁜 이야기를 하면서 웃는 얼굴 표정을 지어 보일 수도 있는 것이다.

이와 같이 비언어적 의사 표현 행위는 여러 가지의 기능을 지니고 있다. 그러면 이제부터, 한국인들이 사용하는 비언어적 의사 표현 행위에는 어떠한 것들이 있는지를 구체적으로 살펴보기 전에 먼저 비언어적 의사 표현 행위에는 어떠한 것들이 있는지를 살펴보기로 한다.

3. 비언어적 의사표현 행위의 분류

일반적으로 인간의 의사표현 행위는 비언어적 의사 표현 행위와 언어적 의사 표현 행위로 구분될 수 있다. 여기에서 비언어적 의사 표현 행위란, 우리가 어떤 생각이나 느낌을 비언어적 음성이나 신체적 행위를 이용하여 나타낸 것을 가리킨다. 그리고 언어적 의사 표현 행위란, 우리가 어떤 의사나 감정을 음성적 언어나 문자적 언어로 표현하는 것을 지칭한다. 인간의 의사 표현 행위는 다음의 그림 1과 같이 분류될 수 있다.

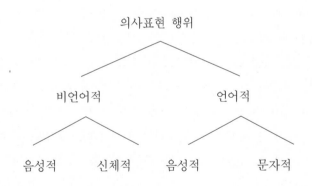

〔그림 1〕

인간의 의사표현 행위 중에서 비언어적 의사표현 행위를 Hinds (1984: 281)에서는, (1) kinesics, (2) paralanguage, (3) tactics, (4) phatic behavior, (5) proxemics, 그리고 (6) chronemics 등과 같이 여섯 가지로 나누었다. 그런데 이와 같은 비언어적 의사 표현 행위의 분

류에는 어느 정도 공감이 가는 점도 있으나, 몇 가지의 불합리한 점도 있다. 첫째로, 비언어적 의사 표현의 행위 중에서 'Kinesics'라고 하는 것은, '손짓, 발짓, 고갯짓, 몸짓, 얼굴 표정, 눈 맞춤,' 등과 같은 '신체 언어 (body language)'나 '신체 동작 (body movements)'을 가리킨다. 그런데 이와 같은 신체 언어나 신체 동작은 너무 포괄적이므로, 우리는 이를 다시 체계적으로 세분화하여 재분류할 필요가 있다. 곧, '손가락, 손바닥, 손등, 팔, 발, 다리, 고개, 머리, 허리,' 등의 동작을 하나로 묶어 이를 '신체 동작'이라고 부르는 것이 바람직하다. 그리고 얼굴 및 그와 관련이 있는 입과 '혀 등의 움직임을 하나로 묶어 '얼굴 표정'이라고 지칭하는 것이 편리하다. 다음으로, 시선이나 눈의 움직임을 따로 묶어 이를 '눈 맞춤'이라고 하는 것이 좋다. 이와 같이 우리가 'kinesics'를 '신체 동작,' '얼굴 표정,' 그리고 '눈 맞춤' 등의 세 개의 범주로 세분하면, 비언어적 의사 표현의 행위는 좀 더 체계적으로 분류되는 셈이 되는 것이다. 둘째로, 'paralanguage'라고 하는 것은, '음세, 억양, 웃음 소리, 침묵, 망설임, 하품 소리, 투덜대기, 말의 속도,' 등과 같은 언어 외적인 음성적 요소와 비분절적인 음운적 요소를 지칭한다. 그런데 이와 같은 개념은 너무 종합적이고 비체계적이므로, 이는 음성적 측면과 음운적 측면으로 구분하여 하위분류될 필요가 있다. 곧, 이는 크게 음성적인 측면의 '준언어음 (extra-speech sounds)'과 음운적 측면의 '덧언어음 (speech modifications or suprasegmentals)'으로 양분될 수 있다. 그리고 준언어음은 다시 주저음 (hesitation noises), 모방음 (imitative sounds), 감탄음 (interjections), 호칭음 (calls), 그리고 비언어음 (non-language sounds) 등으로 나뉘어질 수 있다. 또한 덧언어음은 음세 (stress or loudness), 음고 (pitch) 음장 (length or duration), 문미 연접 (terminal juncture), 개리 연접 (open juncture) 또는 휴지 (pause), 그리고 음속 (tempo) 등으로 분류될 수 있다. 또한 덧언어음은 크게 음조 (intonation), 운율 (rhythm), 그리고 음속 (speed) 등으로 구분될 수도 있다. 음조는 음고와 문미 연접의 배합 유형을 가리키고, 운율은 음세, 음장 및 개리 연접의 배합 유형을 지칭한다. 그런데 이와 같은 덧언어음은 사실상 언어적 의사 표현에 있어서의 언어음인 분절 음운 위에 첨가되는 비분절 음운 (suprasegmental phonemes)이나 비분절 형태소 (suprasegmental morphemes)로 다루어질 수도 있기는 하다. 그러나 덧언어음은 언어적 음성과 같이 분절될 수가 없는 소리이므로, 사실상 언어적 음성으로 다루어지는 것보다는 비언어적 음성 중 음운적 요소로 다루어지는 것이 바람직하다. 셋째로, 'tactics'라고 하는 것은, 우리가 물체를 만지거나, 껴안거나, 또는 쓰다듬거나 하는 것과 같은 '신체 접촉' 행위를 통한 감각적 지각을 의미한다. 신체 접촉은 주로 이성 사이에 많이 이루어지는 행위이나, 동성 사이에서도 비언어적 의사 표현 행위로 나타나는 경우가 있다. 그러므로 이는 비언어적 의사 표현 행위와 직접적 관계가 있다고 할 수 있다. 넷째로, 'phatic behavior'라고 하는 것은, 말할이와 들을이가 서로 의례적으로 나누는 '인삿말'이나 '목례'와 같은 행위를 지칭한다. 그런데 이는 '목례'를 제외하고는 사실상 비언어적 의사 표현 행위와 관계가 있다기보다는 오히려 언어적 의사 표현 행위와 더 밀접한 관련이 있다. 그러므로 '목례'는 비언어적 의사 표현 행위 중 '눈 맞춤'에서 다루어질 수 있다. 그러나 '인삿말'은 언어적 의사 표현 행위와 관계가 있으므로, 이는 비언어적 의사 표현 행위에서 제외되어야 하는 것이다. 다섯째로, 'proxemics'라고 하는 것은, 말할이나 들을이가 서로 자기 보호를 위하여 상대방이 침범해 들어갈 수 없도록 확보하는 '공간 (space)'이나 그 둘 사이의 '거리 간격 (distance)'을 가리킨다. 다시 말하면, 이는 말할이와 들을이가 대화를 나눌 때에 서로 심리적으로 편안하게 유지하는 거리 간격을 말한다. 이는 친밀한 거리 간격 (intimate distance), 개인적 거리 간격 (personal distance), 사회적 거리 간격 (social distance), 그리고 대중적 거리 간격 (public distance) 등과 같이 네 가지로 구분될 수 있다 (Mcmains, et al 1987: 383–385). 이는 비언어적 의사 표현 행위와 직접적인 관련이 있다고 할 수 있다. 여섯째로, 'chronemics'라고 하는 것은, 약속 시간을 잘 지킨다든지 잘 지키지 않는다든지 하는 것과 같은, 개인이 지니고 있는 문화적인 시간 관념을 의미한다. 물론, 어느 개인이 가지고 있는 문화적인 시간 관념이 행동으로 나타나는 것은 사실이다. 그러나 그 행위는 구체적으로 다양하게 나타나지 않기 때문에, 그 행위에 대한 의미가 구체적으로 분류될 수는 없다. 따라서 이는 비언어적 의사 표현 행위에서 그리 큰 비중을 차지하지 않는다고 볼 수 있으므로, 비언어적 의사 표현 행위에서 제외되어도 별로 문제가 되지 않는다.

우리가 위에서 살펴본 Hinds (1984: 281)의 비언어적 의사 표현 행위의 분류는 그 분류 기준이 불명확하고 너무 포괄적이다. 그러므로 비언어적 의사 표현 행위는 다음과 같은 명확한 분류 기준에 따라서 명시적으로 재분류되어야 한다. 비언어적 의사 표현 행위는 우선, 그 표현 수단이 신체냐 음성이냐에 따라서, 비언어적 '신체'의 사용 행위와 비언어적 '음성'의 사용 행위로 양분될 수 있다. 다음으로, 비언어적인 신체의 사용 행위는 말할이와 들을이의 상호 관계적 측면에서 볼 때에, 그 둘 사이의 신체적 접촉의 유무에 따라서, 신체적 '접촉'의 행위와 신체적 '비접촉'의 행위로 구분될 수 있다. 그리고 신체적 접촉의 행위는 다시 '직접적' 신체 접촉의 행위와 '간접적' 신체 접촉의 행위로 나누어질 수 있다. 여기에서 직접적 신체 접촉의 행위는 일반적으로 '신체 접촉'을 가리키고, 간접적 신체 접촉의 행위는 '시선 접촉,' 곧, '눈 맞춤'을 뜻한다. 그 다음으로, 신체적 '비접촉' 행위는 말할이와 들을이 사이의 공간적인 '거리 간격'의 유지와 직접적인 관계가 있는 행위와, 공간적인 '거리 간격'과는 직접적인 관련이 없는 행위로 구분될 수 있다. 그리고 후자는 다시 말할이가 얼굴로 나타내 보이는 행위, 곧, '얼굴 표정'과, 얼굴을 제외한 여타의 신체로 나타내 보이는 행위, 즉, '신체 동작'으로 구분될 수 있다. 그리고 비언어적 음성의 사용 행위는 음성적인 '준언어음'과 음운적인 '덧언어음'으로 구분될 수 있다. 이상에서 설명한 비언어적 의사 표현 행위의 분류를 그림으로 나타내면 다음의 그림 2와 같다.

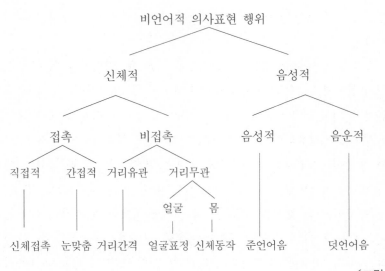

〔그림 2〕

따라서 우리가 위에서 살펴본 바와 같이, 비언어적 의사 표현 행위는 (1) 신체 접촉 (tactics), (2) 눈 맞춤 (eye contact), (3) 거리 간격 (space or distance), (4) 얼굴 표정 (facial expressions), (5) 신체 동작 (gestures) (6) 준언어음 (extra-speech sounds), (7) 덧언어음 (suprasegmental phones or speech modifications), 등과 같이 일곱 가지로 분류될 수 있다. 비언어적 의사 표현 행위는 이와 같이 일곱 가지로 분류되는 것이, 우리가 그 행위들의 의미를 구체적으로 이해하는 데에 더욱 편리하고 바람직하다고 할 수 있다.

4. 비언어적 의사표현 행위와 그 의미

우리는 앞에서 비언어적 의사 표현 행위의 범주를 모두 일곱 가지로 분류하였다. 그러면 이제부터 한국인들이 일상 생활에서 사용하는 비언어적 의사 표현 행위에는 구체적으로 어떤 것들이 있으며, 그 행위들이 나타내는 구체적인 의미는 무엇인지에 대하여 살펴보기로 한다. 우리가 앞에서 살펴본 바와 같이, 비언어적 의사 표현 행위는 일차적으로 음성적 행위와 신체적 행위로 분류된다. 먼저, 신체적 행위와 관련이 있는 신체 접촉, 눈 맞춤, 거리 간격, 얼굴 표정, 그리고 신체 동작에는 구체적으로 어떤 것들이 있으며 그 의미는 무엇인지를 살펴보고, 다음으로, 음성적 행위와 관계가 있는 준언어음과 덧언어음에는 구체적으로 어떤 것들이 있으며 그 의미는 무엇인지를 살펴보기로 한다.

4.1. 신체적 행위

우리가 앞에서 살펴본 바와 같이, 비언어적 의사 표현 행위 가운데에서 신체적 행위는 접촉 행위와 비접촉 행위로 구분된다. 그리고 접촉 행위는 (1) 신체 접촉과 (2) 눈 맞춤으로 나누어지고, 비접촉 행위는 (1) 거리 간격, (2) 얼굴 표정, 그리고 (3) 신체 동작 등으로 구분된다. 이제 한국인들이 사용하는 그러한 행위들에는 구체적으로 어떤 것들이 있으며, 그 행위들은 어떤 의미를 나타내는지를 살펴보기로 한다.

4.1.1. 신체 접촉

신체 접촉이라고 하는 것은, 어느 한 사람이 다른 사람의 신체의 어느 부위를 만지거나, 잡거나, 또는 치거나 하는 행위를 가리킨다. 일반적으로 이러한 행위는 상대방에 대한 관심이나 애정이나 또는 우정을 나타낸다. 그러한 행위는 동성 사이나 이성 사이에 이루어질 수도 있고, 윗사람과 아랫사람 사이에서 이루어질 수도 있으나, 각 문화권에 따라서 그 의미가 서로 다르게 해석될 수도 있다. 가령, 한국에서는 동성 간에 손을 잡고 다니거나 어깨동무를 하고 걸어가는 것이 우정의 의미로 해석될 수 있으나, 서구에서는 그러한 행동이 동성 연애자로 이해될 수도 있는 것이다. 다음은 한국인들의 일상 생활에서 나타내 보이는 신체 접촉 행위의 예와 그 행위가 나타내는 의미이다.

4.1.1.1. 친구 사이에 손바닥으로 상대방의 가슴이나 어깨를 툭툭

치는 행위는, 다음의 (1ㄱ, ㄴ, ㄷ)과 같은 의미를 지닌다.

(1) ㄱ. 두 사람 사이가 {절친하다/친밀하다/가깝다}.
ㄴ. 두 사람 사이에 허물이 없다.
ㄷ. 두 사람이 친구 사이이다.

4.1.1.2. 여자끼리나 남자끼리 어깨동무를 하거나, 팔짱을 끼거나, 또는 손을 잡고 다니는 행위는, 다음의 (2ㄱ, ㄴ, ㄷ)과 같은 의미를 가리킨다.

(2) ㄱ. 두 사람 사이가 다정하다.
ㄴ. 두 사람 사이가 {친밀하다/가깝다/절친하다}.
ㄷ. 두 사람이 친구 사이이다.

4.1.1.3. 주로 어른이 아이의 머리를 손으로 쓰다듬는 행위는 다음의 (3ㄱ, ㄴ, ㄷ)과 같은 의미로 사용된다. 한국에서는 애인 사이를 제외하고 어른이 다른 어른의 머리를 손으로 쓰다듬거나 아랫사람이 윗사람의 머리를 손으로 쓰다듬는 행위는 허용되지 않는다.

(3) ㄱ. 아이가 귀엽다.
ㄴ. 아이가 예쁘다.
ㄷ. 아이가 착하다.

4.1.1.4. 보통, 윗사람이 아랫사람의 볼을 손으로 만지거나 엄지와 인지로 꼬집듯이 하는 행위는, 다음의 (4ㄱ, ㄴ, ㄷ)과 같은 의미로 쓰

인다. 일반적으로 아랫사람은 윗사람에게 그러한 행위를 할 수 없다.

(4) ㄱ. 아이가 귀엽다.
　　ㄴ. 아이가 예쁘다.
　　ㄷ. 아이가 착하다.

4.1.2. 눈 맞춤

눈 맞춤이라고 하는 것은, 말할이가 대화 시에 상대방의 눈을 쳐다보는 행위를 가리킨다. 일반적으로 우리는 상대방과 대화를 나누면서 경우에 따라서 상대방의 시선을 피하여야 할 때도 있다. 또한 지나친 눈 맞춤은 의사 소통의 장애를 유발할 수도 있다. 따라서 대화 시에 눈 맞춤의 문제는 대단히 중요하다. 그리고 그것은 친밀함을 드러내거나, 예의를 표시하거나, 주의를 끌거나, 또는 상대방에게 영향을 미치는 등의 기능을 하므로, 말할이와 들을이의 상호 관계에 있어서 대단히 중요하다.

대화 시에 말할이가 상대방에게 찡그린 얼굴 표정을 보이는 경우와 마찬가지로, 특별히 상대방을 노려보거나 흘겨보는 것이 예의에 어긋난다고 여겨지는 것을 제외하고는, 눈 움직임을 지배하는 구체적인 규칙은 없는 것으로 여겨진다.[1] 그러나 말할이와 들을이가 서로 대화

---

1) 미국인의 경우에 서로 모르는 두 사람이 걸어가다가 마주쳤을 때에, 상대편에게 눈 맞춤을 하고, 미소를 보여 주면서, "안녕하세요?" 하고 말하는 것은 흔히 있는 일이다. 서로 모르는 두 사람 중에 어느 한 사람은 그때 곧 눈을 돌리거나 상대방이 눈 맞춤을 했다는 것에 아무 반응을 보이지 않을 수도 있다. 이러한 유형의 힐끗 쳐다보기는 어떤 특별한 의미를 지니지는 않는다. 곧, 그것은 단순히 다른 사람이 있다는 것을 인식하는 방식에 불과하다.

를 주고받음에 있어서 눈 맞춤이 너무 적으면, 그러한 행위는 상대방에게 무관심한 것으로나, 주의를 집중하지 않는 것으로나, 또는 상대방을 불신하는 것으로 여겨지기 때문에 부정적으로 보여질 수 있다.[2] 다음은 한국 사람들이 서로 대화를 나눌 때에 보이는 눈 맞춤의 의미이다.

4.1.2.1. 말할이가 상대방에게 두 눈을 끔적하는 행위는, 다음의 (5ㄱ, ㄴ)과 같은 의미를 나타낸다.

(5) ㄱ. 이 사실은 말할이와 들을이 사이의 비밀이다.
　　ㄴ. 말할이가 상대방에게 이 말을 전하지 말라고 한다.

4.1.2.2. 말할이가 상대방에게 한 눈만을 끔적하는 행위는, 다음의 (6ㄱ, ㄴ)과 같은 의미를 지닌다.

(6) ㄱ. 말할이가 상대방게 관심이 있다.
　　ㄴ. 말할이가 상대방을 유혹하고 싶어한다.

4.1.2.3. 말할이가 상대방을 흘겨보는 행위는, 다음의 (7ㄱ, ㄴ)과 같은 의미를 가리킨다.

(7) ㄱ. 말할이는 상대방이 {밉다/싫다}.

---

2) 일반적으로 미국인들은 상대방에 대한 불신과 눈 맞춤을 하지 않는 것 사이의 관계를 다음과 같은 표현으로 나타낸다. "상대방의 눈을 쳐다보지 않고 말하는 사람을 믿지 마라."

ㄴ. 말할이가 상대방을 {싫어한다/미워한다/증오한다}.

4.1.2.4. 말할이가 상대방을 노려보는 행위는, 다음의 (8ㄱ, ㄴ, ㄷ) 과 같은 의미로 사용된다.

(8) ㄱ. 말할이가 상대방에게 적의를 가지고 있다.
    ㄴ. 말할이가 상대방을 공격할 의사가 있다.
    ㄷ. 말할이가 상대방게 불평불만이 있다.

4.1.2.5. 말할이가 상대방에게 눈을 크게 떠 보이는 행위는, 다음의 (9ㄱ, ㄴ, ㄷ)과 같은 의미로 쓰인다.

(9) ㄱ. 말할이에게 상대방의 언행이나 태도나 모양이 놀랍다
    ㄴ. 말할이에게 상대방의 언행이나 태도나 모양이 의외이다.
    ㄷ. 말할이가 상대방 때문에 놀랐다.

4.1.2.6. 나이가 적은 사람이 나이가 많은 사람과 대화를 나눌 때에, 나이가 적은 사람이 나이가 많은 사람의 눈을 오래 쳐다보는 행위는, 다음의 (10ㄱ, ㄴ, ㄷ)과 같은 의미를 나타낸다.

(10) ㄱ. 어른에게 상대방의 태도가 당돌하다.
     ㄴ. 어른에게 상대방의 태도가 건방지다.
     ㄷ. 어른에게 상대방이 예의가 없다.

4.1.2.7. 나이가 적은 사람이 나이가 많은 사람의 눈을 쳐다보지

않으면서, 상대방을 향해 꼿꼿이 앉거나 서서 대화를 나누는 행위는, 다음의 (11ㄱ, ㄴ)과 같은 의미를 지닌다.

(11) ㄱ. 어른에게 상대방의 태도가 겸손하다.
　　　ㄴ. 어른에게 상대방의 태도가 예의바르다.

4.1.2.8. 대화 도중에 말할이와 들을이가 서로 상대방을 향하지 않고 다른 곳을 쳐다보는 행위는, 다음의 (12ㄱ－ㄹ)과 같은 의미를 가리킨다.

(12) ㄱ. 상대방의 이야기가 지루하다.
　　　ㄴ. 상대방의 이야기에 무관심하다.
　　　ㄷ. 상대방이 주의가 산만하다.
　　　ㄹ. 상대방이 집중력이 부족하다.

4.1.2.9. 말할이가 상대방과의 대화 도중에 상대방의 시선을 피하는 행위는, 다음의 (13ㄱ, ㄴ, ㄷ)과 같은 의미로 사용된다.

(13) ㄱ. 말할이가 상대방이나 상대방의 이야기 내용을 부끄러워한다.
　　　ㄴ. 말할이에게 상대방의 이야기 내용이 당혹스럽다.
　　　ㄷ. 말할이가 상대방을 {어려워한다/무서워한다/두려워한다}.

4.1.2.10. 말할이가 두 손으로 두 눈을 가리는 행위는, 다음의 (14ㄱ, ㄴ, ㄷ)과 같은 의미로 쓰인다.

(14) ㄱ. 말할이가 어떤 대상을 보기를 {무서워한다/두려워한다}.

　　　ㄴ. 말할이가 어떤 대상을 보기를 {부끄러워한다/창피해한다/
　　　　　수치스러워한다}.

　　　ㄷ. 말할이가 어떤 대상을 보기를 쑥스러워한다.

4.1.3. 거리 간격

　말할이와 들을이 사이의 거리 간격의 유지는, 말할이와 들을이가
서로 대화를 나눌 때에 어느 정도 떨어져 있어야 심리적으로 편안한가
하는 것과 관계가 있다. 말할이와 들을이의 거리 간격이 얼마나 가깝
고 머냐 하는 것은 사람과 사람 사이의 상호 관계에 따라서 달라질 수
있다. 다시 말하면, 두 사람 사이의 친밀성이나 소원성이 거리 간격의
길이를 결정해 줄 수 있다. 예컨대. 우리는 서로 잘 모르는 사람과 대
화를 나눌 때보다는 친밀한 가족들과 이야기를 나눌 때에, 더 가까이
서거나 앉아서 대화함으로써 편안함을 느낀다.

　개인적인 성격도 거리 간격의 길이를 결정해 주는 기준이 될 수
있다. 일반적으로 내성적인 사람은 외향적인 사람보다 좀 더 멀리 떨
어져서 대화를 나누기를 선호한다. 또한 문화적인 양상도 거리 간격
결정에 중요한 기능을 한다. 대체로 한국인이나 일본인들은 미국인들
보다 좀더 떨어져서 이야기하기를 좋아한다. 라틴 아메리카 사람들과
아랍 사람들은 미국인들이 대화를 나눌 때에 유지하는 거리 간격보다
도 더 가까운 거리 간격으로 접근하여 말하는 경향이 있다고 한다.[3]

---

3) 미국인들이 사교적인 대화를 나눌 때에 지키는 거리 간격은 한 쪽 팔의 길이인
　약 4 피트 (122cm) 정도로 알려져 있다. 미국 문화에 있어서 그보다 더 가까운
　거리 간격은 상대방과 아주 친밀하다거나 공격적인 행위와 관련되어 있다. 다른

일반적으로 사회적인 상황에서 사용되는 말할이와 들을이의 공간적인 거리 간격은, 비격식적 거리 간격 (informal distance)과 격식적 거리 간격 (formal distance)으로 구분될 수 있다. 그리고 비격식적 거리 간격은 친밀적 거리 간격 (intimate distance)과 개인적 거리 간격 (personal distance)으로, 격식적 거리 간격은 사회적 거리 간격 (social distance)과 공중적 거리 간격 (public distance)으로 나뉘어질 수 있다. 이를 그림으로 나타내면 다음의 그림 3과 같다.

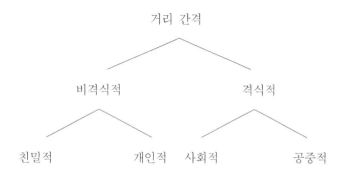

〔그림 3〕

말할이와 들을이의 거리 간격에 있어서 친밀적 거리 간격이라고 하는 것은, 두 사람이 서로 사랑을 나눌 때나, 한 사람이 상대방에게 극비의 내용을 남이 못 알아듣게 속삭일 때나, 한 사람이 상대방을 위

사람을 우연히 살짝 건드리거나 스쳤을 적에 말하는 "실례했습니다." "죄송합니다"와 같은 표현은, 개인적인 거리 간격에 관한 미국인의 태도를 보여 준다. 따라서 어느 한 개인의 거리 간격 유지가 어떤 다른 사람에 의해 침범을 받았을 때에, 그는 협박을 받는다고 느낄 수도 있고, 방어적인 반응을 나타낼 수도 있다. 가까운 신체적 접촉이 용인되거나 바람직한 것으로 여겨지고 있는 문화권에서는 미국인들이 냉정하고 인간 관계가 좀 먼 것으로 여겨질 수도 있다.

로하거나 격려할 때와 같이, 말할이가 상대방의 신체의 일부를 곧바로 껴안거나, 잡거나, 또는 만질 수 있는 거리 간격을 가리킨다.

　개인적 거리 간격이라고 하는 것은, 말할이와 들을이가 두 팔을 펴서 서로 손가락을 맞댈 수 있는 한 팔 길이 정도의 거리 간격이나, 또는 말할이가 상대방이 알아들을 수 있을 정도로 낮은 목소리로 말하는 거리 간격을 지칭한다. 사회적 거리 간격이라고 하는 것은, 사회적인 모임에서 두 사람이 대화를 나눌 때나 비개인적인 사무를 볼 때에 말할이와 들을이 사이의 거리 간격이나, 또는 약 60 명 내지 100 명의 집단이 알아들을 수 있을 정도의 목소리로 대중적 정보를 전달하거나 강의를 할 때에, 말할이와 들을이 사이의 거리 간격을 뜻한다. 공중적 거리 간격이라고 하는 것은, 말할이가 상대방으로부터 위협을 받았을 때에 그의 공격을 방어하기에 유리할 만큼 유지하는 거리 간격이나, 또는 100명 이상의 청중들이 알아들을 수 있을 정도로 아주 큰 목소리로 강연하거나 연설할 때에 말할이와 청중들 사이의 거리 간격을 의미한다.[4]

　그런데 한국 사람들이 서로 대화를 나눌 때에, 말할이와 들을이 사이에 유지하는 거리 간격에 대한 조사 연구는 지금까지 이루어진 것이 하나도 없다. 그에 관한 조사 연구는, 우리가 위에서 살펴본 바와 같은 친밀적 거리 간격, 개인적 거리 간격, 사회적 거리 간격 그리고

---

4) McManis, Stollenwerk & Zhang (1987)에 따르면, 미국인의 경우에 말할이와 들을이 사이의 거리 간격은 다음과 같다. 친밀적 거리 간격은 가까운 경우는 0 cm 내지 15 cm이고 먼 경우에는 15 cm 내지 46 cm 이다. 개인적 거리 간격은 가까운 경우는 46 cm 내지 76 cm이고 먼 경우는 76 cm 내지 122 cm이다. 사회적 거리 간격은 가까운 경우는 122 cm 내지 213 cm이고 먼 경우는 213 cm 내지 366 cm이다. 그리고 공중적 거리 간격은 가까운 경우는 366 cm 내지 762 cm이고 먼 경우는 762 cm 이상이다.

공중적 거리 간격 등으로 구분되어 이루어져야 한다. 그러나 여기에서 필자는 우선 한국인의 개인적 거리 간격만을 알아내기 위하여, 그 조사 대상으로는 초등학교 학생, 중학교 학생, 고등 학교 학생, 대학교 학생, 삼십대, 사십대, 오십대 및 육십대의 남녀 193 쌍 (총 386 명)을 무작위로 선정하고, 조사 방법으로는 남성 대 남성, 여성 대 여성, 그리고 남성 대 여성 사의의 개인적 거리를 측정하였다. 이제 그 조사 결과를 통계적으로 처리하여 한국인이 상대방과 대화를 나눌 때에 유지하는 개인적 거리 간격의 평균치를 집단별로 제시하면 다음과 같다.[5]

4.1.3.1. 초등학교 학생 집단의 경우에 말할이와 들을이 사이의 개인적 거리 간격은 평균 41.2 cm이다.

4.1.3.2. 중학교 학생 집단의 경우에 말할이와 들을이 사이의 개인적 거리 간격은 평균 40.9 cm이다.

4.1.3.3. 고등학교 학생 집단의 경우에 말할이와 들을이 사이의 개인적 거리 간격은 평균 30.3 cm이다.

4.1.3.4. 대학교 학생 집단의 경우에 말할이와 들을이 사이의 개인적 거리 간격은 평균 59.1 cm이다.

4.1.3.5. 삼십대 집단의 경우에 말할이와 들을이 사이의 개인적 거

---

5) 이 조사는 연세대학교 문리대학 국어국문학과 2학년 학생들의 도움으로 이루어진 것임을 밝혀 둔다.

리 간격은 평균 51.2 cm이다.

4.1.3.6. 사십대 집단의 경우에 말할이와 들을이 사이의 개인적 거리 간격은 평균 50.7 cm이다.

4.1.3.7. 오십대 집단의 경우에 말할이와 들을이 사이의 개인적 거리 간격은 평균 63.2 cm이다.

4.1.3.8. 육십대 집단의 경우에 말할이와 들을이 사이의 개인적 거리 간격은 평균 58.6 cm이다.

4.1.3.9. 초등학교 학생, 중학교 학생, 고등학교 학생, 대학교 학생, 삼십대, 사십대, 오십대, 그리고 육십대의 남녀 집단를 모두 포함한 한국인의 말할이와 들을이의 개인적 거리 간격은 평균 49.4 cm이다. 이를 남성 대 남성, 여성 대 여성, 그리고 남성 대 여성의 개인적 거리 간격으로 구분하여 살펴보면, 남성 대 남성의 거리 간격은 평균 54.7 cm이고, 여성 대 여성의 거리 간격은 평균 45.1 cm이며, 남성 대 여성의 거리 간격은 평균 48.3 cm이다.

위의 조사에서 나타난 흥미로운 사실은 다음과 같다. 첫째, 소년기에 있는 초등학교 학생 집단과 중학교 학생 집단의 개인적 거리 간격은 각각 41.2 cm와 40.9 cm로서 서로 비슷하다는 것이다. 둘째, 청년기로 넘어간 고등학교 학생 집단의 개인적 거리 간격은 30.3 cm으로서, 초등학교 학생과 중학교 학생 집단의 그것보다 10.75 cm가 가까워진다는 것이다. 셋째, 성인인 대학교 학생 집단에서는 개인적 거리 간격이 59.1 cm로서, 초등학교 학생과 중학교 학생 집단의 그것보다는 18.05 cm가 멀어지고, 고등학교 학생 집단의 그것보다는 28.8 cm가 멀어진다는 것이다. 넷째, 삼십대와 사십대 집단의 개인적 거리 간격은 각각 51.2 cm와 50.7 cm로서 서로 비슷하나, 대학교 학생 집단의 그것보다 8.6 cm가 더 가까워진다는 것이다. 다섯째, 50대 집단에서는 개인적 거리가 63.2 cm로서 삼십대와 사십대 집단의 그것보다 12.25 cm가 더 멀어진다는 것이다. 여섯째, 60대 집단에서 개인적 거리 간격이 58.6 cm로서, 50대 집단의 그것보다 4.6 cm가 더 가까워진다는 것이다. 그리고 일곱째로, 남성 대 남성, 여성 대 여성, 그리고 남성 대 여성의 거리 간격을 비교해 보면, 여성 대 여성의 거리 간격이 가장 가깝고, 그 다음으로 남성 대 여성, 그리고 남성 대 남성의 순서로 거리 간격이 멀어진다는 것이다. 곧, 여성 대 여성의 거리 간격은 남성 대 여성의 그것보다 3.3 cm가 더 가깝고, 남성 대 남성의 그것보다는 9.6 cm가 더 가깝다. 이를 바꾸어 말하면, 남성 대 남성의 거리 간격이 가장 먼데, 이는 남성 대 여성의 거리 간격보다는 6.3 cm가 멀고 여성 대 여성의 거리 간격보다는 9.6 cm 더 멀다는 것이다.

4.1.4. 얼굴 표정

우리는 사람의 얼굴 표정을 통하여 여러 가지의 의미를 읽을 수 있다. 일반적으로 얼굴 표정이 나타내는 의미는, 말할이가 처해 있는 환경과, 말할이와 들을이의 관계나 또는 말할이와 들을이와 그리고 방청자의 상호 관계에 의하여 결정된다. 예컨대, 기쁨의 전형적인 표현인 웃음은 여러 가지의 많은 기능을 지니고 있다. 교통 법규를 위반한 사람이 교통 법규 위반 딱지를 발부하는 경찰관에게 짓는 웃음은, 그가 어린이에게 보여 주는 웃음과 동일한 의미를 나타내지는 않는다. 때때로 웃는 표정은 애정을 표시하거나, 친절한 예절을 나타내거나, 또는 진실한 감정을 감추는 데에 사용될 수도 있다. 그리고 고통스러운 표정은 흔히 찡그린 얼굴로 전달되는데 이도 어떤 진실의 감춤이나 불만이나 부정을 나타내는 데에 이용될 수도 있다. 눈썹을 치켜 올리는 행위는 놀람이나, 충격이나, 또는 불신을 표현하는 데에 쓰일 수 있다. 눈을 꿈적꿈적하는 행위는 "너와 나만 비밀을 알고 있다."거나, "장난이다."라거나, 또는 "농담이다."라는 것을 의미한다. 남자와 여자 사이에서 이루어지는 윙크는 "내가 너에게 관심이 있다."라거나 "나는 너를 유혹하고 싶다."라는 것을 뜻한다. 이와 같이 얼굴 표정은 우리의 정서와 태도를 쉽게 드러내는 것이다.

그러면 이제부터 한국 사람들이 짓는 얼굴 표정에는 어떤 것들이 있으며, 그 얼굴 표정이 드러내는 구체적인 의미는 무엇인지를 살펴보기로 한다.

4.1.4.1. 말할이가 상대방에게 웃는 표정을 지어 보이는 행위는 다음의 (15ㄱ-ㅂ)과 같은 의미를 나타낸다.

(15) ㄱ. 말할이가 기분이 {좋다/즐겁다/기쁘다}.
ㄴ. 말할이가 마음이 행복하다.
ㄷ. 말할이가 상대방에게 호감을 가지고 있다.
ㄹ. 말할이가 상대방에게 관심이 있다.
ㅁ. 말할이가 상대방에게 관계를 개선할 것을 암시한다.

ㅂ. 말할이가 상대방에게 아첨한다.

4.1.4.2. 말할이가 혼자서 잘못을 저지르거나 실수를 하고 웃는 표정을 지어 보이거나, 또는 상대방에게 잘못을 저지르거나 실수를 하고 웃는 표정을 지어 보이는 행위는, 다음의 (16ㄱ, ㄴ, ㄷ)과 같은 의미를 지닌다.

(16) ㄱ. 말할이가 상대방을 위로한다.
ㄴ. 말할이가 상대방에게 미안하다.
ㄷ. 말할이가 상대방에게 자기의 잘못이나 실수를 눈감아 줄 것을 요구한다.

4.1.4.3. 말할이가 상대방에게 얼굴을 찡그린 표정을 지어 보이는 행위는, 다음의 (17ㄱ-ㅅ)과 같은 의미를 가리킨다.

(17) ㄱ. 말할이가 상대방에게 불만이 있다.
ㄴ. 말할이가 상대방의 언행이나 모양이 마음에 들지 않는다.
ㄷ. 말할이가 마음이 불쾌하다.
ㄹ. 말할이가 마음이 슬프다.
ㅁ. 말할이가 마음이 우울하다.
ㅂ. 말할이가 몸이나 마음이 아프다.
ㅅ. 말할이에게 일이 지루하다.

4.1.4.4. 말할이가 상대방에게 무표정한 얼굴을 지어 보이는 행위는, 다음의 (18ㄱ-ㄹ)과 같은 의미로 사용된다.

(18) ㄱ. 말할이가 상대방에게 관심이 없다.

ㄴ. 말할이가 상대방의 말에 흥미가 없다.

ㄷ. 말할이가 상대방의 언행에 동조하지 않는다.

ㄹ. 말할이 자신에게 아무 생각이나 의견이 없다.

4.1.4.5. 말할이가 웃는 얼굴 표정과 함께 상대방에게 헛바닥을 내밀어 보이는 행위는, 다음의 (19ㄱ-ㅁ)과 같은 의미로 쓰인다.

(19) ㄱ. 말할이가 상대방을 놀린다.

ㄴ. 말할이가 상대방에게 약을 올린다.

ㄷ. 말할이가 상대방을 무시한다.

ㄹ. 말할이가 자기가 한 말이나 행동이나 일에 대하여 {겸연쩍어한다/미안해한다}.

ㅁ. 말할이가 자기의 언행이나 모양에 대하여 {무안해한다/창피해한다/부끄러워한다}.

4.1.4.6. 말할이가 상대방에게 옆으로 찡그린 얼굴 표정을 지어 보이는 행위는, 다음의 (20ㄱ, ㄴ, ㄷ)과 같은 의미를 나타낸다.

(20) ㄱ. 말할이가 상대방을 놀린다.

ㄴ. 말할이가 상대방을 약을 올린다.

ㄷ. 말할이가 상대방을 무시한다.

4.1.4.7. 말할이가 상대방에게 우는 얼굴 표정을 지어 보이는 행위는, 다음의 (21ㄱ, ㄴ, ㄷ)과 같은 의미를 지닌다.

(21) ㄱ. 말할이의 마음이 슬프다.
　　　ㄴ. 말할이의 마음이 행복하다.
　　　ㄷ. 말할이의 몸이나 마음이 아프다.

4.1.4.8. 말할이가 상대방에게 붉은 얼굴 표정을 지어 보이는 행위
는, 다음의 (22ㄱ, ㄴ, ㄷ)과 같은 의미를 가리킨다.

(22) ㄱ. 말할이가 자기의 언행이나 모양을 부끄러워한다.
　　　ㄴ. 말할이의 정신이 흥분되어 있다.
　　　ㄷ. 말할이의 마음이 행복하다.

4.1.5. 신체 동작

일반적으로 신체 동작이라고 하는 것은, 의미를 지닌 구체적인 신체 운동, 곧, 손짓, 발짓, 몸짓, 등과 같은 동작을 가리킨다. 우리는 손이나 손가락을 이용하여 여러 가지의 의미를 전달할 수 있는 모양을 만들 수가 있다. 즉, 우리는 "이리 와." "잘 가." "아니야." "저리 비켜." "너 죽어." 등과 같은 표현을 손이나 손가락만을 사용하여 비언어적으로 표현할 수 있다. 그러한 표현에 대한 구체적인 신체 동작은 문화권이 다른 각 나라마다 서로 다를 수가 있다. 우리는 어린이처럼 이러한 비언어적 신체 운동을 모방하며 배우고 그러한 행위를 낱말들과 같이 사용하거나 낱말들 대신에 사용하거나 할 수 있다.

우리는 다른 나라를 여행하면서 모든 신체 동작이 보편적인 것이 아니라는 사실을 알 수 있게 된다. 가령, 미국 문화에 있어서 '좋다'는

뜻으로 엄지와 인지를 붙여 동그랗게 만들어 보이는 신체 동작은 한국이나 일본에 있어서는 돈을 가리키는 상징으로 사용된다. 또한, 이와 같은 신체 동작은 몇몇 라틴 아메리카 국가들에 있어서는 외설적인 의미로 쓰인다. 다음은 한국에서 사용되는 신체 동작과 그 의미에 대한 것이다.

4.1.5.1. 말할이가 주먹을 쥔 상태에서 엄지를 위로 세우는 행위는 다음의 (23)과 같은 의미로 사용된다. 일반적으로 말할이가 엄지를 위로 세우는 행위의 의미는 한국인들이 수를 셀 때에 엄지, 인지, 장지, 무명지, 단지의 순서로 손가락을 접어 주먹 형태를 만든 다음에, 다시 역순으로 손가락을 펴면서 수를 세는 행위와 관련이 있는 것 같다. 말할이가 수를 셀 때에 엄지부터 손가락을 접는 행위는 엄지가 시작이고, 으뜸이며, 최고이고, 중요하다는 것을 뜻한다. 따라서 말할이가 엄지를 위로 세우는 행위는 (23ㄱ-ㅁ)과 같은 의미로 사용되는 것으로 보인다.

(23) ㄱ. 아버지
ㄴ. 사장
ㄷ. 우두머리
ㄹ. 왕초
ㅁ. 최고

4.1.5.2. 말할이가 엄지의 끝과 인지의 끝을 서로 붙여 두 손가락을 동그란 모양으로 만드는 행위는 다음의 (24ㄱ-ㄹ)의 의미로 쓰인다. 역사적으로 한국의 돈은 엽전인데 엽전은 동그란 형태로 되어 있기 때문에, 엄지와 인지를 붙여 만든 동그란 형태도 엽전 모양과 비슷

하므로 그러한 행위가 (24ㄱ)의 의미로 사용된 것이다. 그리고 최근에 와서는 그러한 행위가 (24ㄴ, ㄷ, ㄹ)의 의미로도 사용되는데 이는 외국 문화의 영향 때문인 것으로 여겨진다.

(24) ㄱ. 돈
     ㄴ. 일의 결과가 좋다.
     ㄷ. 일이 잘 됐다.
     ㄹ. 일이 만족스럽다.

4.1.5.3. 말할이가 주먹을 쥐고 단지 (새끼손가락)만 펴 보이는 행위는 다음의 (25ㄱ-ㄹ)과 같은 의미를 나타낸다. 한국인들은 전통적으로 본부인을 '큰마누라'나 '큰댁'이라고 부르고, 첩을 '작은마누라'나 '작은댁'이라고 불렀다. 그런데 단지는 손가락 가운데에서 가장 짧고 작은 손가락이기 때문에, '작은댁'의 '작은'과 단지의 의미가 서로 연관되어 단지가 (25ㄱ)을 가리키는 뜻으로 쓰이게 된 것으로 보인다. 그리고 첩은 일종의 애인이며, 애인은 여자 친구나 남자 친구와 관계가 있으므로, 단지가 (25ㄴ, ㄷ, ㄹ)의 의미로 확장되어 사용되는 것으로 여겨진다.

(25) ㄱ. 첩
     ㄴ. 애인
     ㄷ. 여자 친구
     ㄹ. 남자 친구

4.1.5.4. 말할이가 인지로 상대방에게 삿대질을 하는 행위는 다음의 (26ㄱ, ㄴ)과 같은 의미를 지닌다. 말할이가 상대방에게 인지로 삿

대질을 하는 행위는 인지로 상대방을 찌르면서 공격하는 행위와 마찬가지이므로, 그 행위는 상대방에게 (26ㄱ, ㄴ)과 같은 의미로 받아들여지는 것이다.

(26) ㄱ. 말할이가 상대방의 인격을 모욕한다.
ㄴ. 말할이가 상대방의 인격을 무시한다.

4.1.5.5. 말할이가 주먹을 쥔 상태에서 인지를 편 후에 X자의 모양을 그려 보이는 행위는 다음의 (27ㄱ-ㄹ)과 같은 의미를 가리킨다. 이 행위는 최근에 와서 주로 많이 사용되고 있는데, 알파벳 글자에서 일반적으로 'O'는 '맞는 것'을 가리키고, 'X'는 '틀린 것'을 가리키는 데에서 유래된 것으로 보인다. 따라서 그런 행위의 의미는 (27ㄱ)의 의미에서 그와 의미적으로 연관 있는 (27ㄴ, ㄷ, ㄹ)로 그 의미가 확장되어 사용되는 것으로 여겨진다.

(27) ㄱ. 일이 틀렸다.
ㄴ. 그 사람이 형편없다.
ㄷ. 그것이 아니다.
ㄹ. 그렇게 하면 안 된다.

4.1.5.6. 말할이가 엄지를 인지와 장지 사이에 끼고 주먹을 쥐는 행위는 다음의 (28ㄱ, ㄴ)과 같은 의미로 사용된다. 이런 행위의 기본적 의미인 (28ㄱ)은 엄지를 인지와 장지 사이에 끼는 행위가 성교 행위와 비슷한 형태를 연상시키는 데에서 비롯된 것으로 여겨진다. 그리고 그러한 행위는 상대방에게 성적 수치심이나 불쾌감을 유발시키기

때문에, (28ㄴ)의 의미로도 사용된다.

(28) ㄱ. 성교하다.
　　　ㄴ. 상대방을 성적으로 모욕한다.

4.1.5.7. 말할이와 들을이가 각각 단지를 편 채 주먹을 쥐고 서로 단지를 거는 행위나, 또는 단지를 건 상태에서 서로 엄지를 마주 누르는 행위는 다음의 (29ㄱ, ㄴ)과 같은 의미로 쓰인다. 두 사람이 서로 단지를 거는 행위는 피차간에 상호 관계를 맺었다는 것을 뜻하고 엄지를 마주 누르는 행위는 계약 시에 도장을 찍는 행위와 비슷한 데에서 그러한 행위가 (29ㄱ, ㄴ)의 의미로 사용되는 것으로 여겨진다.

(29) ㄱ. 말할이와 들을이가 어떤 약속을 굳게 한다.
　　　ㄴ. 말할이와 들을이가 약속을 어기면 안 된다.

4.1.5.8. 한국인들이 수를 셀 때에는 손바닥을 편 상태에서 엄지, 인지, 장지, 무명지, 단지의 순서로 손가락을 접었다가, 다시 단지, 무명지, 장지, 인지, 엄지의 순서로 손가락을 펴면서 수를 센다. 이러한 행위는 다음의 (30)과 같은 의미를 나타낸다.

(30) 한국인들은 손가락 중에서 엄지를 제일 중요하게 여긴다.

4.1.5.9. 말할이가 한 쪽 주먹을 쥐고 상대방에게 내밀어 보는 행위는 다음의 (31ㄱ-ㅁ)과 같은 의미를 지닌다. 이 행위는 기본적으로는 (31ㄱ)과 같이 말할이가 주먹으로 상대방을 때리겠다는 의지를 보

이는 것과 관계가 있다. 그리고 (31ㄱ)의 의미는 그와 의미적으로 직접적 연관이 있는 (31ㄴ, ㄷ, ㄹ)의 의미로도 사용되고 그와 의미적으로는 직접적 관련이 없는 (31ㅁ)의 의미로도 쓰인다.

(31) ㄱ. 말할이가 상대방을 주먹으로 때려 주겠다고 한다.
ㄴ. 말할이가 상대방을 혼내 주겠다고 한다.
ㄷ. 말할이가 상대방을 가만히 두지 않겠다고 한다.
ㄹ. 말할이가 상대방을 죽이겠다고 한다.
ㅁ. 일이 만족스럽게 됐다.

4.1.5.10. 말할이가 오른손으로 주먹을 쥐고 그 주먹을 왼손바닥으로 감싸 쥔 뒤에, 왼손바닥을 오른팔 팔뚝까지 쭉 훑어 올리는 행위는 다음의 (32ㄱ, ㄴ)과 같은 의미를 가리킨다. 이러한 행위는 상대방에게 성교 행위를 연상시키는 행위이므로 기본적으로 (32ㄱ)의 의미로 사용된다. 그런데 일반적으로 성적인 행위나 성에 대한 직접적인 언급은 상대방에게 수치심이나 불쾌감을 유발시키기 때문에 금기시 되어 있는 것이 보통이다. 따라서 그러한 행위는 (32ㄴ)의 의미로도 쓰이는 것이다.

(32) ㄱ. 성교하다.
ㄴ. 말할이가 상대방을 성적으로 모욕한다.

4.1.5.11. 말할이가 손으로 뒷머리나 옆머리를 매만지거나 긁는 행위는 다음의 (33ㄱ, ㄴ, ㄷ)과 같은 의미로 사용된다. 이러한 행위가 왜 (33ㄱ, ㄴ, ㄷ)과 같은 의미로 사용되는 지에 대한 이유는 확실하지가 않다.

(33) ㄱ. 말할이가 자기가 한 일을 멋적어 한다.
     ㄴ. 말할이 자신이 실수를 저질렀다.
     ㄷ. 말할이가 자기가 한 일을 창피해한다.

4.1.5.12. 말할이가 손바닥을 편 채 손등을 위로 하여 손목을 아래로 구부린 후에 다시 펴면서 상하로 흔드는 반복 행위는 다음의 (34ㄱ, ㄴ)과 같은 의미로 쓰인다. 이런 행위는 상대방 사람을 부르는 행위인데, 이런 신체 동작을 윗사람이 아랫사람에게는 잘 사용하나 아랫사람이 윗사람에게는 잘 사용하지 않는다. 전통적으로 한국 사회에서 아랫사람이 윗사람을 신체 동작으로 부르는 행위는 예의에 어긋나는 것으로 여겨지기 때문이다.

(34) ㄱ. 말할이가 상대방에게 이리 오라고 한다.
     ㄴ. 말할이가 상대방에게 빨리 오라고 한다.

4.1.5.13. 말할이가 손바닥을 위로 하고 손을 접었다 폈다 하는 행위는 다음의 (35)와 같은 의미를 나타낸다. 이러한 행위는 동물 중에서 주로 개를 부르는 의미로 사용된다. 만일 사람에게 그러한 행위를 하면, 그 사람을 '개'로 여기는 것이 되어 상대방에게 결례가 되거나 상대방의 인격을 무시하는 것이 된다.

(35) 말할이가 (동물 중에서 주로 개에게) 이리 오라고 한다.

4.1.5.14. 말할이가 손바닥을 편 채 손등을 위로 하고 손목을 먼저 위쪽으로 구부렸다가 아래쪽으로 구부렸다가 하는 반복 행위는 다음의

(36ㄱ, ㄴ)과 같은 의미를 지닌다. 이러한 행위를 윗사람이 아랫사람에게는 할 수 있으나 아랫사람이 윗사람에게 사용할 수 없다. 이는 전통적으로 한국 사회에서 아랫사람이 윗사람에게 명령하는 것이 허용되지 않기 때문이다.

(36) ㄱ. 말할이가 상대방에게 빨리 가라고 한다.
　　 ㄴ. 말할이가 상대방에게 저리 비키라고 한다.

4.1.5.15. 말할이가 양 손의 손바닥을 편 채 상대방에게 보여 주면서 좌우로 흔드는 행위는 다음의 (37ㄱ, ㄴ, ㄷ)과 같은 의미를 가리킨다. 이 행위는 기본적으로 (37ㄱ)과 같이 손바닥에 아무 것도 가진 것이 없다는 것을 상대방에게 보여 주는 데에서 생긴 것으로 여겨진다. 그리고 이 의미는 그로 연관이 있는 (37ㄴ, ㄷ)의 의미로 전이되어 사용된다.

(37) ㄱ. 말할이 자신에게 아무 것도 없다.
　　 ㄴ. 안에 아무도 없다.
　　 ㄷ. 그것은 사실이 아니다.

4.1.5.16. 말할이가 손바닥을 자기 가슴 위에 가볍게 한 번 대는 행위는 다음의 (38)와 같은 의미로 사용된다.

(38) 말할이가 자기 자신을 가리킨다.

4.1.5.17. 말할이가 손바닥을 편 채 손바닥을 위로 하여 상대방 쪽으로 내미는 행위는 다음의 (39ㄱ, ㄴ, ㄷ)과 같은 의미로 쓰인다. 이러한

행위는 (39ㄱ)과 같이 상대방을 가리키는 의미로 사용될 수 있는데 이때에 윗사람이 아랫사람에게 그러한 행위를 할 수는 있어도, 아랫사람이 윗사람에게 그러한 행위를 할 수는 없다. 이는 예의에 어그러지는 행위로 여겨지기 때문이다. 그리고 그러한 행위는 또한 (39ㄴ, ㄷ)과 같이 무엇인가를 나에게 달라든가 내어놓으라는 뜻으로도 쓰인다.

(39) ㄱ. 상대방을 가리킨다.
　　ㄴ. 말할이가 자기에게 (무엇을) 달라고 한다.
　　ㄷ. 말할이가 자기에게 (무엇을) 내어놓으라고 한다.

4.1.5.18. 말할이가 손바닥을 편 채 손으로 자기의 목을 베는 것과 같은 행위를 하는 것은 다음의 (40ㄱ, ㄴ, ㄷ)과 같은 의미를 나타낸다. 이 행위는 직장에서 해고되는 것이 곧 호구지책과 관련이 있어 해고가 되면 생계가 위협을 받아 죽는 것과 마찬가지라는 뜻에서 나온 것으로 보인다.

(40) ㄱ. 말할이 자신이나 어떤 사람이 직장에서 해고되었다.
　　ㄴ. 말할이 자신이나 어떤 사람이 직장에서 해고될 것이다.
　　ㄷ. 어떤 사람을 직장에서 해고 시켜야 한다.

4.1.5.19. 말할이가 손바닥이나 주먹으로 자기 가슴을 치는 행위는 다음의 (41ㄱ, ㄴ, ㄷ)과 같은 의미를 지닌다. 이러한 행위는 기본적으로 (41ㄱ, ㄴ)과 같이 말할이가 실수를 하거나 잘못을 저지른 것과 관계가 있다. 우리가 실수를 하거나 잘못을 저질렀을 경우에는 (41ㄷ)과 같이 마음이나 가슴이 답답해지므로 그러한 행위가 이루어지는 것으로

보인다.

(41) ㄱ. 말할이 자신이 실수를 하였다.
ㄴ. 말할이가 잘못을 저지른 것을 후회한다.
ㄷ. 말할이의 마음이나 가슴이 답답하다.

4.1.5.20. 말할이가 주먹을 쥐고 엄지와 인지를 편 다음에 그 두 손가락을 붙였다가 폈다가 반복하는 행위는 다음의 (42ㄱ, ㄴ)과 같은 의미를 가리킨다. 이 행위는 두 입술을 붙였다 떼었다 하면서 말을 하는 모양을 손가락으로 흉내를 낸 것에서 비롯된 것으로 보인다.

(42) ㄱ. 어떤 사람이 말을 많이 한다.
ㄴ. 어떤 사람이 말을 빠르게 한다.

4.1.5.21. 말할이가 주먹을 쥐고 엄지와 인지를 수평으로 편 채로 엄지를 땅 쪽으로 인지를 하늘 쪽으로 90도를 돌리는 행위나, 또는 손으로 술잔을 잡은 형태로 자기 쪽으로 90도를 회전시키는 행위는 다음의 (43)과 같은 의미로 사용된다. 이 행위는 두 손가락으로 술잔을 잡고 술을 마시는 행위를 나타내는 데에서 비롯된 것으로 여겨진다.

(43) 말할이가 상대방에게 술을 마시자고 제안한다.

4.1.5.22. 말할이가 손이나 주먹으로 자기 머리를 때리는 행위는 다음의 (44ㄱ, ㄴ)과 같은 의미로 쓰인다. 이러한 행위는 자기의 잘못이나 바보스러움이 자기의 머리 때문이라고 여기는 데에서 비롯된 것

으로 보인다.

(44) ㄱ. 말할이 자신이 {잘못을 저질렀다/실수를 했다}.
    ㄴ. 말할이 자신이 {바보스럽다/멍청하다/모자란다}.

4.1.5.23. 말할이가 두 팔을 펴고 위로 올리는 행위는 다음의 (45ㄱ
－ㄹ)과 같은 의미를 나타낸다. 이 행위는 기본적으로 (45ㄱ)과 같이
말할이가 기분이 좋다는 것을 의미하나 이 때에 (45ㄴ)과 같이 만세를
부르는 행위로 나타나기도 한다. 또한 그와 반대로 그러한 행위는 (45
ㄷ, ㄹ)과 같이 어떤 경쟁이나 시합이나 또는 전쟁에서 졌거나 항복할
때에도 이루어진다.

(45) ㄱ. 말할이가 기분이 좋다.
    ㄴ. 말할이가 만세를 부른다.
    ㄷ. 말할이가 상대방을 당하지 못하겠다고 한다.
    ㄹ. 말할이가 상대방에게 항복한다.

4.1.5.24. 말할이가 상대방에게 발길질을 하는 행위는 다음의 (46
ㄱ, ㄴ, ㄷ)과 같은 의미를 지닌다. 이 행위는 기본적으로 (46ㄱ)의 의
미를 가리키나, 그 의미가 (46ㄴ, ㄷ)으로 확대되어 사용된다.

(46) ㄱ. 말할이가 상대방을 발로 차겠다고 한다.
    ㄴ. 말할이가 상대방에게 저리 가라고 한다.
    ㄷ. 말할이가 상대방에게 저리 비키라고 한다.

4.1.5.25. 아랫사람이 윗사람 앞에서 발을 꼬고 앉았거나 발을 꼬고 앉아서 발을 흔드는 행위는 다음의 (47ㄱ-ㄹ)과 같은 의미를 가리킨다. 전통적으로 양반 사회에서는 점잖음을 중시해 왔는데 발을 꼬는 행위는 윗사람에 대한 예의를 지키지 않는 것이며, 발을 흔드는 행위는 까부는 행위이므로, 그러한 행위는 (47ㄱ, ㄴ, ㄷ)의 의미로 사용되고, 동시에 그러한 행위를 하지 말라는 뜻에서 (47ㄹ)의 의미로도 쓰이는 것이다.

(47) ㄱ. 버릇이 없다.
ㄴ. 예의가 없다.
ㄷ. 체신이 없다.
ㄹ. 자기 자신으로부터 복이 달아난다.

4.1.5.26. 말할이가 상대방의 이야기를 들으면서나 다 듣고 난 후에 머리를 상하로 끄덕이는 행위는 다음의 (48ㄱ-ㄹ)과 같은 의미로 사용된다. 이러한 행위는 근본적으로 (48ㄱ)과 같이 상대방의 이야기에 대하여 긍정적이라는 것을 가리킨다. 따라서 (48 ㄴ, ㄷ, ㄹ)과 같은 의미로도 사용되는 것이다.

(48) ㄱ. 말할이가 상대방의 말에 대하여 긍정적이다.
ㄴ. 상대방의 이야기 내용이 사실이다.
ㄷ. 말할이가 상대방의 말에 {동의한다/동조한다}.
ㄹ. 말할이가 상대방의 말에 {이해가 간다/납득이 간다}.

4.1.5.27. 말할이가 상대방의 이야기를 듣는 도중이나 다 듣고 난

후에 머리를 좌우로 흔드는 행위는 다음의 (49ㄱ-ㄹ)과 같은 의미로 쓰인다. 이 행위는 기본적으로 (49ㄱ)과 같이 부정적인 의미로 사용되므로, (49ㄴ, ㄷ, ㄹ)의 의미로도 확장되어 쓰인다.

(49) ㄱ. 말할이가 상대방의 말에 대하여 부정적이다.
ㄴ. 상대방의 이야기 내용이 사실이 아니다.
ㄷ. 말할이가 상대방의 말에 {동의하지 않는다/동조하지 않는다}.
ㄹ. 말할이가 상대방의 말에 {이해가 가지 않는다/납득이 가지 않는다}.

4.1.5.28. 어떤 사람이 어떤 다른 사람 앞에서 무릎을 꿇고 앉는 행위는 다음의 (50ㄱ, ㄴ)과 같은 의미를 나타낸다. 이러한 행위는 (50ㄱ)과 같이 주로 나이가 적은 사람이 나이가 많은 사람 앞에서 앉을 때에 예의를 지키는 의미로 쓰인다. 그러나 그 행위는 (50ㄴ)과 같이 나이가 어린 사람이 잘못을 저질렀을 경우에 나이가 많은 사람 앞에서 벌을 받을 때나 또는 나이에 관계없이 어떤 사람이 잘못을 저질렀을 때에 그 잘못에 대한 벌로나 사죄의 뜻으로도 사용된다. 한국 사회에서는 전통적으로 유가적인 예의를 숭상하여 왔다. 유교적인 규범에 따르면, 아랫사람은 윗사람 앞에서 무릎을 꿇고 앉는 것이 예절을 갖추는 행위였으며, 아랫사람이 잘못을 저질렀을 적에는 그 벌로 무릎을 꿇고 앉아 있게 하는 것이 상례였다.

(50) ㄱ. 행위자에게 예의가 있다.
ㄴ. 행위자가 잘못을 저질렀다.

4.1.5.29. 말할이가 어떤 대상을 향하여 턱을 조금 쳐드는 행위는 다음의 (51ㄱ, ㄴ)과 같은 의미를 지닌다. 이 행위는 (51ㄱ)과 같이 어떤 대상이 있는 위치를 가리키는 의미로도 사용되고 (51ㄴ)과 같이 들을이가 가야 할 방향을 가리키는 의미로도 쓰인다. 이런 행위를 윗사람이 아랫사람에게는 사용할 수 있으나, 아랫사람이 윗사람에게는 사용할 수 없다. 아랫사람이 윗사람에게 그런 행위를 보이면 그는 버릇 없는 사람으로 여겨지기 때문이다.

(51) ㄱ. 어떤 대상이 {그쪽/저쪽}에 있다.
     ㄴ. 말할이가 상대방에게 {그쪽/저쪽}으로 가라고 한다.

4.1.5.30. 말할이가 똑바로 서서 엉덩이를 앞뒤로 흔드는 행위는 다음의 (52ㄱ, ㄴ)과 같은 의미를 가리킨다. 이 행위는 성교하는 모습을 흉내를 내는 것과 관계가 있다.

(52) ㄱ. 성교한다.
     ㄴ. 재미를 본다.

4.1.5.31. 말할이가 상대방과 악수를 하면서 허리를 구부리는 행위는 다음의 (53ㄱ, ㄴ)과 같은 의미로 사용된다. 전통적으로 한국인들은 인사를 할 때에 원래 서양인이 사용하는 악수를 하지 않고 허리만 굽혀 예의를 표시하였다. 그런데 서양의 악수 행위가 전래되면서 한국의 전통적인 인사법과 서양의 인사법인 악수가 혼합되어 그와 같은 복합적 행위가 사용되고 있는 것이다.

(53) ㄱ. 말할이가 상대방에게 예절을 지킨다.
　　　ㄴ. 말할이가 상대방에게 존경심을 가지고 있다.

4.1.5.32. 말할이가 들을이에게 등을 돌리는 행위는 다음의 (54ㄱ, ㄴ)과 같은 의미로 쓰인다.

(54) ㄱ. 말할이가 상대방을 {싫어한다/미워한다}.
　　　ㄴ. 말할이가 상대방을 보기 싫어한다.

4.1.5.33. 말할이가 어찌할 줄 모르고 안절부절하는 행위는 다음의 (55ㄱ, ㄴ, ㄷ)과 같은 의미를 나타낸다.

(55) ㄱ. 말할이에게 걱정이나 근심이 있다.
　　　ㄴ. 말할이가 인내심이 부족하다.
　　　ㄷ. 말할이에게 안정감이 없다.

4.1.5.34. 말할이가 두 손을 양쪽의 옆구리에 붙이는 행위를 하는 것은 다음의 (56ㄱ, ㄴ, ㄷ)과 같은 의미를 지닌다. (56ㄱ)은 아랫사람이 윗사람 앞에서 그러한 행위를 할 때의 의미이고, (56ㄴ)은 윗사람이 아랫사람에게나 동년배들 사이에서 그러한 행위를 보였을 때의 뜻이다.

(56) ㄱ. 말할이의 태도가 건방지다.
　　　ㄴ. 말할이의 태도가 {버릇없다/예의에 어긋난다}.
　　　ㄷ. 말할이의 태도가 {권위적이다/위압적이다}.

4.1.5.35. 말할이가 어른 앞에서 팔짱을 끼는 행위는 다음의 (57ㄱ, ㄴ)과 같은 의미를 가리킨다.

(57) ㄱ. 말할이의 태도가 건방지다.
　　 ㄴ. 말할이의 태도가 {버릇이 없다/예의에 어긋난다}.

4.1.5.36. 말할이가 머리를 약간 옆으로 기울이고 인지로 자기 이마에 대는 행위는 다음의 (58ㄱ, ㄴ)과 같은 의미로 사용된다.

(58) ㄱ. 말할이가 무엇을 깜빡 잊었었다
　　 ㄴ. 말할이가 무엇을 생각하고 있다.

4.1.5.37. 말할이가 손으로 자기의 무릎을 치는 행위는 다음의 (59ㄱ, ㄴ)과 같은 의미로 쓰인다.

(59) ㄱ. 말할이가 잊어 버렸던 것을 생각해 냈다.
　　 ㄴ. 말할이에게 어떤 생각이 떠올랐다.

4.1.5.38. 말할이가 손으로 자기 턱을 만지는 행위는 다음의 (60)과 같은 의미를 나타낸다.

(60) 말할이가 무엇을 {심사숙고하고 있다/골똘히 생각하고 있다}.

4.1.5.39. 말할이가 어른 앞에서 손으로 자기 턱을 괴는 행위는 다음의 (61ㄱ, ㄴ)과 같은 의미를 지닌다.

(61) ㄱ. 말할이가 버릇이 없다.
　　　ㄴ. 말할이가 예의가 없다.

4.1.5.40. 말할이가 엄지와 인지를 세게 붙인 다음에 마찰을 일으키면서 인지를 손바닥에 부딪치면서 '딱'하는 소리를 내는 행위는 다음의 (62ㄱ, ㄴ, ㄷ)과 같은 의미를 가리킨다.

(62) ㄱ. 말할이의 생각이 맞았다.
　　　ㄴ. 말할이에게 어떤 생각이 떠올랐다.
　　　ㄷ. 말할이에게 어떤 일이 만족스럽다.

4.2. 음성적 행위

우리가 위에서 살펴본 바와 같이, 비언어적 의사 표현 행위 중 음성적 행위와 관련이 있는 것에는 '준언어음'과 '덧언어음'이 있다. 한국인들이 사용하는 준언어음과 덧언어음에는 구체적으로 어떤 것이 있으며, 그것들은 어떤 의미를 나타내는 지를 살펴보기로 한다.

4.2.1. 준언어음

인간의 의사나 감정은 언어적으로 표현되기도 하고, 비언어적으로 표출되기도 한다. 사람의 생각이나 느낌이 언어적으로 표현된다고 하는 것은, 그것이 분절적인 언어음, 곧, 홀소리 음운과 닿소리 음운 및 그들의 배합 등으로 표현된다고 하는 것을 가리킨다. 그런데 일반적으로 인간의 의사나 감정은 비분절적인 음성 중에서 (1) 주저음 (hesitation noises), (2) 모방음 (imitative sounds),[6] (3) 감탄음 (interjections), (4) 호칭음 (calls), 그리고 (5) 비언어음 (non-language sounds) 등과 같은 준언어음으로 표현되기도 한다. 이와 같은 비언어적 표현 행위로서의 준언어음은 보편적인 것도 있겠으나, 각 문화권에 따라 서로 다르게 사용되기도 하면서 다른 의미를 나타내기도 한다. 다음은 한국 사람들이 일상 생활에서 보통 사용하는 준언어음과 그것이 나타내는 의미이다.

4.2.1.1. 말할이가 발화 도중에 다음의 (1ㄱ, ㄴ, ㄷ)에서와 같이 약간의 콧소리 (비음)를 동반한 '주저음 (머뭇말)'을 내는 행위는 (1′ㄱ, ㄴ, ㄷ)에서와 같은 의미를 나타낸다.

(1) ㄱ. [어], 내일 비가 오면 어떻게 하지?
　　ㄴ. [음], 전 잘 이해가 안 가는데요.
　　ㄷ. [응], 그게 그러니까 그렇게 된 거로구나!

(1′) ㄱ. 말할이가 무슨 말을 할까 하고 {망설인다/주저한다/머뭇거린다}.
　　ㄴ. 말할이가 자기가 말할 내용을 생각하는 중이다.
　　ㄷ. 말할이가 들을이가 말한 내용에 대하여 생각하고 있다.

4.2.1.2. 말할이가 다음의 (2)부터 (21)까지에서와 같은 '모방음,' 곧,

---

6) 모방음은 의성음과 의태음으로 구분될 수 있다. 의성음은 의성어와 관계가 있고, 의태음은 의태어와 관계가 있다. 여기에서는 지면 관계상 의태음에 관해서는 다루지 않는다.

'의성음'을 내는 행위는 주로 동물들이 내는 소리를 지칭한다.[7]

    (2) 한 개가 [멍멍]하고 짖고 다른 개가 [월월]하고 짖길래 돌을
        던지니까 [깨깽]거리며 도망갔어.

    (3) 밤마다 천정에서 쥐가 [찍찍]거려서 고양이처럼 [야옹야옹]
        하는 소리를 내 보았더니 조용해지더군요.

    (4) 돼지한테 밥을 주니까 좋아서 [꿀꿀]대던데.

    (5) 들판에서 소가 [음매]하는 소리를 들으면 돌아가신 어머니
        생각이 나요.

    (6) 말이 앞발을 들고 [히힝]하며 소리를 내더니 그냥 달리더군.

    (7) 수탉이 [꼬끼요]하니까, 암탉은 [꼬꼬댁꼬꼬]하고, 병아리들
        은 [삐약삐약]하지 않겠어요?

    (8) 오리가 [꽥꽥]거리며 돌아다니고 있었어.

    (9) 새끼 염소가 [매에에]하며 어미 염소 뒤를 쫓아가던데요.

    (10) 호랑이가 [어흥]하며 "떡 하나 주면 안 잡아 먹지" 했어.

    (11) 참새가 [짹짹]거리는 소리에 잠을 깼어요.

    (12) 비둘기가 광장 위에서 [구구구구] 소리를 내며 날고 있었어.

    (13) 까치가 [깍깍]거리고 까마귀가 [까악까악]하는 걸 보니 무슨
        심상치 않은 일이 생길 것 같은데요.

    (14) 뻐꾸기가 [뻐꾹뻐꾹] 우는 밤에는 나도 모르게 슬퍼져.

    (15) 종달새가 [지지배배] 울면서 높이 솟구쳐 날아갔지요.

    (16) 꾀꼬리가 [꾀꼴꾀꼴]거리며 노래를 하지 않겠어?.

    (17) 매미가 나무 가지에 붙어 [맴맴]하며 울고 있었어요.

    (18) 개구리가 [개굴개굴]거리는 소리를 도시에서는 들을 수가 없지.

---

7) 의성음은 여러 가지로 하위 분류될 수 있으나, 여기에서는 지면 관계상 주로 동
   물들이 내는 소리만을 다루기로 한다.

(19) 맹꽁이가 [맹꽁맹꽁]하는 소리를 들어 보았어요?.

(20) 벌이 벌집 주위에서 [윙윙]대는데 벌을 어떻게 따니?

(21) 모기가 [앵앵]거리며 달려들어서 한 잠도 못 잤어.

4.2.1.3. 말할이가 상대방에게나 또는 자기 자신에게 혼잣말로 다음의 (22)부터 (29)까지에서와 같은 '감탄음'을 내는 행위는 각각 (22´)부터 (29´)까지에서와 같은 의미를 가리킨다.

(22) ㄱ. [야], 너 오래간만이다.

　　 ㄴ. [야], 경치 참 좋은데.

　　 ㄷ. [야], 저 여자 참 멋있다.

(22´) ㄱ. 말할이가 상대방을 반긴다.

　　　 ㄴ. 어떤 대상이 말할이의 마음에 든다.

　　　 ㄷ. 말할이에게 어떤 대상이 만족스럽다.

(23) ㄱ. [아야], 아퍼 죽겠네.

　　 ㄴ. [아야] 소리도 못 내고 그냥 당했어.

(23´) ㄱ. 말할이가 신체의 어떤 부위가 아픔을 느끼다.

　　　 ㄴ. 말할이가 불만스러움을 느끼다.

(24) ㄱ. [응], 네 말이 맞아.

　　 ㄴ. [음], 그렇게 하면 되겠네.

(24´) ㄱ. 말할이가 상대방의 말의 내용을 긍정한다.
　　　 ㄴ. 말할이가 상대방의 말의 내용에 동의한다.

(25) ㄱ. [아이(구)], 이게 누구야.
　　　ㄴ. [아이구머니나], 이를 어쩌나.

(25´) ㄱ. 말할이가 어떤 대상에 대하여 놀라며 반긴다.
　　　 ㄴ. 말할이에게 걱정거리가 생겼다.

(26) ㄱ. [에라], 나도 모르겠다.
　　　ㄴ. [에라이], 그런 말이 어디 있니?

(26´) ㄱ. 말할이가 어떤 일을 단념한다/포기한다.
　　　 ㄴ. 말할이가 상대방이나 상대방의 말을 무시한다.

(27) ㄱ. [에게], 이렇게 조금 주는거야?
　　　ㄴ. [에게게], 무슨 말을 그렇게 해?

(27´) ㄱ. 말할이가 어떤 물건의 양이 적은 것에 대하여 불만족
　　　　　스러워 한다.
　　　 ㄴ. 말할이가 상대방을 깔본다.

(28) ㄱ. [아이/에이], 난 몰라요.
　　　ㄴ. [아이/에이], 또 틀렸네.

(28´) ㄱ. 말할이가 상대방에게 애교를 부린다.

ㄴ. 말할이가 자기 자신이 실수한 것을 후회한다.

(29) ㄱ. [어], 이게 왜 이러지?
ㄴ. [어], 또 떨어졌어?

(29′) ㄱ. 말할이가 어떤 대상이 이상하다고 여긴다.
ㄴ. 말할이가 어떤 일에 대하여 낙망한다.

4.2.1.4. 말할이가 상대방에게 다음의 (30ㄱ, ㄴ)에서와 같이 '호칭음'을 내는 행위는, (30′ㄱ, ㄴ)에서와 같은 의미로 사용된다. (30′ㄱ)은 '어이'의 의미이고, (30′ㄴ)은 '야'의 뜻이다. 그런데 이 둘은 모두 아랫사람이 윗사람을 부를 때에는 사용될 수 없다.

(30) ㄱ. [어이], 나 좀 보게.
ㄴ. [야], 너 이리 좀 와.

(30′) ㄱ. 성인 친구가 자기의 친구를 부른다.
ㄴ. 윗사람이 아랫사람을, 또는 비성인 친구가 자기의 친구를 부른다.

4.2.1.5. 말할이가 혼자서나 또는 상대방과 대화를 하 중에 다음의 (31ㄱ, ㄴ)에서와 같이 '비언어음'인 '한숨 소리'를 내는 행위는 (31′ㄱ－ㄹ)에서와 같은 의미로 쓰인다.

(31) ㄱ. [음], 야단났는데.

ㄴ. [흠], 이거 어떻게 하지?

(31´) ㄱ. 말할이에게 근심거리나 걱정거리가 생겼다.
　　　 ㄴ. 말할이에게 슬픈 일이 생겼다.
　　　 ㄷ. 말할이가 가슴 속이 답답하다.
　　　 ㄹ. 말할이가 마음이 무겁다.

4.2.1.6. 말할이가 상대방에게 다음의 (32ㄱ, ㄴ)에서와 같이 '비언어음'인 '혀 차는 소리'를 내는 행위는 (32´ㄱ, ㄴ, ㄷ)에서와 같은 의미를 지닌다.

(32) ㄱ. [쯧쯧], 너 참 안됐구나!
　　　 ㄴ. [쯧쯧], 너 또 그러면 가만히 안 두겠어.

(32´) ㄱ. 상대방이 참 {안됐다/불쌍하다/가련하다}.
　　　 ㄴ. 말할이가 상대방에게 {기분이 나쁘다/화가 났다}.
　　　 ㄷ. 말할이에게 상대방이 불만스럽다.

4.2.1.7. 말할이가 상대방에게 다음의 (33ㄱ, ㄴ)에서처럼 '비언어음'인 '하품 소리'를 내는 행위는 (33´ㄱ-ㄹ)에서와 같은 의미를 나타낸다.

(33) ㄱ. [하], 뭐 좀 새로운 거 없나?
　　　 ㄴ. [하], 좀 쉬어야 하겠어.

(33´) ㄱ. 말할이에게 일이 {지루하다/무료하다/심심하다}.

ㄴ. 말할이가 {졸립다/자고 싶다/쉬고 싶다}.

ㄷ. 말할이가 심신이 {고단하다/피곤하다/피로하다}.

ㄹ. 말할이가 가슴속이나 뱃속이 답답하다.

4.2.1.8. 말할이가 남이 음식을 먹고 있는 것을 보면서나, 또는 상대방의 언행에 대하여 다음의 (34ㄱ, ㄴ)에서와 같은 '비언어음'을 내는 행위는 (34′ㄱ, ㄴ, ㄷ)에서와 같은 의미를 지칭한다.

(34) ㄱ. 제 좀 보세요. [쩝쩝] 입맛을 다시고 있잖아요?

ㄴ. 애비는 에미에게 큰 소리 치면서 대드는 아들놈을 쳐다보며 [쩝쩝]하고 입맛을 다셨다.

(34′) ㄱ. 말할이가 남이 먹고 있는 음식을 먹고 싶어 한다.

ㄴ. 말할이에게 어떤 일이 마음대로 되지 않아 못마땅하다.

ㄷ. 말할이가 상대방의 언행에 대하여 불만스러워한다.

4.2.1.9. 말할이가 국물이나 음료수를 마시면서 다음의 (35ㄱ, ㄴ)에서와 같은 '비언어음'을 내는 행위는 (35′ㄱ, ㄴ)에서와 같은 의미를 가리킨다.

(35) ㄱ. 차가 뜨거워도 [후루룩 후루룩] 소리를 내면서 마시면 안돼.

ㄴ. [후루룩 후루룩] 소리를 내며 마셔야 제 맛이 나지요.

(35′) ㄱ. 국물이 뜨겁다.

ㄴ. 음식 맛이 시원하다.

4.2.1.10. 말할이가 상대방에게 다음의 (36ㄱ, ㄴ)에서처럼 '콧방귀를 뀌는 소리'와 같은 '비언어음'을 내는 행위는 (36´ㄱ, ㄴ)에서와 같은 의미로 사용된다.

(36) ㄱ. [흥], 그래 너 잘 났다.
    ㄴ. [흥], 잘들 노는구나!

(36´) ㄱ. 말할이가 상대방을 무시한다.
    ㄴ. 말할이에게 상대방의 언행이나 모양이 {마음에 들지 않는다/못마땅하다}.

4.2.1.11. 말할이가 들을이나 개에게 다음의 (37ㄱ, ㄴ)에서와 같은 '비언어음'인 '휘파람 소리'를 내는 행위는 (37´ㄱ, ㄴ, ㄷ)에서와 같은 의미로 쓰인다. (37´ㄱ, ㄴ)은 사람에게, 그리고 (37´ㄷ)은 개한테 내는 비언어음의 의미이다.

(37) ㄱ. 그는 지나가는 여자에게 [휙]하고 휘파람을 불었다.
    ㄴ. 개 주인이 개한테 [휙]하고 휘파람을 불자, 개는 쏜살같이 주인에게로 달려왔다.

(37´) ㄱ. 말할이가 상대방에게 관심이 있다.
    ㄴ. 말할이가 상대방을 유혹하고 싶어 한다.
    ㄷ. 말할이가 개를 부른다.

4.2.1.12. 말할이가 혼자서나 또는 소나 말에게 다음의 (38ㄱ, ㄴ)

에서와 같은 '비언어음'을 내는 행위는 (38´ㄱ, ㄴ)에서와 같은 의미를 지닌다. (38´ㄱ)은 말할이가 혼자서 내는 비언어음의 의미이고, (38´ㄴ)은 말할이가 말이나 소에게 사용하는 비언어음의 뜻이다.

(38) ㄱ. 그는 [끽끽]하며 잇새에 낀 음식을 빼내려고 하였다.
ㄴ. 농부는 [끽끽]하며 소에게 어서 가자고 하였다.

(38´) ㄱ. 말할이가 잇새에 낀 음식을 빼내려고 한다.
ㄴ. 말할이가 소나 말에게 어서 가자고 한다.

4.2.1.13. 말할이가 상대방에게 다음의 (39ㄱ, ㄴ)에서처럼 '비언어음'인 '웃음 소리'를 내는 행위는 (39´ㄱ-ㄹ)에서와 같은 의미를 나타낸다.

(39) ㄱ. 그는 [하하/허허/호호/후후/히히]하고 웃었다.
ㄴ. 그는 [깔깔/껄껄/낄낄]거리며 웃었다.

(39´) ㄱ. 말할이가 기분이 좋다.
ㄴ. 말할이에게 어떤 일이 만족스럽다.
ㄷ. 말할이에게 어떤 일이나 대상이 재미있다.
ㄹ. 말할이에게 어떤 대상의 언행이나 모양이 우습다.

4.2.1.14. 말할이가 상대방에게 다음의 (40ㄱ, ㄴ)에서와 같이 '구역질하는 소리'와 같은 '비언어음'을 내는 행위는 (40´ㄱ, ㄴ)에서와 같은 의미를 지칭한다.

(40) ㄱ. 그녀는 남자 사진을 보자마자 [윽]하는 소리를 냈다.

ㄴ. 그는 보신탕을 먹자는 말에 [엑]하고 음식 토하는 소리를
냈다.

(40′) ㄱ. 말할이가 어떤 일이나 대상을 싫어한다.

ㄴ. 말할이에게 어떤 일이나 대상에 만족하지 않는다.

4.2.1.15. 말할이가 상대방에게 다음의 (41ㄱ, ㄴ, ㄷ)에서와 같이
'비언어음'인 '헛기침 소리'를 내는 행위는 (41′ㄱ, ㄴ, ㄷ)에서와 같은
의미를 가리킨다.

(41) ㄱ. 그는 변소 쪽으로 누가 다가오자 [음음/으흠]하고 헛기침
소리를 내었다.

ㄴ. 선생님은 학생들이 까부는 것을 보고 [으음/으흠]하고 헛
기침을 하였다.

ㄷ. 시아버지는 며느리가 수다를 떠는 것을 보고 [음음/으흠]
하고 헛기침을 해 보였다.

(41′) ㄱ. 말할이가 자기의 존재를 상대방에게 알린다.

ㄴ. 말할이에게 상대방의 언행이나 모양이 마음에 들지 않
는다.

ㄷ. 말할이가 상대방에게 그가 하던 말을 멈추거나 하던
일을 중단할 것을 암시한다.

4.2.1.16. 말할이가 상대방에게 다음의 (42ㄱ, ㄴ, ㄷ)에서와 같은 '비
언어음'을 내는 행위는 (42′ㄱ, ㄴ, ㄷ)에서와 같은 의미로 사용된다.

(42) ㄱ. [휴], 이제 한 시름 놓았네.

ㄴ. [휴], 들켰으면 혼날 뻔했다.

ㄷ. [휴], 잘못했으면 사고가 날 뻔했어.

(42′) ㄱ. 말할이에게 이제는 {근심 걱정이 사라졌다/한숨을 돌렸다}.

ㄴ. 말할이가 혼이 날 뻔했다.

ㄷ. 말할이에게 큰일이 날 뻔했다.

4.2.1.17. 말할이가 상대방에게 다음의 (43ㄱ, ㄴ)에서와 같은 '비언어음'을 내는 행위는 (43′ㄱ, ㄴ)에서와 같은 의미로 쓰인다.

(43) ㄱ. [쉬], 입 다무세요.

ㄴ. 아가야, [쉬]하자.

(43′) ㄱ. 말할이가 상대방에게 {조용히 하라고 한다/떠들지 말라고 한다}.

ㄴ. 말할이가 아기에게 오줌을 누라고 한다.

4.2.1.18. 말할이가 개에게 다음의 (44)에서와 같은 '비언어음'을 내는 행위는 (44′ㄱ, ㄴ)과 같은 의미를 지닌다.

(44) 개 주인은 개한테 [쉭쉭] 하였다.

(44′) ㄱ. 말할이가 자기 개한테 상대방의 개와 싸우라고 한다.

ㄴ. 말할이가 자기 개한테 상대방의 개를 공격하라고 한다.

4.2.1.19. 말할이가 동물에게 다음의 (45ㄱ, ㄴ)에서와 같은 '비언어음'을 내는 행위는 (45´ㄱ, ㄴ)에서와 같은 의미를 나타낸다.

(45) ㄱ. 할아버지는 개한테 이리 오라고 [쭈쭈쭈쭈]하였다.
　　 ㄴ. 할머니는 닭한테 모이를 주려고 [구구구구]하며 닭들을 불렀다.

(45´) ㄱ. 말할이가 개한테 이리 오라고 한다.
　　　 ㄴ. 말할이가 닭이나 병아리한테 이리 모이라고 한다.

4.2.1.20. 말할이가 상대방에게 다음의 (46ㄱ, ㄴ)에서와 같은 '비언어음'을 내는 행위는 (46´ㄱ, ㄴ)에서와 같은 의미를 지칭한다.

(46) ㄱ. 아빠는 딸에게 입을 맞추자고 [뽀뽀]하는 소리를 내었다.
　　 ㄴ. 그는 그녀를 보고 [뽀뽀] 소리를 내면서 징그럽게 웃었다.

(46´) ㄱ. 말할이가 상대방과 입을 맞추고 싶다.
　　　 ㄴ. 말할이가 상대방에게 자기와 입을 맞출 것을 제안한다.

4.2.1.21. 말할이가 상대방에게 다음의 (47ㄱ, ㄴ)에서와 같은 '비언어음'을 내는 행위는 (47´ㄱ, ㄴ)에서와 같은 의미를 가리킨다.

(47) ㄱ. [피], 그게 말이나 되냐?
　　 ㄴ. [피이], 저는 뭐가 잘 났나구 야단이야.

(47′) ㄱ. 말할이가 상대방의 언행이나 모양이나 처지를 비웃는다.
　　　 ㄴ. 말할이가 상대방의 언행이나 모습이나 상황을 {무시한
　　　　　 다/깔본다}.

4.2.1.22. 말할이가 상대방에게 다음의 (48ㄱ, ㄴ)에서와 같은 '비언
어음'을 내는 행위는 (48′ㄱ, ㄴ)에서와 같은 의미로 사용된다.

(48) ㄱ. [허/흥], 잘 났어 정말.
　　 ㄴ. [허허/흥흥], 그 친구 그렇게 잘난 척 하더니 결국엔 그
　　　　 렇게 돼 버렸구만그래.

(48′) ㄱ. 말할이에게 상대방의 언행이나 모양이나 처지가 {가소
　　　　　 롭다/불만족스럽다}.
　　　 ㄴ. 말할이가 상대방의 언행이나 모습이나 처지에 실망했다.

4.2.2. 덧언어음

일반적으로 덧언어음이라고 하는 것은, 우리가 말할 때에 사용하
는 언어음에 첨가되는 비분절적인 음운적 요소를 가리킨다. 일반적으
로 덧언어음에는 (1) 음세, (2) 음고, (3) 음장, (4) 문미 연접, (5) 개
리 연접, 그리고 (6) 음속 등이 있다. 그런데 이와 같은 덧언어음들은
근본적으로 비분절적 특성을 지니고 있으므로, 그에 대한 하위 분류와
의미 해석은 객관적으로보다는 자연히 주관적이거나 인상적으로 이루
어질 수밖에 없다. 그리고 덧언어음 중에는 보편적인 것도 있을 수 있
고, 개별적인 것도 있을 수 있다. 또한 일반적으로 덧언어음 가운데에

서 음고와 문미 연접의 배합은 음조나 억양이라 불리고, 음세와 음장 및 개리 연접의 배합은 운율이라고 불린다. 다음의 보기는 한국인들이 일상 생활에서 사용하는 덧언어음들과 그것이 나타내는 의미이다.

4.2.2.1. 일반적으로 음세는 (1) 강음, (2) 보통음, 그리고 (3) 약음 등으로 구분될 수 있다. 강음은 [ˊ] 표시로, 보통음은 [ˆ] 표시로, 그리고 약음은 아무 표시도 하지 않은 것으로 각각 나타낼 수 있다. 말할이가 발화시에 다음의 (49ㄱ, ㄴ, ㄷ)에서와 같은 음세를 사용하는 행위는 (49ˊㄱ, ㄴ, ㄷ)에서와 같은 의미를 나타낸다.

(49) ㄱ. 이리 와.
　　 ㄴ. 제가 가겠어요.
　　 ㄷ. 이거 아무한테도 말하면 안돼.

(49ˊ) ㄱ. '강음'이란, 말할이가 말의 내용의 어떤 부분을 강조하고 있거나 그의 정서 상태가 흥분되어 있음을 의미한다.
　　　 ㄴ. '보통음'이란, 말할이의 정서 상태가 정상적임을 뜻한다.
　　　 ㄷ. '약음'이란, 말할이가 말의 내용이 비밀임을 나타내거나, 말의 어떤 내용을 강조하고 있음을 나타낸다.

4.2.2.2. 음고는 대체로 (1) 고음, (2) 중음, 그리고 (3) 저음 등으로 나뉘어질 수 있다. 고음은 [3]으로, 중음은 [2]로, 그리고 저음은 [1]로 각각 나타낼 수 있다. 말할이가 다음의 (50ㄱ, ㄴ, ㄷ)에서처럼 말할 때에 음고를 사용하는 행위는 (50ˊㄱ, ㄴ, ㄷ)에서와 같은 의미를 지닌다.

(50) ㄱ. ³여러분, ³제 말이 ³옳지 않습니까³

ㄴ. ²오늘은 ²날씨가 ²좋아요¹

ㄷ. ¹아무한테도 ¹말하지 ¹않겠어요¹

(50´) ㄱ. '고음'은 말할이가 말의 내용을 강조하고 있거나, 말할
이의 성품이 교양이 없거나, 말할이가 신경질적이거나,
거칠거나, 말할이가 흥분 상태에 있거나, 말할이가 분노
에 차 있거나, 말할이의 기질이 활기차다는 것을 의미
한다.

ㄴ. '중음'은 말할이의 정서 상태가 정상적임을 뜻한다.

ㄷ. '저음'은 말할이가 말의 내용을 강조하고 있거나, 말할
이의 성격이 부드럽고 순하고 차분하거나 교양이 있거
나, 말의 내용이 비밀이거나, 말할이가 기운이 없음을
가리킨다.

4.2.2.3. 음장은 대체로 장음장과 단음장으로 구분될 수 있다. 장음
장은 [:] 표시로, 단음장은 아무 표시가 없는 것으로 각각 나타낼 수
있다. 말할이가 대화 시에 다음의 (51ㄱ, ㄴ)에서와 같이 음장을 사용
하는 행위는 (51´ㄱ, ㄴ)에서와 같은 의미를 가리킨다.

(51) ㄱ. 저[:]기에 참[:] 좋[:]은 물건이 많[:]아요.

ㄴ. 여기가 제주도입니다.

(51´) ㄱ. '장음장'은 말할이가 말의 내용 중의 어떤 거리나 수량
이나 품질을 강조함을 의미한다.

ㄴ. '단음장'은 말할이가 말의 내용 중의 어떤 부분을 강조

하지 않음을 나타낸다.

4.2.2.4. 문미 연접에는 기본적으로 (1) 올림, (2) 내림, (3) 끊음 및 (4) 끌음 등이 있으나, 이들이 배합된 (5) 끌음-내림, (6) 올림-내림-올림, (7) 끌음-내림-올림, 등이 더 있을 수 있다. 올림은 [↗] 표시, 내림은 [↘] 표시, 끊음은 [↓] 표시, 그리고 끌음은 [→] 표시로 나타낼 수 있다. 그리고 이밖에도 이들이 배합된 끌음-내림은 [→↘]으로, 올림-내림-올림은 [↗↘↗]으로, 그리고 끌음-내림-올림은 [→↘↗]으로 각각 나타낼 수 있다. 말할이가 발화시에 다음의 (52ㄱ-ㅅ)에서처럼 문미 연접을 사용하는 행위는 (52′ㄱ-ㅅ)에서와 같은 의미로 사용된다.

(52) ㄱ. 집에 가십니까↗
　　 ㄴ. 학교에 갑니다↘
　　 ㄷ. 차려↓ 경례↓
　　 ㄹ. 저는→다음에 하겠어요.
　　 ㅁ. 좋군요→↘
　　 ㅂ. 너 나 쳤어↗↘↗
　　 ㅅ. 같이 가자→↘↗

(52′) ㄱ. '올림'은 말할이가 상대방에게 질문을 하거나 의문을 제기함을 뜻한다.
　　 ㄴ. '내림'은 말할이가 말의 내용을 단정하거나, 상대방에게 어떤 일을 제안하거나, 약속하거나, 허락함을 의미한다.
　　 ㄷ. '끊음'은 말할이가 상대방에게 명령하거나, 어떤 일에

스스로 놀람을 나타낸다.

ㄹ. '끌음'은 말할이가 무슨 말을 할지 주저함을 가리킨다.

ㅁ. '끌음-내림'은 말할이가 상대방이나 어떤 일에 대하여 감탄하거나 감동함을 지칭한다.

ㅂ. '올림-내림-올림'은 말할이가 말의 내용에 대하여 반어적으로 단정하거나, 반어적으로 질문하거나, 또는 상대방을 협박하거나, 강한 의심을 품음을 뜻한다.

ㅅ. '끌음-내림-올림'은 말할이가 상대방을 회유하거나, 상대방에게 어떤 일을 조르거나, 아양을 떠는 것을 의미한다.

4.2.2.5. 보통, 개리 연접 또는 휴지는 개방 연접과 폐쇄 연접으로 구분될 수 있다. 개방 연접은 [+] 표시로, 폐쇄 연접은 아무 표시도 하지 않는 것으로 각각 나타낼 수 있다. 말할이가 다음의 (53ㄱ, ㄴ)에서와 같이 말할 때에 사용하는 개리 연접은 (53′ ㄱ, ㄴ)에서와 같은 의미로 쓰인다.

(53) ㄱ. 아⁺기다리고⁺기다리던⁺봄이여

ㄴ. 아기다리고기다리던봄이여

(53′) ㄱ. '개방 연접'은 말할이가 상대방에게 말의 내용을 명시적으로 전달하고 있음을 나타낸다.

ㄴ. '폐쇄 연접'은 말할이가 상대방에게 말의 내용을 모호하게 전달하고 있음을 뜻한다.

4.2.2.6. 대체로 말의 속도는 (1) 빠름, (2) 보통, 그리고 (3) 느림

등으로 나누어질 수 있다. 빠름은 [▷] 표시로, 보통은 [◇] 표시로, 그리고 느림은 [◁] 표시로 각각 나타낼 수 있다. 말할이가 다음의 (54ㄱ, ㄴ, ㄷ)에서처럼 대화 시에 사용하는 말의 속도는 (54′ㄱ, ㄴ, ㄷ)에서와 같은 의미를 나타낸다.

(54) ㄱ. [▷] 야, 빨리 빨리 와.
　　 ㄴ. [◇] 저는 김치를 좋아합니다.
　　 ㄷ. [◁] 언제 미국에 다녀오셨습니까?

(54′) ㄱ. '빠름'은 말할이의 성격이 성급하거나, 신경질적이거나, 일이 다급하거나, 말할이가 화가 나 있음을 뜻한다.
　　 ㄴ. '보통'은 말할이의 정서가 정상적이거나 안정되어 있음을 의미한다.
　　 ㄷ. '느림'은 말할이의 성격이 신중하거나, 정확하거나, 답답하거나, 말할이의 심신이 피곤함을 가리킨다.

5. 마무리

지금까지 한국인의 비언어적 의사 표현 행위와 그 의미에 관한 연구는 이루어져 있는 것이 하나도 없다. 이 연구는 한국인의 비언어적 의사 표현 행위에는 어떤 것들이 있으며, 그 행위가 나타내는 의미는 무엇인지를 밝히는 데에 그 목적을 두었다. 이 연구에서는 먼저, 일반적인 비언어적 의사 표현의 기능을 살펴보고, 다음으로 비언어적 의사 표현 행위를 분류한 후에, 끝으로, 한국인들이 일상 생활에서 주로 사용하는 비언어적 의사 표현 행위와 그 행위가 나타내는 구체적인 의미를 밝혔다.

일반적으로 비언어적 의사 표현 행위는, 언어적 표현의 (1) 의미 반복, (2) 의미 대용, (3) 의미 보충, (4) 의미 강조, (5) 의미 통제, (6) 모순적 의미 전달 등과 같은 기능을 지니고 있다. 그리고 비언어적 의사 표현 행위는 (1) 신체 접촉, (2) 눈 맞춤, (3) 거리 간격, (4) 얼굴 표정, (5) 신체 동작, (6) 준언어음, 그리고 (7) 덧언어음, 등의 일곱 가지로 분류될 수 있다. 이들 가운데에서 거리 간격은 격식적 거리 간격과 비격식적 거리 간격으로 분류될 수 있으며 다시 격식적 거리 간격은 절친한 거리 간격과 개인적 거리 간격으로, 비격식적 거리 간격은 사회적 거리 간격과 대중적 거리 간격으로 나누어질 수 있다. 그리고 준언어음은 (1) 주저음, (2) 모방음 (3) 감탄음, (4) 호칭음 및 (5) 비언어음 등으로 나누어질 수 있고 덧언어음은 (1) 음세, (2) 음고, (3) 음장, (4) 문미 연접, (5) 개리 연접 및 (6) 음속 등으로 구분될 수 있다.

전통적으로 한국인들이 일상 생활에서 사용하는 비언어적 의사 표현 행위가 구체적으로 나타내는 의미는 한국의 문화와 밀접한 관련이 있다. 물론, 어느 한 문화가 비언어적 의사 표현 행위가 전달하는 의미 내용을 반드시 결정하는 것은 아니다. 환경, 개성, 그리고 인간 관계도 그 의미 내용에 영향을 끼친다고 볼 수 있다. 엄밀히 말하면, 어느 한 사회에 속해 있는 어느 두 사람도 완전히 동일한 비언어적 의사 표현의 행위와 그 행위가 지니는 의미를 나타낸다고 보기는 어렵다. 그러나 언어적 의사 표현 행위와 마찬가지로 적어도 동일한 문화권에 살고 있는 사람들은 유사한 비언어적 의사 표현 행위를 수행하고,

그 행위가 나타내는 의미도 어느 정도 공통 분모를 지니고 있다고 할 수 있다. 따라서 비언어적 의사 표현의 행위와 그 의미에 관한 연구는 필요한 것이라고 할 수 있다.

한국인의 비언어적 의사 표현 행위와 그 행위가 나타내는 의미에 관한 연구는, 앞으로 세계화 시대의 상호 문화 교류에 있어서 문화 충격과 오해를 감소시키고, 국제적인 상호 이해를 증진시키며 아울러 국제 친선을 도모하는 데에 도움이 될 것이다.

2. 한국인의 사고 유형과 한국어의 구조

1. 들머리

이 연구의 목적은 한국인의 사고 유형과 한국어의 문법 구조의 상관 관계를 밝히는 데에 있다.[1] 다시 말하면, 한국인의 사고 방식이 한국어의 형태 구조, 어휘-의미 구조, 구문 구조, 그리고 음운 구조 등과 같은 문법 구조나, 한국어만의 독특한 문법적 특성과 서로 어떤 관계가 있는 지를 밝혀내는 데에 이 연구의 목적이 있다. 그런데 지금까지 한국어의 문법 구조나 문법적 특성에 관한 연구는 각 연구 분야별로 어느 정도 이루어져 있다. 그러나 한국인의 사고 방식에 관한 연구는 이제까지 이루어져 있는 것이 거의 없다. 더욱이 한국인의 사고 방식과 한국어의 문법 구조나 문법적 특성과의 상관 관계, 즉, 한국인의 사고 방식이 한국어의 문법 구조나 문법적 특성에 영향을 끼치는가,

---

1) 여기에서 한국인의 사고 유형이란 한국인의 사고 방식과 관계가 있다. 그리고 한국인의 사고 방식은 한국인의 성격과도 관련이 있다.

또는 한국어의 문법 구조나 문법적 특성이 한국인의 사고 방식에 영향을 끼치는가, 아니면, 그 둘이 상호 영향을 미치는가에 관한 연구는 아직까지 이루어져 있는 것이 하나도 없다. 다만, 윤 태림 (1964, 1969)에서는 심리학적 관점에서 한국인의 성격에 관한 논의가 이루어졌고, 최재석 (1965)에서는 사회학적 견지에서 한국인의 사회적 성격이 고찰되었으며, 이 규호 (1968)에서는 언어 철학적 입장에서 한국어의 논리에 대한 규명이 시도되었고, 박 창해 (1968)에서는 언어학적 측면에서 한국어의 구조 분석을 통한 한국인의 사고 유형에 관한 연구가 간략하게 이루어졌을 뿐이다.

윤 태림 (1964)에서는 심리학적 관점에서 본 한국인의 성격으로서, "(1) 지나친 감수성, (2) 과거에의 집착, (3) 권위주의, (4) 체면, 그리고 (5) 공리적" 등의 다섯 가지를, 그리고 윤 태림 (1972)에서는 "(1) 권위의식, (2) 과거에의 집착, (3) 감정적, (4) 체면, (5) 현세 중심, (6) 샤아머니즘, 그리고 (7) 가족 단위" 등과 같은 일곱 가지를 제시하였다. 그러나 그의 연구에서는 그러한 한국인의 성격이 한국어의 문법 구조나 문법적 특성과 서로 어떤 관계가 있는 지에 대한 논의가 이루어져 있지 않다. 최 재석 (1965)에서는 사회학적 견지에서 본 한국인의 사회적 성격으로, "(1) 가족주의, (2) 감투 지향적 의식, (3) 상하 서열 의식, (4) 친소 구분 의식, 그리고 (5) 공동체 지향 의식" 등의 다섯 가지를 제시하였다. 그러나 그의 연구에서도 그러한 한국인의 사회적 성격과 한국어의 문법 구조나 문법적 특성 사이의 상호 관계에 관한 논의는 전혀 이루어져 있지 않다. 이 규호 (1968)에서는 언어 철학적 입장에서 한국어의 논리에 대하여, "(1) 술어 중심 현상의 논리, (2) 화자, 청자 및 상황의 상관 논리, (3) 우회적 추리 논리, (4) 구체적 삶의 논리" 등과 같은 네 가지를 제시하였다. 그러나 그의 연구에서는 그의 주장을 합리화시킬 수 있는 구체적인 언어학적 증거들이 미약하였다. 박 창해 (1968)에서는 언어학적 측면에서 한국어의 구조 분석을 통한 한국인의 사고 유형을, "(1) 상관적 주관형, (2) 첨가적 우회형, (3) 정서적 다양형, (4) 구조적 긍정형 및 부정형, (5) 조건적 시제형, (6) 지속적 시상형, 그리고 (7) 부정적 사고형" 등 일곱 가지로 분류하였다. 그리고 그는 "한국인의 사고 방식에 상관성, 첨가성, 정서성, 구조성, 조건성 및 지속성 들이 있고, 그 표현된 언어적 표현 유형 (구문에서)에 주관적, 우회적, 다양적, 긍정-부정의 상승적, 시제적, 시상적, 부정적인 것이 있다"고 기술하였다. 그러나 그의 연구에서는 한국인의 사고 유형과 한국어 구조의 상호 관계에 대한 언어학적 증거 제시와 설명이 충분히 이루어지지 않았다. 따라서 그의 연구에서는 그 둘 사이의 관계가 명확하게 드러나 있지 않다. 그뿐만이 아니라, 그가 한국인의 사고 유형으로 제시한 용어들이 너무 추상적이어서 한국인의 사고 방식을 제대로 나타내고 있다고 할 수가 없다.

한국인의 사고 방식이 한국어의 문법 구조나 문법적 특성과 서로 어떠한 관련이 있을 것이라는 가정 하에, 한국인의 사고 방식과 한국어의 문법 구조나 문법적 특성 사이의 상관 관계에 관한 연구는 두 가지 측면에서 이루어질 수 있을 것으로 여겨진다. 그 하나는, 한국인의 사고 방식과 한국어의 문법 구조나 문법적 특성의 상관 관계를 밝히는 것이다. 그리고 그 다른 하나는, 한국어의 순수한 문법 구조나 문법적 특성과는 직접적인 관계가 없는 속담이나 관용어나, 또는 상투어 등과 같은 일반적인 언어 표현에 나타나 있는 의미 내용과 한국인의 사고 유형의 상관 관계를 밝히는 것이다. 그러나 이 연구에서는 전자의 경우로 범위를 한정하기로 한다. 곧 한국인의 사고 방식이 한국어의 문법 구조나 문법적 특성과 서로 어떤 관계가 있는 지에 관해서만 논의하기로 한다. 이 연구의 둘째 장에서는 인간의 사고와 언어의 상호 관계에 대한 기존의 이론들을 간단히 살펴보고, 셋째 장에서는 한국어의 일반적인 문법적 특성을 간략하게 기술한 다음에, 넷째 장에서는, 주로 한국인의 사고 유형과 한국어의 문법 구조나 문법적 특성이 서로 어떤 관계가 있는 지를 논의하여 밝히려고 한다.[2]

2. 사고와 언어의 관계

인간의 사고와 언어는 어떠한 관계를 맺고 있는가? 인간의 사고가 곧 언어이고, 인간의 언어가 바로 사고인가? 인간의 사고는 언어의 사용 없이도 형성될 수 있는가? 인간의 사고가 언어를 결정하거나 지배하는가, 아니면, 그와 반대로 인간의 언어가 사고를 결정하거나 지배하는가? 언어를 지니고 있지 않은 동물도 사고를 할 수 있는가? 동물에게도 언어가 있는가? 이와 같은 의문에 대한 논의는 지금까지 주로 심리학자, 철학자, 인류학자, 그리고 언어학자들에 의하여 이루어져 왔다.

현재까지 인간의 사고와 언어의 관계에 대한 이론은 대략 다음과 같은 네 가지로 집약될 수 있다. 첫째는 '사고-언어 동일론'이다 (Watson

---

2) 여기에서 필자가 한국인의 사고 유형으로 제시한 것은 기존의 심리학자나, 사회학자나, 또는 언어학자가 제시한 것들 중에서 일부를 수용하고 그 외에 필자가 한국인의 사고 방식이라고 여긴 것들을 첨가시킨 것이다.

1924; Ryle 1949; Skinner 1957; McGuigon 1966). 이는 인간의 사고가 언어와 동일하다는 것이다. 둘째는 '언어 결정론'이다 (Sapir 1921; Whorf 1956, 1967; Luria 1961). 이는, 인간의 언어가 사고를 결정한다는 것이다. 셋째는 '인지 결정론'이다 (Levi-Strauss 1963; Piaget 1969). 이는, 인간의 사고가 언어를 결정한다는 것이다. 그리고 넷째는 '사고-언어 개별론'이다 (Vygotsky 1962, 1978; McNeill 1970). 이는, 인간의 사고와 언어는 각각 독립적 개체로서 시작하고 각각 다른 계열로 발전해 간다는 것이다.

인간의 사고와 언어의 관계에 관한 이론들 중에서 '사고-언어 동일론'을 주장하는 학자들은, 사고란 일종의 행동 특히 발화 행동이며, 자기 자신에 대한 내적 독백에 지나지 않는 것이라고 한다. 다시 말하면 이 이론은, 사고가 곧 언어이고 언어가 바로 사고라는 것이다. 그러나 그러한 이론은, 음성 기관이나 언어 중추 신경이 마비된 사람도 사고할 수 있다고 하는 실험적 연구 결과가 발표됨으로써 그 타당성이 상실되었다. 인간은 동일한 생각을 여러 다른 언어 표현으로 나타낼 수 있을 뿐만 아니라, 언어가 없는 것으로 여겨지는 동물들도 분명히 어떤 사고를 바탕으로 한 행동 양식을 보인다. 이러한 사실은, 인간의 사고와 언어가 동일한 것이 아니라는 증거가 될 수 있다. 오히려 이와 같은 증거들은, 인간의 사고가 언어화되기 이전에 따로 존재한다는 사실을 나타내는 것이라고 할 수 있다. 또한, 정상적인 어린이의 경우에는 발화 이해가 발화 산출에 선행하며 발화의 이해 능력이 발화의 산출 능력보다 훨씬 앞선다는 연구 결과도, 사고와 언어가 같은 것이 아니라는 근거가 된다. 바꾸어 말하면, 어린이가 표현하기 이전에 이해를 먼저 한다는 사실은, 발화 산출이 사고의 발달에 필수적인 것은 아니라는 것을 나타내는 것이다. 정상적인 어린이와는 달리, 선천적으로 언어 장애가 있는 어린이가 발화를 정상적으로 이해할 수 있다고 하는 연구 결과도, 그 어린이가 분명히 사고할 수 있다는 사실을 보여 준다. 이 경우에도 인간의 사고는 언어와 무관하다고 볼 수 있는 것이다. 더욱이 한 사람이 다른 사람에게 어떤 말을 하면서 동시에 무엇인가 다른 것을 생각할 수 있다는 사실은, 사고와 언어가 동일하지 않다는 증거가 될 수 있다. 따라서 이와 같은 여러 증거들로 미루어 볼 때에, 인간의 사고와 언어는 동일한 것이라고 보기 어려운 것이다.

'언어 결정론'은 이른바 사피어-워프 가설 (Sapir-Whorf hypothesis) 또는 언어의 상대론 (linguistic relativity)이라고도 불린다. 이 이론에 따르면, 인간의 언어가 사고를 형성하며, 인간은 그 사고의 틀에 의하여 존재 세계를 인식한다는 것이다. 다시 말하면 언어는 그 언어의 사용자에게 각기 다른 세계관이나 사물관을 심어 주며, 인간은 그의 모국어에 의하여 그어진 선에 따라 자연을 분석한다는 것이다. 예컨대, 에스키모 언어에는 눈에 관한 여러 단어들이 있는 반면에, 영어에는 눈에 관한 단어들이 몇 개밖에 없기 때문에, 에스키모 사람들의 눈에 대한 사고 방식이나 사고 내용은 미국인들의 눈에 관한 사고 방식이나 사고 내용과 서로 다르다는 것이다. 그런데, 언어가 사고의 바탕이라고 우리가 주장하려면, 언어 장애가 있는 어린이들은 사고를 하지 못한다는 증거가 있어야 할 것이다. 그리고 만약 문법이 자연을 분석하는 방법을 결정해 준다고 우리가 주장하려면, 언어 장애가 있는 어린이들은 자연을 분석할 수 없다거나, 정상적인 어린이와는 다르게 자연을 분석하게 된다는 증거가 있어야 할 것이다. 그러나 언어 장애가 있는 어린이의 경우에 언어 지식이 정상적인 어린이의 그것보다는 훨씬 뒤떨어지지만, 지능 면에서는 그 둘 사이에 별로 큰 차이가 나지 않는다는 연구 결과의 보고가 있기 때문에, 그와 같은 주장은 타당성이 부족하다고 할 수 있다.

언어 결정론자들은 인간의 사고는 언어마다 특징적인 것이라고 보고 있다. 다시 말하면, 인간의 언어 체계가 사고 체계를 형성하며, 또한 상이한 언어 체계는 상이한 사고 체계를 형성한다는 것이다. 그런데 이 세상에는 한 개 언어 이상의 언어, 곧, 이중 언어나 다중 언어를 유창하게 구사할 수 있는 사람들이 있다. 만일 우리가 언어 체계는 사고 체계를 형성하고 상이한 언어 체계는 상이한 사고 체계를 형성한다는 사실을 정당화하려면, 적어도 이중 언어나 다중 언어 구사자들이 하나 이상의 사고 체계를 가지고 있다는 증거를 제시해야 한다. 즉, 세 개의 언어를 구사할 줄 아는 사람은 세 개의 사고 체계를 지니고 있다는 증거가 제시되어야 하는 것이다. 더욱이 그러한 사람들은 세 개의 사고 체계를 가지고 있기 때문에 일관된 지능이나 인격을 갖추고 있지 않다는 증거도 있어야 한다. 또한, 한 언어에서 학습한 지식은 다른 언어를 사용할 때에 사용되기 어렵게 된다는 증거도 있어야 한다. 그러나 지금까지 그러한 구체적인 증거는 제시된 바가 없다. 일반적으로 동물들은 인간의 언어 구조와 동일한 언어를 가지고 있지 않다. 그러나 여러 동물 중에서 침팬지나 돌고래나 코끼리와 같은 동물들은 창조적이고 지적인 행동을 보여 줄 뿐만 아니라, 지능이 좀 낮은 인간과 유사한 방법으로 물리적인 세계에 대하여 반응을 보인다. 이는, 사고나 지각 작용이 언어를 통하지 않고도 이루어질 수 있다는 근거를 제공하여 주는 것이다. 그러므로 이상과 같은 여러 가지의 증거를 통해서 볼 때에, 사고와 언어가 어느 정도 밀접한 관련은 있으나 언어가 사고를 결정하는 것은 아니라고 할 수 있는 것이다.

언어 결정론이 매력적인 점은 있으나, 거기에는 여러 가지의 문제점이 내포되어 있다. 첫째로, 만일 사고가 언어에 의하여 결정되는 것이라면, 서로 다른 문화적 배경을 가진 사람들이 어떻게 자유롭게 의사 소통을 할 수 있는가 하는 것을 설명하기가 어렵게 된다. 둘째로, 이 세상에는 어렸을 때부터 이중 언어나 다중 언어를 구사할 수 있는 사람들이 많다. 그런데, 그러한 사람들은 그들의 두뇌에 각각 다른 언어와 연관되어 있는 다른 사고 구획 (thought compartments)을 지니고 있다고 할 수 있는가 하는 것이 문제가 된다. 셋째로, 한 언어에 어떤 특정한 범주가 존재하지 않는다는 사실은, 그 언어의 모국어 화자가 그 범주를 이해할 수 없다거나 생각할 수 없다는 것을 의미하지는 않는다. 곧, 한 언어의 문법 체계는 그것이 다른 언어의 문법에 존재하지 않더라도 이해되거나 설명될 수 있는 것이다. 마지막으로, 비록 이 세상의 모든 언어는 얼핏 보기에는 서로 상당히 달라 보일지라도, 모든 언어의 문법과 어휘는 보편적인 유형을 공유하고 있다고 할 수 있다. 따라서 언어 결정론은 언어 구조에 있어서의 다양성을 과대평가한 것이라고 할 수 있는 것이다.

'인지 결정론'을 주장하는 학자들은 인간의 언어가 사고를 결정하는 것이 아니라, 오히려 인간의 사고가 언어를 결정한다고 여긴다. 다시 말하면, 이 이론은, 인간이 생각하는 방식이 다르면 그의 언어도 아울러 달라진다는 것이다. 이 이론에 의하면, 어린이들이 여러 사물들을 식별하고, 관련을 지으며, 범주화하는 사고 능력이 발달하기 이전에는, 그들은 그와 연관된 언어 표현과 어휘를 지니지 못한다는 것이다. 다시 말하면, 어린이의 지능이나 사고 능력은 먼저 주위 환경이나 사실들과의 관계를 통해서 단계적으로 발달되어 나아가며, 그 과정 중에 그와 관련된 언어가 학습되어 그의 발달을 촉진시킨다는 것이다. 그리고 인간의 사고는 행위자와 그의 행동의 관계를 중심으로 하여 발달되는데, 이것이 언어 표현에서의 주어와 서술어 사이의 관계를 결정한다는 것이다. 또한, 에스키모 사람들이 눈에 대하여, 그리고 아랍 사람들이 낙타에 관하여 많은 단어들을 배우게 되는 이유는, 그들이 생활 장면에서 만나는 대상들에 대하여 보다 세분화된 지각과 사고를 하기 때문이라는 것이다. 따라서 인간의 언어가 사고를 결정하거나 지배하는 것이 아니라, 오히려 언어는 사고 양식과 사고 내용에 의하여 지배를 받는다는 것이다. 이 이론은 오늘날 여러 심리학자들의 지지를 받고 있다.

'사고-언어 개별론'이란, 인간의 사고 발달과 언어의 발달이 유아기에는 서로 무관하게 개별적으로 이루어지다가, 그 둘이 결국 하나로 합쳐져서 사고와 언어는 밀접한 관계가 된다는 것이다. 어린이가 처음으로 어떤 단어를 말하기 시작하는 순간부터 그의 사고와 언어 사이에는 서로 어떤 관계가 맺어지는 것이라고 할 수 있다. 언어의 여러 기능 중의 하나가 인간의 사고 표현이라는 것을 우리가 인정한다면, 사고와 언어의 관계 형성은 당연한 것이라고 할 수 있다. 그러나 사실상, 사고와 언어의 상호 관계에 대한 정확한 특성은 지금까지 아직 구체적으로 밝혀지지 않은 상태에 있다. 즉 우리의 사고 방식이 언어에 어느 정도로 영향을 끼치며, 또한 우리가 사용하는 언어가 어느 정도 우리의 사고 방식의 형성에 영향을 미치는가 하는 문제에 관한 연구는 아직까지 구체적으로 이루어져 있는 것이 거의 없다.

어린이들이 유아기에 있을 때에 그들의 사고와 언어 사이의 경계는 사실상 불명확한 것으로 여겨진다. 어린이들이 어떤 놀이를 하는 것을 우리가 자세히 관찰해 보면, 우리는 그들이 자기 자신에게 자주 혼잣말을 하는 것을 발견하게 된다. 가령, 너댓 살이 된 어린이가 혼자서 소꿉장난을 하거나 그림조각 짜맞추기 놀이를 하면서 혼잣말을 하는 것을 볼 때에, 어린이의 이러한 종류의 언어 활동은 자기-향방적 발화 (self-directed speech)나 자기-중심적 발화 (egocentric speech)와 관련이 있는 것으로 보인다. 보통, 어린이들은 청자의 존재 여부와 관계없이 자기-향방적인 혼잣말을 하며, 자기가 하고 있는 일이 복잡하면 복잡할수록, 더 자주 자기-향방적인 혼잣말을 하게 된다. 따라서 예컨대, 부모가 어린이에게 어려운 그림 조각 짜맞추기 놀이를 하라고 지시하면, 그는 쉬운 그림 조각 짜맞추기 놀이를 할 때보다도 더 자기-향방적인 혼잣말을 하게 되는 것이다. 어린이들의 이와 같은 자기-향방적인 발화 과정은 성인들의 사고 과정과 비슷하다고 할 수 있다. 곧, 자기-향방적 발화와 사고는 어떤 문제 해결을 하는 동안에 더욱 더 증대되는 것이다.

사실상, 성인들이 어려운 수리적 계산을 할 때에는 그들의 발화도 자기-향방적인 발화로 전환되는 경우가 많다. 따라서 어린이들의 자기-중심적 발화와 성인들의 사고는 어느 정도 상호 관계가 있다고 할 수 있다. 러시아의 심리학자인 레브 비고츠키 (Lev Vygotsky 1978)는, 어린이들이 나이를 먹을수록 그의 자기-향방적 발화는 점차적으로 내재화되고, 청소년기에는 자기-향방적 발화가 사고로 전환되므로, 자기-향방적 발화는 사고의 전조라고 주장하였다. 그에 따르면, 내재화의 과정은 매우 일찍부터 시작된다고 한다. 이는, 어린이들의 사고 방식이 성인들의 사고 방식에 비하면 제한적인 방식이기는 하지만, 어린이들도 사고를 할 수 있다는 사실을 가리키는 것이다. 자기-향방적 발화와 사고가 직접적으로 어떤 관련이 있는 지는 아직 불분명하다. 그러나 어린이의 언어 발달과 사고의 발달 사이에 어떤 연관성이 있다고 할 수는 있는 것이다. 그러면 인간의 사고와 언어 사이에는 얼마나 긴밀한 연관성이 있는가? 그리고 인간의 사고는 어느 정도로 자기의 모국어로 표현하는 방식에 의하여서 형성되는가? 우리는, 비고츠키의 제안, 곧, 사고는 내재화된 자기-향방적인 발화라는 주장이, 반드시 사고는 성인이 모국어로 표현할 수 있는 것에 보조적이라는 것을 의미하지는 않는다는 사실에 주목할 필요가 있다. 일단, 자기-향방적 발화가 내재화되어 사고로 전환되면, 언어와 사고는 반드시 동일한 형태로 남아 있는 것은 아닌 것이다.

외국어를 학습해 본 사람들은 누구나 다 잘 아는 바와 같이, 어떤 말은, 우리가 어느 한 언어로 표현할 때보다도 어느 다른 언어로 표현할 때에 더 편리하게 이용될 수 있는 경우가 있다. 어떤 언어에는 특정한 대상이나 관념을 배타적으로 지시하는 특별한 단어가 있는 반면에, 다른 언어에서는 그러한 대상이나 관념이 구절이나 문장으로만 기술될 수 있는 경우가 있다. 예컨대, 다음의 (1ㄱ-ㅁ)에서와 같이, 폴리네시안 언어의 한 종류인 투발루안 (Tuvaluan) 말에는 여러 다른 종류의 코코넛을 가리키는 단어들이 있다.[3] 이 단어들이 나타내는 의미를 (1ㄱ-ㅁ)에서와 같이 각각 한국어로 나타낸다면 그 단어들의 의미는 굉장히 긴 표현으로 기술될 수밖에 없다.

(1) ㄱ. pii: 살이 적고 최대로 단 물이 많은 단계에 있는, 마실 수

---

3) 이 자료는 Finegan and Besnier (1989: 21)에서 인용한 것이다.

있는 코코넛

ㄴ. mukomuko: 너무 딱딱해지기 전 단계에 있는, 약간의 살이 있는 어린 코코넛

ㄷ. uto: 껍질을 씹을 수 있고 물이 여전히 단 단계에 있는 코코넛

ㄹ. motomoto: mukomuko와 동일하나, 그보다 좀 더 굳은 살이 있는 코코넛

ㅁ. niu: 살이 강판으로 갈릴 정도로 충분히 익은 코코넛

이와 비슷하게, 일반적으로 한국인들은 한국어에 상징어, 곧, 의성어와 의태어가 발달되어 있으므로, 한국어가 어떤 다른 나라의 언어보다도 더 많은 소리나 움직임을 표현할 수 있다고 여긴다. 만일 그렇다면, 언어들 사이의 그러한 차이라는 것은, 서로 다른 문화권에 사는 사람들이 세상을 다르게 생각하고 상이하게 지각한다는 것을 의미하는가 하는 의문이 생기게 된다.

오늘날, 언어-사고 동일론이나, 언어 결정론이나, 인지 결정론이나, 또는 언어-사고 개별론을 액면 그대로 받아들이는 학자는 그리 많지 않다. 많은 언어학자들은 인간의 언어가 사고에 어떤 영향을 끼치지만, 인간의 사고 또한 언어 구조에 영향을 미친다는 입장을 취한다. 그리고 인간의 사고 형성에는 어떤 역사적 사건이나, 종교적 의식이나, 또는 사회적 관습 같은 것들도 작용한다고 본다. 따라서 인간의 사고와 언어 사이의 상호 작용은 절대적인 인과 관계라기보다는 양방향적인 것이라고 보는 것이 옳을 것이다.

3. 한국인의 사고 유형과 한국어의 구조

한국인의 사고 유형은 심리학적 견지에서나, 사회학적 측면에서나, 또는 문화적 입장에서 여러 가지로 제시되고 논의될 수 있을 것이다. 가령, 심리학적 견지에서 볼 때에, 한국인의 조급한 성격이나 사고 방식은 외적의 침략이나 전쟁과 같은 역사적 사건과 관련이 있는 것으로 보인다. 또한 사회학적 측면에서 볼 때에, 한국인의 감투 지향적 사고 방식은 어려운 경제 사회적 여건과 관계가 있는 것으로 여겨진다. 문화적 입장에서 볼 때에, 한국인의 체면 존중의 사고 방식이나, 과거 지향적 사고 방식이나, 또는 현실주의적 사고 방식은 유교적 전통과 관련이 있는 것으로 생각된다.

이와 같은 한국인의 조급한 사고 방식, 감투 지향적 사고 방식 체면 존중의 사고 방식, 과거 지향적 사고 방식, 그리고 현실주의적 사고 방식 등은, 사실상 한국어의 문법 구조나 문법적 특성과는 직접적인 관계가 없다고 할 수 있다. 우리는 한국어의 문법 구조나 문법적 특성에서 그와 같은 사고 방식들을 증명할 수 있는 어떤 증거나 현상들을 찾아볼 수 없기 때문이다. 따라서 여기에서는 언어학적 관점에서 한국어의 문법 구조나 문법적 특성과 관련이 있다고 여겨지는 한국인의 사고 방식만을 논의하기로 한다.

한국어의 문법 구조나 문법적 특성과 관련하여, 한국인의 사고 유형은 (1) 정서적 사고 방식, (2) 주관적 사고 방식, (3) 상관적 사고 방식, (4) 배타적 사고 방식, 그리고 (5) 권위주의적 사고 방식 등의 다섯 가지로 분류될 수 있을 것으로 여겨진다. 그러면 이제부터 이러한 한국인의 사고 유형이 각각 한국어의 문법 구조나 문법적 특성과 구체적으로 어떤 관계가 있는지를 살펴보기로 한다.

3.1. 정서적 사고 방식

일반적으로 한국인은 '정서적 사고 방식'을 지니고 있다고 할 수 있다. 여기에서 '정서'라고 하는 말은, 한국어 사전에 따르면 "어떤 일을 경험하거나 생각할 때에 일어나는 각 가지의 감정, 또는 그런 감정을 유발하는 주위의 분위기나 기분"이나, 또는 "희노애락과 같이 본능적 충동적으로 외부에 표출되기 쉬운 감정"이라고 정의되어 있다. 우리가 '정서'라는 단어의 사전적 정의를 통해서 알 수 있는 바와 같이, '정서적'이라는 말은 흔히 '감정적'이라는 말과 유의어로 사용될 수 있다. 흔히 '감정'이란, "어떠한 대상이나 상태에 따라 일어나는 기쁨, 노여움, 슬픔, 두려움, 쾌감, 불쾌감 따위의 마음의 현상"을 의미하기 때문이다. 그리고 '정서적'이라는 말은 때때로 '직관적'이라는 말과 비슷한 말로 쓰이기도 한다. '직관적'이라는 말은 보통 "판단, 추리, 경험 따위의 간접 수단에 따르지 않고 대상을 직접 파악하는 일"이나, 또는 "추리나 판단에 따르지 않고, 감각적 또는 직접적으로 사물을 파악하는 것"을 의미하기 때문이다. 또한 이밖에 '정서적'이라는 말은 상황에 따라서 '정감적,' '기분적,' '감상적,' '감각적,' '감탄적,' '서정적,' '예술적,' '기분파,' '인정이 많은,' '느낌이 많은' 등과 유의어로 쓰이는 경우도 있다. 한국인이 정서적 사고 방식을 지니고 있다는 사실은, 다음과 같은 한국어의 문법 구조나 문법적 특성과 관련이 있는 것으로 생각된다.

첫째로, 어휘-의미론적 견지에서 볼 때에, 한국어에 '감각어'가 풍부하다는 사실은, 한국인의 정서적 사고 방식과 관계가 있다고 할 수 있다. 일반적으로 '감각'이란, 신체의 외부적 감각과 내부적 감각으로 구분된다. 신체의 외부적 감각은 '시각, 청각, 후각, 미각, 외피 감각 (촉각, 온각, 냉각, 통각)' 등으로 구별된다. 그리고 신체의 내부적 감각은 여러 가지의 생리적 작용 (호흡, 소화, 혈액 순환, 내장 운동 등)과 관련이 있다. 이와 같은 신체의 외부적 감각 기관이나 내부적 감각 기관을 통한 자극이 뇌의 신경 중추에 도달하여 일어나는 의식 현상을 표현하는 말을 보통 '감각어'라고 한다. 한국어의 감각어 가운데에서 고유어와 외래어인 한자어를 포함한 한국어의 '상태성 감각 동사' (곧, '감각 형용사')의 분포 현황은 다음의 [표 1]과 같다.[4]

순 위	동 사	어휘 수
1	시각 동사	338
2	미각 동사	91
3	촉각 동사	60
4	냉각 동사	32
5	온각 동사	24
6	통각 동사	20
7	청각 동사	16
8	후각 동사	13
9	유기 감각 동사	9

〔표 1〕

---

4) 위의 표 1은 정 재윤 (1989: 59)에서 인용한 것이다.

우리가 위의 [표 1]을 통해서 알 수 있는 바와 같이, 한국어에서는 상태성 감각 동사 가운데에서도 '시각 동사'가 제일 발달되어 있다. 그런데 시각 동사 중에서는 '색채어'가 특히 풍부하게 발달되어 있다. 한국어의 여러 색채어들 가운데에서 음소 교체 (곧, 모음 교체 및 자음 교체)나 접미사 첨가에 의하여 어감이 서로 다르게 파생된 색채어 중 '검다'와 관련이 있는 단어들을 제시하면, 다음의 (1)과 같고, '붉다'와 연관이 있는 단어들을 보이면 다음의 (2)와 같다.5)

(1) 검다, 거멓다, 가맣다, 꺼멓다, 까맣다, 새까맣다, 시꺼멓다 거무레하다, 가무레하다, 거무스레하다, 가무스레하다, 꺼무스레하다, 까무스레하다, 거무족족하다, 거무죽죽하다, 꺼무족족하다, 꺼무죽죽하다, 까무죽죽하다, 거무퇴퇴하다, 가무퇴퇴하다, 거무데데하다, 가무데데하다, 가무퇴퇴하다, 가무 퇴퇴하다, 거무튀튀하다, 가무튀튀하다, 거무틱틱하다, 가무틱틱하다, 거무대대하다, 가무대대하다, 거무트름하다, 가무트름하다, 꺼무트름하다, 까무트름하다, 거무스름하다, 가무스름하다, 꺼무스름하다, 까무스름하다, 거무고름하다, 가무고름하다, 거머무트름하다, 가마무트름하다, 까마무트름하다, 거머반드르하다, 까마반드르하다, 거머멀쑥하다, 까마멀쑥하다, 거무고름하다, 거무끄름하다, 까무고름하다, 거무잡잡하다, 가무잡잡하다, 꺼무잡잡하다, 까무잡잡하다, 거무칙칙하다, 가무칙칙하다, 까무촉촉하다, 까무총총하다, 까무칭칭하다

5) '검다'에 해당하는 중국어의 단어로는 '黑'과 '玄'이 있고, 영어의 경우에는 'black'이 있다. 그리고 '붉다'와 관련이 있는 중국어의 단어에는 '赤,' '朱' 및 '紅'이 있으며, 영어에는 'red'와 'pink'가 있다.

(2) 붉다, 발갛다, 빨갛다, 벌겋다, 뻘겋다, 발긋하다, 빨긋하다 벌
긋하다, 뻘긋하다, 볼긋하다, 뽈긋하다, 불긋하다, 뿔긋하다, 발
그대대하다, 빨그대대하다, 벌그대대하다, 뻘그대대하다, 볼그
대대하다, 불그대대하다, 발그댕댕하다, 빨그댕댕하다, 벌그댕
댕하다, 뻘그댕댕하다, 볼그댕댕하다, 불그댕댕하다, 발그레하
다, 벌그레하다, 볼그레하다, 불그레하다 발그스레하다, 벌그스
레하다, 볼그스레하다, 불그스레하다, 발그름하다, 빨그름하다,
벌그름하다, 뻘그름하다, 볼그름하다 뽈그름하다, 불그름하다,
뿔그름하다, 발그스름하다, 빨그스름하다, 벌그스름하다, 뻘그
스름하다, 볼그스름하다, 뽈그스름하다, 불그스름하다, 뿔그스
름하다, 발그므레하다, 벌그므레하다, 볼그므레하다, 불그므레
하다, 발그족족하다, 벌그족족하다, 볼그족족하다, 불그족족하
다, 발그죽죽하다, 불그죽죽하다, 불콰하다

이와 같이 한국어에 상태성 감각 동사, 곧, 감각 형용사인 색채어
가 풍부하게 발달되어 있다고 하는 사실은, 한국인이 색채를 지닌 대
상을 다분히 정서적으로 인식하고 있다는 것을 증명한다고 하지 않을
수 없는 것이다.

둘째로, 어휘론적 측면에서 볼 때에, 한국어에는 사물의 소리나
움직이는 모양과 단어 사이에 유연성이 있는 '상징어 (곧, 의성어 및
의태어)'가 풍부하게 발달되어 있다는 사실도, 한국인의 정서적 사고
방식과 관련이 있다고 할 수 있다. 일반적으로 '의성어'란, 사물의 소리
를 모방한 단어로서 단어 가운데에서 가장 그 뜻 (또는 실물)에 가까
운 소리를 지닌 말을 가리킨다. 그리고 '의태어'란, 의성어만큼 소리와

뜻의 관계가 직접적이지는 않으면서, 사물의 상태나 움직이는 모양을 모방한 단어를 지칭한다. 그런데 의태어는 상태성 의태어와 동작성 의태어로 구분될 수 있다. 한국어에는 약 4,000 여개의 상징어가 있으며, 그 가운데 의태어가 약 75%에 이르는 것으로 알려져 있다 (흰들링그 1985). 다음의 (3)은 한국어의 의성어 가운데에서 일부만을 예로 든 것이고6), (4)는 의태어 중에서 상태성 의태어의 일부 예만을 제시한 것이며, (5)는 의태어 가운데에서 동작성 의태어의 일부 예만을 보인 것이다.7)

(3) 가랑가랑, 개골개골, 구구, 깔깔, 깽깽, 껄껄, 꼬르륵, 꽝꽝 꿀떡, 끙끙, 낄낄, 달가닥, 대그락대그락, 덜그럭덜그럭, 데구르르, 두런두런, 드르렁드르렁, 따르릉, 땡땡, 떽데굴, 똑딱똑딱, 뚝딱뚝딱, 맴맴, 멍멍, 바드득, 버스럭, 보드득, 부지직, 비걱, 빠드득, 빽, 뻐꾹, 뽀도독, 뿡뿡, 삐걱삐걱, 사뿐, 색색, 서걱서걱, 싹, 쌔근쌔근, 썰컹썰컹, 솨, 쓱쓱, 씽씽, 아지작, 앵앵, 어적어적, 오도독, 와글와글, 윙윙, 우당탕, 웩, 으르렁, 자글자글, 재각재각, 절버덕, 쨍그랑, 조르륵, 좍좍, 주룩주룩, 지글지글, 짜랑짜랑, 째각째각, 쩌렁쩌렁, 쪼르륵, 좌르르, 쭉, 찌르릉, 찰랑찰랑, 철버덕, 캥캥, 컹컹, 콜록콜록, 쾅쾅, 쿨쿨, 킬킬, 탕탕, 텀벙, 톡탁, 탁, 퉤 파드득, 펄럭, 퐁당, 푸드득, 피, 하하, 허허, 헤헤, 호호, 후루룩, 흑흑, 히히

(4) 가뭇가뭇, 거뭇거뭇, 고들고들, 구불구불, 글썽글썽, 까슬까슬,

---

6) 여기에서 제시한 상징어의 예는 박 용수 (1989)의 '우리말 갈래 사전'에서 뽑은 것이다.
7) 중국어나 영어의 경우에는 상징어인 의성어나 의태어가 그리 많지 않은 것으로 알려져 있다.

꺼칠꺼칠, 꼬기꼬기, 꾸깃꾸깃, 나닥나닥, 너덕너덕, 너절너절, 노닥노닥, 누룻누룻, 느릿느릿, 다닥다닥, 덕지덕지 동글동글, 두툴두툴, 드문드문, 또렷또렷, 뚱글뚱글, 뜨끈뜨끈, 띄엄띄엄, 말캉말캉, 멀뚱멀뚱, 물렁물렁, 미끈미끈, 반드르르, 베리베리, 번들번들, 보송보송, 부슬부슬, 비죽비죽 빡빡, 빼빼, 뻔지르르, 뾰족뾰족, 뿔긋뿔긋, 삐죽삐죽, 살살 새콤새콤, 설설, 송송, 수북수북, 싱숭생숭, 쌀쌀, 아기자기 어른어른, 오돌오돌, 오돌도돌, 우글쭈글, 으슬으슬, 이글이글, 자르르, 절절, 조마조마, 주뼛주뼛, 질깃질깃, 짜릿짜릿 쟁쟁, 쫄깃쫄깃, 찔뚝찔뚝, 찰랑찰랑, 총총, 추근추근, 치렁치렁, 카랑카랑, 타박타박, 탱탱, 터벅터벅, 토막토막, 퉁퉁 파릇파릇, 퍼뜩퍼뜩, 포동포동, 푸석푸석, 피둥피둥, 하물하물, 해끔해끔, 허벅허벅, 헤실바실, 호락호락, 화끈화끈, 후끈후끈, 휠떡, 휘영청, 흐물흐물, 희끗희끗

(5) 간들간들, 갸우뚱갸우뚱, 거들먹거들먹, 게걸게걸, 고래고래 굼틀굼틀, 긁적긁적, 기웃기웃, 깡충깡충, 깨작깨작, 껍적껍적, 꼬물꼬물, 꾸벅꾸벅, 끄덕끄덕, 끼우뚱끼우뚱, 나불나불 너덜너덜, 느릿느릿, 다독다독, 대굴대굴, 더듬더듬, 데굴데굴, 도란도란, 되똥되똥, 둥실둥실, 뒤척뒤척, 들썩들썩, 디굴디굴, 따따부따, 때구르르, 떠듬떠듬, 떨렁떨렁, 또박또박 뚜벅뚜벅, 뜯적뜯적, 띄엄띄엄, 말뚱말뚱, 머뭇머뭇, 모락모락, 무럭무럭, 미주알고주알, 바글바글, 배죽배죽, 버둥버둥 보슬보슬, 부득부득, 비실비실, 빠득빠득, 뺀들뺀들, 뻔쩍뻔쩍, 뽀글뽀글, 뿌득뿌득, 삐죽빼죽, 사뿐사뿐, 새근새근, 서성서성, 속닥속닥, 수군수군, 슬금슬금, 시근벌떡, 싹둑싹둑 생긋생긋, 썰썰, 쏘삭쏘삭, 쑥쑥, 쓱쓱, 씨부렁씨부렁, 아장아장, 어기죽어기죽, 오글오글, 왈가닥달가닥, 우글우글, 으쓱으쓱, 이기죽이기죽, 자근자근, 절뚝절뚝, 좍

좍, 주룩주룩 지글지글, 짤끔짤끔, 쩔룩쩔룩, 쫑알쫑알, 좍, 쭉
쭉, 찔찔, 착착, 철버덕철버덕, 촐랑촐랑, 치근덕치근덕, 콕콕,
쿨렁쿨렁, 타박타박, 터덜터덜, 톡톡, 투덜투덜, 티격태격, 파닥
파닥, 팽팽, 펄럭펄럭, 폴짝폴짝, 풀썩풀썩, 피둥피둥, 하늘하늘,
해롱해롱, 허겁지겁, 헤죽헤죽, 홀랑홀랑, 활활, 후들후들, 휘청
휘청, 흥청망청, 희번덕희번덕, 힐끗힐끗

　　우리가 위의 (3), (4) 및 (5)에서 알 수 있는 바와 같이, 한국어에
의성어와 의태어가 풍부하게 발달되어 있다고 하는 사실은, 한국인이
어떤 대상의 동작이나 상태를 정서적으로 다양하게 인식한 결과, 그러
한 단어들이 다양하게 생겨났다는 것을 증명하는 것이라고 할 수 있는
것이다.

　　셋째로, 형태론적 견지에서 볼 때에, 한국어에는 음소 교체법에
의하여 생성된 '음소 교체어'가 상당히 많다는 사실도, 한국인의 정서
적 사고 방식과 연관이 있다고 할 수 있다. 한국어에서 음소 교체법은
유의어를 생성시킬 수 있을 뿐만 아니라, 어감, 곧, 감정적 가치를 달
리하는 데에도 작용한다. 일반적으로 음소 교체법은 '닿소리 (자음) 교
체법'과 '홀소리 (모음) 교체법'으로 구분된다.[8] 음소 교체법에 의하여
생성되는 새로운 단어들은 대개 상태성 감각 동사 (곧, 감각 형용사)나,
상징어나, 또는 부사인 경우가 많다.

　　음소 교체법 중 '닿소리 교체법'이란, 한 단어 안에서 닿소리가 교
체되어 새로운 단어를 만드는 방법이다. 이에는 다음의 (6ㄱ-ㄹ)-
(11)과 같은 유형들이 있다.

---

8) 중국어나 영어의 경우에는 음소 교체법이 발달되어 있지 않은 것으로 알려져 있다.

(6) ㄱ. /ㄱ/ : /ㄲ/

　가맣다 : 까맣다, 구불구불 : 꾸불꾸불, 구부리다 : 꾸부리다.

　ㄴ. /ㄱ/ : /ㅋ/

　가랑가랑 : 카랑카랑, 시금하다 : 시큼하다, 앙금상금 : 앙큼상큼

　ㄷ. /ㄲ/ : /ㅋ/

　깜깜하다 : 캄캄하다, 꽝꽝 : 쾅쾅

　ㄹ. /ㄱ/ : /ㄲ/ : /ㅋ/

　덜걱덜걱 : 덜꺽덜꺽 : 덜컥덜컥

(7) ㄱ. /ㄷ/ : /ㄸ/

　댕댕 : 땡땡, 데굴데굴 : 떼굴떼굴, 돌돌 : 똘똘

　ㄴ. /ㄷ /: /ㅌ/

　덥석 : 텁석, 두덜거리다 : 투덜거리다

　ㄷ. /ㄸ/ : /ㅌ/

　땅땅 : 탕탕, 뚱뚱하다 : 퉁퉁하다, 시금떨떨하다 : 시금털털하다

　ㄹ. /ㄷ/ : /ㄸ/ : /ㅌ/

　댕댕 : 땡땡 : 탱탱, 덩덩 : 떵떵 : 텅텅

(8) ㄱ. /ㅂ/ : /ㅃ/

　반짝 : 빤짝, 벙긋벙긋 : 뻥긋뻥긋, 반드르르 : 빤드르르,

발갛다 : 빨갛다

ㄴ. /ㅂ/ : /ㅍ/
부르르 : 푸르르, 바르르 : 파르르, 발딱 : 팔딱, 나불나불
: 나풀나풀

ㄷ. /ㅃ/ : /ㅍ/
뻥뻥하다 : 팽팽하다

ㄹ. /ㅂ/ : /ㅃ/ : /ㅍ/
빙빙 : 뼁뼁 : 핑핑, 빈들빈들 : 삔들삔들 : 핀들핀들, 빙
그르르 : 뻥그르르 : 핑그르르

(9) ㄱ. /ㅈ/ : /ㅉ/
졸졸 : 쫄쫄, 질금거리다 : 찔끔거리다, 어질어질 : 어찔
어찔, 잘깍 : 짤깍

ㄴ. /ㅈ/ : /ㅊ/
절벅절벅 : 철벅철벅, 뒤적이다 : 뒤척이다, 절벙거리다
: 철벙거리다

ㄷ. /ㅉ/ : /ㅊ/
찡얼찡얼 : 칭얼칭얼

ㄹ. /ㅈ/ : /ㅉ/ : /ㅊ/
겅정겅정 : 껑쩡껑쩡 : 껑청껑청, 졸졸 : 쫄쫄 : 촐촐, 졸
랑졸랑 : 쫄랑쫄랑 : 촐랑촐랑

(10) /ㅅ/ : /ㅆ/

생긋 : 쌩긋, 소곤소곤 : 쏘곤쏘곤, 서늘하다 : 써늘하다,
숙덕숙덕 : 쑥덕쑥덕

(11) /ㄹ/ : /ㄹㄹ/

차랑차랑 : 찰랑찰랑, 아른아른 : 알른알른, 어룽더룽 :
얼룽덜룽

우리가 위의 (6ㄱ－ㄹ)－(11)의 예를 통해서 알 수 있는 바와 같
이, 일반적으로 닿소리 교체법으로 이루어진 단어들에 있어서, 긴장음
(된소리)가 쓰인 단어의 의미는 단순음 (예사소리)가 사용된 단어의 뜻
보다 더 강하고 단단한 느낌을 나타내며, 유기음 (거센소리)가 쓰인 단
어의 의미는 그보다 더 크고 거친 느낌을 나타낸다.

다음으로, 음소 교체법 중 '홀소리 교체법'이란, 한 단어 안에서 홀
소리가 교체되어 새로운 단어를 생성하는 방법이다. 이에는 다음의 (12
ㄱ, ㄴ, ㄷ)－(18ㄱ, ㄴ)과 같은 유형들이 있다.

(12) ㄱ. /ㅏ/ : /ㅓ/

까맣다 : 꺼멓다, 파랗다 : 퍼렇다, 깔깔 : 껄껄, 가짓말 :
거짓말, 갑질 : 껍질

ㄴ. /ㅏ/ : /ㅡ/

달달 : 들들, 하늘하늘 : 흐늘흐늘, 살며시 : 슬며시, 가득
하다 : 그득하다, 따끔거리다 : 뜨끔거리다

ㄷ. /ㅏ/ : /ㅣ/

자글자글 : 지글지글, 잘끈 : 질끈, 착살스럽다 : 칙살스럽
다, 짜푸리다 : 찌푸리다

(13) ㄱ. /ㅐ/ : /ㅔ/
대굴대굴 : 데굴데굴, 해죽해죽 : 헤죽헤죽, 댕그랑 : 뎅그
렁, 대구르르 : 데구르르

ㄴ. /ㅐ/ : /ㅢ/
해뜩해뜩 : 희뜩희뜩, 해말갛다 : 희멀겋다, 해끔하다 :
희끔하다, 해말쑥하다 : 희멀쑥하다

ㄷ. /ㅐ/ : /ㅣ/
매끄럽다 : 미끄럽다, 생글생글 : 싱글싱글, 배라먹다 :
빌어먹다, 팽그르르 : 핑그르르

(14) ㄱ. /ㅑ/ : /ㅕ/
야무지다 : 여무지다, 야위다 : 여위다, 얌치 : 염치

ㄴ. /ㅑ/ : /ㅣ/
갸름하다 : 갸름하다, 갸웃갸웃 :기웃기웃, 갸우뚱하다 :
기우뚱하다, 야들야들 : 이들이들

(15) /ㅘ/ : /ㅝ/
환하다 : 훤하다, 좔좔 : 쥘쥘, 콸콸 : 퀄퀄, 활짝 : 훨쩍

(16) /ㅙ/ : /ㅞ/
꽥꽥 : 꿱꿱, 횅하다 : 휑하다, 왱그랑 : 웽그렁, 횅댕그렁

: 휑뎅그렁

(17) ㄱ. /ㅗ/ : /ㅜ/
　　　꼬물꼬물 : 꾸물꾸물, 꼭 : 꾹, 동그랗다 : 둥그렇다, 조동
　　　아리 : 주둥아리, 노랗다 : 누렇다
　　ㄴ. /ㅗ/ : /ㅡ/
　　　고것 : 그것, 고렇다 : 그렇다, 고런 : 그런

　　ㄷ. /ㅗ/ : /ㅓ/
　　　조것 : 저것, 조기 : 저기, 조러다 :저러다

(18) ㄱ. /ㅛ/ : /ㅠ/
　　　뾰죽이 : 뷰죽이, 뾰주룩 : 뷰주룩

　　ㄴ. /ㅛ/ : /ㅣ/
　　　요것 : 이것, 요런 : 이런, 요렇다 : 이렇다

　　우리가 위의 (12ㄱ, ㄴ, ㄷ)-(18ㄱ, ㄴ)의 보기를 통해서 알 수 있
는 바와 같이 일반적으로 홀소리 교체법으로 이루어진 단어들에 있어
서 밝은 홀소리 (양성 모음)이 쓰인 단어들의 의미는 '밝음, 맑음, 가벼
움, 작음, 적음, 날카로움, 빠름, 얕잡음' 등의 느낌을 나타내고, 어두운
홀소리 (음성 모음)이 사용된 단어들의 의미는 '어두움 흐림, 무거움,
큼, 많음, 둔함, 느림' 등의 느낌을 나타낸다고 할 수 있다.[9] 이와 같이
한국어에서 음소 교체법에 의하여 단어의 의미를 분화시킴과 동시에,
어감, 곧, 감정적 가치를 달리 하는 단어를 풍부하게 생성해 낼 수 있

---

9) 이와 같은 견해는 허 웅 (1983)과 이 상복 (1990)에 나타나 있다.

다고 하는 사실은, 한국인의 사고 방식이 정서적이라는 것을 입증하는 것이다.

넷째로, 어휘-의미론적 입장에서 볼 때에, 한국어에 지소어 (작은 말)이 있다는 사실도, 한국인이 정서적 사고 방식의 소유자라는 것과 관계가 있다고 할 수 있다. 여기에서 '지소어'란, 지시어 또는 관형사인 '이, 그, 저'가 '요, 고, 조'로 홀소리가 바뀐 것과 지시 형용사인 '이렇다, 그렇다, 저렇다'와 지시 부사인 '이렇게, 그렇게, 저렇게' 그리고 장소 대명사인 '여기, 거기, 저기'의 첫째 음절의 소리가 '요, 고, 조'로 바뀌어 쓰이는 비격식적 단어를 가리킨다. 또한 지소어는 한 단어에 있어서 첫째 음절의 홀소리가 '어'나 '여'에서 '아'나 '야'로, '우'에서 '아'나 '오'로 바뀌거나, 또는 '여'에서 '야'로 바뀌어 사용되는 단어를 가리키기도 한다. 다음의 (19ㄱ-ㅈ)은 지소어의 예이다.

(19) ㄱ. {요}만큼만 줘.
ㄴ. {고}게 뭐냐?
ㄷ. {조} 친구 꽤 까부는데.
ㄹ. {요런} 놈은 그냥 두면 안돼.
ㅁ. {가짓말} 마.
ㅂ. {깝데기}를 벗겨서 {발가숭이}을 만들어 놓아야 해.
ㅅ. 그 친구는 {아둔하}고 {얌치}가 없어.
ㅇ. {발딱} 일어나지 못해?
ㅈ. 꼼지락, 소곤소곤, 종알종알, 동글동글, 달싹달싹

우리가 위의 (19ㄱ-ㅈ)에서 알 수 있는 바와 같이, 지소어는 화자가 어떤 지시 대상의 분량의 적음을 나타내거나, 지시 대상에 대한

불만을 표시할 때에 사용되기도 하고, 어떤 지시 대상을 얕잡아 보거나, 업신여기거나, 또는 무시하고 싶은 의도가 있을 때에도 사용된다.[10] 한국어에 그와 같은 지소어가 있다는 사실도, 한국인이 정서적 사고 방식을 지니고 있다는 것을 증명해 주는 것이다.

다섯째로, 한국어에 감탄법이 발달되어 있다는 사실도, 한국인의 사고 방식이 정서적이라는 것을 말해 준다고 할 수 있다. 일반적으로 '감탄'이란, 화자가 명제 내용에 대한 사실을 현재 시점에서 관찰이나 경험이나 추론을 통하여 지각하고, 정서적으로 표현하는 (즉, 감동하는) 심리적 행위나 태도하고 할 수 있다. 한국어의 감탄법 어미에는, 우리가 다음의 (20ㄱ-ㅈ)에서 보는 바와 같이, 아홉 개가 있다 (노 대규 1983). 다음의 (20ㄱ-ㅅ)은 입말 (구어)에서 쓰이는 감탄법 어미이고, (20ㅇ, ㅈ)은 글말 (문어)에서 사용되는 감탄법 어미이다.

(20) ㄱ. 비가 오{는군요}!
    ㄴ. 날씨가 참 좋{구면요}!
    ㄷ. 당신이 아이를 울렸{구려}!
    ㄹ. 값이 아주 싸{구면}!
    ㅁ. 자네가 왔었{군}!
    ㅂ. 책이 여기에 있{구나}!
    ㅅ. 아이, 좋{아라}!
    ㅇ. 소리도 없이 근심같이 나리{누나}! (변 영노, '봄비')
    ㅈ. 나는 임의 기관이요, 그의 숨결이{로다} (양 주동, '조선의 맥박')

---

10) 중국어나 영어의 경우에는 지소어가 없는 것으로 알려져 있다.

우리가 위의 (20ㄱ-ㅈ)에서 확인할 수 있는 바와 같이, 한국어에서 감탄법 어미가 발달되어 있다고 하는 사실은, 한국인의 정서적 사고 방식과 연관이 있다고 하지 않을 수가 없는 것이다.[11]

우리가 이상에서 살펴본 바와 같이, 한국인이 정서적 사고 방식을 지니고 있다고 하는 사실은, 한국어에 감각어 (특히 색채어)가 풍부하고, 상징어 (곧, 의성어와 의태어)가 발달되어 있으며, 음소 교체어가 많고, 감탄법 어미가 발달되어 있다고 하는 한국어의 문법 구조나 문법적 특성을 통해서 검증될 수 있는 것이다.

3.2. 주관적 사고 방식

일반적으로 '주관'이라고 하는 말은, 한국어 사전에 따르면, "자기만의 생각, 또는 자기만에 치우친 생각을 하는 것"을 가리킨다. 그런데 흔히 '주관'이라는 말은 긍정적 의미로 사용될 수도 있고, 부정적 의미로 쓰일 수도 있다. 가령, 우리가 "그이는 주관이 뚜렷하다."라고 표현할 때에 '주관'이라는 말은, '개성 강조적'이라는 긍정적인 의미로 사용된 것이라고 할 수 있다. 그러나 우리가 "그이는 너무 주관적이다."라고 표현할 경우에 '주관'이라는 말은, '객관적이지 못하다'라는 뜻으로서 어느 정도 부정적 의미로 쓰인 것이라고 할 수 있다. 한국인의 사고 유형 중 한국인의 주관적 사고 방식이란 한국인이 어느 정도 비객관적 사고 방식을 지니고 있다는 것을 의미한다. 한국인이 주관적 사고 방식을 지니고 있다는 사실은, 다음과 같은 한국어의 문법 구조나 문법

---

11) 중국어나 영어의 경우에는 감탄법이 한국어만큼 발달되어 있지 않은 것으로 알려져 있다.

적 특성과 상관 관계가 있는 것으로 여겨진다.

첫째로, 한국인의 주관적 사고 방식은 한국어의 '예'와 '아니오'의 응답 방식과 연관이 있는 것으로 여겨진다. 한국어에는 상대방의 질문에 대한 응대어로 긍정적인 '예'와 부정적인 '아니오'가 있다. 그런데 그 '예'와 '아니오'의 용법이 영어의 'yes'와 'no'의 용법과는 서로 다른 점이 있다. 다음의 (21)과 (22)는 한국어의 경우에 해당하는 보기인데, (21나)는 긍정적 질문에 대한 긍정적 응답 방식과 부정적 응답 방식이고, (22나)는 부정적 질문에 대한 긍정적 응답 방식과 부정적 응답 방식이다. 그리고 다음의 (23)과 (24)는 영어의 경우에 해당하는 예로서 (23나)는 긍정적 질문에 대한 긍정적 응답 방식과 부정적 응답 방식이고, (24나)는 부정적 질문에 대한 긍정적 응답 방식과 부정적 응답 방식이다.

(21) 가: "선생님께서 김 교수이십니까?"
　　 나: ㄱ. "예, 제가 김 교수입니다." (김 교수일 경우)
　　　　 ㄴ. "아니오, 저는 김 교수가 아닙니다." (김 교수가 아닐 경우)

(22) 가: "선생님께서 노 교수가 아니십니까?"
　　 나: ㄱ. "예, 저는 노 교수가 아닙니다." (노 교수가 아닐 경우)
　　　　 ㄴ. "아니오, 제가 노 교수입니다." (노 교수일 경우)

(23) 가: "Are you professor Noh?"
　　 나: ㄱ. "Yes, I am professor Noh." (노 교수일 경우)
　　　　 ㄴ. "No, I am not professor Noh." (노 교수가 아닐 경우)

(24) 가: "Aren't you professor Noh?"

　　나: ㄱ. "Yes, I am professor Noh." (노 교수일 경우)

　　　　ㄴ. "No, I am not professor Noh." (노 교수가 아닐 경우)

　　우리가 위의 (21)과 (23)의 상호 비교를 통해서 알 수 있는 바와 같이, 한국어와 영어에 있어서 질문 형식이 긍정문일 경우에는 둘 다 모두 응답 방법이 대상 중심적으로 이루어진다. 곧, 대상이 긍정적이면 '예'와 'yes'가, 대상이 부정적이면, '아니오'와 'no'가 각각 사용되는 것이다. 그러나 우리가 위의 (22)와 (24)의 상호 비교를 통해서 알 수 있는 것처럼, 질문 형식이 특히 부정문일 경우에 영어에 있어서는 응답 방식이 객관적인 대상 중심으로 이루어지지만, 한국어에 있어서는 객관적인 대상 중심으로 이루어지지 않는다. 즉, 질문 형식이 부정문인 경우에 영어에 있어서는 무조건 대상이 긍정적이면 'yes'가, 대상이 부정적이면 'no'가 사용되지만, 한국어에 있어서는 대상이 긍정적이면 '아니오'가, 대상이 부정적이면 '예'가 사용되는 것이다. 이를 표로 보이면 한국어의 '예'와 '아니오'의 용법은 다음의 [표 2]와 같고, 영어의 'yes'와 'no'의 용법은 다음의 [표 3]과 같다.

화자의 질문	대상	청자의 응답
+	+	+
+	−	−
−	+	−
−	−	+

〔표 2〕

화자의 질문	대상	청자의 응답
+	+	+
+	−	−
−	+	+
−	−	−

〔표 3〕

　영어의 경우에 'yes'와 'no'의 용법은, 우리가 위의 [표 3]에서 알 수 있는 바와 같이, 어디까지나 객관적인 대상 중심적이다. 다시 말하면, 영어에 있어서는 대상의 긍정성과 부정성에 따라서 'yes'와 'no'의 사용이 결정된다. 곧, 화자의 질문 형태가 긍정문이든 부정문이든 관계없이 객관적 대상이 긍정적이면 청자의 응답은 무조건 'yes'이고, 객관적 대상이 부정적이면 그 응답은 무조건 'no'이다. 그러나 한국어의 경우에는, 우리가 위의 [표 2]를 통해서 알 수 있는 바와 같이, '예'와 '아니오'의 사용이 반드시 객관적인 대상 중심으로 사용되는 것은 아니다. 곧, 한국어에 있어서는 화자의 질문 형식이 긍정문일 때에는 청자의 '예'와 '아니오'의 용법이 객관적인 대상 중심적이나, 화자의 질문 형식이 특히 부정문일 경우에는 객관적이 대상이 긍정적이어도 청자의 응답 형식은 '아니오'이고, 객관적인 대상이 부정적이더라도 그 응답 형식은 '예'인 것이다. 이는 한국어에 있어서 '예'와 '아니오'의 응답 형식이 적어도 객관적인 대상의 긍정성이나 부정성과 반드시 일치하지는 않는다는 사실을 보여 준다. 다시 말하면, 한국어에 있어서 '예'와 '아니오'의 용법은 화자의 긍정이나 부정의 질문 형식과 객관적인 대상의 긍정성이나 부정성과의 관계를 청자가 주관적으로 상관시켜 이루어지

는 것이라고 할 수 있는 것이다. 따라서 우리는 한국어에 있어서 '예'
와 '아니오'의 응답 형식을 통해서 한국인이 주관적 사고 방식을 지니
고 있다고 하는 사실을 확인할 수 있는 것이다.

둘째로, 한국인이 주관적 사고 방식을 지니고 있다는 사실은 한국
어에는 수의 구별, 곧, 단수와 복수의 구별이 거의 없다는 것과 연관이
있는 것으로 보인다. 물론, 한국어에서 체언의 경우에는 그 어근에 복
수 접미사 '-들'의 첨가 여부를 통해서 단수나 복수를 나타내는 방법이
있기는 하다. 그러나 그와 같은 방법은 한국어에서는 문법 범주로 인
정되지 않는다. 한국어에서는 복수를 나타내는 접미사가 문법적으로
중요한 기능을 하지 않기 때문이다. 다시 말하면 한국어에서는 영어의
경우와 같이 명사가 복수인 경우에 명사의 어근에 복수를 나타내는 접
미사를 필수적으로 첨가시켜야 한다는 규칙도 없고, 주어가 복수일 경
우에는 용언의 어간에 복수를 나타내는 접미사를 의무적으로 첨가시키
지 말아야 한다는 것과 같은 수의 일치에 관한 규칙이 없기 때문이다.

또한, 일반적으로 한국인들이 수효를 나타낼 때에는, 정확한 정수
사를 사용하는 경우보다는 부정확한 부정 수사를 사용하는 경우가 많
다. 이는, 한국인이 수에 대한 관념이 희박하다는 것과 관련이 있는 것
으로 여겨진다. 대개 수에 대한 관념이 정확하다는 것은 수에 대한 관
념이 객관적이라는 것과 관련이 있고, 수에 대한 관념이 희박하다고
하는 것은 수에 대한 관념이 주관적이라는 것과 관계가 있다고 볼 수
있다.

우리가 위에서 지적한 바와 같이, 한국어에서는 복수를 나타내기
위해서는 다음의 (25ㄱ-ㄹ)에서와 같이 명사에 접미사 '들'을 첨가시
키는 방법이 있기는 하다.

(25) ㄱ. 선생님(들)이 모두 몇 분이나 계십니까?

ㄴ. 음악회에 사람(들)이 참 많이 왔어요.

ㄷ. 길에 나가 보니까 차(들)가/이 상당히 많군요!

ㄹ. 이번에는 학생(들)이 얼마나 지원했어요?

그러나 우리가 위의 (25ㄱ-ㄹ)에서 알 수 있는 바와 같이, 한국어에서는 명사에 복수 접미사 '-들'을 첨가시키거나 '-들'을 첨가시키지 않고도 복수를 나타낼 수 있다. 사실상 한국어에서는 다음의 (26ㄱ-ㄹ)에서와 같이, 복수를 표현할 때에도 '-들'을 첨가시켜 사용하는 경우보다는 '-들'을 첨가시키지 않고 사용하는 경우가 더 많고 또한 그렇게 하는 것이 자연스러우며, 다음의 (26ㄱ´-ㄹ´)에서와 같이 '-들'을 첨가시키면 오히려 어색하거나 비문법적인 경우가 많은 것이다.

(26) ㄱ. 서재에 책이 많다.

ㄱ´. ?서재에 책{들}이 많다.

ㄴ. 그이는 집이 여럿이다.

ㄴ´. ?그이는 집{들}이 여럿이다.

ㄷ. 사과를 많이 샀다.

ㄷ´. *사과{들}을 많이 샀다.

ㄹ. 세 아이가 왔다.

ㄹ´. *세 아이{들}이 왔다.

그리고 한국인들이 일상 생활에서 수효를 나타낼 때에 정수사를

사용하지 않고 부정 수사를 즐겨 사용하는 예로는 다음의 (27ㄱ-ㄹ)
과 같은 것이 있다.

(27) ㄱ. {한두어} 개 가져 와.
　　 ㄴ. {서너} 잔 가져오세요.
　　 ㄷ. {대여섯} 권 샀습니다.
　　 ㄹ. {여나믄} 병 마셨지.

또한 우리가 다음의 (28ㄱ-ㄹ)과 (28ㄱ´-ㄹ´)의 상호 비교를
통해서 알 수 있는 바와 같이, 한국인들은 일상 생활에서 (28ㄱ-ㄹ)에
서와 같이 일인칭 단수 대명사인 '나'를 사용해야 할 경우에도, (28ㄱ´
-ㄹ´)에서처럼 '나'를 사용하지 않고 일인칭 복수 대명사인 '우리'를
사용하는 경우가 있다.

(28) ㄱ. {나}는 맥주 안 좋아해.
　　 ㄱ´. {우리}는 맥주 안 좋아해.

　　 ㄴ. {내} 마누라가 술 마시지 말래.
　　 ㄴ´. {우리} 마누라가 술 마시지 말래.

　　 ㄷ. {저}의 아버지가 그러셨어요.
　　 ㄷ´. {우리} 아버지가 그러셨어요.

　　 ㄹ. {내}가 지금까지 위에서 논의한 것을 간단히 요약하면 다
　　　　 음과 같다.
　　 ㄹ´. {우리}가 지금까지 위에서 논의한 것을 간단히 요약하

면 다음과 같다.

이와 같이 한국어에 있어서 엄격한 수의 범주가 없고, 부정 수사의 사용의 경우와 같이 수에 대한 관념이 희박하며, 일인칭 단수 대명사인 '나' 대신에 복수 대명사 '우리'를 사용하는 경우가 있는 것과 같은 사실은, 한국인의 주관적 사고 방식과 관계가 있다고 할 수 있는 것이다.

셋째로, 한국어의 경우에 능동문이 피동문보다 더 많이 사용되는 경향이 있다는 사실도, 한국인의 주관적 사고 방식과 관련이 있다고 여겨진다. 한국어에서 능동문이 더 많이 사용되는 이유는, 한국어에 피동법이 발달되어 있지 않기 때문이라고 할 수 있다. 일반적으로 능동문이란 다음의 (29ㄱ－ㄹ)에서와 같이 주어와 목적어가 정상적인 순서로 통합된 문장을 가리킨다. 그리고 피동문이란 다음의 (29ㄱ´－ㄹ´)에서처럼 (29ㄱ－ㄹ)과 같은 능동문에 피동 변형이 이루어져 형성된 문장을 지칭한다. 여기에서 피동 변형이란 우리가 (29ㄱ－ㄹ)과 (29ㄱ´－ㄹ´)의 상호 비교를 통해서 알 수 있는 바와 같이, 능동문의 주어와 목적어가 서로 교체되고, 능동문의 동사의 어간에 피동 접미사인 '-이-, -히-, -리-, -기-' 중 하나가 첨가되는 것을 말한다.[12]

(29) ㄱ. 어머니가 아이를 들볶았다.
ㄱ´. 아이가 어머니에게 들볶{이}었다.

ㄴ. 경찰이 도둑을 잡았다.
ㄴ´. 도둑이 경찰에게 잡{히}었다.

---

12) 영어의 경우에는 피동문이 발달되어 있는 것으로 알려져 있다.

ㄷ. 사장이 사원을 짓눌렀다.

ㄷ´. 사원이 사장에게 짓눌{리}었다.

ㄹ. 고양이가 쥐를 쫓았다.

ㄹ´. 쥐가 고양이에게 쫓{기}었다.

　　그런데 한국어 사전에 등재되어 있는 순수 한국어 동사 가운데에서, 비교적 사용 빈도수가 높다고 여겨지는 타동사 약 4,000여 개 중, '-이-, -히-, -리-, -기-' 피동 접미사와 결합되어 피동 동사로 사용될 수 있는 것은 약 154 개 정도밖에 안 되는 것으로 알려져 있다.13)　이는 순수한 한국어 타동사의 약 3.8% 안팎의 타동사들만이 전형적인 접미 피동법을 이룰 수 있다는 말이 되는 것이다 (우 인혜 1993). 이와 같은 사실은 한국어가 서구어와는 상당히 많은 차이점을 보이는 것이다. 따라서 한국어에서는, 우리가 다음의 (30ㄱ-ㄹ)과 (30ㄱ´-ㄹ´)의 상호 비교를 통해서 알 수 있는 바와 같이, (30ㄱ-ㄹ)과 같은 능동문이 사용되면 자연스럽게 느껴지나 (30ㄱ´-ㄹ´)처럼 그 능동문이 피동문으로 바뀌면 어색하거나 받아들이기 어렵게 여겨지는 경우가 많다.

　　(30) ㄱ. 아이가 나무 가지를 꺾었다.

　　　　 ㄱ´. ?나무 가지가 아이에게 꺾이었다.

　　　　 ㄴ. 너는 책을 많이 읽었니?

　　　　 ㄴ´. ?책이 너에게 많이 읽히었니?

---

13) 우 인혜 (1993: 25)에 따르면, 전형적인 접미 피동법을 이룰 수 있는 타동사 중에서 '-이-'와 결합되는 것은 약 44 개, '-히-'와 통합되는 것은 약 38 개, '-기-'와 연결되는 것은 약 17 개, 그리고 '-리-'와 이어질 수 있는 것은 약 55 개이다.

ㄷ. 농부가 밭을 갈았다.
ㄷ´. [?]밭이 농부에게 갈리었다.

ㄹ. 나는 매일 머리를 감았다.
ㄹ´. [?]머리가 나에게 매일 감기었다.

　　우리가 위에서 언급한 바와 마찬가지로, 피동문이란 능동문의 주어와 목적어가 서로 교체되고, 능동문의 동사의 어간에 피동 접미사인 '-이-, -히-, -리-, -기-' 중 하나가 첨가되는 것을 말한다. 그런데 능동문의 목적어가 피동문에서 주어 자리에 나타난다고 하는 것은, 사물의 객관화나 대상화와 관련이 있다고 할 수 있다. 우리가 위에서 지적한 바와 같이, 한국어에서 피동문이 그리 많이 사용되지 않는다고 하는 사실은, 한국인들이 사물을 객관화거나 대상화하는 것을 별로 좋아하지 않는다는 것을 의미한다고 할 수 있다. 그리고 한국인들이 사물의 객관화나 대상화를 그리 좋아하지 않는다고 하는 것은, 결국 주관적인 것을 더 중요하게 여긴다는 것과 관계가 있다고 할 수 있는 것이다. 따라서 한국어에 피동문이 발달되어 있지 않다고 하는 사실은, 한국인의 주관적 사고 방식과 관련이 있다고 할 수 있는 것이다.

　　넷째로, 한국인의 주관적 사고 방식은 한국어의 어순과 관계가 있는 것으로 여겨진다. 일반적으로 한국어의 어순에는 고정 어순과 자유 어순이 있다. 고정 어순이란, 한국어의 문장 성분이 '주어＋ 목적어＋ 서술어'의 순서와 같이 정상적으로 배열된다는 것을 의미한다. 그리고 자유 어순이란, 문장 성분의 배열 순서가 화자의 의도 곧, 표현상의 초점이나 강도나, 또는 문체적 변이에 따라 자유롭게 뒤바뀌어 이루어진다는 것을 뜻한다.

한국어의 문장 성분에는 여러 가지가 있으나, 그 가운데에서 중요한 성분인 주어, 목적어, 그리고 서술어만으로 이루어진 문장의 어순을 살펴보면 다음의 (31ㄱ－ㅂ)과 같다. 일반적으로 글말 (문어)에서는 주로 (31ㄱ)과 같은 고정 어순이 사용되는 경향이 있으나 입말 (구어)에서는 (31ㄴ－ㅂ)과 같은 자유 어순이 상당히 많이 사용되는 경향이 있다. 이와 같이 한국어에서 자유 어순이 많이 사용된다고 하는 사실은, 한국인의 주관적 사고 방식과 관련이 있다고 볼 수 있는 것이다.

(31) ㄱ. 내가 영화를 보았다.
ㄴ. 내가 보았다 영화를.
ㄷ. 영화를 내가 보았다.
ㄹ. 영화를 보았다 내가.
ㅁ. 보았다 내가 영화를.
ㅂ. 보았다 영화를 내가.

우리가 위에서 살펴본 바와 같이, 한국인이 주관적 사고 방식을 지니고 있다고 하는 사실은, 한국어에서 '예'와 '아니오'의 응답의 형식, 수 (곧, 단수와 복수)의 구별이 거의 없다는 사실, 피동문보다 능동문이 더 많이 사용되는 경향이 있다는 사실, 자유 어순이 많이 사용된다고 하는 사실 등과 같은 문법 구조나 문법적 특성과 관련이 있다고 할 수 있는 것이다.

3.3. 상관적 사고 방식

일반적으로 '상관'이라고 하는 말은, 한국어 사전에 따르면, "서로 관련을 가짐"이나 "남의 일에 간섭함"을 의미한다. 화자가 상대방과 서로 어떤 관련을 가진다거나 상대방의 일에 간섭한다는 것은 결국 상대방에 대하여 관심을 표명한다는 것을 뜻한다. 흔히 한국인들은 일상 대화에서 상대방에게 성씨, 종파, 연령, 출신 지역, 출신 학교, 등에 관심을 표시하는 경우가 많다. 또한 한국인들의 조상 숭배 정신이나, 자녀에 대한 교육열이나, 친척과 친지의 애경사에 대한 참여 등도 상대방에 대한 지대한 관심 표현과 관계가 있다고 할 수 있는 것이다.

우리는 종종 남의 일에 대하여 관심을 갖다 보면 자연히 남의 일에 간섭하게 되는 경우가 있다. 그리고 우리가 상대방에게 관심을 가지고 간섭을 하게 되다 보면, 자연히 화자와 상대방 사이에는 눈치가 생겨나게 된다. 흔히 '한국인들은 눈치가 발달되어 있다'는 말은 상대방에 대한 지나친 관심 보이기에서 나온 것이라고 생각된다. 결국, 한국인의 상관적 사고 방식이란, 화자의 상대방에 대한 지나친 관심 표명과 그로 말미암아 생겨난 눈치 보기라고 할 수 있다. 한국인의 그러한 상관적 사고 방식은 다음과 같은 한국어의 문법 구조나 문법적 특성과 관계가 있다고 생각된다.

첫째로, 한국인의 상관적 사고 방식은 한국어에서 발화 상황에 따라서 문장 성분이 생략되는 경우가 상당히 많다는 사실과 연관이 있다고 할 수 있다. 이는 영어의 경우와는 상당히 다른 점이다. 일반적으로 한국어에 있어서 문장 성분의 생략은 대화 중에 화자의 청자에 대한 판단이나 이해에 의거하여 이루어진다. 다시 말하면 화자는, 청자가 잘 알고 있을 것이라고 판단한 어떤 대상이나 사실과 관련이 있는 문장 성분을 생략시킬 수 있는 것이다. 또한, 문장 성분의 생략은 두 문장에서 앞 문장의 어떤 문장 성분 (곧, 선행어)와 뒷 문장의 어떤 문장 성분이 동일 지시적 표현인 경우에 뒷 문장 성분이 생략되는 것이 보통이다. 이는 화자가 어떤 내용 (즉, 문장 성분)을 생략시켜도 청자가 그 내용을 이해하는 데에 아무 지장이 없을 것이라고 인식하기 때문인 것으로 여겨진다.

한국어에서 문장의 성분의 생략 현상이 한국인의 상관적 사고와 관련이 있음을 논의하기 위하여, 여러 문장 성분 중 몇 가지의 생략 현상만을 살펴보기로 한다. 먼저, 다음의 (32가)와 (32나)의 대화에서는 화자와 청자인 주어가 각각 생략되어 있다. 따라서 제삼자인 (33다)는 주어가 누구인지, 또한 주어가 무엇인지 궁금하게 되고, 그 궁금증을 해소하기 위하여 그들 대화에 관심을 가지게 되지 않을 수 없을 뿐만 아니라, 아울러 그들의 눈치도 살피게 된다고 할 수 있다.

(32) 가: "(ø) 나쁘지?"
　　 나: "(ø) 응, 나빠."
　　 다: ("누가?, 무엇이?")

다음으로, 다음의 (33가)와 (33나)의 대화에는 주어와 목적어가 각각 생략되어 있다. 그러므로 방청자인 (34다)는 그 주어와 목적어와 시간적 부사어가 각각 무엇인지 알기 위하여, 화자와 청자에게 관심을 가지지 않을 수 없게 될 뿐더러 눈치를 보게 된다고 할 수 있는 것이다.

(33) 가: "(ø) (ø) (ø) 가져 왔어?"

　　나: "(ø) (ø) (ø) 그래, 가져 왔어."

　　다: ("누가?, 언제?, 무엇을?")

그 다음으로, 다음의 (34가)와 (34나)의 대화에는 주어와 시간적 공간적 위치어가 각각 생략되어 있다. 따라서 제삼자인 (35다)는 화자와 청자의 대화를 들으면서, 그 주어와 시간적 공간적 위치어가 각각 무엇인지 궁금증을 갖게 되고 아울러 상대방의 눈치를 보게 되는 것이다.

(34) 가: "(ø) (ø) (ø) 갔어요?"

　　나: "(ø) (ø) (ø) 갔어요."

　　다: ("누가?, 언제?, 어디에?")

이와 같이 한국어에 생략 현상이 있다는 것은, 한국인의 상관적 사고 방식과 관계가 있다고 할 수 있는 것이다.

둘째로, 한국어가 첨가어라는 사실도 한국인의 상관적 사고 방식과 관계가 있는 것으로 여겨진다. 첨가어란, 한 문장의 서술어인 용언의 어간에 여러 가지 정보를 지닌 접미사들이 첨가되는 언어를 가리킨다. 따라서 첨가어는 일명 동사 중심 언어라고 불리기도 한다. 그러나 영어는 굴절어이기 때문에 한국어와는 달리 중요한 정보가 문장의 앞쪽에 나타난다.

한국어는 첨가어이므로 청자는 화자의 말이 다 끝나기 전까지는 그의 의도를 알 수가 없다. 다시 말하면, 청자는 화자의 말이 다 끝날 때까지 그의 말에 계속 관심과 인내심을 가지고 기다려야만 그 의미를 파악할 수 있는 것이다. 따라서 한국어의 이러한 첨가어적 특성 때문에 한국인은 상관적 사고 방식을 가지게 된다고 할 수 있는 것이다. 가령, 다음의 (35)와 같은 발화에서 청자가 화자의 발화를 끝까지 듣지 않고 동사의 어간인 '보-'까지만 들으면 그 문장 유형이 서술문인지, 질문문인지, 명령문인지, 제안문인지, 또는 감탄문인지 알 수 없을 뿐만 아니라, 문장의 시제도 현재인지, 과거인지, 미래인지도 알 수 없고, 또한 화자가 희망을 나타내는지 의도를 나타내는지도 알 수가 없는 것이다. 다시 말하면, 청자는 화자가 다음의 (36ㄱ-ㅈ)과 같은 발화를 완전히 다 끝낼 때까지 들음으로써만 그 의미를 정확히 이해할 수 있는 것이다.

(35) ⁇호텔에 가서 친구를 만나 점심을 먹고 서점에 들려 책을 산 후에 극장에 가서 영화를 보-

(36) ㄱ. 호텔에 가서 친구를 만나 점심을 먹고 서점에 들려 책을 산 후에 극장에 가서 영화를 보{았다}.
ㄴ. 호텔에 가서 친구를 만나 점심을 먹고 서점에 들려 책을 산 후에 극장에 가서 영화를 보{았니}?
ㄷ. 호텔에 가서 친구를 만나 점심을 먹고 서점에 들려 책을 산 후에 극장에 가서 영화를 보{아라}.
ㄹ. 호텔에 가서 친구를 만나 점심을 먹고 서점에 들려 책을 산 후에 극장에 가서 영화를 보{자}.
ㅁ. 호텔에 가서 친구를 만나 점심을 먹고 서점에 들려 책을 산 후에 극장에 가서 영화를 보{ㄴ다}.
ㅂ. 호텔에 가서 친구를 만나 점심을 먹고 서점에 들려 책을 산 후에 극장에 가서 영화를 보{겠다}.

ㅅ. 호텔에 가서 친구를 만나 점심을 먹고 서점에 들려 책을
산 후에 극장에 가서 영화를 보{는구나}!

ㅇ. 호텔에 가서 친구를 만나 점심을 먹고 서점에 들려 책을
산 후에 극장에 가서 영화를 보{고 싶다}.

ㅈ. 호텔에 가서 친구를 만나 점심을 먹고 서점에 들려 책을
산 후에 극장에 가서 영화를 보{려고 한다}.

이와 같이 한국어가 첨가어이므로, 모든 정보가 문장의 맨 뒤에
나타나는 용언의 어간에 첨가된다는 사실은, 한국어의 상관적 사고 방
식과 관련이 있다고 할 수 있는 것이다.

셋째로, 한국인의 상관적 사고 방식은 한국어에 대우법이 발달되
어 있다는 사실과도 관련이 있다. 일반적으로 대우법이란, 화자가 대인
관계에 따라서 적절한 말씨를 선택하여 사용하는 방법을 말한다. 화자
가 청자나 화제의 인물에 대하여 존대 (높임)과 하대 (낮춤)이나, 친소
관계나, 또는 특수한 인간 관계, 곧, 권력이나 사회적 지위에 따른 지
배 관계나, 또는 이해 관계 등을 바탕으로 하여 상황에 알맞은 말씨를
골라 쓰는 것이 대우법인 것이다.14) 따라서 한국어에서는 화자가 상대
방의 여러 상황을 고려하여 적절한 말씨를 골라 써야 하기 때문에, 화
자는 자연히 상대방에게 여러 가지로 관심을 가질 수밖에 없는 것이
다.15)

보통, 한국어에 있어서 대우법의 표현 형태는 존대어와 비존대어
로 구분된다. 존대어란 어떤 대상을 높여 부르는 말이고, 비존대어란

---

14) 대우법에 관한 자세한 것은 서 정수 (1994)를 참조하라.
15) 중국어나 영어에는 대우법이 발달되어 있지 않으므로 상관적으로 사고하는 방식
이 중국인이나 영미인에게 발달되어 있다고 말하기는 어렵다.

존대가 아닌 단어나 표현 형태를 일컫는 말이다. 존대어의 형태는 (1) 호칭어 (부름말)과 지칭어 (가리킴말)의 존대 형태, (2) 행동이나 상태의 존대 형태, (3) 청자 존대 형태 및 (4) 관련 인물이나 사물의 존대 형태 등과 같이 넷으로 나누어질 수 있다. 그리고 비존대어는 평어 (예사말)과 하대어 (낮춤말)로 구분될 수 있다. 평어란, 어떤 대상에 대한 존대어도 아니고 하대어도 아닌 중립적인 말을 가리킨다. 하대어란, 어떤 지시 대상을 상대적으로 낮추어 일컫는 말이다. 대개 화자가 자기보다 아랫사람에게 말할 때나 자기 자신을 스스로 낮추어 가리킬 때에 쓰이는 말이 하대어이다.16) 하대어는 (1) 호칭어와 지칭어의 하대 형태, (2) 행동이나 상태의 하대 형태, (3) 청자 하대 형태 및 (4) 관련 인물이나 사물의 하대 형태 등과 같이 넷으로 갈라질 수 있다.17)

먼저, 한국어의 존대어 중 존대 대상을 직접 부르거나 가리킬 때에 쓰이는 호칭어와 지칭어의 존대 형태의 보기를 들면, 호칭어의 보기는 다음의 (37ㄱ-ㄹ)과 같고, 지칭어의 예는 다음의 (38ㄱ-ㄹ)과 같다.

(37) ㄱ. {할아버님}, 진지를 잡수셨습니까?
ㄴ. {여보세요}, 김 선생님 계십니까?
ㄷ. {박 선생님}, 이리 오십시오.
ㄹ. {여러 분}, 제 말을 잘 들으십시오.

(38) ㄱ. {저분}이 누구지요?

---

16) 존대어의 개념과 분류 그리고 비존대어인 평어와 하대어의 개념은 서 정수 (1994)를 따랐다.
17) 하대어의 분류는 서 정수 (1994)를 따른다.

ㄴ. {선생님}께서 오셨습니다.

ㄷ. {최 씨}가 돌아가셨대요.

ㄹ. 이것을 {어머님}께 갖다 드려라.

화자가 존대 대상의 행동이나 상태를 높여서 표현하는 존대 형태의 보기는 다음의 (39ㄱ-ㄹ)과 같다.

(39) ㄱ. 어디에 가{시}ㅂ니까?

ㄴ. 노 선생께서 연구실에 {계시}ㅂ니다.

ㄷ. 안녕히 {주무시}었습니까?

ㄹ. 많이 {잡수시}ㅂ시오.

화자가 청자를 직접 높여 말하는 청자 존대의 형태와 관계가 있는 예는 다음의 (40ㄱ-ㅁ)과 같다.

(40) ㄱ. 학교에 가{ㅂ니다}.

ㄴ. 오늘 날씨가 참 좋{아요}.

ㄷ. 기분이 어떻{습니까}?

ㄹ. 전화해 주{십시오}.

ㅁ. 이제 떠나{십시다}.

화자가 존대 대상 인물과 관련된 사람이나 사물을 존대하는 형태에 관한 보기는 다음의 (41ㄱ-ㄹ)과 같다.

(41) ㄱ. [선생님]께서는 {따님}과 {아드님}을 몇이나 두셨습니까?

ㄴ. [선생님]의 {성함}과 {댁} 주소를 말씀해 주십시오.

ㄷ. [아버님]의 {생신}이 언제지?

ㄹ. [할머님], {연세}가 어떻게 되십니까?

다음으로, 한국어의 비존대어 중 존대어도 아니고 하대어도 아닌 평어, 곧, 존대의 특성으로는 무표라고 할 수 있는 중립적인 평어의 예는 다음의 (42ㄱ-ㄹ)과 같다.

(42) ㄱ. {아이들}이 {노래}를 {부른다}.

ㄴ. {대한민국}은 {민주} {공화국}이다.

ㄷ. {오늘}은 {날씨}가 좋다.

ㄹ. {춤}을 춥시다.

그 다음으로, 비존대어 중 어떤 지시 대상을 상대적으로 낮추어 말할 때에 쓰이는 하대어의 형태를 살펴보면, 하대어 중에서 다음의 (43ㄱ-ㄹ)은 호칭어의 하대 형태의 예이고, (44ㄱ-ㄹ)은 지칭어의 하대 형태의 보기이다.

(43) ㄱ. {얘}, 이리 와.

ㄴ. {이 군}, 잘 있었나?

ㄷ. {여보게}, 나 좀 보세.

ㄹ. {박 양}, 내 심부름 좀 해 줄래?

(44) ㄱ. {저}는 모릅니다.

ㄴ. {걔}가 그랬어요.

ㄷ. {김 군}이 왔었어요.

ㄹ. {그 놈}이 거짓말을 했어요.

하대어 가운데에서 주로 주체 인물의 행동이나 상태를 낮추어 나타내는 하대 형태에 해당하는 보기는 다음의 (45ㄱ-ㄹ)과 같다. 행동이나 상태의 하대 형태는 객체 인물을 존대하기 위하여 그 인물과 대비되는 주체 인물의 행동이나 상태를 낮추어 나타낼 때에 쓰이는 것이다.

(45) ㄱ. 선생님께 잘 {여쭙}도록 해라.

ㄴ. 이것을 선생님께 가져다 {드리}고 올까요?

ㄷ. 어른을 잘 {모시}고 가야 한다.

ㄹ. 또 찾아 {뵙}겠습니다.

하대어 중에서 청자를 낮추어 표현하는 청자 하대 형태에 해당하는 것으로는 다음의 (46ㄱ-ㄹ)과 같은 예가 있다. 청자 하대 형태는 주로 문말 서법 어미, 곧, 문장 종결 어미와 관련이 있으나 이인칭의 호칭어나 지칭어 중에서 하대어도 청자 하대의 구실을 한다.

(46) ㄱ. 부모님께서 내일 오시{ㄴ다}.

ㄴ. 손님들께서 오셨{어}.

ㄷ. 그분이 내일 오시{네}.

ㄹ. {영수야}, {너} 이거 먹{어}.

하대어 가운데에서 낮춤의 대상 인물과 관련이 있는 인물이나 사물을 하대하는 표현 형태에는 다음의 (47ㄱ-ㄹ)과 같은 것이 있다.

(47) ㄱ. 영철아, {애비} 어디 갔니?

ㄴ. 제 {자식놈}이 연락을 드릴 겁니다.

ㄷ. 제 {말씀} 좀 들어 보세요.

ㄹ. 제 {졸작}입니다만, 한 번 읽어 봐 주십시오.

이와 같이 한국어에는 존대어와 비존대어가 있을 뿐만 아니라 존대어에는 호칭어와 지칭어 존대 형태, 행동이나 상태의 존대 형태, 청자 존대 형태 및 관련 인물이나 사물의 존대 형태 등이 있고 비존대어에는 평어와 하대어가 있으며, 하대어도 호칭어와 지칭어의 하대 형태, 행동이나 상태의 하대 형태, 청자 하대 형태 및 관련 인물이나 사물의 하대 형태 등이 있다는 사실은, 한국인의 상관적 사고 방식과 관련이 있다고 할 수 있는 것이다.

넷째로, 한국어에서는 특히 한국어의 입말에서는 부가어의 하나인 '-요'가 많이 사용된다는 사실도, 한국인의 상관적 사고 방식과 관계가 있다고 할 수 있다. 일반적으로 부가어라고 하는 것은, 화자가 어떤 특정한 의미를 첨가시키지는 않으면서, 청자에게 어떤 태도를 드러내기 위하여 단어나, 어절이나, 문장 뒤에 첨가시켜 사용하는 비격식적인 단어이다. 부가어에는 여러 가지가 있으나, 그 중에서도 '-요'의 사용 빈도수가 가장 높은 편이다. '-요'의 의미는 기본적으로 청자 존대와 관련이 있으나, 그것은, 우리가 다음의 (48ㄱ-ㄹ)에서 알 수 있는 바와 같이, 화자가 청자에게 관심을 드러내거나 청자의 관심을 계속 끌기 위하여 사용되는 것이라고 할 수 있는 것이다.[18] 이와 같이 한국어에서 부가어가 사용된다고 하는 것은, 한국인의 상관적 사고 방식과 관

---

18) 중국어나 영어의 경우에는 이와 같은 부가어가 없는 것으로 알려져 있다.

련이 있다고 할 수 있는 것이다.

(48) ㄱ. 제가{요}, 어제{요}, 친구하고{요}, 영화를{요}, 보았는데{요},
　　　 그 영화가{요}, 참 재미있었어{요}.
　　 ㄴ. 참 좋습니다{요}.
　　 ㄷ. 배우기가 너무 어렵군{요}!
　　 ㄹ. 중국에 여러 번 왔었지{요}.

우리가 위에서 살펴본 바와 같이, 한국인이 상관적 사고 방식을 지니고 있다고 하는 사실은, 한국어에 생략 형상이 있고, 한국어가 첨가어이므로 서법이나 시제와 같은 중요한 정보가 문장의 맨 뒤에 나타나는 용언의 어간에 첨가되며, 한국어에는 존대어와 비존대어가 있을 뿐만 아니라, 존대어에는 호칭어와 지칭어 존대 형태, 행동이나 상태의 존대 형태, 청자 존대 형태 및 관련 인물이나 사물의 존대 형태 등이 있고, 비존대어에는 평어와 하대어가 있으며, 하대어도 호칭어와 지칭어의 하대 형태, 행동이나 상태의 하대 형태, 청자 하대 형태 및 관련 인물이나 사물의 하대 형태 등이 있고, 부가어가 사용된다고 하는 문법 구조나 문법적 특성과 관련이 있다고 할 수 있다.

3.4. 배타적 사고 방식

일반적으로 '배타적'이라고 하는 말은, 한국어 사전에 따르면 "다른 사람이나 다른 생각 따위를 배척하여 받아들이려고 하지 않는 사상 경향"을 의미한다. 따라서 '배타적'이란 말은 상대적으로 '동류 의식이 강하다'거나 '끼리끼리 정신이 강하다'거나 또는 '이기적'이라는 말과 거의 비슷한 의미로 사용될 수 있다. 한국인이 배타적 사고 방식을 가지고 있다는 사실은, 한국인이 역사적으로 수많은 외국의 침략을 받고도 지금까지 말과 나라를 잃지 않고 그것을 지켜 왔다거나, 한국에는 외국인 거리가 거의 없다거나, 하는 사실과도 무관하지는 않을 것이다. 만일 한국인이 역사적으로 배타적 사고 방식을 갖지 않고 포용적 사고 방식을 갖고 있었다면, 한국인은 나라와 말을 이미 잃어버렸을지도 모르고, 한국에는 외국인 거리가 여러 개 있게 되었을지도 모른다. 그러나 한국인은 지금까지 국가와 민족과 언어를 유지해 왔을 뿐만 아니라, 사실상 한국에는 공식적인 외국인 거리도 없다. 한국인의 배타적 사고 방식은 다음과 같은 한국어의 문법 구조나 문법적 특성과 관계가 있는 것으로 생각된다.

첫째로, 한국어에 순수한 한국어로 된 삼인칭 정칭 대명사가 없다는 사실은, 한국인의 배타적 사고 방식과 관련이 있을 것으로 여겨진다. 한국어에는 다음의 (49ㄱ－ㅁ)에서와 같이 한 형태소로 된 순수한 한국어의 제일인칭 대명사도 있고, 다음의 (50ㄱ－ㅁ)에서처럼 한 형태소로 된 순수한 한국어의 제이인칭 대명사도 있으나, 다음의 (51ㄱ－ㅁ)에서와 같이, 한 형태소로 된 순수한 한국어의 제삼인칭 대명사는 없다.

(49) ㄱ. {나}는 안 가겠어요.
ㄴ. {내}가 그걸 어떻게 압니까?
ㄷ. {저}는 아무 것도 모릅니다.
ㄹ. {제}가 갔다고 오겠습니다.
ㅁ. {우리}의 소원은 통일이지요.

(50) ㄱ. {너} 뭐 먹니?

ㄴ. {자네} 왔나?

ㄷ. {당신}이 먼저 해.

ㄹ. {임자}가 알아서 해요.

ㅁ. {너희}가 뭘 알겠니?

(51) ㄱ. {이이}, {그이}, {저이} 중에서 누가 제일 낫지?

ㄴ. {이것}, {그것}, {저것} 가운데에서 하나 고르세요.

ㄷ. {그녀}는 울면서 떠나갔다.

ㄹ. {이}는 무엇을 의미하는가?

ㅁ. {그}는 자리에서 벌떡 일어났다.

한국어에서는 위의 (51ㄱ, ㄴ)에서처럼 지시 관형사 '이, 그, 저'에 순수한 한국어의 의존 명사인 '이'나 '것'을 통합시켜 삼인칭 대명사로 사용하거나, (51ㄷ)에서처럼 '그'에 한자어인 '녀 (女)'를 첨가시켜 여성 삼인칭 대명사로 쓰거나, 또는 (51ㄹ, ㅁ)에서와 같이 지시 관형사인 '이, 그, 저' 가운데에서 주로 '이, 그'를 그대로 삼인칭 대명사로 전용하여 사용하고 있는 것이다.19) 이와 같이 한국어에 한 형태소로 된 인칭 대명사로서 제일인칭 대명사와 제이인칭 대명사만 있고, 제삼인칭 대명사가 없다는 사실은, 결국 한국인은 화자와 청자 (곧, '나'와 '너'), 다시 말하면, 동류 의식으로 뭉친 '우리'만을 중요시하고, '나'와 '너'를 제외한 제삼자 곧, '남'을 그리 중요하게 여기지 않은 이유 때문이 아닌가 한다. 이는, 한국인이 '나'와 '너', 곧 화자 자신과 청자에게만 관심이

---

19) 한국어와는 달리 중국어나 영어의 경우에는 한 개의 형태소로 된 삼인칭 정칭 대명사가 있다.

있고 제삼자에게는 관심이 거의 없다는 증거가 될 수 있다고 여겨진다. 다시 말하면, 한국인들은 이해 관계가 직접적인 당사자인 화자와 청자만을 중요시하고, 이해 관계가 직접 없는 제삼자는 중요시하지 않기 때문에, 기본적으로 사람을 가리키는 삼인칭 대명사가 생겨나지 않았다고 볼 수 있는 것이다. 곧, 화자와 청자의 대화에 있어서 제삼자는 이해 관계의 직접 당사자가 아니므로, 대화에서 자연히 배제될 수밖에 없는 것이다. 따라서 사물을 가리키는 삼인칭 대명사도 아울러 발달되지 않았다고 볼 수 있는 것이다. 이와 같이 한국인이 배타적 사고 방식을 지니고 있다는 것은, 한국어에 순수한 한국어로 된 삼인칭 정칭 대명사가 없다는 사실과 관계가 있다고 할 수 있는 것이다.

둘째로, 한국인의 배타적 사고 방식은 한국어의 인칭 대명사 중 일인칭 복수 대명사인 '우리'의 용법과도 연관이 있다고 여겨진다. 일인칭의 복수 대명사인 '우리'는 '나' 이외에 어떤 대상을 포함시키느냐에 따라서, 그 용법이 두 가지로 구분된다. 그 하나는, 우리가 다음의 (52ㄱ-ㄹ)에서 알 수 있는 바와 같이, '나'와 '너'를 통합한 복수로서의 '우리'를 사용하는 경우이다. 이 경우에 '우리'는 '포괄적 우리'라고 할 수 있다.

    (52) ㄱ. {우리} 같이 갑시다.
        ㄴ. {우리} 힘을 합쳐 일하자.
        ㄷ. {우리} 여기서 함께 놀자.
        ㄹ. 누가 {우리}를 때리면 어떻게 하지?

다른 하나는, 다음의 (53ㄱ-ㄹ)에서와 같이, 청자를 제외한 제삼자와 '나'를 합친 복수로서의 '우리'를 사용하는 경우이다. 이 경우에

'우리'는 '배타적 우리'라고 할 수 있다. 우리는 '우리'의 배타적 용법에서 한국인이 남을 배척하거나 배제하는 배타적 사고 방식을 지니고 있음을 알 수 있는 것이다. 이와 같이 한국어의 인칭 대명사 가운데 일인칭 복수 대명사인 '우리'의 용법 중에는 '배타적 우리'의 용법이 있다는 사실은, 한국인의 배타적 사고 방식과 관계가 있다고 하지 않을 수 없는 것이다.

    (53) ㄱ. {우리}는 너희와 생각이 달라.
         ㄴ. 너는 {우리}를 뭘로 보고 있어?
         ㄷ. {우리}를 빼 놓고 가려고 했지?
         ㄹ. 너희 먼저 가. {우리}는 나중에 갈게.

    셋째로, 한국어에 생략 현상이 있다고 하는 사실도, 한국인의 배타적 사고 방식과 관련이 있다고 할 수 있다. 필자가, 앞에서 언급한 바와 같이, 한국어에서는 문장 성분의 생략이 비교적 자유롭고 활발하다. 즉, 다음의 (54가)와 (54나)의 대화에 있어서와 같이, 화자는 청자가 잘 알고 있을 것이라고 판단한 어떤 대상이나 사실과 관련이 있는 문장 성분을 임의로 생략시킬 수 있다. 이러한 생략 현상은 (54다)와 같이 자연히 제삼자인 방청자가 그 대화의 내용을 정확히 이해할 수 없게 만들어, 결국 대화에서 배제되는 결과를 초래하게 된다고 볼 수 있는 것이다.[20] 이와 같은 문장 성분의 자유로운 생략 현상은 한국인의 배타적 사고 방식과 관련이 있다고 할 수 있는 것이다.

---

20) 중국어나 영어에 있어서는 생략 현상이 한국어만큼 활발하지 않은 것으로 알려져 있다.

(54) 가: "너 (ø) 가서 (ø) 만나 가지고 (ø) 주고 왔니?"

　　 나: "응, 내가 (ø) 가서 (ø) 만나 가지고 (ø) 주고 왔어."

　　 다: "(언제?, 어디에?, 누구를?, 무엇을?)"

　넷째로, 한국인의 배타적 사고 방식은 한국어의 대우법과 밀접한 관련이 있다고 할 수 있다. 일반적으로 대우법이란, 앞에서도 언급한 바와 같이, 화자가 청자와 동등한 입장에서 자기를 내세우며 말하는 것이 아니라, 청자나, 방청자나, 또는 화제의 인물에 대한 연령, 친소 관계, 사회적 지위, 권력, 배경, 항렬 등을 바탕으로 한 대인 관계에 따라서, 발화 상황에 적절한 말씨를 선택하여 사용하는 것을 가리킨다. 그런데 만일 화자가 청자나, 방청자나, 또는 화제의 인물의 연령, 친소 관계, 사회적 지위, 권력, 배경, 항렬 등을 무시하고, 그가 자의적으로 말씨를 골라 쓸 경우에 상대방은 무시당했다는 생각이나 느낌을 갖게 될 것이다. 이는, 결국 화자가 청자를 배타적으로 대했다는 것과 관련이 있다고 하지 않을 수 없는 것이다.[21]

　한국어에 있어서 대우법은 그 대상에 따라 청자 대우, 주체 대우, 그리고 객체 대우 등의 세 가지 체계로 구분된다. 청자 대우란 화자가 청자를 존대하거나 비존대하는 것을 지칭한다. 주체 대우란, 화자가 문장의 주어나 주체의 자리에 나타나는 인물은 존대하거나 비존대하는 것을 가리킨다. 그리고 객체 대우란, 주체와 대비되는 객체 인물을 존대하거나 비존대하는 것을 말한다. 한편, 한국어에 있어서 대우법은 대우하는 방법에 따라서 존대법과 비존대법으로 구분되고, 겸양법과 압존법 등으로 나누어지기도 한다. 여기에서 겸양법이란, 한 쪽을 높이기

---

21) 중국어나 영어에 있어서는 이러한 대우법이 발달되어 있지 않은 것으로 알려져 있다.

위하여 다른 쪽을 일부러 낮추어 말하는 방법을 가리킨다. 그리고 압존법이란, 웃어른을 더욱 높이려고 그보다 덜 높은 이를 일부러 높이지 않는 방법을 지칭한다.[22]

한국어의 대우법에 있어서 특히, 청자를 존대하는 경우에는 호칭어, 지칭어, 문장 종결 서법 어미 형태 등의 존대 형태가 사용되고, 청자를 비존대하는 경우에는 각각 그들에 상응하는 비존대 형태가 쓰인다. 일반적으로 청자 대우법은 문장 종결 서법 어미에 따라서 격식체와 비격식체로 구분되고, 격식체의 경우에는 극존칭 (아주 높임, 합니다 체), 보통 존칭 (예사 높임, 하오 체), 보통 비칭 (예사 낮춤, 하네 체), 극비칭 (아주 낮춤, 한다 체) 등의 등급으로 구분되며, 이들은 다시 각각 존대와 비존대로 구분된다.[23] 그리고 비격식체는 일반 존칭 (두루 높임, 해요 체)과 일반 비칭 (두루 낮춤, 해 체)으로 구분되며, 이들도 각각 존대와 비존대로 구분된다. 한국어에 있어서 청자 대우의 양식과 등급 체계에 있어서 격식체의 경우는 다음의 [표 4]와 같고, 비격식체의 경우는 다음의 표 5와 같다.[24]

그러면 이와 같은 청자 대우의 양식과 등급이 한국인의 배타적 사고 방식과는 어떤 관계가 있을까? 가령, 화자가 청자보다 연령이나 사회적 지위가 낮기 때문에, 다음의 (55ㄱ-ㄹ)과 같이 격식체에 있어서 청자에게 존대의 의미 특성을 지닌 극존칭의 '합니다 체'를 사용해

---

22) 대우법의 개념과 분류는 서 정수 (1994)를 참조하라.
23) 전통적으로 극존칭을 '합쇼 체', 보통 존칭을 '하오 체', 보통 비칭을 '하게 체', 극비칭을 '해라 체', 그리고 반말을 '해 체'라고 부른다. 그런데 이들 명칭은 모두 명령형 어미를 기본으로 삼아 이루어진 것이다. 그러나 필자는 명령형보다는 서술형이 더 기본적이라고·생각하여, 이들 명칭을 각각 '합니다 체', '하오 체', '하네 체', '한다 체' 및 '해 체' 등으로 부르기로 한다.
24) 이 표는 필자가 서 정수 (1994)의 표를 다소 수정한 것이다.

야 할 경우에, '합니다 체'를 사용하지 않고 다음의 (55ㄱ´－ㄹ´)처럼 비존대의 의미 특성을 가진 극비칭의 '한다 체'를 사용했다고 가정해 보자. 그러면 청자는 화자로부터 무시당했다는 생각이나 느낌을 가지게 될 것이다. 이러한 무시당함은 결국 화자가 청자청자를 배타적으로 대했다는 것과 무관하지 않을 것이다.

등급		서술	질문	명령	제안	약속
존대	극존칭 (합니다 체)	-ㅂ니다	-ㅂ니까	-십시오	-십시다	-오리다
	보통존칭 (하오 체)	-오/우	-오/우	-오/우	-오/우	-리다
비존대	보통비칭 (하네 체)	-네	-나	-게	-세	-ㅁ세
	극비칭 (한다 체)	-ㄴ다	-니/느냐	-아라	-자	-마

〔표 4〕

등급		서술	질문	명령	제안	감탄
존대	일반존칭 (해요 체)	-아요	-아요	-아요	-아요	-군요 -구먼요 -구려
비존대	일반비칭 (해 체)	-아	-아	-아	-아	-구나 -군 -구먼 -아라

〔표 5〕

(55) ㄱ. 내일 학교에 갑니다.
　　ㄱ´. 내일 학교에 간다.

　　ㄴ. 지금 어디에 가십니까?
　　ㄴ´. 지금 어디에 가니?

　　ㄷ. 이리로 빨리 오십시오.
　　ㄷ´. 이리로 빨리 와라.

　　ㄹ. 이제 그만 떠나십시다.
　　ㄹ´. 이제 그만 떠나자.

　그리고 화자와 청자의 연령 관계에 있어서 화자가 청자보다 연령
이 좀 많으나, 친소 관계에 있어서는 절친하여, 화자가 다음의 (56ㄱ-
ㄹ)에서와 같이 비격식체에 있어서 존대의 의미 특성을 지닌 일반 존
칭의 '해요 체'를 사용해야 하는데, '해요 체'을 쓰지 않고 다음의 (56
ㄱ´-ㄹ´)과 같이 비존대의 의미 특성을 가진 일반 비칭의 '해 체'를
사용했다고 가정해 보자. 그러면 청자는 화자로부터 무시당했다는 생
각이나 느낌이 들을 것이다. 이와 같은 화자로부터의 무시당함도 결국
화자가 청자를 배타적으로 대했다는 것과 관련이 있다고 할 수 있는
것이다.

(56) ㄱ. 벌써 밥 먹었어요.
　　ㄱ´. 벌써 밥 먹었어.

ㄴ. 그게 어디에 있어요?

ㄴ´. 그게 어디에 있어?

ㄷ. 이걸 가져가요.

ㄷ´. 이걸 가져가.

ㄹ. 우리 같이 해요.

ㄹ´. 우리 같이 해.

또한, 연령이 서로 비슷하고 절친한 친구 사이나, 부부 사이에 서로 다음의 (57ㄱ-ㄹ)과 같이 비격식체의 비존대 일반 비칭의 의미 특성을 지닌 '해 체'를 사용하다가도, 그들이 서로 싸우거나 기분이 상했을 때에는 다음의 (57ㄱ´-ㄹ´)처럼 격식적 존대의 의미 특성을 지닌 극존칭의 '합니다 체'를 사용하는 경우를 볼 수 있다. 이도 상대방에 대한 배타적인 표현이라고 할 수 있는 것이다. 이와 같이 한국어에 대우법의 등급 체계가 존재한다는 사실은, 한국인의 배타적 사고 방식과 연관이 있다고 할 수 있는 것이다.

(57) ㄱ. 오늘 일찍 들어와.

ㄱ´. 오늘 일찍 들어옵니다.

ㄴ. 어디 아파?

ㄴ´. 어디 아픕니까?

ㄷ. 그냥 내버려 둬.

ㄷ´. 그냥 내버려 두십시오.

ㄹ. 이제 그만 둬.

ㄹ´. 이제 그만 두십시다.

우리가 위에서 살펴본 바와 같이, 한국인이 배타적 사고 방식을 지니고 있다는 사실은, 한국어에는 순수한 한국어로 된 삼인칭 정칭 대명사가 없고, 화자와 청자의 대화에 있어서 이해 관계의 직접 당사 자가 아닌 제삼자는 대화에서 자연히 배제되며, 문장 성분의 생략이 자유롭고, 대우법의 등급 체계가 존재한다고 하는 문법 구조나 문법적 특성과 관계가 있다고 할 수 있다.

3.5. 권위주의적 사고 방식

일반적으로 '권위'라고 하는 말은, 한국어 사전에 따르면, "권력과 위세, 곧, 절대적인 것으로서 남을 복종시키는 힘"을 가리키고 '권위주 의'라는 말은 "권위에 대하여 맹목적으로 복종하거나, 권위를 휘둘러 남을 억누르려고 하는 사고 방식이나 행동 양식"을 의미한다. 따라서 권위주의적 사고 방식은 인간 관계를 수평적 관계로 여기지 않고, 수 직적 관계로, 곧, 신분적 상하 관계나 계층적 차등 관계로 여기는 비민 주적 사고 방식과 관계가 있다고 할 수 있다. 그리고 대개 권위주의적 사고 방식의 소유자는 서열 의식이나 차별 의식이 강할 뿐만 아니라, 복종 의식도 강하다고 할 수 있다. 그런데 권위주의에 대한 복종 의식 은 상황에 따라서 권위주의 의식과는 정반대인 저항적 의식으로 나타 나기도 한다. 권위주의에 대한 반발 의식인 저항 의식은 평등 의식의 발생과 관련이 있다고 볼 수 있다. 그러므로 권위주의적 사고 방식은 비민주적 사고 방식과 저항 의식이라는 양면성을 지니고 있다고 볼 수 있다. 이러한 권위주의적 사고 방식은 한국어의 다음과 같은 한국어의 문법 구조나 문법적 특성과 연관이 있는 것으로 여겨진다.

첫째로, 한국어에 대우법이 발달되어 있다고 하는 사실은, 한국인의 권위주의적 사고 방식과 관계가 있다고 여겨진다. 앞에서도 언급한 바와 같이, 대우법이란, 화자가 청자와 동등한 입장에서 자기를 내세우며 말하는 것이 아니라, 청자나, 방청자나, 또는 화제의 인물에 대한 연령, 친소 관계, 사회적 지위, 권력, 배경, 항렬 등을 바탕으로 한 대인 관계에 따라서, 발화 상황에 적절한 말씨를 선택하여 사용하는 것을 가리킨다. 그리고 한국어에 있어서 대우법은 그 대상에 따라 청자 대우, 주체 대우, 그리고 객체 대우 등의 세 가지 체계로 구분된다. 청자 대우란, 화자가 청자를 존대하거나 비존대하는 것을 지칭한다. 주체 대우란, 화자가 문장의 주어나 주체의 자리에 나타나는 인물은 존대하거나 비존대하는 것을 가리킨다. 그리고 객체 존대란, 주체와 대비되는 객체 인물을 존대하거나 비존대하는 것을 말한다.

한국어의 대우법에 있어서 특히, 청자를 존대하는 경우에는 호칭어, 지칭어, 문장 종결 서법 어미 형태 등의 존대 형태가 사용되고, 청자를 비존대하는 경우에는 각각 그들에 상응하는 비존대 형태가 쓰인다. 일반적으로 청자 대우법은 문장 종결 서법 어미에 따라서 격식체와 비격식체로 구분되고, 격식체의 경우에는 극존칭 (아주 높임, 합니다 체), 보통 존칭 (예사 높임, 하오 체), 보통 비칭 (예사 낮춤, 하네 체), 극비칭 (아주 낮춤, 한다 체) 등의 등급으로 구분되며, 이들은 다시 각각 존대와 비존대로 구분된다. 그리고 비격식체는 일반 존칭 (두루 높임, 해요 체)와 일반 비칭 (두루 낮춤, 해 체)로 구분되며, 이들도 각각 존대와 비존대로 구분된다.

일반적으로 한국어에서는 연령이나, 사회적 지위나, 또는 항렬이 위인 화자는, 자기보다 그것이 낮은 청자에게 다음의 (58ㄱ-ㅅ)이나 (59ㄱ-ㄹ)에서와 같이 비존대를 사용하는 것이 보통이다.

(58) ㄱ. 나 먼저 가네. (격식체, 비존대, 예사 낮춤)

ㄴ. 나 먼저 간다. (격식체, 비존대, 아주 낮춤)

ㄷ. 자네 시간 있나? (격식체, 비존대, 예사 낮춤)

ㄹ. 너 시간 있니? (격식체, 비존대, 아주 낮춤)

ㅁ. 자네 여기에서 기다리게. (격식체, 비존대, 예사 낮춤)

ㅂ. 너 여기에서 기다려라. (격식체, 비존대, 아주 낮춤)

(59) ㄱ. 나 밥 먹어. (비격식, 비존대, 두루 낮춤, 서술)

ㄴ. 너 밥 먹어? (비격식, 비존대, 두루 낮춤, 질문)

ㄷ. 너 밥 먹어. (비격식, 비존대, 두루 낮춤, 명령)

ㄹ. 같이 밥 먹어. (비격식, 비존대, 두루 낮춤, 제안)

위의 (58ㄱ-ㅅ)에서는 격식체 비존대의 의미 특성을 지닌 문장 종결 서법 어미가 사용되어 있을 뿐만 아니라, 대명사에 있어서도 하대어가 사용되어 있다. (59ㄱ-ㄹ)에서는 비격식체의 비존대의 의미 특성을 지닌 문장 종결 서법 어미가 사용되어 있다. 결국, (58ㄱ-ㅅ)과 (59ㄱ-ㄹ)의 표현들은 주로 윗사람이 아랫사람에게 쓰는 말씨로서, 우리는 그들 문장을 통해서 딱딱한 분위기와 함께 위압적인 느낌을 받는다. 따라서 한국어에서 그와 같은 비존대 표현이 사용된다고 하는 것은 한국인의 권위주의적 사고 방식과 관련이 있다고 할 수 있는 것이다.

또한, 다음의 (60ㄱ-ㄹ)에서와 같이 격식체의 존대의 의미 특성을 지닌 문장 종결 서법 어미가 사용되는 경우에도, 그것이 보통 존칭(예사 높임, 하오 체)인 경우에는 여전히 권위주의적 의미를 나타낸다고 할 수 있다. 보통 존칭은 윗사람이 아랫사람에게 사용하는 말씨이기 때문이다.25)

> (60) ㄱ. 나 지금 가오. (격식체, 존대, 예사 높임, 서술)
>
> ㄴ. 당신, 시간 있소? (격식체, 존대, 예사 높임, 질문)
>
> ㄷ. 여보, 이리 오오. (격식체, 존대, 예사 높임, 명령)
>
> ㄹ. 같이 갑시다. (격식체, 존대, 예사 높임, 제안)

우리는 위에서 권위주의적 사고 방식에는 저항적 사고 방식이 포함된다고 하였다. 가령, 한국어에서 화자와 청자가 서로 잘 모르기 때문에 서로에게 존대 표현을 사용해야 할 경우인데도, 다음의 (61가)에서와 같이 만일 화자가 청자에게 존대 표현을 사용하지 않으면, 청자도 (61나)처럼 화자에게 비존대 표현, 곧, 저항적 표현을 하는 경우가 많다. 그러나 만약 다음의 (62가)에서와 같이 화자가 청자에게 존대 표현을 사용한다면, 청자는 (62나)처럼 화자에게 저항적 표현을 사용하지 않고 존대 표현을 사용하게 될 것이다.

> (61) 가: "야, 너 무슨 운전을 그 따위로 해.
>
> 나: "야, 너 왜 반말이야."
>
> (62) 가: "무슨 운전을 그렇게 하십니까?"

---

25) Martin (1954)에서는 '-오'와 '-소'를 권위체 (authoritative)라고 하였다.

나: "죄송합니다."

　　따라서 한국어의 대우법에 있어서 이러한 저항적 표현도 한국인의 권위주의적 사고 방식과 연관이 있다고 볼 수 있는 것이다.

　　둘째로, 한국인의 권위주의적 사고 방식은 한국어의 다양한 사동법과 연관이 있는 것으로 여겨진다. 일반적으로 사동법이란, 주어 자리의 행동자 (곧, 사동자)가 다른 행동자 (즉, 피사동자)에게 어떤 행동을 하게 만드는 것을 가리킨다. 한국어의 사동법에는 세 가지가 있다. 그 하나는 본동사에 사동 접미사 '-이-, -히-, -리-, -기-, -우-, -추-' 등을 첨가시켜 사동을 만드는 접미 사동법 (곧, 단형 사동법)이다. 그 다른 하나는 '-게 만들다'나 '-게 하다'와 같은 사동 보조 동사를 사용하여 사동을 만드는 보조 사동법 (즉, 장형 사동법)이다. 그리고 이밖에 또 다른 하나는, '시키다'를 사용하여 사동문을 만드는 사동 표현 방법 (곧, 특수 사동법)이다.26)

　　이와 같이 한국어에서는 사동법이 한 가지만 있는 것이 아니라 여러 가지가 있을 뿐더러, 일반적으로 한국어의 사동문에서는 대우법과 관련하여, 우리가 다음의 (63ㄱ-ㅁ)과 (63ㄱ′-ㅁ′), (64ㄱ, ㄴ)과 (64ㄱ′, ㄴ′) 및 (65ㄱ)과 (65ㄱ′)의 상호 비교를 통해 알 수 있는 바와 같이, 주어 자리의 사동자가 피사동자보다 연령이나 사회적 지위가 아래인 경우가 많지 않다는 점에서, 사동법은 권위주의적 사고 방식과 관련이 있다고 할 수 있는 것이다. 연령이나 사회적 지위가 높은 사람이 그보다 낮은 사람에게 어떤 행동을 하게 한다고 하는 것은, '권위'나 '권위주의'의 의미와 어떤 방식으로든지 관계가 있기 때문이다.

---

26) 사동법의 정의와 종류 및 사동 표현에 관한 것은 서 정수 (1993)를 참조하라.

이와 같이 한국인의 권위주의적 사고 방식은 한국어에 사동법과 연관
이 있다고 할 수 있는 것이다.

   (63) ㄱ. 부모님이 자식들에게 영화를 보였다.
       ㄱ´. [?]자식들이 부모님에게 영화를 보였다.

       ㄴ. 선생님이 학생들에게 책을 읽혔다.
       ㄴ´. [?]학생들이 선생님에게 책을 읽혔다.

       ㄷ. 할아버지가 손자를 울렸어요.
       ㄷ´. [?]손자가 할아버지를 울렸어요.

       ㄹ. 교장이 선생들을 웃겼다.
       ㄹ´. [?]선생들이 교장을 웃겼다.

       ㅁ. 엄마가 아이를 재웠습니다.
       ㅁ´. [?]아이가 엄마를 재웠습니다.

   (64) ㄱ. 어머니가 딸에게 옷을 입게 만들었다.
       ㄱ´. [?]딸이 어머니에게 옷을 입게 만들었다.

       ㄴ. 아버지가 아들을 집에서 놀게 했다.
       ㄴ´. [?]아들이 아버지를 집에서 놀게 했다.

   (65) ㄱ. 선생이 학생에게 독서를 시켰다.
       ㄱ´. [?]학생이 선생에게 독서를 시켰다.

우리가 위에서 살펴본 바와 같이, 한국인이 권위주의적 사고 방식을 지니고 있다는 사실은, 한국어에 대우법의 발달과 다양한 사동법과 같은 문법 구조나 문법적 특성과 연관이 있다고 할 수 있는 것이다.

4. 마무리

이 연구의 목적은 한국인의 사고 유형과 한국어의 문법 구조나 한국어만이 독특하게 지니고 있는 문법적 특성 사이의 상관 관계를 밝히는 데에 있다. 지금까지 한국인의 사고 유형과 한국어의 문법 구조나 문법적 특성의 관계에 관한 논의는 이루어져 있는 것이 하나도 없다. 이 연구의 둘째 장에서는 인간의 사고와 언어의 상호 관계에 대한 기존의 이론들을 간단히 살펴보고, 셋째 장에서는 한국어의 일반적인 문법적 특성을 간단히 기술한 다음에, 넷째 장에서는, 한국인의 사고 유형과 한국어의 문법 구조나 문법적 특성이 서로 어떤 관계가 있는지를 논의하였다.

이 연구에서 나는 한국인의 사고 유형으로 (1) 정서적 사고 방식, (2) 주관적 사고 방식, (3) 상관적 사고 방식, (4) 배타적 사고 방식, 그리고 (5) 권위주의적 사고 방식 등 다섯 가지를 제시하고 그에 대한 한국어의 문법 구조나 문법적 특성과의 관계를 논의하였다. 이 연구에서 논의한 내용을 간단히 요약하면 다음과 같다.

첫째로, 한국인이 정서적 사고 방식을 지니고 있다고 하는 사실은 다음과 같은 한국어의 문법 구조나 문법적 특성을 통해서 검증될 수 있다. (1) 한국어에는 감각어 특히 색채어가 풍부하다. (2) 한국어에는 상징어인 의성어와 의태어가 발달되어 있다. (3) 한국어에는 음소 교체어가 많다. 그리고 (4) 한국어에는 감탄법 어미가 다양하다.

둘째로, 한국인이 주관적 사고 방식을 지니고 있다고 하는 사실은, 다음과 같은 한국어의 문법 구조나 문법적 특성과 관계가 있다. (1) 한국어에서는 '예'와 '아니오'의 응답 형식이 독특하다. (2) 한국어에는 수의 구별, 곧, 단수와 복수의 구별이 거의 없다. (3) 한국어에서는 능동문이 피동문보다 더 많이 사용되는 경향이 있다. 그리고 (4) 한국어에서는 자유 어순이 많이 사용된다.

셋째로, 한국인이 상관적 사고 방식을 지니고 있다고 하는 사실은 다음과 같은 한국어의 문법 구조나 문법적 특성과 관련이 있다. (1) 한국어에 생략 현상이 있다. (2) 한국어는 첨가어이어서 모든 정보가 문장의 맨 뒤에 나타나는 동사에 첨가된다. (3) 한국어에는 존대어와 비존대어가 있을 뿐만 아니라, 존대어에는 호칭어와 지칭어의 존대 형태, 행동이나 상태의 존대 형태, 청자의 존대 형태 및 관련 인물이나 사물의 존대 형태 등이 있고, 비존대어에는 평어와 하대어가 있으며, 하대어도 호칭어와 지칭어의 하대 형태, 행동이나 상태의 하대 형태, 청자의 하대 형태 및 관련 인물이나 사물의 하대 형태 등이 있다. 그리고 (4) 한국어에서는 부가어가 사용된다.

넷째로, 한국인이 배타적 사고 방식을 지니고 있다는 사실은 다음과 같은 한국어의 문법 구조나 문법적 특성과 연관이 있다. (1) 한국어에는 순수한 한국어로 된 삼인칭 정칭 대명사가 없다. (2) 한국어에서는 화자와 청자의 대화에 있어서 이해 관계의 직접 당사자가 아닌 제삼자는 대화에서 자연히 배제된다. (3) 한국어에서는 문장 성분의 생략이 자유롭다. 그리고 (4) 한국어에는 대우법의 등급 체계가 존재한다.

다섯째로, 한국인이 권위주의적 사고 방식을 지니고 있다는 사실은, 다음과 같은 한국어의 문법 구조나 문법적 특성과 관련이 있다. (1) 한국어에는 대우법이 발달되어 있다. (2) 한국어에는 다양한 사동법이 존재한다.

V.
언어 교육과 사회

1. 한국어의 세계적 위상

1. 들머리

언어는 의사 전달의 목적을 위한 기호의 체계인 동시에 의사 소통의 가장 기본적인 수단이다. 일반적으로 언어는 입말 또는 구어와 글말 또는 문어로 구분된다. 전자는 의사 전달의 매개 수단이 음성적 실체인 것을 가리키고, 후자는 그것이 도안적 실체인 것을 지칭한다. 다시 말하면 입말은 구두-청각적인 음성 기호로 이루어진 것이고, 글말은 입말이 시각적인 문자로 재현된 것이다. 오늘날 이 지구 위에서는 현재 약 63억 이상의 사람들이 날마다 언어로 의사 전달을 하며 살고 있다. 현재 언어의 수효에 관한 정확한 통계는 나와 있지 않으나, 언어학자들에 따르면 이 세계에 입말로 쓰이고 있는 언어의 수는 대략 4,000개가 있고,[1] 글말에서 사용되고 있는 문자의 종류는 약 50개가

---

1) 현재 세계에서 사용되고 있는 언어 (입말)의 수에 대한 언어학자들의 일치된 견

있는 것으로 알려져 있다. 그리고 이들 약 50개의 문자는 모두 8 가지의 문자 체계로 귀속된다.2)

언어학적 견지에서 볼 때에, 이 지구상의 모든 언어는 우열의 차이가 없이 동등하게 중요하다. 그러나 어느 한 개인이나 기업체나 또는 정부의 입장에서 어느 한 언어의 실제적 가치를 고려할 때에, 그들에게 언어의 중요성의 정도 차이는 분명히 존재한다. 그리고 어느 한 언어의 중요성에 관한 판단은 사실상 어느 한 개인이나 기업체나 또는 정부에 따라서 서로 다른 차이를 보일 수가 있다.

오늘날 국제화와 세계화 시대에 있어서 어느 한 언어가 세계의 여러 언어들 가운데에서 얼마나 중요한 위치를 차지하고 있는지를 객관적으로 밝혀 보는 일은 필요하다. 이 연구의 목적은 한국어가 세계의 여러 언어들 가운데에서 몇째로 중요한 언어일까 하는 의문을 풀어 보는 데에 있다.3) 지금까지 언어를 중요하게 만드는 요인에 관한 연구

해는 아직 없다. 대부분의 언어학 개론서에서는 언어의 수가 3,000개 내지 4,000개, 4,000개 이하, 4,000개 내지 5,000개, 5,000개 이상, 또는 3,000개 내지 10,000개, 등으로 각각 기술되어 있다. 세계의 언어 수를 Crystal (1987: 284)에서는 3,000개 내지 10,000개로, Voegelin and Voegelin (1977: 287)에서는 4,522개로, Ruhlen (1987)에서는 5,313개로, Kodansha International Ltd. (ed.) (1997: 91)에서는 약 3,500개로, 그리고 국제 연합 환경 계획 보고서(UNEP) (2000)에서는 6,809개로 기술하고 있다.

2) Kodansha International Ltd. (ed.) (1997: 95)에서는 세계의 문자를 (1) The Greek Writing System: Roman alphabet, Greek alphabet, Russian alphabet, etc., (2) The Semitic Writing System: Arabic alphabet, Hebrew alphabet, etc., (3) The Iranian Writing System: Armenian alphabet, Gruzijan alphabet, (4) The Southern Indian Writing System: Tamil alphabet, Myanmar alphabet, Thai alphabet, etc., (5) Northern Indian Writing System: Gujarati alphabet, Bengali, alphabet, Tibetan alphabet, etc., (6) Kanji (Chinese characters), (7) Hangul, (8) Japanese 등과 같이 여덟 가지의 문자 체계로 분류하고 있다.

3) 이 연구에서는 한국 (대한 민국)의 경우만을 대상으로 한다. 그 이유는 우리가 북한 (조선 인민 민주주의 공화국)은 현재 국제 연합에 가입되어 있는 주권 국가

는 본격적으로 이루어진 것이 하나도 없다. 다만 Pei (1956: 219-224)에서 언어를 중요하게 만드는 요인들이 간단히 제시되어 있을 뿐이다. 이 연구에서는 먼저, Pei (1956: 219-224)가 주장한 언어를 중요하게 만드는 요인들의 문제점을 지적하고, 다음으로, 이를 새로 수정 보완한 언어를 중요하게 만드는 요인들을 제시한 다음에, 마지막으로 객관성, 신뢰성, 그리고 타당성을 갖춘 각종 최신 통계 자료들을 근거로 하여 한국어의 세계적 위상,4) 곧, 한국어가 세계의 여러 언어 가운데에서 몇째로 중요한 언어일 수 있는지를 밝히고자 한다.

2. 언어를 중요하게 만드는 요인

어느 한 언어를 중요하게 만드는 요인들에 관한 견해는 학자에 따라서 서로 다를 수가 있다. 그런데 지금까지 언어를 중요하게 만드는 요인들에 관한 연구는 이루어져 있는 것이 하나도 없다. 앞에서도 언급한 바와 같이 다만 Pei (1956: 223)에서 언어를 중요하게 만드는 요인으로서 (1) 화자의 수 (Number of speakers 25%), (2) 분포 (Distribution 13%), (3) 산업적 잠재력 (Industrial potential 13%), (4) 학문적 위상 (Scientific

---

일 뿐만 아니라 우리가 북한에 관한 여러 가지의 정확한 통계를 수집할 수가 없기 때문이다. 따라서 여기에서는 북한의 인구 통계만을 언어의 사용 인구, 곧, 한국어의 사용 인구의 통계에 포함시키기로 한다.
4) 여기에서 '위상'이라고 하는 말의 의미는 '위상론'과 직접적 관계가 없다. 다시 말하면 '위상'은 어떤 지역, 직업, 성별, 또는 연령, 등의 사회적 차이에 따라서 나타나는 말씨의 차이를 가리키는 것이 아니라, '지위'나 '위치' 또는 '중요도'와 비슷한 개념으로 사용된 것이다.

status 12%), (5) 상업적 위상 (Commercial status 12%), (6) 문화적 위상 (Cultural status 10%), (7) 문자 해득자의 수 (Literacy 8%), 그리고 (8) 군사적-정치적 위상 (Military-Political status 7%) 등과 같이 여덟 가지를 간단히 제시한 것이 있을 따름이다. 그런데 그의 각 항목의 분류와 각 항목의 비율 제시에는 몇 가지의 문제점이 있다.

첫째로, 그는 언어를 중요하게 만드는 요인들에 각각 중요도의 비율을 제시하였으나, 그것에 대한 구체적인 설명이나 근거를 밝히지 않았다. 물론 이들 각 요인들 사이에는 중요도의 차이가 분명히 있을 것으로 여겨진다. 그러나 객관성, 신뢰성 및 타당성이 있는 각 요인들 간의 비율의 근거를 제시하기란 그리 수월한 문제가 아닐 것이다. 그러므로 그러한 비율의 근거가 확실하게 제시되기 전까지 현재로서는 그 비율은 무시될 수밖에 없다.

둘째로, '화자의 수'라고 하는 것은 어느 한 국가의 공식 언어를 사용하는 인구를 가리킬 수도 있고, 모국어를 사용하는 해외 동포의 수를 가리킬 수도 있다. 그런데 사실상 어느 한 국가에 있어서 공식 언어를 사용하는 화자의 수는 인구를 가리키므로, 후자는 언어의 사용 분포, 곧, 언어의 사용 인구에 포함되어야 한다. 따라서 화자의 수는 인구로 한정하여 수정되는 것이 바람직하다.

셋째로, '분포'라고 하는 것은 어느 한 언어가 어느 한 국가에서 공식적으로 사용되는 것 이외에 세계의 여러 곳에서 사용되는 것까지를 포함한다. 그러므로 분포라고 하는 말은 언어의 사용 인구라는 용어로 바꾸는 것이 바람직하다.

넷째로, 우리가 어느 한 국가의 '산업적 잠재력'을 객관적으로 측정하기란 거의 불가능하므로, 그것을 신뢰성 있는 통계 자료로 나타내기가 어렵다. 따라서 이는 객관적인 산업 통계를 바탕으로 한 산업적 위상이라는 용어로 수정되어야 한다.

　다섯째로, 어느 한 국가의 '상업적 위상'이라고 하는 것은 주로 무역이나 통상에 비중을 둔 표현이다. 그런데 오늘날 우리가 상업만으로는 그 나라의 경제적 위상을 나타낼 수가 없다. 그러므로 상업적 위상이라는 용어는 넓은 의미에서 수입이나 수출과 같은 교역량과 다른 모든 경제적 지표를 포함하는 경제적 위상이라는 용어로 교체되어야 한다.

　여섯째로, '문자 해득자의 수,' 곧, 성인의 문자 해득 가능 인구는 한 나라의 교육적 위상을 평가하는 여러 가지 기준의 하나에 불과하다. 따라서 이는 교육적 위상의 하위 범주에 포함되어야 한다.

　일곱째로, 그는 군사적 위상과 정치적 위상을 별개의 요인으로 다루지 않고 '군사적-정치적 위상'과 같이 한 개의 요인으로 묶어 처리하였다. 그런데 군사적 위상과 정치적 위상이 어느 정도 상호 관련성이 있는 것은 인정되나, 그 둘이 필연적 관계가 있는 것은 아니다. 그러므로 그 둘은 각각 별개의 것으로 취급되어야 한다.

　결국 우리가 위에서 간단히 논의한 바와 같이, 어느 한 언어를 중요하게 만드는 요인들은 (1) 인구 (Population), (2) 언어의 사용 인구 (Populations of language use), (3) 교육적 위상 (Educational status), (4) 학문적 위상 (Scientific status), (5) 경제적 위상 (Economic status), (6) 문화적 위상 (Cultural status), (7) 산업적 위상 (Industrial status), (8) 정치적 위상 (Political status), 그리고 (9) 군사적 위상 (Military status) 등과 같이 아홉 가지로 재정리될 수 있다. 앞에서도 언급한 바와 같이 이들 각 요인들 사이에는 중요도의 차이가 있음이

인정되나, 현재로서는 우리가 그 중요도의 차이를 구별할 수 있는 방법이나 근거를 찾을 수가 없으므로, 각 요인들 사이의 비중을 동일하게 다룰 수밖에 없다.

언어를 중요하게 만드는 이상과 같은 아홉 가지의 요인들은 한국어의 세계적 위상을 밝히는 데에 활용될 수 있다. 물론 이 요인들은 한국어뿐만 아니라 다른 나라의 말의 세계적 위상을 밝히는 데에도 이용될 수 있다. 그러나 여기에서는 위에서 제시한 아홉 가지의 요인들과 관련되어 있는 각 국가간의 비교 가능한 객관적 통계 자료 중에서, 비교적 중요하다고 여겨지는 자료만을 조사 대상으로 한정하여, 그의 상호 비교를 통해서 한국어의 세계적 위상을 밝히려고 한다.5)

3. 한국어의 세계적 위상

한국어가 세계 여러 언어 중에서 몇째로 중요한 언어인가 하는 문제는 필자가 위에서 제시한 언어를 중요하게 만드는 아홉 가지의 요인과 관계가 있는 객관적인 통계 자료의 상호 비교를 통하여 밝혀질 수 있다. 일반적으로 모든 통계는 일정한 조사 간격을 통하여 그것의 재조사가 이루어지는 것이므로, 빠르게는 일년 단위로 늦게는 몇 년 단위로 그 통계 숫자가 달라질 수 있다. 따라서 한국어의 세계적 위상

---

5) 어느 한 언어의 세계적 위상은 매년 언어를 중요하게 만드는 요인들의 각 항목에 관한 통계 결과에 따라서 가변적이다. 그리고 어느 한 국가의 세계적 경쟁력은 그 국가 언어의 국제적 경쟁력과 밀접한 관계가 있다. 즉, 어느 한 국가의 경쟁력이 제고되면 그 나라의 언어 경쟁력도 향상되는 것이다.

은 절대적인 것이 아니라, 새로운 각종 통계 결과에 따라서 가변적일
수 있다. 여기에서는 가능한 한 최근의 통계 결과를 바탕으로 하여 한
국어의 세계적 위상을 밝혀 보기로 한다.

3.1. 인구

　인구라고 하는 것은 국가별 인구 통계의 숫자를 가리킨다. 그런데
인구는 모국어 화자의 수와 관련이 있다. 다시 말하면 이는 어느 한
특정 국가 내에서 국적을 가지고 거주하면서, 그 안에서 공식적으로
사용되는 언어를 사용하는 인구를 말하는 것이다. 일반적으로 어느 한
국가의 인구 통계는 주로 그 나라의 정부 기관인 통계청에 의하여 이
루어진다. 그리고 세계의 국가별 인구 통계 자료는 국제 연합 (UN)과
같은 특정 기구나 그와 유사한 기관에서 각 국가의 인구 통계를 수집
하고 종합하여 인구 순위별로 발표하는 것이 보통이다. 최근 세계 각
국의 인구 통계 자료에 의하면6) 2003년 현재 세계의 총인구는 약 63
억1백46만3000명이다. 세계의 국가별 인구 가운데에서 상위 제20위까
지의 국가와 그 인구 통계는 다음의 [표 1]과 같다. 그런데 한국의 총
인구는 약 4천7백92만5000명으로서 세계 총 인구의 0.8%를 차지하여,
세계에서 그 순위가 제26위에 해당한다.7) 따라서 언어를 중요하게 만

---

6) 이 연구에서 참고한 세계 각국의 인구 통계 자료는 한국 통계청 (2004)의 국제
　통계 연감, UN 통계청 (2004)의 World Population Prospects, 그리고 미국 CIA
　(2003-2004)의 The World Factbook이다. 그런데 이들 세 자료는 통계 숫자가 조
　금 차이를 보이므로, 그 순위에 있어서 약 두 단계 정도의 차이를 보인다. 여기에
　서는 한국 통계청의 국제 통계 연감의 자료를 인용하였다.
7) 2003년도의 북한의 인구는 약 22,664,000명으로서 그 순위가 세계에서 제45위로
　알려져 있다.

드는 요인 중 하나인 인구의 관점에서 볼 때에, 한국어는 세계에서 스
물여섯째로 중요한 언어라고 할 수 있다.

〔표 1〕

순위	국가	인구	순위	국가	인구
1	중국	130,420	11	멕시코	10,350
2	인도	106,550	12	독일	8,250
3	미국	29,400	13	베트남	8,140
4	인도네시아	21,990	14	필리핀	8,000
5	브라질	17,850	15	이집트	7,200
6	파키스탄	15,360	16	터기	7,130
7	방글라데시	14,680	17	에티오피아	7,070
8	러시아	14,325	18	이란	6,890
9	일본	12,750	19	타이	6,280
10	나이지리아	12,400	20	프랑스	6,010
			26	한국	4,790

3.2. 언어의 사용 인구

언어의 사용 인구는 언어의 사용 분포와 관련이 있다. 즉, 어느
한 국가의 공식적 언어가 다른 나라에서도 공식적으로 사용되는 경우
에, 그 국가의 언어의 사용 인구와 다른 나라에서의 공식적 언어의 사
용 인구의 총계가 그 언어의 분포인 것이다. 또한 어느 한 국가의 국
민이 해외 동포로서 외국에 거주하면서 사용하는 모국어의 사용 인구

도 그 국가의 언어의 사용 인구에 포함된다. 그러므로 어느 한 국가의 언어의 사용 인구는 그 나라의 공식적 언어 인구라고 할 수도 있다.[8] 예컨대, 한국어의 경우에 한국어의 사용 인구는 한국에서 공식적으로 사용되고 있는 한국어 이외에 북한, 중국, 일본, 미국, 그리고 기타 여러 외국에서 한국어를 사용하며 살고 있는 해외 동포의 수가 포함된 것이다. 다음의 [표 2]는 언어별 사용 인구의 통계 중 상위 20위까지를 보인 것이다. 세계에서 가장 많이 사용되고 있는 언어는 중국어이고,[9] 한국어의 사용 인구는 약 7,500만명으로서 그 사용 순위가 제13위이다.[10] 그러므로 언어를 중요하게 만드는 요인 가운데 하나인 언어의 사용 인구의 견지에서 볼 때에, 한국어는 세계에서 열셋째로 중요한 언어라고 할 수 있다.

---

8) 공식적 언어 인구는 Official Language Populations라고 한다.
9) 중국어에는 세 종류의 언어가 포함된다. 중국의 북부 방언인 Mandarin (北京語), 남부 방언인 Cantonese (廣東語), 그리고 중동부 방언인 Wu (吳語)가 그것이다.
10) 이 자료는 Photius Coutsoukis (2000-2002)의 홈페이지에서 뽑은 것이다. 그런데 이 자료는 그가 원래 Ethnologue, 13th Edition, Barbara F. Grimes, Editor, 1996, Summer Institute of Linguistics, Inc.를 인용한 것이다. 그리고 Crystal (1987: 284)에 따르면 개별 언어 사용자 수의 통계 숫자가 위의 자료와 약간 다르고, 또한 개별 언어의 사용 순위에 있어서도 앞의 자료와 차이를 보인다. 그러나 한국어의 순위는 그 두 자료에 있어서 동일하다.

순위	언어 명칭	사용 인구	대표적인 사용 분포 지역
1	중국어(北京語)	88,500	중국 북부, 타이완, 싱가포르
2	스페인어	33,200	스페인, 멕시코, 아르헨티나
3	영어	32,200	미국, 영국, 캐나다, 호주
4	아랍어	23,500	이집트, 이라크, 사우디아라비아
5	벵골어	18,900	방글라데시, 인도, 싱가포르
6	힌두어	18,200	인도 북부, 네팔, 싱가포르
7	포르투갈어	17,000	포르투갈, 브라질, 앙골라
8	러시아어	17,000	러시아, 몽골, 중국
9	일본어	12,500	일본, 타이완, 싱가포르
10	독일어	9,800	독일, 오스트리아, 스위스
11	중국어(吳語)	7,700	중국 중동부
12	자바어	7,600	인도네시아, 말레이시아, 싱가포르
13	한국어	7,500	남한, 북한, 일본, 미국, 중국
14	프랑스어	7,200	프랑스, 캐나다, 스위스
15	터키어	6,900	터키, 키프로스, 불가리아
16	베트남어	6,800	베트남, 중국, 캄보디아
17	텔루구어	6,700	인도 동남부, 싱가포르
18	중국어(廣東語)	6,600	중국 남부, 홍콩, 인도네시아
19	마라티어	6,500	인도 서부
20	타밀어	6,300	인도 동남부, 스리랑카

3.3. 교육적 위상

어느 한 국가의 교육적 위상을 밝히기 위한 통계에는 여러 가지가 있을 수 있다. 그러나 여기에서는 그 가운데에서 조사 대상을 (1) 인간 개발 지수 (HDI),[11] (2) 평균 학령 (SLE),[12] 그리고 (3) 고등 교육의 취학률 (ERTE)[13] 등에 관한 통계만으로 한정하여 교육적 위상에 있어서 세계의 각 국가별 상대적 순위와 한국의 순위를 살펴보고, 언어를 중요하게 만드는 요인 중 하나인 교육적 위상의 측면에서 한국어의 순위를 알아보기로 한다.

3.3.1. 인간 개발 지수

인간 개발 지수는 국제 연합 (UN)이 세계 각국의 교육 위상, 곧, 성인 문자 해득률, 취학률, 국민 소득, 그리고 기대 여명 등의 주요 통계를 토대로, 인간 능력의 개발 정도를 평가하는 지수를 가리킨다. 2003년도 국제 연합 개발 계획 (UNDP)의[14] 인간 개발 보고서 (HDR)의[15] 인간 개발 지수 통계 중에서 세계의 상위 20개국까지의 순위는 다음의 [표 3]과 같다. 한국의 인간 개발 지수는 0.879로서 세계에서 제30위를 차지하고 있다.

---

11) HDI는 Human Development Index의 약자이다.
12) SLE는 School Life Expectancy의 약자이다.
13) ERTE는 Enrollment Ratio of Tertiary Education의 약자이다.
14) UNDP는 United Nations Development Program의 약자이다.
15) HDR은 Human Development Report의 약자이다.

순위	국가	인간개발지수	순위	국가	인간개발지수
1	노르웨이	0.944	11	덴마크	0.930
2	아이슬란드	0.942	12	아일랜드	0.930
3	스웨덴	0.941	13	영국	0.930
4	오스트레일리아	0.939	14	핀란드	0.930
5	네덜란드	0.938	15	룩셈부르크	0.930
6	벨기에	0.937	16	오스트리아	0.929
7	미국	0.937	17	프랑스	0.925
8	캐나다	0.937	18	독일	0.921
9	일본	0.932	19	스페인	0.918
10	스위스	0.932	20	뉴질랜드	0.917
			30	한국	0.879

3.3.2 평균 학령

국제 연합 통계국 (UNSTATS)과[16] 국제 연합 교육 과학 문화 기구 (UNESCO)의[17] 교육 지수 자료의[18] 통계에 따르면, 세계 각국의 평균 학령 통계 중에서 상위 20개국까지의 순위는 다음의 [표 4]와 같

---

16) UNSTATS는 United Nations Statistics Division의 약자이다.
17) UNESCO라고 하는 말은 United Nations Educational, Scientific, and Cultural Organization의 약자이다.
18) 이에 관한 것은 2003~2004년도 국제 연합 통계국 (UNSTATS)과 국제 연합 교육 과학 문화 기구 (UNESCO)의 School life expectancy (expected number of years of formal schooling)이나 School life approximation (years)을 참조하라.

다. 한국의 평균 학령은 약 15.7년으로서 세계에서 제20위에 해당한다.

〔표 4〕

순위	국가	평균 학령	순위	국가	평균 학령
1	영국	21.8	11	네덜란드	16.5
2	오스트레일리아	20.0	12	리비아	16.4
3	스웨덴	19.0	13	아르헨티나	16.3
4	벨기에	18.9	14	포르투갈	16.1
5	뉴질랜드	18.2	15	스페인	16.0
6	핀란드	18.1	16	캐나다	16.0
7	아이슬란드	17.6	17	독일	16.0
8	노르웨이	17.3	18	슬로베니아	15.9
9	아일랜드	16.7	19	이스라엘	15.8
10	덴마크	16.6	20	한국	15.7

3.3.3 고등 교육 취학률

일반적으로 교육 정도별 취학률은 학년전 교육, 초등 교육, 중등 교육, 그리고 고등 교육의 각 취학률을 가리킨다. 이들 가운데에서 고등 교육 취학률이란 종합 대학, 교육 대학, 그리고 기술 대학 등의 초급 대학 이상의 교육 취학률을 의미한다. 한국 통계청 (2004)의 국제 통계 연감과 국제 연합 교육 과학 문화 기구 (UNESCO) (2004)와 Taiwan (2003)의 통계 연감에 따르면,[19] 세계 각국의 고등 교육 취학률 중[20] 상위 20개국까지의 순위는 다음의 [표 5]와 같다. 한국의 고등 교육 취학률은 82%로서 그 순위가 세계에서 제2위이다.

〔표 5〕

순위	국가	취학률	순위	국가	취학률
1	타이완	83	11	이스라엘	58
2	한국	82	12	벨기에	58
3	미국	81	13	오스트리아	57
4	스웨덴	76	14	아르헨티나	56
5	뉴질랜드	72	15	네덜란드	55
6	노르웨이	70	16	프랑스	54
7	오스트레일리아	65	17	이탈리아	50
8	영국	59	18	일본	49
9	덴마크	59	19	독일	48
10	캐나다	59	20	타이	37

우리가 이상에서 살펴본 바와 같이, 한국은 교육적 위상에 있어서 인간 개발 지수에서 제30위, 평균 학령에서 제20위, 그리고 고등교육 취학률에서 제2위이다. 결국 언어를 중요하게 만드는 요인 가운데 하나인 교육적 위상의 견지에서 볼 때에, 이들을 평균하면 한국어는 세계에서 약 열일곱째로 중요한 언어라고 할 수 있다.

---

19) 이는 Statistical Yearbook을 가리킨다.
20) 이는 2001년도와 2002의 통계이다.

3.4. 학문적 위상

일반적으로 학문이라고 하는 것은 새로운 사실을 밝혀 내기 위한 일체의 연구 활동을 의미한다. 그리고 학문은 인문 과학, 사회 과학, 그리고 자연 과학으로 구분된다. 또한 그것은 순수 학문과 응용 학문으로 구분될 수도 있다. 어느 한 국가의 학문적 수준을 평가하는 기준에는 여러 가지가 있을 수 있다. 그런데 학문을 수행함에 있어서는 연구비가 필요하고 그 연구의 결과는 논문이나 저서로 발표된다. 그러므로 여기에서는 세계 각국의 학문적 위상 평가의 여러 기준 가운데에서, 주로 (1) 학문 연구에 투입된 1인당 연구 개발비 (EPRD)의 규모와[21] (2) 학술 논문의 발표 편수의 통계 숫자만을 대상으로 하여, 각 국가별 학문적 수준의 순위를 살펴보기로 한다. 단, 인문 과학이나 사회 과학에 관한 논문 발표 통계 자료는 제대로 나와 있는 것이 거의 없고, 다만 자연 과학 분야에 관한 통계 자료만 수집이 가능하다. 따라서 여기에서는 SCI급[22] 학술 논문집에 발표된 논문 편수의 통계 자료만을 분석의 대상으로 삼아,[23] 세계 각국의 학문적 순위와 한국의 학문적 위상을 살펴보고, 언어를 중요하게 만드는 요인 중 하나인 학문적 위상의 측면에서 한국어의 순위를 밝히기로 한다.

---

21) 여기에서 EPRD는 Expenditure for the Performance of Research and Development의 약자이다.
22) 여기에서 SCI는 Science Citation Index의 약자로서, 미국 과학정보연구소 (ISI)의 과학 기술 분야의 유명 학회지 색인 모음집을 가리킨다.
23) SCI급 학술 논문집이란 한국 학술진흥재단의 등재지와 비슷한 개념으로 사용된다.

3.4.1. 1인당 연구 개발비

연구 개발비는 정부, 기업, 외국, 그리고 기타의 출처에서 나온 모든 비용을 합한 것이다. 경제 협력 개발 기구 (OECD) (2001)의[24] 주요 학문과 기술 지표 (MSTI)에[25] 의하면, 세계 각국 중 상위 20위까지의 1인당 연구 개발비 통계는 다음의 [표 6]과 같다. 한국의 1인당 연구 개발비는 464.9 달러로서, 세계에서 제15위를 차지하고 있다.

[표 6][26]

순위	국가	연구개발비	순위	국가	연구개발비
1	스웨덴	1,149.0	11	노르웨이	585.8
2	미국	964.7	12	오스트리아	545.8
3	핀란드	899.8	13	네덜란드	541.3
4	아이슬란드	887.6	14	영국	494.7
5	일본	815.8	15	한국	464.9
6	덴마크	701.5	16	아일랜드	341.8
7	독일	638.4	17	이탈리아	282.3
8	프랑스	591.8	18	뉴질랜드	249.9
9	캐나다	593.5	19	스페인	203.5
10	벨기에	588.7	20	체코	193.5

---

24) OECD는 Organization for Economic Cooperation and Development의 약자이다.
25) MSTI는 Main Science and Technology Indicators의 약자이다.
26) 이는 GERD per capita population (current ppp $)이라고도 하는데 여기에서 ppp (purchasing power parity)라는 것은 구매력 평가 지수를 가리킨다.

3.4.2. SCI급 논문 발표 편수

과학 논문 색인 (SCI)이이라고 하는 것은 미국 과학정보연구소 (ISI)가 세계적으로 인정할 만한 3,800여 종의 과학 기술 학술 논문집에 실리는 논문을 분석한 자료로서, 일반적으로 각 나라의 대학의 기초 연구 수준을 측정하는 척도로 사용된다. 한국 과학기술원 (KAIST)과 포항공대가 2003년도 SCI급 발표 논문 CD-ROM 데이타 베이스를 공동으로 분석한 결과에 의하면, SCI급 학술 논문 발표에 있어서 세계 상위 20위까지의 국가는 다음의 [표 7]과 같다. 2003년도에 한국은 SCI급 논문의 발표 편수에 있어서 17,785편으로서 세계에서 제13위에 해당한다.

〔표 7〕

순위	국가	논문 편수	순위	국가	논문 편수
1	미국	299,336	11	네덜란드	21,417
2	일본	78,557	12	러시아	21,196
3	영국	75,578	13	한국	17,785
4	독일	70,103	14	스웨덴	15,768
5	프랑스	48,777	15	인도	15,699
6	이탈리아	38,614	16	스위스	15,599
7	캐나다	36,782	17	브라질	13,494
8	중국	35,593	16	벨기에	11,581
9	스페인	24,773	19	타이완	11,056
10	오스트레일리아	21,417	20	폴란드	10,628

우리가 위에서 살펴본 바와 같이, 언어를 중요하게 만드는 요인 가운데 하나인 교육적 위상에 있어서 한국은 1인당 연구 개발비에서 제15위이고, SCI급 논문의 발표 편수에서 제13위이다. 그러므로 교육적 위상의 견지에서 이 둘을 평균하면, 한국어는 세계에서 열넷째로 중요한 언어라고 할 수 있다.

3.5. 경제적 위상

어느 한 국가의 경제적 위상을 평가하는 기준에는 여러 가지가 있을 수 있다. 그러나 여기에서는 어느 한 국가의 경제적 위상을 평가하는 기준 중에서 중요한 것으로 여겨지는 (1) 국내 총생산 (GDP),[27] (2) 1인당 국내 총생산 (GDP per capita), (3) 1인당 국민 총소득 (GNI per capita),[28] 그리고 (4) 수출과 수입의 규모 등에 관한 통계 자료를 근거로 하여, 세계 각 국가간의 상대적 순위와 한국의 순위를 밝히고, 언어를 중요하게 만드는 요인 중 하나인 경제적 위상을 통하여 한국어의 위상을 알아보기로 한다.

3.5.1. 국내 총생산

국내 총생산은 한 나라의 국토 내에서 생산한 부가 가치 총액으로서, 내국인이나 외국인이 생산한 것을 불문하고 포함하되 외국에 진출하여 생산한 것은 제외된다. 한국은행 (2003)의 국민 계정, 국제 통

---

27) GDP는 Gross Domestic Product의 약자이다.
28) GNI per capita에서 GNI는 Gross National Income의 약자이다.

화 기금 (IMF) (2004)의[29] 국제 재정 통계 (IFS),[30] 경제 협력 개발 기구 (OECD) (2004)의 주요 경제 지표 (MEI),[31] 그리고 Taiwan (2004)에 따르면,[32] 세계 각국의 국내 총생산에 있어서 상위 20개국까지의 통계는 다음의 [표 8]과 같다. 2003년도 한국의 국내 총생산은 6,052억 달러로서 세계 순위 제11위를 차지하고 있다.

〔표 8〕

순위	국가	당해년 가격	순위	국가	당해년 가격
1	미국	109,879	11	한국	6,052
2	일본	42,953	12	네덜란드	5,122
3	독일	24,032	13	오스트레일리아	5,051
4	영국	17,949	14	브라질	4,923
5	프랑스	17,586	15	러시아	4,329
6	이탈리아	14,683	16	벨기에	3,018
7	중국	14,099	17	스웨덴	3,018
8	스페인	8,387	18	타이완	2,861
9	캐나다	7,360	19	스위스	2,677
10	멕시코	6,261	20	터키	2,397

3.5.2. 1인당 국내 총생산

한국 은행 (2003)의 국민 계정, 국제 통화 기금 (IMF) (2004)의

---

29) IMF는 International Monetary Fund의 약자이다.
30) IFS는 International Financial Statistics의 약자이다.
31) MEI는 Main Economic Indicators의 약자이다.
32) 이는 www.cvc.gov.tw를 참조하라.

국제 재정 통계 (IFS),[33] 경제 협력 개발 기구 (OECD) (2004)의 주요 경제 지표 (MEI),[34] 그리고 국제 연합 (UN) (2002)의 세계의 인구 전망 자료 (WPP)에[35] 의하면, 세계 상위 20위까지의 1인당 국내 총생산 (당해년 가격)의 통계는 다음의 [표 9]와 같다. 한국은 1인당 국내 총생산이 12,628 달러로서 세계 순위가 제28위에 해당한다.

〔표 9〕

순위	국가	당해년 가격	순위	국가	당해년 가격
1	룩셈부르크	58,057	11	네덜란드	31,712
2	노르웨이	48,732	12	오스트리아	31,185
3	덴마크	39,504	13	핀란드	31,093
4	아일랜드	37,639	14	영국	30,293
5	미국	37,368	15	벨기에	29,250
6	스위스	37,331	16	프랑스	29,240
7	아이슬란드	36,207	17	독일	29,138
8	스웨덴	34,002	18	오스트레일리아	25,599
9	일본	33,648	19	이탈리아	25,570
10	카타르	31,967	20	스페인	20,426
			28	한국	12,628

---

33) IFS는 International Financial Statistics의 약자이다.
34) MEI는 Main Economic Indicators의 약자이다.
35) WPP는 World Population Prospects의 약자이다.

3.5.3. 1인당 국민 총소득

1인당 국민 총소득 (GNI)은[36] 당해년 가격 국민 총소득을 인구로 나눈 것으로서, 이는 국제 비교를 위하여 미국 달러로 표시되어 국제 간 국민의 생활 수준의 비교에 이용된다. 한국은행 (2003)의 국민 계정, 국제 통화 기금 (IMF) (2004)의 국제 재정 통계 (IFS),[37] OECD (2004)의 OECD 국가의 국민 계정,[38] 국제 연합 (UN) (2002)의 세계 인구 전망 (WPP),[39] 그리고 Taiwan (2004)에 의하면,[40] 세계 각국의 20위까지의 1인당 국민 총소득은 다음의 [표 10]과 같다. 2002-2003년 도 한국의 1인당 국내 총소득은 12,646 달러로서 세계에서 그 순위가 제28위이다.

〔표 10〕

순위	국가	국민총소득	순위	국가	국민총소득
1	룩셈부르크	52,097	11	미국	30,869
2	노르웨이	49,040	12	네덜란드	30,844
3	덴마크	38,982	13	오스트리아	30,816
4	미국	37,473	14	벨기에	29,851
5	스위스	36,885	15	프랑스	29,205

---

36) 국민 총소득 (GNI)은 한 나라의 국민이 생산 활동에 참여한 대가로 지불된 소득의 합계로서, 해외에서 국민 (거주자)이 받은 소득은 포함되고 외국인에게 지급한 소득은 제외된다.
37) IFS는 International Financial Statistics의 약자이다.
38) OECD 국가의 국민 계정은 National Accounts of OECD Countries를 가리킨다.
39) WPP는 World Population Prospects의 약자이다.
40) 이는 www.cvc.gov.tw를 참조하라.

6	아이슬란드	35,517	16	독일	28,987
7	스웨덴	33,945	17	이탈리아	25,295
8	일본	31,674	18	오스트레일리아	24,839
9	아일랜드	31,168	19	캐나다	22,977
10	핀란드	30,901	20	홍콩	22,840
			28	한국	12,646

3.5.4. 수입과 수출 규모

수입이란 통관 기준 수입액으로서 이에는 상품이 수입국에 도착하는 시점에서의 가격 개념이 적용된다. 그리고 이는 운임료에 보험료를 포함한 매매 계약 가격을 말한다. 한국 무역 협회와 국제 통화 기금 (IMF) (2004)에 의하면,41) 2003년 한국의 수입은 다음의 [표 11]에서와 같이 1,788억2천7백만 달러로서, 세계 총 수입액의 2.3%를 차지하여 세계 제13위 수준이다.

---

41) 이는 International Financial Statistics를 참조하라.

순위	국가	수입액	순위	국가	수입액
1	미국	1,305,410	11	홍콩	231,896
2	독일	601,713	12	스페인	208,512
3	중국	413,062	13	한국	178,827
4	일본	382,930	14	멕시코	178,503
5	영국	380,712	15	싱가포르	127,934
6	프랑스	369,760	16	타이완	127,249
7	이탈리아	292,28,5	17	오스트레일리아	89,085
8	캐나다	245,021	18	오스트리아	88,256
9	벨기에	235,323	19	말레이시아	81,948
10	네덜란드	232,456	20	러시아	81,654

수출이란 통관 기준 수출액으로서 수출액은 본선 인도 가격을 기준으로 산출된다. 그리고 이는 무역 상품을 선적하여 매수자에게 인도할 때의 가격이므로, 선적 이후에 발생할 수 있는 운임비, 보험료 등이 제외된 가격이다. 한국 무역 협회와 국제 통화 기금 (IMF) (2004)에 의하면, 2003년도 한국의 수출은 다음의 [표 12]에서와 같이 1,938억1천7백만 달러로서, 세계 총 수출액의 2.6%를 점유하여 세계 제12위이다.

순위	국가	수출액	순위	국가	수출액
1	독일	748,465	11	홍콩	223,762
2	미국	723,805	12	한국	193,817
3	일본	471,871	13	멕시코	165,396
4	중국	437,899	14	스페인	155,994
5	프랑스	365,716	15	싱가포르	145,366
6	영국	304,185	16	타이완	144,180
7	이탈리아	293,606	17	러시아	134,377
8	캐나다	272,739	18	스웨덴	101,226
9	네덜란드	258,647	19	말레이시아	99,369
10	벨기에	255,315	20	아일랜드	92,398

우리가 위에서 살펴본 바와 같이, 언어를 중요하게 만드는 요인 가운데 하나인 경제적 위상에 있어서, 한국은 국내 총생산에서 제11위, 1인당 국내 총생산에서 제28위, 1인당 국민 총소득에서 제28위, 수입에서 제13위, 그리고 수출에서 제12위를 차지하고 있다. 그러므로 경제적 위상의 관점에 볼 때에, 이들을 평균하면 대체로 한국어는 세계에서 열여덟째로 중요한 언어라고 할 수 있다.

3.6. 문화적 위상

어느 한 국가의 문화적 위상을 알 수 있는 객관적 지표에는 여러 가지가 있을 수 있다. 그러나 여기에서는 (1) 인터넷 이용자의 수

(NIU),42) (2) 도서의 발행 실적 (TP),43) (3) 일간 신문의 발행 부수 (CDN),44) 그리고 (4) 자국 제작 영화 편수 (NFP)45) 등에 관한 통계 숫자를 근거로 하여, 문화적 위상에 있어서 세계 각 국가의 상대적 순위와 한국의 위상을 밝히고, 언어를 중요하게 만드는 요인 가운데 하나인 문화적 위상의 견지에서 한국어의 순위를 알아보기로 한다.

3.6.1. 인터넷 이용자 수

인터넷 이용자의 수라고 하는 것은 매월 1회 이상 정기적으로 인터넷을 이용하는 만 7세 이상의 사람의 숫자를 가리킨다. 국제 전기 통신 연합 (ITU) (2004)의46) 세계 전기 통신 지표 (WTI)에47) 의하면, 2003년도 세계 각국의 인터넷 이용자 수의 통계 중에서 상위 20위까지의 순위는 다음의 [표 13]과 같다. 이에 따르면 한국은 인구 10,000명당 인터넷의 이용자의 수가 6,034명으로서 세계 제2위이다.

---

42) NIU는 Number of Internet Users의 약자이다.
43) TP는 Total of Publications의 약자이다.
44) CDN은 Circulation of Daily Newspapers의 약자이다.
45) NFP는 Number of Films Produced의 약자이다.
46) ITU는 International Telecommunication Union의 약자이다.
47) WTI는 World Telecommunication Indicators의 약자이다.

순위	국가	이용자수	순위	국가	이용자수
1	아이슬란드	6,747	11	노르웨이	5,026
2	한국	6,034	12	오스트레일리아	4,817
3	스웨덴	5,730	13	독일	4,727
4	미국	5,514	14	홍콩	4,692
5	뉴질랜드	5,262	15	오스트리아	4,620
6	네덜란드	5,220	16	일본	4,489
7	캐나다	5,128	17	영국	4,231
8	덴마크	5,128	18	라트비아	4,057
9	핀란드	5,089	19	슬로베니아	3,758
10	싱가포르	5,044	20	룩셈부르크	3,700

3.6.2. 도서 발행 실적

도서의 발행 실적에는 총류, 철학, 종교, 사회 과학, 어학, 순수 과학, 응용 과학, 예술, 문화, 역사, 지리 등의 도서의 총계가 포함된다. 한국 출판문화협회 (2003)의 한국 출판 연감, 일본 (2004)의 통계 연감, 그리고 국제 연합 교육 과학 문화 기구 (UNESCO) (2004)의 통계 연감에 따르면, 세계 각국의 도서 발행 실적의 총계 중에서 상위 20위까지의 순위는 다음의 [표 15]와 같다. 한국은 도서 발행 실적에 있어서 27,126종으로서 세계에서 제11위를 차지하고 있다.

순위	국가	종수	순위	국가	종수
1	영국	110,965	11	한국	27,126
2	중국	110,283	12	캐나다	22,941
3	독일	71,515	13	브라질	21,689
4	일본	71,073	14	핀란드	19,192
5	미국	68,175	15	스위스	18,273
6	스페인	59,174	16	덴마크	14,455
7	프랑스	39,083	17	핀란드	13,173
8	러시아	36,237	18	스웨덴	12,547
9	네덜란드	34,067	19	아르헨티나	11,991
10	이탈리아	32,365	20	오스트레일리아	10,835

3.6.3. 일간 신문 발행 부수

국제 연합 교육 과학 문화 기구 (UNESCO)의 통계 연감 (1999, 2004)에 따르면,[48] 일간 신문의 발행 부수에 관한 세계 각국의 통계 중 상위 20위까지의 국가는 다음의 [표15]와 같다. 한국의 일간 신문 발행 부수는 인구 1,000명당 394부로서, 세계에서 제7위에 해당한다.

---

48) 이는 Statistical Yearbook을 가리킨다. 자세한 것은 www.unesco.org을 참조하라.

순위	국가	발행 부수	순위	국가	발행 부수
1	홍콩	786	11	스위스	331
2	일본	578	12	룩셈부르크	328
3	노르웨이	569	13	싱가포르	324
4	헝가리	465	14	네덜란드	306
5	핀란드	445	15	독일	305
6	스웨덴	410	16	오스트레일리아	296
7	한국	394	17	오스트리아	296
8	쿠웨이트	377	18	우루과이	293
9	아이슬란드	336	19	이스라엘	288
10	미국	331	20	프랑스	218

3.6.4. 자국 제작 영화 편수

한국 영화 진흥 위원회 (2003)의 한국 영화 연감, 국제 연합 (UN) 과 교육 과학 문화 기구 (UNESCO) (1999, 2004)의 통계 연감에 의하면,[49] 세계 각국의 영화의 자국 제작 영화 편수 통계 중 상위 20위까지는 다음의 [표 17]과 같다. 한국은 자국 제작 영화 편수가 78편으로서 세계에서 제13위이다.

---

49) 이에 관하여 자세한 것은 www.unesco.org을 참조하라.

순위	국가	영화제작편수	순위	국가	영화제작편수
1	인도	754	11	독일	88
2	미국	492	12	스페인	82
3	필리핀	456	13	한국	78
4	홍콩	315	14	이란	62
5	일본	249	15	터키	62
6	프랑스	183	16	파키스탄	50
7	중국	154	17	캐나다	45
8	이탈리아	108	18	인도네시아	37
9	영국	103	19	오스트레일리아	34
10	방글라데시	94	20	스위스	31

우리가 이상에서 살펴본 바와 같이 언어를 중요하게 만드는 요인 가운데 하나인 문화적 위상에 있어서, 한국은 인터넷 이용자의 수에서 제2위, 도서의 발행 실적에서 제11위, 일간 신문의 발행 부수에서 제7위, 그리고 자국 제작 영화 편수에서 제13위이다. 따라서 이들을 평균하면 문화적 위상이라는 견지에서 볼 때에, 한국어는 세계에서 약 여덟째로 중요한 언어라고 할 수 있다.

3.7. 산업적 위상

어느 한 국가의 산업적 위상을 평가하는 기준에는 여러 가지가 있다. 그러나 여기에서는 (1) 산업 생산 지수 (IPI),[50] (2) 1차 에너지 소비량 (TPEC),[51] (3) 1인당 에너지 소비량 (TPEC per capita), 그리고 (4) 전자 제품 생산액 (PEM)[52] 등에 관한 통계만을 그 대상으로 한정하여, 산업적 위상에 있어서의 세계 각 국가의 상대적 순위와 한국의 순위를 알아보고, 언어를 중요하게 만드는 요인 중 하나인 산업적 위상의 측면에서 한국어의 순위를 살펴보기로 한다.

3.7.1. 산업 생산 지수

산업 생산 지수는 생산 활동 추이를 파악하는 지표로서 통상 월별로 작성되고, 주로 광업, 제조업, 전기-가스업에 대하여 작성되는 것이 보통이다. 그러나 총 지수의 포괄 범위는 국가마다 상이할 수가 있다. 한국의 통계청 (2003)의 산업 생산 연보, 국제 연합 (UN) (2003[1996])의 통계월보,[53] 그리고 국제 연합 통계국 (UNSTATS) (2004)의[54] 통계 월보 (1997-2003)에[55] 따르면, 세계 각국의 2002-2003년도 산업 생산 지수 중에서 상위 20위까지의 국가 순위는 다음의 [표 17]과 같다. 한국의 산업 생산 지수는 114.4로서 세계에서 제25위에 해당한다.

---

50) IPI는 Industrial Production Index의 약자이다.
51) TPEC는 Total of Primary Energy Consumption의 약자이다.
52) PEM은 Production of Electronic Merchandise의 약자이다.
53) 여기에서 통계 월보는 Monthly Bulletin of Statistics를 가리킨다.
54) UNSTATS는 United Nations Statistics Division을 가리킨다.
55) 여기에서 통계 월보는 Monthly Bulletin of Statistics Online을 가리킨다.

순위	국가	총 지수	순위	국가	총 지수
1	아일랜드	239.5	11	튀니지	135.6
2	헝가리	191.5	12	멕시코	135.1
3	폴란드	158.9	13	크로아티아	133.2
4	방글라데시	154.3	14	칠레	132.9
5	인도	153.0	15	룩셈부르크	132.2
6	핀란드	148.1	16	세네갈	130.7
7	말레이시아	147.8	17	체코	130.4
8	오스트리아	143.1	18	터키	127.8
9	싱가포르	140.8	19	그리스	127.6
10	슬로바키아	139.5	20	캐나다	125.0
			25	한국	114.4

3.7.2. 1차 에너지 소비량

1차 에너지란 천연 상태의 에너지로서 전환 과정을 거치지 않은 에너지, 즉, 석탄, 석유, 천연가스, 수력, 그리고 원자력 등을 가리킨다. 국제 석유 거래소 (IPX)의[56] BP (2004)에 따르면,[57] 세계 각국의 1차 에너지 총 소비량의 상위 20위까지의 순위는 다음의 [표 18]과 같다. 2003년도 한국의 1차 에너지의 총 소비량은 2억1,200만 TOE로서,[58]

---

56) IPX는 International Petroleum Exchange의 약자이다.
57) BP는 영국의 세계적인 석유 회사로서 British Petroleum의 약자이다. 이에 관하여 자세한 것은 www.bp.com을 참조하라.

세계 총 소비량의 2.2%를 점유하여 세계 제10위이다.

〔표 18〕

순위	국가	총 소비량	순위	국가	총 소비량
1	미국	2,297.8	11	이탈리아	181.9
2	중국	1,178.3	12	브라질	181.4
3	러시아	670.8	13	스페인	141.5
4	일본	504.8	14	멕시코	138.1
5	인도	345.3	15	우크라이나	133.3
6	독일	332.2	16	이란	129.1
7	캐나다	291.4	17	사우디아라비아	121.9
8	프랑스	260.6	18	남아프리카	116.9
9	영국	223.2	19	오스트레일리아	111.5
10	한국	212.0	20	인도네시아	107.0

3.7.3. 1인당 에너지 소비량

국제 석유 거래소의 BP (2004)에 따르면,[59] 2003년도 세계 각국의 1인당 에너지 소비량의 순위 중 상위 20위까지는 다음의 [표 19]와

---

58) TOE는 Tonnage of Oil Equivalent의 약자로서 석유로 환산한 톤 단위를 가리킨다.
59) 이는 www.bp.com을 참조하라.

같다. 한국의 1인당 에너지 사용량은 4,424kg으로서, 세계 총 소비량의 2.9배를 소비하여 세계에서 제17위를 차지하고 있다.

〔표 19〕

순위	국가	소비량	순위	국가	소비량
1	카타르	20,000	11	네덜란드	5,573
2	아랍에미레이트	16,294	12	핀란드	5,550
3	캐나다	9,246	13	스웨덴	5,228
4	싱가포르	9,147	14	사우디아라비아	5,034
5	아이슬란드	8,966	15	뉴질랜드	4,748
6	쿠웨이트	8,409	16	러시아	4,683
7	노르웨이	8,383	17	한국	4,424
8	미국	7,815	18	프랑스	4,333
9	벨기에-룩셈부르크	6,211	19	체코	4,240
10	오스트레일리아	5,859	20	타이완	4,191

3.7.4. 전자 제품 생산액

세계 최대의 전자 저널 플랫폼인 Elsevier (2004)의 세계 전자 제품 자료 연감에 따르면,[60] 세계 각국의 전자 제품 생산액의 상위 20위까지는 다음의 [표 20]과 같다. 2003년도 한국의 전자 제품 생산액은 698억 달러로서, 미국 (3,021억 달러)과 일본 (1,799억 달러)에 이어 세계에서 제3위에 해당한다.

---

60) 세계 전자 제품 자료 연감은 Yearbook of World Electronic Data를 가리킨다.

순위	국가	생산액	순위	국가	생산액
1	미국	3,021	11	아일랜드	165
2	일본	1,799	12	이탈리아	151
3	한국	698	13	브라질	128
4	독일	472	14	필리핀	127
5	말레이시아	437	15	인도네시아	98
6	타이완	434	16	캐나다	96
7	싱가포르	364	17	네덜란드	86
8	영국	364	18	핀란드	84
9	프랑스	285	19	이스라엘	71
10	타이	177	20	스웨덴	70

우리가 위에서 살펴본 바와 같이, 언어를 중요하게 만드는 요인 가운데 하나인 산업적 위상에 있어서 한국은 산업 생산 지수에서 제25위, 1차 에너지 소비량에서 제10위, 1인당 에너지 소비량에서 제17위, 그리고 전자 제품 생산액에서 제3위이다. 따라서 산업적 위상의 관점에서 볼 때에, 이들을 평균하면 한국어는 세계에서 약 열넷째로 중요한 언어라고 할 수 있다.

3.8. 정치적 위상

어느 한 국가의 정치적 위상을 평가하는 지표에는 여러 가지가 있을 수 있다. 그러나 여기에서는 (1) 국가 경쟁력 (RNC),[61] (2) 국가 부패 지수 (CPI),[62] (3) 남녀 평등 지수 (GDI),[63] 그리고 (4) 여성 권한 척도 (GEM)[64] 등의 통계 자료를 이용하여, 정치적 위상에 있어서 세계 각국의 상대적 순위와 한국의 순위를 살펴보고, 언어를 중요하게 만드는 요인 중 하나인 정치적 위상의 관점에서 한국어의 순위를 알아보기로 한다.

3.8.1. 국가 경쟁력

국가 경쟁력은 국제 경영 개발원 (IMD)의[65] 국가 경쟁력 평가 항목 323개의 지표 가운데에서 통계 지표 129개, 써베이 지표 112개, 등 모두 241개 등을 이용하여 국가 경쟁력 4개 부문인 경제 운영성, 정부 행정 효율, 기업 경영 효율, 그리고 발전 인프라 구축 등의 20개 항목을 순위 계산에 이용하고, 나머지 82개 지표는 참고 자료로 활용하여 평가한 것을 가리킨다. 국제 경영 개발원 (IMD)의 세계 경쟁력 연구 한국 파트너와 한국 평가원 (2004)에 따르면,[66] 2004년도 세계 국가 경쟁력 순위 중 상위 20위까지의 국가는 다음의 [표 21]과 같다. 한국은 국가 경쟁력에 있어서 제35위를 차지하고 있다.

---

61) RNC는 Rankings of National Competitiveness의 약자이다.
62) CPI는 Corruption Index의 약자이다.
63) GDI는 Gender-related Development Index의 약자이다.
64) GEM은 Gender Empowerment Measure의 약자이다.
65) IMD는 International Institute for Management Development의 약자이다.
66) 이는 www.civikorea.net를 참조하라.

순위	국가	순위	국가	순위	국가
1	미국	8	핀란드	15	네덜란드
2	싱가포르	9	룩셈부르크	16	말레이시아
3	캐나다	10	아일랜드	17	노르웨이
4	오스트레일리아	11	스웨덴	18	뉴질랜드
5	아이슬란드	12	타이완	19	중국
6	홍콩	13	오스트리아	20	독일
7	덴마크	14	스위스	35	한국

3.8.2. 국가 부패 지수

국제 투명성 기구 (TI)가[67] 발표한 국가별 부패 지수 (CPI)라고 하는 것은[68] 세계 은행, 국제 부흥 개발 은행 (IBRD),[69] 세계 경제 포럼, 그리고 갤럽 인터내셔널 등 13개의 국제 기구가 (1) 공직자 뇌물 수수와 부패 정도, (2) 외국 업체들의 기업 환경, (3) 수출입 통관 시에 불법 비용 요구에 관하여 일반 기업인, 학자 및 경제 분석가들을 상대로 설문 조사를 통하여 산출한 것을 가리킨다.[70] 2001년도에 국제 투명성 기구가 발표한 국가별 부패 지수 중 상위 20위까지는 다음의 [표 22]와 같다. 한국의 부패 지수는 4.2로서, 세계에서 제42위에 해당한다.[71]

---

67) TI는 Transparency International의 약자이다.
68) 부패 지수는 부패 인식 지수라고도 한다.
69) IBRD는 International Bank for Reconstruction and Development의 약자이다.
70) 부패 지수는 10점 만점에 지수가 낮을수록 부패 정도가 높은 것을 의미한다.

순위	국가	CPI점수	사용된 자료	표준편차	최고-최저범위
1	핀란드	9.9	7	0.6	9.2-10.6
2	덴마크	9.5	7	0.7	8.8-10.6
3	뉴질랜드	9.4	7	0.6	8.6-10.2
4	아이슬란드	9.2	6	1.1	7.4-10.1
5	싱가포르	9.2	12	0.5	8.5-9.9
6	스웨덴	9.0	8	0.5	8.2-9.7
7	캐나다	8.9	8	0.5	8.2-9.7
8	네덜란드	8.8	7	0.3	8.4-9.2
9	룩셈부르크	8.7	6	0.5	8.1-9.5
10	노르웨이	8.6	7	0.8	7.4-9.6
11	호주	8.5	9	0.9	6.8-9.4
12	스위스	8.4	7	0.5	7.4-9.2
13	영국	8.3	9	0.5	7.4-8.8
14	홍콩	7.9	11	0.5	7.2-8.7
15	오스트리아	7.8	7	0.5	7.2-8.7
16	이스라엘	7.6	8	0.3	7.3-8.1
17	미국	7.6	11	0.7	6.1-9.0
18	칠레	7.5	9	0.6	6.5-8.5
19	아일랜드	7.5	7	0.3	6.8-7.9
20	독일	7.4	8	0.8	5.8-8.6
42	대한민국	4.2	11	0.7	3.4-5.6

---

71) 일본의 부패 지수는 7.1로서 제 21위이다.

3.8.3. 남녀 평등 지수

남녀 평등 지수 (GDI)라고 하는 것은 남녀 각각의 교육 수준, 기대
여명, 그리고 소득에 있어서의 남녀의 역할 비율 등을 근거로 하여, 남녀
사이에 성취 수준이 얼마나 평등하게 이루어지고 있는지를 보여 주는 지
수를 가리킨다. 국제 연합 개발 계획 (UNDP) (2003)의[72] 인간 개발 보고
서와[73] 한국 통계청 (2004)의 한국의 사회 지표에 따르면, 세계 각국의
남녀 평등 지수 중 상위 20위까지의 통계는 다음의 [표 23]과 같다. 한국
의 남녀 평등 지수는 0.873으로서, 그 순위는 세계에서 제30위이다.

〔표 23〕

순위	국가	점수	순위	국가	점수
1	노르웨이	0.941	11	영국	0.928
2	아이슬란드	0.940	12	스위스	0.927
3	스웨덴	0.940	13	일본	0.926
4	오스트레일리아	0.938	14	오스트리아	0.924
5	미국	0.935	15	독일	0.924
6	캐나다	0.934	16	아일랜드	0.923
7	네덜란드	0.934	17	프랑스	0.923
8	벨기에	0.931	18	룩셈부르크	0.920
9	덴마크	0.928	19	뉴질랜드	0.914
10	핀란드	0.928	20	스페인	0.912
			30	한국	0.873

---

72) UNDP는 United Nations Development Program의 약자이다.
73) 인간 개발 보고서는 Human Development Report를 가리킨다.

3.8.4. 여성 권한 척도

여성 권한 척도 (GEM)라고 하는 것은 여성의 의회 의석 점유율, 관리직 전문직 비율, 그리고 소득에 있어서 여성 역할 비율 등을 근거로 하여, 정치 경제 분야에서 여성이 얼마만큼 권한을 행사하는가를 보여 주는 척도를 가리킨다. 국제 연합 개발 계획 (UNDP) (2003)의 인간 개발 보고서와 한국 통계청 (2004)의 한국의 사회 지표에 따르면, 세계 상위 20위까지의 여성 권한 척도의 순위는 다음의 [표 24]와 같다. 한국의 여성 권한 척도의 점수는 0.353으로서, 그 순위가 세계에서 제63위를 차지하고 있다.

〔표 24〕

순위	국가	점수	순위	국가	점수
1	아이슬란드	0.847	11	오스트레일리아	0.754
2	노르웨이	0.837	12	뉴질랜드	0.750
3	스웨덴	0.831	13	스위스	0.720
4	덴마크	0.825	14	스페인	0.709
5	핀란드	0.801	15	벨기에	0.695
6	네덜란드	0.794	16	아일랜드	0.683
7	오스트리아	0.782	17	영국	0.675
8	독일	0.776	18	바하마	0.671
9	캐나다	0.771	19	코스타리카	0.670
10	미국	0.760	20	바베이도스	0.659
			63	한국	0.353

우리가 이상에서 살펴본 바와 같이, 언어를 중요하게 만드는 요인 가운데 하나인 정치적 위상에 있어서 한국은 국가 경쟁력에서 제35위, 국가 부패 지수에서 제42위, 남녀 평등 지수에서 제30위, 그리고 여성 권한 척도에서 제63위이다. 그러므로 이들을 평균하면 정치적 위상의 견지에서 볼 때에, 한국어는 세계에서 약 마흔셋째로 중요한 언어라고 할 수 있다.

3.9. 군사적 위상 (Military Status)

어느 한 국가의 군사적 위상을 평가하는 기준에는 여러 가지가 있을 수 있다. 그러나 여기에서는 (1) 국방비 (NDE),[74] (2) 1인당 국방비 (NDE per capita), (3) 군인의 수 (NMP),[75] 그리고 (4) 실제 군사력 (Actual Military Strength)[76] 등에 관한 통계 자료만을 활용하여, 세계 각국의 군사적 위상에 있어서의 상대적 순위와 한국의 순위를 살펴보고, 언어를 중요하게 만드는 요인 중 하나인 군사적 위상의 견지에서 한국어의 순위를 알아보기로 한다.

3.9.1. 국방비

영국의 국제 전략 문제 연구소 (IISS) (2004-2005)의[77] 국방 백서 (MB)에[78] 따르면, 2003년 기준 세계 각국의 국방비 규모 순위에 있어

---

74) NDE는 National Defense Expenditure의 약자이다.
75) NMP는 Number of Military Personnel의 약자이다.
76) AMS는 Actual Military Strength의 약자이다.
77) IISS는 International Institute for Strategic Studies의 약자이다.

서 상위 제20위까지는 다음의 [표 25]와 같다. 한국의 국방비는 147억 달러로서, 세계에서 제11위이다.

〔표 25〕

순위	국가	금액	순위	국가	금액
1	미국	4,049	11	한국	147
2	러시아	652	12	오스트레일리아	117
3	중국	559	13	터키	116
4	프랑스	457	14	이스라엘	103
5	일본	428	15	캐나다	101
6	영국	352	16	스페인	99
7	독일	351	17	브라질	93
8	이탈리아	278	18	네덜란드	83
9	사우디아라비아	187	19	그리스	72
10	인도	155	20	타이완	66

3.9.2. 1인당 국방비

영국의 국제 전략 문제 연구소 (IISS) (2004-2005)의 국방 백서에 따르면, 2003년 기준 세계 각국의 1인당 국방비 규모 순위의 상위 제 20위까지의 액수는 다음의 [표 26]과 같다. 한국의 1인당 국방비는 307 달러로서, 세계에서 제31위를 차지하고 있다.

---

78) MB는 Military Balance의 약자이다.

순위	국가	금액	순위	국가	금액
1	카타르	3,082	11	영국	722
2	쿠웨이트	1,593	12	그리스	671
3	이스라엘	1,544	13	바레인	647
4	미국	1,391	14	덴마크	619
5	싱가포르	1,116	15	스웨덴	618
6	노르웨이	962	16	오스트레일리아	591
7	오만	950	17	룩셈부르크	520
8	사우디아라비아	832	18	네덜란드	509
9	프랑스	765	19	이탈리아	481
10	브루나이	726	20	스위스	475
			31	한국	307

3.9.3. 군인 수

군사력에 있어서 군인의 수는 육군, 해군, 그리고 공군으로 복부하고 있는 군인의 머릿수를 가리킨다. 영국의 국제 전략 문제 연구소 (IISS) (2004-2005)의 국방 백서에 따르면, 2003년도 세계 각국 중 군인 수가 많은 상위 제20위까지의 국가 통계는 다음의 [표 27]과 같다. 한국의 군인의 수는 69만 명으로서, 그 순위가 세계에서 제6위에 해당한다.

순위	국가	군인 수	순위	국가	군인 수
1	중국	225	11	베트남	48
2	미국	143	12	이집트	45
3	인도	133	13	시리아	32
4	북한	108	14	타이	31
5	러시아	96	15	인도네시아	30
6	한국	69	16	우크라이나	30
7	파키스탄	62	17	타이완	29
8	이란	54	18	브라질	29
9	터키	52	19	독일	28
10	미얀마	49	20	프랑스	26

3.9.4. 실제 군사력

여기에서 실제 군사력이란 국방비, 군인 수, 각종 무기 (전차, 장갑차, 각종 포, 미사일, 핵폭탄, 화학 무기, 각종 함정 (전투함, 순양함, 구축함, 항공모함, 잠수함), 그리고 비행기 (전투기, 초계기, 폭격기, 정찰기, 수송기, 헬기, 지원기), 등을 모두 포함하여 평균적으로 나타낸 것을 가리킨다. www.nowworld.net의 자료에 의하면,79) 세계 각국의 실제 군사력의 순위 중 상위 16위까지는 다음의 [표 28]과 같다. 한국

---

79) 이 자료에는 세계 각국의 실제 군사력의 순위가 상위 제16위까지만 나타나 있다.

의 실제 군사력은 세계에서 제9위이다.

〔표 28〕

순위	국가	순위	국가	순위	국가
1	미국	6	중국	11	북한
2	러시아	7	일본	12	타이완
3	프랑스	8	이스라엘	13	터키
4	영국	9	한국	14	파키스탄
5	독일	10	인도	15	이탈리아
				16	시리아

우리가 이상에서 살펴본 바와 같이, 언어를 중요하게 만드는 요인 가운데 하나인 군사적 위상에 있어서, 한국은 국방비에서 제11위, 1인 당 국방비에서 제31위, 군인 수에서 제6위, 그리고 실제 군사력에서 제 9위이다. 따라서 이들을 평균하면 군사적 위상의 관점에서 볼 때에, 한 국어는 세계에서 약 열넷째로 중요한 언어라고 할 수 있다.

지금까지 우리는 위에서 언어를 중요하게 만드는 요인들과 관련 된 각종 통계 자료를 근거로 하여, 세계에서 한국어의 중요성 순위를 살펴보았다. 결론적으로 이를 종합하여 요약 정리하면 한국어의 세계 적 위상, 곧, 세계의 여러 언어 가운데에서의 한국어의 중요도 순위는 다음의 [표 29]와 같다.

항목	통계 조사 내용	세계 순위	평균 순위
1	인구	26	26
2	언어 사용 인구	13	13
3	교육적 위상 　인간 개발 지수 　평균 학력 　고등 교육 취학률	 30 20 2	17
4	학문적 위상 　1인당 연구 개발비 　SCI급 논문 발표 편수	 15 13	14
5	경제적 위상 　국내 총생산 　1인당 국내 총생산 　1인당 국민 총소득 　수입 규모 　수출 규모	 11 28 28 13 12	18
6	문화적 위상 　인터넷 이용자 수 　도서 발행 실적 　일간 신문 발행 부수 　자국 제작 영화 편수	 2 11 7 13	8
7	산업적 위상 　산업 생산 지수 　1차 에너지 소비량 　1인당 에너지 소비량 　전자 제품 생산액	 25 10 17 3	14
8	정치적 위상 　국가 경쟁력 　국가 부패 지수 　남녀 평등 지수 　여성 권한 척도	 35 42 30 63	43
9	군사적 위상 　국방비 　1인당 국방비 　군인 수 　실제 군사력	 11 31 6 9	14
종합 평균순위			19

4. 마무리

어느 한 나라의 언어를 중요하게 만드는 요인에는 (1) 인구, (2) 언어의 사용 인구, (3) 교육적 위상, (4) 학문적 위상, (5) 경제적 위상, (6) 문화적 위상, (7) 산업적 위상, (8) 정치적 위상, 그리고 (9) 군사적 위상 등과 같이 아홉 가지가 있다. 이 연구에서는 이들 아홉 가지의 요인들과 관련이 있는 각종 통계 자료를 근거로 하여, 한국어의 세계적 위상, 곧, 이 세계의 여러 언어들 가운데에서 한국어의 순위를 밝혔다.

이 연구에서 이용한 언어를 중요하게 만드는 요인들과 관계가 있는 통계 자료는 (1) 인구: 인구 통계, (2) 언어의 사용 인구: 언어 분포 통계, (3) 교육적 위상: 인간 개발 지수, 평균 학령 및 고등 교육 취학률, (4) 학문적 위상: 1인당 연구 개발비와 SCI급 논문 발표 편수, (5) 경제적 위상: 국내 총생산, 1인당 국내 총생산, 1인당 국민 총소득 및 수입과 수출 규모, (6) 문화적 위상: 인터넷 이용자의 수, 도서 발행 실적, 일간 신문 발행 부수 및 자국 영화 제작 편수, (7) 산업적 위상: 산업 생산 지수, 1차 에너지 소비량, 1인당 에너지 소비량 및 전자 제품 생산액, (8) 정치적 위상: 국가 경쟁력, 국가 부패 지수, 남녀 평등 지수 및 여성 권한 척도, (9) 군사적 위상: 국방비, 1인당 국방비, 군인 수 및 실제 군사력 등이다.

언어를 중요하게 만드는 요인과 관련이 있는 이들 각종 통계를 종합하여 보면, 한국어의 세계적 위상, 곧, 한국어의 중요도는 (1) 인

구: 제26위, (2) 언어의 사용 인구: 제13위 (3) 교육적 위상: 제17위, (4) 학문적 위상: 제14위, (5) 경제적 위상: 제18위, (6) 문화적 위상: 제8위, (7) 산업적 위상: 제14위, (8) 정치적 위상: 제43위, 그리고 (9) 군사적 위상: 제14위이다. 결론적으로 이들 각 순위를 종합하여 평균하면, 언어의 중요성에 있어서 한국어는 세계에서 약 제19위에 해당한다고 할 수 있다.

2. 한국어의 순화

1. 들머리

　우리는 날마다 한국어로 표현하고 한국어로 표현된 것을 이해하며 생활한다. 다시 말해서, 우리는 한국어로 말을 하고 한국어로 글을 쓰며, 한국어로 말해진 것을 듣고 한국어로 씌어진 것을 읽으며 사는 것이다. 또한 우리는 가정 교육, 학교 교육, 그리고 사회 교육에 있어서, 모두 한국어를 매개체로 하여 교육을 실시하고 교육을 받는다. 이와 같이 한국어는 우리의 일상 생활, 사회 생활, 그리고 교육 활동에 있어서 가장 기본적인 도구이기 때문에, 한국어 교육은 어떤 다른 교육보다도 제일 중대하다고 하지 않을 수 없다.

　그런데 한국어 교육에 있어서 중요하고도 필요한 과제에는 여러 가지가 있겠으나, 그 가운데에서 우선적으로 시급한 문제는 한국어의 순화에 관한 문제라고 할 수 있다. 오늘날 우리가 사용하고 있는 한국어는 음운론적, 어휘론적, 통사-의미론적, 그리고 표기법적 측면에서 볼 때에, 상당한 문제점을 안고 있기 때문이다. 따라서 우리는 올바른 한국어 순화를 통하여 국민의 한국어 생활을 바로 잡고, 아울러 우리 민족의 주체성을 드높여야 할 필요가 있는 것이다.

한국어 교육에 있어서 한국어의 순화 문제가 중요한 이유는, 언어가 인간의 사고와 밀접한 연관이 있기 때문이다. 언어 철학적인 견지에서 볼 때, 언어와 사고는 서로 분리될 수 없는 상호 의존적인 관계에 있다. 즉, 언어의 전개는 사고와 함께 이루어지고, 사고의 전개는 언어와 더불어 이루어지는 것이다. 그러므로 순화된 한국어는 사고를 순화시켜 주고, 동시에 순화된 사고는 한국어를 순화시켜 준다고 할 수 있다. 우리가 한국어를 순화시키기 위해서는 사고를 순화시켜야 하고, 사고를 순화시키기 위하여는 한국어를 순화시켜야 한다. 그러나 인간의 사고는 언어라고 하는 통로를 통해서만 전개될 수 있는 것이므로, 우리는 먼저 한국어를 순화시켜야 하는 것이다. 우리가 한국어를 순화시킴으로써 개인과 국민 모두의 사고가 순화되고, 개인과 모든 국민의 사고가 순화됨으로써 그가 속해 있는 국가와 사회가 순화될 수 있기 때문이다.

이 연구는 앞으로의 한국어의 순화를 위하여, 첫째로, 한국어 순화의 의미를 규정하고, 둘째로, 한국어 순화의 대상을 음운론적, 어휘론적, 통사-의미론적, 그리고 표기법적 측면에서 밝히며, 셋째로, 한국어 순화의 실천 방안을 한국어 정책적, 한국어 연구적, 한국어 운동적 차원에서 제시하고, 넷째로, 한국어 순화와 한국어 사전의 관계를 논의하는 데에 그 목적을 둔다.

2. 한국어 순화의 의미

'한국어 순화'라는 표현에서 '순화'의 뜻은, 한국어 사전에 따르면 다음의 (1)과 같이 정의되어 있다. 따라서 '한국어 순화'의 의미는 일단 다음의 (2)처럼 정의될 수 있다.

(1) ㄱ. 잡것을 없이 하여 순수하게 함
    ㄴ. 복잡한 것을 단순하게 함

(2) ㄱ. 한국어의 표현에 있어서 잡것을 없이 하여 순수하게 함
    ㄴ. 한국어의 표현에 있어서 복잡한 것을 단순하게 함

그런데 위의 (2ㄱ)에서 '잡것'이란, 낮은 말(비속어), 욕설, 변말(은어) 등과 같은 순수하지 않은 말, 즉, '곱지 않은 말'과, 발음, 문법 및 표기법이 규범에 맞지 않는 말, 곧, '바르지 않은 말'을 가리킨다. 그리고 (2ㄱ)에서 '순수하게 함'이란, '곱지 않은 말을 곱게 함'과 '올바르지 않은 말은 바르게 함'을 뜻한다. 또한 (2ㄴ)에서 '복잡한 것'이란, 한자어, 외래어, 외국어 등과 같이 듣거나 읽어 이해하기에 '어려운 말'을 가리킨다. 그리고 (2ㄴ)에서 '단순하게 함'이란, '어려운 말을 쉽게 함'을 뜻한다. 따라서 우리가 한국어 순화의 의미인 위의 (2ㄱ)과 (2ㄴ)을 좀더 구체적으로 나타내면, 한국어 순화의 의미는 다음의 (3)과 같이 세 가지로 규정될 수 있다.[1]

---

1) '한국어 순화'의 정의에 대하여, 허 웅 (1978: 189)에서는, "국어 순화는 한마디로

(3) ㄱ. 한국어의 표현에 있어서 낮은 말, 욕설, 변말 등과 같은
       곱지 않은 말을 쓰지 않고 고운 말을 쓰게 함

   ㄴ. 한국어의 표현에 있어서 발음, 문법, 표기법 등이 규범에
       맞지 않는 틀린 말을 쓰지 않고 규범에 맞는 바른 말을
       쓰게 함

   ㄷ. 한국어의 표현에 있어서 한자어, 외래어, 외국어 등과 같은
       어려운 말을 쓰지 않고 이해하기에 쉬운 말을 쓰게 함

결국, 한국어의 순화란, 간단히 말하면, 고운 말, 바른 말, 그리고 쉬운 말을 쓰게 하는 것이라고 할 수 있다. 그런데 한국어 순화의 의 위의 (3)에서, (3ㄱ)은 어휘론과 관계가 있고, (3ㄴ)은 음운론, 통사ㅡ의 미론 및 표기법과 연관이 있으며, (3ㄷ)은 어휘론과 관련이 있다.

'고운 말,' '바른 말,' '쉬운 말'을 가려 쓰는 운동이라 할 수 있다. 첫째, 욕이나 속된 말을 쓰지 않고 점잖은 말을 써야 할 것인데, 이것은 '고운 말' 쓰기요, 둘째, 표준 발음, 표준말, 표준 말본에 맞지 않은 말을 쓰지 말고, 이러한 규범에 맞는 말을 써야 할 것이니, 이것은 '바른 말' 쓰기요, 셋째, 일반 국민이 잘 알아 들을 수 없는 어려운 한자말, 일본말 찌꺼기, 서양말들을 쓰지 말고, 되도록 우리 국민 모두가 쉽게 바로 알아들을 수 있는 말을 써야 할 것이니, 이것은 '쉬운 말' 쓰기이다"라고 하였다. 김 석득 (1979: 9)에서는 "국어 순화는 잡것으로 알려 진 들어온 말 (외래어)과 외국말을 가능한 한 우리 토박이말로 재정리한다는 것 이요, 비속한 말과 틀린 말을 고운 말과 표준 발음, 표준말, 표준 말본으로 바르 게 하자는 것이다. 또한 그것은 복잡한 것으로 알려진 어려운 말을 쉬운 말로 고치는 일도 된다. 이와 같이 본다면, 한국어 순화란 결코 '우리말의 혁명'이 아 니다. 우리말을 다듬는 일, 그것이 바로 우리말의 순화인 것이다"라고 하였다. 박 갑수 (1979: 57-58)에서는 "국어 순화란 효과적인 언어 생활을 저해하는 국어 의 요소를 제거하는 것을 의미한다. 따라서 한국어 순화란 대외적으로 순수하지 않은 외래 요소를 제거하는 순화와 대내적으로 우리말을 아름답게 하려는 미화 를 아울러 의미하게 된다"고 하였다.

3. 한국어 순화의 대상

한국어의 순화에 있어서 그 대상은, 음운론적, 어휘론적, 통사-의미론적, 그리고 표기법적 측면에 따라서 여러 가지로 세분될 수 있다. 음운론적 측면에서의 한국어 순화의 대상은 부정확한 발음이다. 어휘론적 견지에서의 한국어 순화의 대상에는 낮은말 (비속어), 욕설, 변말 (은어), 준말 (약어), 오용된 말, 외래어 (차용어) 및 외국어 등이 있다. 통사-의미론적 관점에서의 한국어 순화의 대상에는 대우법 (존대법)의 파괴, 비문법적 표현, 중의적 표현, 잉여적 표현 및 외국어식 표현 등이 있다. 그리고 표기법적 측면에서의 한국어 순화의 대상에는 잘못 쓰이는 맞춤법과 띄어쓰기가 있다.

3.1. 음운론적 측면에서의 한국어 순화의 대상

음운론적 견지에서 볼 때에 한국어 순화의 대상은 표준 발음법에 맞지 않는 발음이다. 우리는 표준 발음법에 맞지 않는 발음을 표준 발음법에 맞게 발음하도록 고쳐야 한다. 여기에서 표준 발음법이란 표준어의 실제 발음을 따르는 것을 말한다. 그리고 표준어란, "교양 있는 사람들이 두루 쓰는 현대 서울말"을 가리킨다.[2]

일반적으로 발음의 범주는 분절 음소 (segmental phoneme)과 초분절 음소 (suprasegmental phoneme)으로 구분된다. 분절 음소는 홀소

---

[2] 표준어의 정의와 표준 발음법에 관한 것은 문교부 (1988)에서 고시한 '표준어 규정'을 참조하라.

리와 닿소리로 나누어지고, 초분절 음소는 음조 (억양, intonation)과 운율 (rhythm)로 양분된다. 그리고 음조는 다시 높이 (음고, pitch)와 말끝줄 (문미곡선, terminal contour)로 나누어지고, 운율은 세기 (강세, stress), 길이 (음장, length) 및 이음새 (연접, juncture)로 구분된다 (노 대규, 1986: 3).

발음에 있어서의 한국어 순화의 대상에는, 위에서 제시한 발음의 구성 요소가 모두 포함될 수 있다. 그러나 여기에서는 특히, 홀소리, 닿소리, 그리고 길이 (음장)의 경우에 대하여만 논의하기로 한다.

(1) 홀소리

홀소리의 발음에 있어서 한국어 순화의 대상이 되는 것에는, 반높은 홀소리의 낮은 홀소리 되기 (중설 모음의 저설 모음화), 높은 홀소리의 반높은 홀소리 되기 (고설 모음의 중설 모음화), 뒤홀소리의 앞홀소리 되기 (후설 모음의 전설 모음화), 둥근 홀소리의 안둥근 홀소리 되기 (원순 모음의 평순 모음화), 반홀소리 없애기 (반모음 탈락), 반홀소리의 홑홀소리 되기 (반모음의 단모음화), 홑홀소리의 겹홀소리 되기 (단모음의 중모음화), 겹홀소리의 홑홀소리 되기 (중모음의 단모음화), 그리고 길이 (음장)의 구별 등이 있다.

1) 반높은 홀소리의 낮은 홀소리 되기

이는 안둥근 앞 반높은 홀소리인 'ㅔ'를 안둥근 앞 낮은 홀소리인 'ㅐ'로 잘못 발음하는 것을 가리킨다. 요즘 젊은이들 가운데에는 'ㅔ'와

'ㅐ'를 구별하지 못하고, 다음의 (4)에서와 같이 'ㅔ'를 'ㅐ'로 잘못 발음하는 경우가 많다. 따라서 'ㅔ'와 'ㅐ'를 구별하여 발음할 수 있도록 지도해야 한다.[3]

> (4) ㄱ. 봄에는 {게/*개}가 알을 품나요?
>
> ㄴ. 차가 {네거리/*내거리}에서 멈추었습니다.
>
> ㄷ. 연말에는 {우체국/*우채국}이 붐빕니다.
>
> ㄹ. 콩으로 {메주/*매주}를 쑨대도 못 믿믿겠어요.

2) 높은 홀소리의 반높은 홀소리 되기

이는 안둥근 뒤 높은 홀소리인 'ㅡ'를, 안둥근 뒤 반높은 홀소리인 'ㅓ'로 잘못 발음하는 것을 말한다. 최근에 방송 출연자들 중에는 다음의 (5)처럼 'ㅡ'를 'ㅓ'로 틀리게 발음하는 사람이 꽤 있다. 이는 바르게 시정되어야 한다.

> (5) ㄱ. 이 {음악/*엄악} 소리가 좋군요!
>
> ㄴ. 스승의 {은혜/*언혜}는 끝이 없습니다.
>
> ㄷ. 무슨 {근거/*건거}로 그런 말을 하십니까?
>
> ㄹ. 마음이 {든든/*던던}합니다.

3) 뒤홀소리의 앞홀소리 되기

이에는 첫째로, 다음의 (6)에서와 같이 안둥근 뒤 높은 홀소리인

---

3) 이 논문에서의 *표시는 비표준적이라는 의미로 사용된 것이다.

'ㅡ'가 안둥근 앞 높은 홀소리인 'ㅣ'로 잘못 발음되는 경우가 있다.

(6) ㄱ. 철이가 잔을 {깨뜨렸/*깨띠렸}습니다.
ㄴ. 안으로 {들여다/*딜여다} 보세요.
ㄷ. 이곳에 {쓰레기/*씨레기}를 버리지 마십시오.
ㄹ. 이 {즈음/*지음} 어떻게 지내세요?

둘째로, 다음의 (7)에서처럼 둥근 뒤 높은 홀소리인 'ㅜ'가 둥근 앞 높은 홀소리인 'ㅟ'로 잘못 발음되는 경우가 있다.

(7) ㄱ. 가정 파괴법은 {죽여야/*쥑여야} 합니다.
ㄴ. 서울 {구경/*귀경}을 잘 했습니까?
ㄷ. 얼굴 색이 {누리끼리/*뉘리끼리} 하군요!
ㄹ. 아이구, {무서워라/*뮈서워라}.

셋째로, 다음의 (8)에서와 같이 둥근 뒤 반높은 홀소리인 'ㅗ'가 둥근 앞 반높은 홀소리인 'ㅚ'로 잘못 발음되는 경우가 있다.

(8) ㄱ. 이 {고기/*괴기}가 너무 질겨요.
ㄴ. 그럼 {모밀/*뫼밀} 국수를 먹을까요?
ㄷ. 산에 가서 {토끼/*퇴끼}를 잡읍시다.
ㄹ. 수도관을 좀 {녹여/*뇍여} 주세요.

넷째로, 다음의 (9)에서처럼 안둥근 뒤 반높은 홀소리인 'ㅓ'가 안둥근 앞 반높은 홀소리인 'ㅔ'로 잘못 발음되는 경우가 있다.

(9) ㄱ. 나 좀 보자, {어미/*에미}야.

ㄴ. 새한테 무슨 {먹이/*멕이}를 줍니까?

ㄷ. 이제 어려운 고비를 다 {넘겼/*넴겼}지.

ㄹ. 속옷은 {벗기/*벳기}지 말아라.

다섯째로, 다음의 (10)에서와 같이 안둥근 뒤 낮은 홀소리인 'ㅏ'가 안둥근 앞 낮은 홀소리인 'ㅐ'로 잘못 발음되는 경우가 있다.

(1) ㄱ. 음식을 {남기/*냄기}지 마라.

ㄴ. 돈을 나한테 {맡기/*맽기}지 그래.

ㄷ. 그 강도가 {잡히/*잽히}었나요?

ㄹ. 변기가 {막히/*맥히}면 어떻게 하지?

4) 둥근 홀소리의 안둥근 홀소리 되기

이에는 첫째로, 다음의 (11)에서처럼 둥근 앞 높은 홀소리인 'ㅟ'가 안둥근 앞 높은 홀소리인 'ㅣ'로 잘못 발음되는 경우가 있다.

(11) ㄱ. 담장을 {뛰어/*띠어} 넘자.

ㄴ. 그이는 {위장병/*이장병}으로 고생하고 있어.

ㄷ. 앞으로는 {허위/*허이} 사실을 유포하지 마세요.

ㄹ. 누가 {시위/*시이} 군중에게 총을 쏘았습니까?

둘째로, 다음의 (12)에서와 같이 둥근 앞 반높은 홀소리 'ㅚ'가 안둥근 앞 반높은 홀소리 'ㅔ'로 잘못 발음되는 경우가 있다.

(12) ㄱ. 여행 {계획/*계핵}을 다 세웠습니다.

ㄴ. 제이 {외국어/*에국어}로 무엇을 배웠습니까?

ㄷ. 저는 그 모임에서 {탈퇴/*탈테}했어요.

ㄹ. 드디어 {금괴/*금게} 밀수범이 잡혔군요!

셋째로, 다음의 (13)에서처럼 둥근 뒤 높은 홀소리인 'ㅜ'가 안둥근 뒤 높은 홀소리인 'ㅡ'로 잘못 발음되는 경우가 있다.

(13) ㄱ. 아가야, {이불/*이블}을 잘 덮고 자거라.

ㄴ. 그이가 {식물/*식믈} 인간이 되었대요.

ㄷ. 저는 {붉/*븕}은 장미를 좋아합니다.

ㄹ. 어디에 {무슨/*므슨} 일이 생겼습니까?

5) 반홀소리 없애기

이는 다음의 (14)에서와 같이 반홀소리인 '오/우 [W]'를 탈락시켜 잘못 발음하는 경우를 가리킨다.

(14) ㄱ. 애야, {과자/*가자}를 좀 사오너라.

ㄴ. 앞으로는 {확실/*학실}하게 말씀하십시오.

ㄷ. 이 {궤작/*게짝}에 무엇이 들어 있어요?

ㄹ. 그렇게 하면 안{돼/*대}요.

6) 반홀소리의 홑홀소리 되기

이에는 첫째로, 다음의 (15)에서처럼 안둥근 뒤 반홀소리인 'ㅢ'가 안둥근 앞 높은 홀소리인 'ㅣ'로 잘못 발음되는 경우가 있다.

(15) ㄱ. 지금 {의사/*이사} 선생님께서 계십니까?

ㄴ. 다른 {의견/*이견}이 없습니가.

ㄷ. 저분이 {국회의원/*국회이원}이군요!

ㄹ. 그 문제에 대하여 {의논/*이논}합시다.

둘째로, 다음의 (16)에서와 같이 안둥근 뒤 반홀소리인 'ㅢ'가 안 둥근 뒤 홑홀소리인 'ㅡ'로 잘못 발음되는 경우가 있다.

(16) ㄱ. 우리{의/*으} 소원은 통일이지요.

ㄴ. 그이는 {의리/*으리}의 사나이입니다.

ㄷ. 무슨 {의시/*으사} 선생이 그래요?

ㄹ. 남에게 {의존/*으존}하지 마세요.

7) 홑홀소리의 겹홀소리 되기

이는 다음의 (17)에서처럼 홑홀소리인 'ㅚ'가 겹홀소리인 'ㅔ [we]' 나 'ㅙ [wɛ]'로 잘못 발음되는 경우를 가리킨다.

(17) ㄱ. 선생께서는 {외국/*웨국/*왜국} 여행을 해 보셨어요?

ㄴ. 여우는 {꾀/*꿰/*꽤}가 많은 동물이지요.

ㄷ. 몇시에 {퇴근/*퉤근/*퇘근}하세요?

ㄹ. 제가 {죄인/*줴인/*좨인}이지요.

8) 겹홀소리의 홑홀소리 되기

이는 다음의 (18)에서와 같이 겹홀소리인 'ㅕ [jə]'와 'ㅖ [je]'가, 각각 홀소리인 'ㅔ [e]'와 'ㅣ [i]'로 잘못 발음되는 경우를 가리킨다.

(18) ㄱ. 오늘이 {며칠/*메칠}입니까?
ㄴ. 이제 {별일/*벨일} 다 보겠군!
ㄷ. 촛불을 {켤까/*킬까}요?
ㄹ. 안녕히 {계십시오/*기십시오}.

9) 길이의 구별

이는 다음의 (19)에서처럼 낱말에 있어서 홀소리의 길이 (음장)의 길고 짧음 (장단)을 구별하여 발음하지 않음으로써 의미상 혼동을 가져오는 경우를 가리킨다.

(19) ㄱ. 얼굴을 예쁘게 {화장(化粧)/*화 : 장(火葬)}해라.
ㄴ. 잘못을 {사 : 과(謝過)/*사과(沙果)} 드리겠습니다.
ㄷ. 이 {거리/*거 : 리(距離)}가 너무 지저분하군요!
ㄹ. 나무 위에 {새 : 집/*새집}을 지어 줍시다.

(2) 닿소리

닿소리의 발음에 있어서 한국어 순화의 대상이 되는 것에는 된소리 되기 (경음화), 받침 (종성)의 발음, 소리의 닮음 (음운 동화) 소리의 덧남 (음운 첨가), 그리고 소리의 없앰 (음운 탈락) 등이 있다.

1) 된소리 되기

이는 다음의 (20)에서와 같이 'ㄱ, ㄷ, ㅂ, ㅅ, ㅈ'이 낱말의 첫음절이나 둘째 음절의 첫소리에서 된소리로 되어야 할 음운론적 조건이 없는데도 불구하고 된소리로 잘못 발음되는 것을 가리킨다.

(20) ㄱ. 제가 {과대표/*꽈대표}가 되었습니다.
ㄴ. 유리창을 깨끗하게 {닦/*딲}으세요.
ㄷ. 영수는 힘이 참 {세/*쎄}다.
ㄹ. 우리 {작은형/*짝은형}이 그랬어요.

2) 받침의 발음

이에는 첫째로, 다음의 (21)에서처럼 겹받침 'ㄼ'이 낱말의 끝 (어말)이나 닿소리 앞에서 잘못 발음되는 경우가 있다.

(21) ㄱ. {여덟[여덜]/*여덟[여덥]}
ㄴ. 그이는 마음이 {넓다[널따]/넓다[*넙따]}.
ㄷ. 얼굴이 아주 {넓적하다[넙쩌카다]/넓적하다[*널쩌카다].
ㄹ. 잔디를 {밟지[밥찌]/밟지[*발지]} 마세요.

둘째로, 다음의 (22)에서와 같이 겹받침 'ㄹ'과 'ㄿ'이 낱말의 끝이나 닿소리 앞에서 잘못 발음되는 경우가 있다.

(22) ㄱ. {닭[닥]/닭[*달]}

ㄴ. 강물이 참 {맑다[막따]/맑다[*말따]}.

ㄷ. 하늘이 {맑게[말께]/맑게[*막께]} 개였다.

ㄹ. 가끔 시를 {읊곤[읍꼰]/읊곤[*을꼰]} 하지요.

셋째로, 다음의 (23)에서처럼 받침 'ㄱ, ㄷ, ㅂ, ㅈ'과 'ㄷ'으로 발음되는 'ㅅ, ㅈ, ㅊ, ㅌ'이 뒤 음절의 첫소리 'ㅎ'과 결합될 때 잘못 발음되는 경우가 있다.

(23) ㄱ. 그이는 마음이 {착하다[차카다]/착하다[*차가다]}.

ㄴ. 그 친구 {맏형[마텽]/맏형[*마뎡]}은 어디 있어?

ㄷ. 언제 대학에 {입학[이팍]/입학[*이박]}했습니까?

ㄹ. 내일 {옷 한 벌[오탄벌]/옷 한 벌[*오단벌]} 삽시다.

넷째로, 다음의 (24)에서와 같이 받침 'ㅎ'이 그 뒤에 홀소리로 시작된 어미나 접미사와 결합할 때에 잘못 발음되는 경우가 있다.

(24) ㄱ. 그것 참 {좋은[조은]/좋은[*조흔]} 생각입니다.

ㄴ. 눈이 많이 {쌓이[싸이]/쌓이[*싸히]}었다.

ㄷ. 나는 그것이 {싫어[시러]/싫어[*실허]}요.

ㄹ. 이거 {많이[마니]/많이[*만히]} 드세요.

다섯째로, 다음의 (25)에서처럼 홑받침이 홀소리로 시작된 조사나 어미와 결합될 때에 잘못 발음되는 경우가 있다.

(25) ㄱ. 이 {꽃에[꼬체]/꽃에[*꼬테]} 물을 주세요.

　　ㄴ. 손을 잘 {씻어[씨서]/씻어[*써처]}라.

　　ㄷ. 제 {곁을[겨틀]/곁을[*겨츨]}을 떠나지 마세요.

　　ㄹ. 그이는 {빛이[비지]/빛이[*비시]} 참 많습니다.

　여섯째로, 다음의 (26)에서와 같이 겹받침이 홀소리로 시작된 조
사와 결합될 때에 잘못 발음되는 경우가 있다.

(26) ㄱ. 이거 {값을[[갑슬]/값을[*가블]} 좀 깎아 주세요.

　　ㄴ. 그이는 {넋이[넉시]/넋이[*너기]} 나갔습니다.

　　ㄷ. 앞으로는 {외곬으로[외골스로]/외곬으로[*외골로]} 나가지
　　　　마라.

　　ㄹ. 제 {몫이[목시]/몫이[*모기]} 너무 적어요.

　일곱째로, 다음의 (27)에서처럼 겹받침이 'ㅏ, ㅓ, ㅗ ,ㅜ ,ㅟ'들로
시작되는 실질 형태소와 연결될 때에 잘못 발음되는 경우가 있다.

(27) ㄱ. 거기 {닭 앞에[다가페]/닭 앞에[*달가페]} 서세요

　　ㄴ. 이것은 {값어치[가버치]/값어치[*갑서치]}가 없어요.

　　ㄷ. 그 {흙 위[흐귀]/흙 위[*흘귀]}에 올라가지 마라.

　　ㄹ. 모두 {여덟 아이[여더라이]/여덟 아이[*여덜바이]}가 있었
　　　　습니다.

3) 소리의 닮음

　이에는 첫째로, 다음의 (28)에서와 같이 받침 'ㄱ, ㅁ, ㅂ ,ㅇ'이 그

뒤의 'ㄹ'과 연결될 때에 잘못 발음되는 경우가 있다.

    (28) ㄱ. 거기까지 {백리[뱅니]/백리[*뱅리]}입니까?

        ㄴ. 앞으로는 {음란[음난]/음란[*음란]} 비디오를 보지 마라.

        ㄷ. 우리 모두 서로 {협력[혐녁]/협력[*혐력]}합시다.

        ㄹ. 비행기가 {항로[항노]/항로[*항로]}를 이탈했었군요!

둘째로, 다음의 (29)에서처럼 받침 'ㄴ'이 그 뒤의 'ㄹ'과 연결될 때에 'ㄹ'로 잘못 발음되는 경우가 있다.

    (29) ㄱ. 금년도 {생산량[생산냥]/생산량[*생살량]}은 모두 얼마나 됩니까?

        ㄴ. 예비군 {동원령[동원녕]/동원령[*동월령]}이 떨어졌습니다.

        ㄷ. 이제 {난로[날로]/난로[*난로]}에 석유를 넣으세요.

        ㄹ. 어제 {광한루[광할루]/광한루[*광한누]}에 가 보았지요.

셋째로, 다음의 (30)에서와 같이 받침 'ㅁ'이 그 뒤의 'ㄱ, ㅋ'과 연결될 때에 'ㅇ'으로 잘못 발음되는 경우가 있다.[4]

    (30) ㄱ. 언제 {감기[감기]/감기[*강기]}에 걸리셨습니까?

        ㄴ. 잠수교가 물 속에 {잠겼[잠겼]/잠겼[*장껬]}군요!

        ㄷ. 그 회의에 {참가[참가]/참가[*창가]}했었어요.

        ㄹ. 그냥 {삼키[삼키]/삼키[*상키]}지 마라.

---

4) 받침 'ㅁ'이 그 뒤의 'ㄱ, ㅋ'과 연결될 때 'ㅇ'으로 발음되는 것은 자음 동화로 인정하지 않는다 (문교부 1988: 42, 표준어 규정 참조).

넷째로, 다음의 (31)에서처럼 받침 'ㄴ'이 그 뒤의 'ㅂ, ㅍ'과 연결될 때에 'ㅁ'으로 잘못 발음되는 경우가 있다.

(31) ㄱ. 언제 {한번[한번]/한번[*함번]} 만납시다.
　　 ㄴ. 그는 {군법[군뻡]/군법[*굼뻡]} 회의에 회부되었다.
　　 ㄷ. 어디 {손바닥[손빠닥]/손바닥[*솜빠닥]}을 좀 보자.
　　 ㄹ. 집 안 {안팎[안팍]/안팎[*암팍]}을 잘 살펴보세요.

다섯째로, 다음의 (32)에서와 같이 받침 'ㄴ'이 그 뒤의 'ㄱ, ㅋ'과 연결될 때에 'ㅇ'으로 잘못 발음되는 경우가 있다.

(32) ㄱ. 너는 {친구[친구]/친구[*칭구]}가 없니?
　　 ㄴ. 이제 {연구[연구]/연구[*영구]} 결과가 나왔습니까?
　　 ㄷ. 참 {반가워[반가워]/반가워[*방가워]}요.
　　 ㄹ. 그러다가는 이제 {큰코[큰코]/큰코[*킁코]} 다치지.

여섯째로, 다음의 (33)에서처럼 받침 'ㅂ'이 그 뒤의 'ㄱ'과 연결될 때에 'ㄱ'으로 잘못 발음되는 경우가 있다.

(33) ㄱ. 이 옷은 {입기[입끼]/입기[*익끼]}가 불편해요.
　　 ㄴ. 술래 {잡기[잡끼]/잡기[*작끼]}를 할까?
　　 ㄷ. 얼굴이 참 {곱기[곱끼]/곱기[*곡끼]}도 하지.
　　 ㄹ. 산이 {높고[놉꼬]/높고[*녹꼬]} 험해요.

일곱째로, (34)에서와 같이 'ㄷ, ㅌ, ㅅ, ㅈ, ㅊ'이 그 뒤의 'ㅂ'과 연결될 때에 'ㅂ'으로 잘못 발음되는 경우가 있다.

(34) ㄱ. 저 여자가 제일 {돋보이[돋뽀이]/돋보이[*돕뽀이]}는군요!
　　ㄴ. 여기에서 한강의 {밑바닥[믿빠닥]/밑바닥[*밉빠닥]}이 보입
　　　니까?
　　ㄷ. 이 음식을 {맛보[맏뽀]/맛보[*맙뽀]}세요.
　　ㄹ. 이 {꽃밭에[꼬빠테]/꽃밭에[*꼬빠테]} 꽃이 많습니다.

여덟째로, 다음의 (35)에서처럼 'ㄷ, ㅌ, ㅅ, ㅈ, ㅊ'이 그 뒤의 'ㄱ'
과 연결될 때에 'ㄱ'으로 잘못 발음되는 경우가 있다.

(35) ㄱ. 큰 {숟가락[숟까락]/숟가락[*숙까락]}으로 주세요.
　　ㄴ. 이거 {낱개[낟깨]/낱개[*낙깨]}에 얼맙니까?
　　ㄷ. 이 {옷감[옫깜]/옷감[*옥깜]}이 참 좋군요!
　　ㄹ. 여기에 {꽃길[꼳낄]/꽃길[*꼭낄]}을 만듭시다.

아홉째로, 다음의 (36)에서와 같이 'ㄴ, ㄷ, ㅌ, ㅅ, ㅈ, ㅊ'이 그 뒤
의 'ㅁ'과 연결될 때에 'ㅁ'으로 잘못 발음되는 경우가 있다.

(36) ㄱ. 이것을 {반만[반만]/반만[*밤만]} 주세요.
　　ㄴ. 이 {낱말[난말]/낱말[*남말]}은 사전에 없는데요.
　　ㄷ. 저기 {젖먹이[전머기]/젖먹이[*점머기]}가 누구에요?
　　ㄹ. 이 꽃의 {꽃말[꼰말]/꽃말[*꼼말]}이 무엇이지요?

4) 소리의 덧남

이는 복합어, 곧, 합성어와 파생어에서 앞 낱말이나 접두사의 끝이 닿소리이고 뒤 낱말이나 접미사의 첫 음절이 '이, 야, 여, 요, 유'인 경우에는, 'ㄴ' 소리가 덧나서 [니, 냐, 녀, 뇨, 뉴]로 발음되는 것을 가리킨다. 그런데 이 때에 사람들 가운데에는 다음의 (37)에서처럼 'ㄴ'을 첨가시키지 않고 잘못 발음하는 경우가 있다.

(37) ㄱ. 이제 {솜이불[솜니불]/솜이불[*소미불]}을 덮읍시다.
ㄴ. 그게 {맨입[맨닙]/맨입[*매닙]}으로 어디 됩니까?
ㄷ. 여기에 {색연필[생년필]/색연필[*새견필]}이 있습니다.
ㄹ. 저건 {영업용[영엄농]/영업용[*영어봉]}이에요.

그리고 다음의 (38)에서와 같이 'ㄹ' 받침 뒤에 첨가되는 'ㄴ'소리는 [ㄹ]로 발음해야 하는데, 이 때에 [ㄹ]로 발음하지 않고 잘못 발음하는 경우가 있다.

(38) ㄱ. 밥이 {설익[설릭]/설익[*서릭]}었어요.
ㄴ. 이것 말고 {물약[물략]/물약[*무략]}으로 주십시오.
ㄷ. 순이는 {불여우[불려우]/불여우[*부려우]}같아.
ㄹ. 차에 {휘발유[휘발류]/휘발유[*휘바류]}가 떨어졌어.

5) 소리의 없앰

이에는 첫째로, 다음의 (39)에서처럼 받침 'ㅁ, ㄴ, ㅇ, ㄹ'이 그 뒤의 'ㅎ'과 연결될 때에 'ㅎ'소리를 잘못 탈락시켜 발음하는 경우가 있다.

(39) ㄱ. 이 {암호[암호]/암호[*아모]}를 해독할 수 있어요?
　　ㄴ. 지금 {은행[은행]/은행[*으냉]}에 갑니다.
　　ㄷ. 저에게 {명함[명함]/명함[*명암] 한 장만 주세요.
　　ㄹ. 그 차에는 {결함[결함]/결함[*겨람]이 없어요.

둘째로, 다음의 (40)에서와 같이 접미사 '-하-'가 붙어 있는 용언에서 'ㅎ'소리가 잘못 탈락되어 발음되는 경우가 있다.

(40) ㄱ. 먼저 {일하[일하]/일하[*이라]고 밥 먹어라.
　　ㄴ. 남을 {사랑해[사랑해]/사랑해[*사랑애]}는 것도 죄가 되나요?
　　ㄷ. 그이는 {고루한[고루한]/고루한[*고루안]}사람입니다.
　　ㄹ. 그냥 {무던하[무던하]/무던하[*무더나]}게 생겼어요.

3.2. 어휘론적 측면에서의 한국어 순화의 대상

어휘론적 견지에서 볼 때에 한국어 순화의 대상은 곱지 않고 바르지 않고 쉽지 않은 말이다. 이를 좀더 구체적으로 말하면 이에는 낮은말 (비속어), 욕설, 변말 (은어), 준말 (약어), 오용된 말, 외래어 (차용어), 그리고 외국어 등이 있다.

(1) 낮은말

낮은말이란 점잖지 않고 저속하고 비천하며 상스러운 말을 가리킨다. 이러한 말을 쓰는 사람은 자기 자신의 품위를 떨어뜨리게 할뿐만 아니라 상대방의 감정을 불쾌하게 만들 수도 있다. 따라서 우리는 다음의 (41)에서와 같이 낮은말을 쓰지 말고 고운말 (또는 점잖은 말)을 쓰도록 해야 한다.

(41) ㄱ. 저 여자는 {목/*모가지}이/가 아름답군요!
ㄴ. 너는 {눈/*눈깔}이 크구나!
ㄷ. 그 친구가 {죽었/*뒈졌}어.
ㄹ. 뭐라고 {말했/*씨브렁거렸}니?

여기에서 고운말로 바꿔 써야 할 낮은말의 보기를 좀더 들면 그것은 다음의 (42)와 같다.

(42) ㄱ. *마빡 → 이마
ㄴ. *배때기 → 배
ㄷ. *대가리 → 머리
ㄹ. *아가리 → 입
ㅁ. *턱주가리 → 아래턱
ㅂ. *처먹다 → 먹다
ㅅ. *꼬시다 → 꾀다
ㅇ. *꼬불치다 → 훔치다
ㅈ. *눈깔 나오다 → 몹시 고되다
ㅊ. *해골이 복잡하다 → 골치가 아프다

(2) 욕설

　　욕설이란 ·남을 미워하거나 저주하거나 그의 인격을 모독하거나 또는 명예를 더럽히는 말을 뜻한다. 이러한 말을 쓰는 사람은 자기 자신의 인격을 스스로 낮추게 할뿐더러 남의 기분도 상하게 할 수 있다. 그러므로 우리는 어떠한 상황에서도 되도록 욕설을 사용하지 않는 것이 바람직하다. 그리고 우리가 비록 남에게 욕설을 사용할 수밖에 없는 감정이 나더라도, 다음의 (43)에서처럼 직접적이고 노골적인 욕설을 사용하기보다는 간접적이고 우회적인 완곡한 표현으로 자기 감정을 나타내도록 노력해야 한다.

　　(43) ㄱ. 저런 {짐승같은 사람/*자식/*개새끼/*개놈/*개년}이/가 있나!
　　　　ㄴ. 이런 {정신나간 사람/*자식/*미친 놈/*미친 년} 같으니 라구!
　　　　ㄷ. 저런 {벌 받을 사람/*자식/*오라질 놈/*오라질 년}!
　　　　ㄹ. 이런 {나쁜 사람/*자식/*염병할 놈/*염병할 년}같으니!

　　우리가 가능한 한 쓰지 말아야 할 욕설의 보기를 좀더 들면 그것은 다음의 (44)와 같다.

　　(44) ㄱ. *썩을 {자식/놈/년/새끼}
　　　　ㄴ. *씹할 {자식/놈/년/새끼}
　　　　ㄷ. *좆 같은 {자식/놈/년/새끼}
　　　　ㄹ. *빌어먹을 {자식/놈/년/새끼}
　　　　ㅁ. *병신 같은 {자식/놈/년/새끼}
　　　　ㅂ. *찢어 죽일 {자식/놈/년/새끼}

ㅅ. *벼락 맞을 {자식/놈/년/새끼}

ㅇ. *육시를 할 {자식/놈/년/새끼}

ㅈ. *거지 발싸개 같은 {자식/놈/년/새끼}

ㅊ. *염병하다 땀을 내고 죽을 {자식/놈/년/새끼}

(3) 변말

변말이이라고 하는 것은 어떤 특수한 사회적 계급이나 집단을 이루고 있는 구성원들 사이에서 서로 비밀스럽게 의사 소통을 하거나 동일성을 나타내기 위해서 독특하게 만들어 내어 쓰는 말을 가리킨다. 다시 말하면 변말은 도둑, 거지, 깡패, 학생, 또는 군인 등과 같이 특수한 계층이나 집단에 속해 있는 사람들이 자기들끼리만 이해할 수 있도록 만들어 낸 독특한 말을 지칭한다. 이와 같이 변말은 특정한 사람들이 특수한 환경이나 상황에서 사용하는 말이므로 일반적인 말이라고 할 수 없다. 그리고 이러한 말을 쓰는 사람은 자기 자신을 남에게 오해시킬 수도 있고 남의 감정을 손상시킬 수도 있다. 따라서 우리는 다음의 (45)에서와 같이 변말을 쓰지 않고 일반적인 말을 쓰도록 할 필요가 있다.

(45) ㄱ. 저 {여자/*깔치} 참 예쁜데!

ㄴ. 그래 {교도소/*빵깐} 생활이 어떻습디까?

ㄷ. 누가 너를 {때렸/*조졌니?

ㄹ. 함부로 {말하/*나발불}지 마십시오.

우리가 되도록 쓰지 말아야 할 변말의 보기를 좀더 들면 그것은 다음의 (46)과 같다.

(46) ㄱ. *쪽 → 얼굴

　　 ㄴ. *쐬 → 돈

　　 ㄷ. *쪼다 → 바보, 병신

　　 ㄹ. *꼰대 → 노인, 부모

　　 ㅁ. *똘마니 → 거지아이, 부하

　　 ㅂ. *쎄비다 → 도둑질하다, 훔치다

　　 ㅅ. *토끼다 → 도망가다

　　 ㅇ. *깨지다 → 매맞다, 돈을 쓰다

　　 ㅈ. *삥땅하다 → 돈을 훔치다

　　 ㅊ. *기똥차다 → 참 좋다, 멋있다

(4) 준말

준말이란 둘 이상의 음절로 된 말에 있어서 홀소리나 닿소리 또는 그 둘 모두가 줄어져서 짧아진 말과 어떤 말에서 그 머리글자만을 따서 그것들을 잇대어 일종의 부호처럼 간단하게 쓰는 말을 가리킨다. 그런데 앞 것은 주로 글말 (문어)보다는 입말 (구어)에서 흔히 쓰이나 가끔씩 글말에서도 쓰이고 있는데 다음의 (47)에서와 같이 글말에서 사용된 준말은 한국어 순화의 대상이 될 수 있다. 우리는 글말에서 준말보다는 온말 (줄이지 않은 말)을 쓰도록 해야 한다.

(47) ㄱ. 비리를 모두 {밝혀야 하겠/*밝혀야겠}다.

　　 ㄴ. 수사에서 {드러난 것이/*드러난 게} 하나도 없다.

ㄷ. 총재의 {마음/*맘}을 {모를 것이/*모를 게}다.

ㄹ. 검찰은 의혹 사건을 {수사하여/*수사,} 범죄 혐의자를 처벌하였다.

그리고 뒤의 것은 입말과 글말에서 모두 쓰이고 있다. 그러나 입말이나 글말에서 의사소통에 지장을 초래하는 지나친 준말의 남용은 한국어 순화의 대상이 된다. 따라서 우리는 다음의 (48)에서처럼 의사소통에 장애가 되는 준말의 남용을 피하고 온말을 쓰도록 해야 한다.

(48) ㄱ. 앞으로 {행정개혁위원회/*행개위}는 전체 회의에서 채택한 안을 대통령에게 건의할 예정입니다.

ㄴ. 어제 {전국교사협의회/*전교협}은/는 교육의 민주화를 위해 투쟁할 것을 결의하였습니다.

ㄷ. 여기 {상공회의소/*상협}이/가 어디에 있습니까?

ㄹ. 여러분, {토요일 토요일은 즐거워/*토토즐} 시청자 여러분!

(5) 낱말의 오용

낱말의 오용이란 우리가 낱말을 사용함에 있어서 사전적 정의를 따르지 않고 그 의미를 잘못 사용하는 것을 가리킨다. 모든 낱말들은 각각 일정한 의미를 지니고 있다. 우리가 일상 생활에서 낱말들을 올바르게 사용하려면 언제나 한국어 사전에서 그 뜻을 일일이 찾아보아야 한다. 그런데 우리 주변에는 한국어 사전을 참고하지 않고 함부로 낱말들을 사용함으로써 그 뜻이 잘못 사용되고 있는 낱말들이 많이 있다. 이와 같이 잘못 사용되고 있는 낱말들은 한국어 순화의 대상에 포함된다.

우리는 다음의 (49)에서와 같이 잘못 사용되고 있는 낱말들을 사전적 정의에 따라 바르게 쓰도록 해야 한다.

(49) ㄱ. 성명을 {한자/*한문}(으)로 쓰십시오.
ㄴ. 그것은 {부주의 사고/*안전 사고}였습니다.
ㄷ. 그 선수가 어제 {첫째 세트/*일세트}에서 6대 3으로 이겼어요.
ㄹ. 이 문장은 뜻이 아주 {모호하/*애매하/*애매모호하}지 않아요?

(6) 외래어

외래어란 언어 체계가 서로 다른 언어끼리와의 접촉 과정에서 어떤 한 언어가 다른 한 언어의 낱말을 빌어다가 자기 언어의 낱말 체계 안에 넣어서 사용하게 된 것을 가리킨다. 우리가 외국어의 낱말을 외래어로 수용할 때에는 자기 나라의 낱말로 나타낼 수 없는 것만을 받아들여야 한다. 따라서 현재 한국어 사전에 등재되어 있는 외래어 가운데에서 한국어로 나타낼 수 없는 것만 외래어로 인정하고 한국어로 바꾸어 나타낼 수 있는 것은 모두 빼어 버려야 한다. 그런데 현재 한국어 사전에는 외래어로 인정할 수 없는 낱말들, 다시 말해서, 외국어로 볼 수밖에 없는 낱말들이 상당히 많이 들어 있다. 이는 당연히 한국어 순화의 대상이 되는 것이다. 한국어 사전에 등록되어 있는 외래어 중에서 한국어 순화의 대상이 되는 것에는 한자어 계통, 일본어 계통, 그리고 서구어 계통의 외래어가 있다.

첫째로, 한국어 사전에 들어있는 한자어 계통의 낱말 가운데에는 다음의 (50)에서 보는 바와 같이 한국어의 낱말로 보기 어렵거나 한국어로 쉽게 바꾸어 쓸 수 있는 것들이 있다. 한국어의 낱말로 보기 어려운 것은 사전에서 빼어 버리고 쉬운 한국어로 바꾸어 쓸 수 있는 것은 바꾸어 쓰도록 노력해야 한다.

(50) ㄱ. 비가 올 {때/*시}에는 연기하겠습니다.
　　　 ㄴ. 회비를 내지 않은 {이/*자}는 자격이 없어요.
　　　 ㄷ. 약을 {알약/*정제}(으)로 주십시오.
　　　 ㄹ. 그건 {묻지 않아도 알 수 있/*불문가지}지요.

한국어 사전에 나와 있는 한자어 계통의 낱말 가운데에서 한국어의 낱말로 볼 수 없는 것들을 좀 더 예시하면 그것은 다음의 (51)과 같다.

(51) ㄱ. *무소부지 (無所不知)
　　　 ㄴ. *회자정리 (會者定離)
　　　 ㄷ. *화룡점정 (畵龍點睛)
　　　 ㄹ. *만시지탄 (晚時之歎)
　　　 ㅁ. *조령모개 (朝令暮改)
　　　 ㅂ. *방성통곡 (放聲痛哭)
　　　 ㅅ. *가가호호 (家家戶戶)
　　　 ㅇ. *난형난제 (難兄難弟)
　　　 ㅈ. *부지불식간 (不知不識間)
　　　 ㅊ. *충신불사이군 (忠臣 不事二君)

둘째로, 다음의 (52)에서처럼 한국어 사전에 나타나 있는 일본어 계통의 낱말 중에도 외래어로 인정할 수 없는 것들이 많이 있다. 이들도 모두 쉬운 우리말로 바뀌어져야 한다.

(52) ㄱ. 그럼 {가락국수/*우동}를/을 먹을까요?
     ㄴ. 오늘은 {회/*사시미}가 싱싱하군요!
     ㄷ. 아직 {갈 곳/*행선지}이/가 정해지지 않았습니다.
     ㄹ. 기차보다는 {전세/*대절}버스로 갑시다.

이밖에 한국어 사전에 들어 있는 일본어 계통의 외래어 중에서 외래어로 받아들일 수 없는 낱말들을 좀더 보이고 이들을 한국어의 낱말로 바꾸면 그것은 다음의 (53)과 같다.

(53) ㄱ. *납득 → 이해
     ㄴ. *세대 → 가구
     ㄷ. *수속 → 절차
     ㄹ. *백묵 → 분필
     ㅁ. *초자 → 유리
     ㅂ. *멕기 → 도금
     ㅅ. *오뎅 → 꼬치
     ㅇ. *앙꼬 → 팥
     ㅈ. *쓰리 → 소매치기
     ㅊ. *와리바시 → 소독젓가락

셋째로, 다음의 (54)에서와 같이 한국어 사전에 등재되어 있는 서구어 계통의 외래어 가운데에는 외래어로 인정될 수 없는 것들이 상당히 많이 있다. 우리는 이들을 한국어로 바꾸어 써야 하며 한국어로 표현할 수 없는 것만을 한국어 사전에 남겨야 한다.

(54) ㄱ. 그이가 {충격/*쇼크}을/를 받았어요.
　　 ㄴ. 그 회의에 {참관인/*옵서버}(으)로 참가했었습니다.
　　 ㄷ. 이번 {휴가/*바캉스}에 어디로 가십니까?
　　 ㄹ. 다음 주까지 {보고서/*리포트}를 제출하십시오.

한국어 사전에 들어 있는 서구어 계통의 외래어 중에서 외래어로 받아들일 수 없는 불필요한 낱말들을 좀더 예시하고 이들을 한국어의 낱말로 바꿔 보이면 그것은 다음의 (55)와 같다.

(55) ㄱ. *핸들 → 손잡이
　　 ㄴ. *비어 → 맥주
　　 ㄷ. *미션 → 선교
　　 ㄹ. *리얼 → 사실적
　　 ㅁ. *센스 → 감각
　　 ㅂ. *아이론 → 다리미
　　 ㅅ. *서비스 → 봉사
　　 ㅇ. *레프리 → 심판
　　 ㅈ. *하머니 → 조화
　　 ㅊ. *루우즈 → 연지

(7) 외국어

외국어란 한국어와 언어 체계가 다른 나라의 말을 가리킨다. 그런데 우리는 일상적 대화에서뿐만 아니라 대중적 전달 매체에서도 한국어에 외국어를 섞어 쓰는 일이 많음을 볼 수 있다. 또한 음식점, 다방, 술집, 양장점 등의 간판이나, 화장품, 약품, 식료품, 의류제품 등의 상표에는 그 이름이 외국어로 된 것이 많고 심지어는 그 이름이 외국 글자로 씌어져 있는 것도 많다. 한국어 순화의 대상에는 이처럼 쓸데없이 한국어에 섞여 쓰이는 외국어와 각종 간판이나 상품에 씌어 있는 외국어가 포함된다.

우리는 일상적인 언어 생활에서 한국어에 어려운 외국어를 섞어 쓰지 말고 쉬운 우리말만 쓰며, 각종 업소의 상호나 각종 상품의 이름도 외국어를 쓰지 말고 쉬운 우리말로 지어 쓰도록 해야 한다.

먼저, 한국어에 외국어가 불필요하게 잘못 섞여 쓰이고 있는 보기를 들면 그것은 다음의 (56)과 같다.

(56) ㄱ. 그이는 {태도/*매너}가 나빠요.
     ㄴ. 몸에 {긴장/*스트레스}아/가 쌓이면 병이 생깁니다.
     ㄷ. 이거 {에누리/*디스카운트}좀 해 주세요.
     ㄹ. 우리 여행 {안내원/*가이드}은/는 참 친절해요.

일상 생활에서 한국어에 자주 잘못 섞여 사용되고 있는 불필요한 외국어의 예를 좀더 들고 이를 우리말로 바꾸어 보이면 그것은 다음의 (57)과 같다.

(57) ㄱ. *메뉴 → 차림표, 식단
     ㄴ. *미팅 → 모임, 회합
     ㄷ. *밸런스 → 균형, 조화

ㄹ. *리스트 → 명단, 목록

ㅁ. *테크닉 → 기술, 기교

ㅂ. *하이킹 → 소풍, 도보 여행

ㅅ. *캠페인 → 운동, 계몽 운동

ㅇ. *썬글라스 → 색안경, 보안경

ㅈ. *아이디어 → 생각, 착안

ㅊ. *앙케이트 → 조사, 설문 조사, 질문

다음으로, 간판에 씌어 있는 각종 업소의 상호나 상표에 표시되어 있는 각종 상품의 이름이 어려운 외국어 (또는 외국 문자)로 잘못 사용되고 있는 예를 들어 보이면 그것은 다음의 (58)과 같다.[5]

(58) 가. 음식점 이름:

ㄱ. *뮤즈 (Muse)

ㄴ. *랑데부 (Rendezvovs)

ㄷ. *쎄라비 (C'est La Vie)

ㄹ. *파인 힐 (Pine Hill)

ㅁ. *그린 파크 (Green Park)

ㅂ. *노스탈차 (Nostalgia)

ㅅ. *로즈 가든 (Rose Garden)

ㅇ. *에뜨랑제 (Étranger)

ㅈ. *보헤미안 (Bohemian)

ㅊ. *하이마트 (Heimat)

---

5) 여기에 제시되어 있는 음식점, 다방, 술집, 양장점의 외국어 상호는 1988년도에 한국 전기 통신 공사 서울 지사가 발행한 '서울 상호편 전화 번호부'와 '서울 업종편 전화 번호부'에서 뽑은 것이다. 그리고 화장품, 의약품, 의류 제품, 식료품의 외국어 상품명은 필자가 직접 조사하여 뽑은 것이다.

나. 다방 이름:

　ㄱ. *노블 (Noble)

　ㄴ. *챔프 (Champ)

　ㄷ. *샬롬 (Shalom)

　ㄹ. *코지 (Cosy)

　ㅁ. *터미널 (Terminal)

　ㅂ. *아가페 (Agape)

　ㅅ. *그랜드 (Grand)

　ㅇ. *블랙 박스 (Black Box)

　ㅈ. *레인보우 (Rainbow)

　ㅊ. *몽마르뜨 (Montmartre)

다. 술집 이름:

　ㄱ. *타임 (Time)

　ㄴ. *가든 (Garden)

　ㄷ. *파레스 (Palace)

　ㄹ. *카니발 (Carnival)

　ㅁ. *스캔달 (Scandal)

　ㅂ. *맘모스 (Mammoth)

　ㅅ. *뉴 월드 (New World)

　ㅇ. *에버그린 (Evergreen)

　ㅈ. *게르만 호프 (German Hop)

　ㅊ. *블랙 하우스 (Black House)

라. 양장점 이름:

　ㄱ. *골덴 (Golden)

　ㄴ. *리베 (Libe)

ㄷ. *뉴 모드 (New Mode)

ㄹ. *라이프 (Life)

ㅁ. *베스트 (Best)

ㅂ. *프린스 (Prince)

ㅅ. *샤르망 (Charment)

ㅇ. *카리스마 (Charisma)

ㅈ. *엘레강스 (Élégance)

ㅊ. *마드모아젤 (Mademoiselle)

마. 화장품 이름:

ㄱ. *카바 마크 (Cover Mark)

ㄴ. *스킨 소프너 (Skin Softner)

ㄷ. *쎌 네츄럴 크림 (Cell Natural Cream)

ㄹ. *맨 타치 오데코롱 (Man Touch Eau De Cologne)

ㅁ. *나리싱 밀크 로숀 (Nourishing Milk Lotion)

ㅂ. *바이오 스킨 카바 (Bio Skin Cover)

ㅅ. *스킨 후레쉬 로숀 (Skin Fresh Lotion)

ㅇ. *스킨 아스트린젠트 (Skin Astringent)

ㅈ. *엣시스턴스 에멀젼 (Existence Emulsion)

ㅊ. *마스터즈 밀크 로숀 (Master's Milk Lotion)

바. 의약품 이름:

ㄱ. *펜잘 (Penzal)

ㄴ. *게보린 (Gworin)

ㄷ. *비콤 씨 (Beecom-C)

ㄹ. *훼스탈 (Festal)

ㅁ. *아진탈 (Azintal)

ㅂ. *판피린 (Panpyrin)

ㅅ. *판콜 에이 (Pancold A)

ㅇ. *베스타제 (Bestaze)

ㅈ. *베타 가글 (Beta Gargle)

ㅊ. *덱사코티실 (Dexacotsil)

사. 의류 제품 이름:

ㄱ. *로얄 (Royal)

ㄴ. *뱅떵 (Vingtans)

ㄷ. *비너스 (Venus)

ㄹ. *갤럭시 (Galaxy)

ㅁ. *맨 스타 (Man Star)

ㅂ. *라 보떼 (La Boaute)

ㅅ. *베네톤 (Benetton)

ㅇ. *라코스떼 (Lacoste)

ㅈ. *하이 파이브 (Hi-Five)

ㅊ. *프랑소와즈 (Françoise)

아. 식료품 이름:

ㄱ. *사브레 (Sables)

ㄴ. *콘 스낵 (Corn Snack)

ㄷ. *하비스트 (Harvest)

ㄹ. *헬스 펀치 (Health Punch)

ㅁ. *와인 쿨러 (Wine Cooler)

ㅂ. *쿠크 다스 (Couque Dasse)

ㅅ. *파라다이스 (Paradise)

ㅇ. *투 유 초컬릿 (To You Chocolate)

ㅈ. *다운타운 쿠키 (Downtown Cookies)

ㅊ. *다이제스티브 (Digestive)

3.3. 통사-의미론적 측면에서의 한국어 순화의 대상

통사-의미론적 견지에서 볼 때에 한국어 순화의 대상은 한마디로
말하면 통사적, 의미적으로 바르지 않은 표현이다. 이에는 대우법 (존
대법)의 파괴, 비문법적 표현, 중의적 표현, 잉여적 표현, 그리고 외국
어식 표현 등이 있다.

(1) 대우법의 파괴

대우법이란 말할이가 대인 관계에 따라 알맞은 말을 골라 쓰는
것을 가리킨다. 다시 말하면, 대우법은 말할이가 들을이나 화제의 인물
에 대하여 종적인 상하 관계와 횡적인 친소 관계 등을 바탕으로 상황
에 알맞은 말씨를 골라 쓰는 것을 지칭한다. 가령, 상대방이 자기보다
나이가 많다거나 사회적 지위가 높다거나 또는 자기와 가깝지 않다거
나 할 경우에는 상대방을 높이고 자기 자신을 낮추는 말씨를 써야 하
는 것이다. 상대방을 높이는 말씨를 써야 할 때에 높이는 말씨를 쓰지
않고 자기 자신을 낮추는 말씨를 써야 할 때에 낮추는 말씨를 쓰지 않
으면 원만한 인간 관계가 형성되기 어렵다. 반면에 자기 자신을 낮추
는 말씨를 쓰지 않아도 될 경우에 자기 자신을 낮추는 말씨를 쓰면 자
기 자신을 비굴하게 만드는 결과를 초래하게 된다.

그런데 이즈음에는 이러한 대우법이 상당히 파괴되어 가고 있는

실정에 있다. 따라서 우리는 다음의 (59)에서와 같이 올바른 대우법을 사용함으로써 원활한 인간 관계를 맺고 그를 유지해 나갈 수 있도록 노력해야 한다.

(59) ㄱ. 교수님, 좀 {여쭈어/*물어} 볼 것이 있습니다.
    ㄴ. 아버지, 할아버님께서 {오/*오시}라고 {그러셨/*그랬}어요.
    ㄷ. 선생님, {안녕히 계십시/*수고하십시}오.
    ㄹ. 참 {우리 나라/*저희 나라}는 날씨가 좋습니다.

(2) 비문법적 표현

비문법적 표현이란 문법적으로 즉, 통사적 의미적으로 잘 이루어져 있지 않은 표현을 가리킨다. 다시 말하면 비문법적 표현은 문법적 규칙에 위배되거나 받아들이기 어려운 올바르지 않은 표현이다. 따라서 우리는 올바른 문법적 표현을 사용하도록 노력해야 한다.

비문법적 표현에는 첫째로, 다음의 (60)에서와 같이 문장 성분이 서로 일치하지 않은 경우가 있다.

(60) ㄱ. 철수는 {기뻐하였/*기뻤}다.
    ㄴ. 날씨가 {맑습니다/*맑고 있습니다}.
    ㄷ. 저는 그이가 {좋/*좋은 것 같}아요.
    ㄹ. 그건 별로 {좋지 않/*좋지 않}아요.

둘째로, 다음의 (61)에서처럼 조사가 잘못 사용되는 경우가 있다.

(61) ㄱ. 그이가 부산{에/*을} 갔었어요.

　　ㄴ. 학생회 임원{이/*에서} 교내를 청소하기로 했어요.

　　ㄷ. 김 선생님{의/*이} 딸이 참 똑똑합니다.

　　ㄹ. 아이들{에게/*의} 공부는 중요합니다.

셋째로, 다음의 (62)에서와 같이 어미가 잘못 사용되는 경우가 있다.

(62) ㄱ. 그분을 {만난/*만났는} 사람이 누구입니까?

　　ㄴ. 이제 {피곤하니까/*피곤해서} 그만 쉽시다.

　　ㄷ. 비가 그쳤{는데/*지만} 밖으로 나갈까요?

　　ㄹ. 표정을 보{니/*아서} 기분이 좋지 않은 것이 분명해요.

넷째로, 다음의 (63)에서처럼 부사어의 수식 위치가 잘못되어 있는 경우가 있다.

(63) ㄱ. 순이가 그림을 잘 그립니다.

　　ㄱ′. *순이가 잘 그림을 그립니다.

　　ㄴ. 아이들이 공부를 안합니다.

　　ㄴ′. *아이들이 안 공부를 합니다.

　　ㄷ. 그 사람은 일을 못합니다.

　　ㄷ′. *그 사람은 못 일을 합니다.

　　ㄹ. 오늘 날씨가 많이 춥다.

ㄹ´. *많이 오늘 날씨가 춥다.

다섯째로, 다음의 (64)에서와 같이 문장 성분이 잘못 생략되는 경우가 있다.

(64) ㄱ. 그것은 별로 좋지 않군요.
　　ㄱ´. *그것은 별로{Ø}군요!

　　ㄴ. 너무 잘난 척하지 마.
　　ㄴ´. *너무 {Ø} 척하지 마.

　　ㄷ. 순이는 빵을 먹고, 영이도 빵을 먹었다.
　　ㄷ´. *순이는 빵을 먹고, 영이도 {Ø} 먹었다.

　　ㄹ. 김 선생의 아내가 김 선생을 꼬집었습니다.
　　ㄹ´. *{Ø} 아내가 김 선생을 꼬집었습니다.

여섯째로, 다음의 (65)에서처럼 동사가 대동사로 잘못 사용되는 경우가 있다.

(65) ㄱ. 이번에 영화를 한 편 {만들었/제작했/*했}습니다.
　　ㄴ. 어제 밤에 한바탕 {놀았/싸웠/마셨/*했}어요.
　　ㄷ. 해외 여행을 갔으면 {좋겠어/*해}요.
　　ㄷ. 인구가 너무 적지 않나 {걱정이어/*해}요.

(3) 중의적 표현

중의적 표현이란 표면상 동일한 낱말의 결합이 두 가지 이상의 서로 다른 의미로 해석되는 모호한 표현을 가리킨다. 중의적 표현은 두 가지 이상의 의미로 해석될 수 있기 때문에 의사 소통에 있어서 이해를 어렵게 할 수도 있고 또한 오해를 불러일으킬 수도 있다. 그러므로 우리는 이해하기에 복잡한 중의적 표현의 사용을 되도록 피하고 그것을 이해하기에 쉬운 단의적 표현으로 바꾸어 쓰도록 해야 한다.

다음의 (66ㄱ—ㄹ)의 의미는 각각 (66ㄱ′—ㄹ′)과 (66ㄱ″—ㄹ″)으로 해석되므로, 우리는 (66ㄱ—ㄹ)처럼 표현하지 말고 나타내고자 하는 의미에 따라서 (66ㄱ′—ㄹ′)이나 (66ㄱ″—ㄹ″)으로 각각 표현하도록 해야 한다.

(66) ㄱ. ?철수가 영이와 순이를 만났어요.
　　ㄱ′. 철수가 영이와 함께 순이를 만났어요.
　　ㄱ″. 철수가 영이와 순이를 둘 다 만났어요.

　　ㄴ. ?뚱뚱한 남자와 여자가 왔었습니다.
　　ㄴ′. 뚱뚱한 남자와 뚱뚱한 여자가 왔었습니다.
　　ㄴ″. 여자가 뚱뚱한 남자가 왔었습니다.

　　ㄷ. ?작은 마을의 집이 보였어요.
　　ㄷ′. 작은 마을에 있는 집이 보였어요.
　　ㄷ″. 마을에 있는 작은 집이 보였어요.

ㄹ. [?]어머니는 울면서 떠나는 딸을 배웅했습니다.

ㄹ′. 울면서 떠나는 딸을 어머니는 배웅했습니다.

ㄹ″. 떠나는 딸을 어머니는 울면서 배웅했습니다.

(4) 잉여적 표현

잉여적 표현이란 불필요한 군더더기가 붙어 있는 표현을 가리킨다. 우리가 다음의 (67ㄱ′-ㅁ′)에서와 같이 말에 사용하지 않아도 될 의미상 중복되는 표현이나 형태와 같은 쓸데없는 군더더기를 붙여 쓰는 것은 비경제적일 뿐만 아니라 남에게 분명하고 정확하다는 인상을 주지 못한다. 따라서 우리는 잉여적인 표현을 사용하지 말고 깨끗하고 명확한 표현을 사용하도록 노력해야 한다.

(67) ㄱ. 그는 언제나 거짓말을 해요.

　　ㄱ′. 그는 언제나 {[*]시도 때도 없이} 거짓말을 해요.

　　ㄴ. 그런 점이 틀림없이 있습니다.

　　ㄴ′. 그런 점이 틀림없이 {[*]없지 않아} 있습니다.

　　ㄷ. 이것은 국산인데 질이 참 좋아요.

　　ㄷ′. 이것은 {[*]말이에요}. 국산인데 {[*]말이에요}. 질이 {[*]말이에요}. 참 좋아요.

　　ㄹ. 어제 저는 친구하고 극장에 갔었어요.

　　ㄹ′. 어제([*]요), 저는([*]요), 친구하고([*]요), 극장에([*]요), 갔었어요.

ㅁ. 선생님, 내일 시간이 있으세요?

ㅁ´. {*있지 않아요}. 선생님 내일 시간이 있으세요?

(5) 외국어식 표현

외국어식 표현이란 외국어의 영향으로 생겨난 우리말답지 않은
표현을 가리킨다. 중-고등학교 학생용 영어 참고서나 일반 영어 문법
책 또는 일본어 학습서를 살펴보면, 거기에는 한국말이라고 할 수 없
는 한국말 표현이 상당히 많이 들어 있다. 이런 책을 가지고 외국어를
공부하는 이들은 그 엉터리 번역체 한국말의 영향을 받아서 자연히 한
국말이 아닌 한국말을 배우게 되고, 나아가서는 일상 생활에서도 외국
어식의 어색한 한국말을 사용하게 된다. 우리는 다음의 (68ㄱ´-ㅂ´)
에서와 같은 외국어식 표현을 쓰지 말고 (68ㄱ˝-ㅂ˝)에서처럼 우리
말다운 표현을 사용하도록 해야 한다.

(68) ㄱ. You must be tired.
　　ㄱ´. *당신은 피곤함에 틀림없다.
　　ㄱ˝. 너 피곤하겠다.

　　ㄴ. We can not emphasize it too much.
　　ㄴ´. *아무리 강조해도 지나치지 않는다.
　　ㄴ˝. 아무리 강조해도 모자란다/부족하다.

　　ㄷ. I should have gone there.
　　ㄷ´. *내가 거기에 갔어야만 했다.

ㄷ ˝. 내가 거기에 갈 걸 그랬다.

ㄹ. ソウルより釜山まで何kmですか

ㄹ ′. *서울로부터 부산까지 몇 km입니까?

ㄹ ˝. 서울에서 부산까지 몇 km입니까?

ㅁ. 問題が複雑した場合深思熟考して下さい.

ㅁ ′. *문제가 복잡한 바 심사숙고를 해야 합니다.

ㅁ ˝. 문제가 복잡하니까 심사숙고를 해야 합니다.

ㅂ. 彼は酒お飲んだのにあんまりよてなませ.

ㅂ ′. *그는 술을 마셨던 것인데 전혀 취하지 않았다.

ㅂ ˝. 그는 술을 마셨는데 전혀 취하지 않았다.

3.4. 표기법적 측면에서의 한국어 순화의 대상

　표기법적 견지에서 볼 때에 한국어 순화의 대상이 되는 것은 한마디로 말하면 표기법이 바르지 않은 표현이다. 우리는 신문이나 잡지의 기사, 광고, 각종 안내 표지, 그리고 일반인이나 학생들의 글에서 표기법이 잘못된 것을 많이 볼 수 있다. 따라서 우리는 모든 글을 한국어의 표기법에 따라 정확하게 쓸 수 있도록 노력해야 한다. 표기법적 측면에서 한국어 순화의 대상에는 잘못된 맞춤법 (철자법)과 띄어쓰기가 포함된다.

(1) 맞춤법

　　맞춤법이란 전문적으로 말하면 한국어를 한글이라고 하는 문자 체계로 표기하기 위하여 정해 놓은 규칙의 체계를 가리키고, 일반적으로 말하면 표준적이고 정확한 철자법을 가리킨다. 이러한 한글 맞춤법은 한국어의 표준어를 소리대로 적되 어법에 맞도록 함을 원칙으로 하고 있다. 맞춤법은 소리에 관한 것과 형태에 관한 것으로 구분된다.

1) 소리에 관한 것

　　맞춤법에 있어서 소리에 관한 것 가운데에서 주로 많이 틀리는 예를 간단히 살펴보면 다음과 같다. 첫째로, 다음의 (69)에서와 같이 'ㄱ, ㅂ' 받침 뒤에서 발음 나는 된소리를 그대로 된소리로 잘못 적은 경우가 있다.

　　(69) ㄱ. 아까 {갑자기/*갑짜기} 비가 쏟아졌어요.
　　　　ㄴ. 기분이 {몹시/*몹씨} 나쁘시군요!
　　　　ㄷ. 사람들이 야단{법석/*법썩}입니다.
　　　　ㄹ. 그가 나뭇가지를 {싹둑/*싹뚝} 잘랐다.

　　둘째로, 다음의 (70)에서처럼 'ㄷ, ㅌ'받침 뒤에 종속적 관계를 가진 '-이'나 '-히-'가 올적에 'ㄷ, ㅌ'을 'ㅊ'으로 잘못 쓰는 경우가 있다.

　　(70) ㄱ. 당신이 {굳이/*구지} 그렇게 말할 필요가 있습니까?
　　　　ㄴ. 이제 {해돋이/*해도지}를 보러 갑시다.

ㄷ. 돈이 잘 {걷히/*거치}지 않아요.

ㄹ. 문이 {닫혔/*다쳤}습니다.

셋째로, 다음의 (71)에서와 같이 '계, 례, 몌, 폐, 혜'의 'ㅖ'를 'ㅔ'로 잘못 적는 경우도 있고, 본음이 'ㅔ'인 것을 'ㅖ'로 잘못 쓰는 일도 있다.

(71) ㄱ. 달에 {계수/*게수}나무가 있을까요?

ㄴ. 옛말에 {핑계/*핑게} 없는 무덤이 없다더라.

ㄷ. 그건 {게시판/*계시판}에 붙어 있습니다.

ㄹ. 여기 {휴게실/*휴계실}이 어디에 있지요?

넷째로, 다음의 (72)에서처럼 '의'나 닿소리를 첫소리로 가지고 있는 음절의 'ㅢ'를 'ㅣ'로 잘못 적는 경우가 있다.

(72) ㄱ. 이 옷감은 {무늬/*무니}가 아름답군요!

ㄴ. 거짓말이 얼굴에 {씌어/*씨어} 있다.

ㄷ. 이거 {띄어 쓰기/*띠어 쓰기}가 틀렸는데요.

ㄹ. 길이 확 {틔/*티}었어요.

다섯째로, 다음의 (73)에서와 같이 한자음 '녀, 뇨, 뉴, 니'를 낱말의 첫머리 이외에서 '여, 요, 유, 이'로 잘못 쓰는 경우가 있다.

(73) ㄱ. 이제 {남녀(男女)/*남여(男女)}를 차별하면 안됩니다.

ㄴ. 범죄자를 {은닉(隱匿)/*은익(隱匿)}해 주면 처벌을 받습니다.

ㄷ. 비만이 {당뇨(糖尿)/*당요(糖尿)}의 원인이지요.

ㄹ. {결뉴(結紐)/*결유(結紐)}란 띠를 맨다는 뜻입니다.

여섯째로, 다음의 (74)에서와 같이 접두사처럼 쓰이는 한자가 붙어서 된 말이나 합성어에서 뒷말의 첫소리를 'ㄴ' 소리로 잘못 적는 경우가 있다.

(74) ㄱ. 그것은 {공염불(空念佛)/*공념불(空念佛)}에 불과합니다.

ㄴ. 그분은 {신여성(新女性)/*신녀성(新女性)}이었어요.

ㄷ. 앞으로는 {남존여비(男尊女卑)/*남존녀비(男尊女卑)} 사상을 타파해야 합니다.

ㄹ. 이것을 새 {회계연도(會計年度)/*회계년도(會計年度)}로 넘깁시다.

일곱째로, 다음의 (75)에서처럼 한자음에 있어서 홀소리나 'ㄴ' 받침 위에 이어지는 '렬, 률'을 '열, 율'로 적지 않고 그대로 '렬, 률'로 잘못 적는 경우가 있다.

(75) ㄱ. 앞으로 {규율(規律)/*규률(規律)}을 잘 지키세요.

ㄴ. 이 사업은 {실패율(失敗率)/*실패률(失敗率)}이 높아요.

ㄷ. 저는 그 일에 {전율(戰慄)/*전률(戰慄)}을 느꼈습니다.

ㄹ. 이것을 {백분율(百分率)/*백분률(百分率)}로 환산해 봅시다.

여덟째로, 다음의 (76)에서와 같이 한자음 '라, 래, 로, 뢰, 루, 르'를 낱말의 첫머리 이외의 자리에서 본음대로 적지 않고 '나, 내, 노, 뇌,

누, 느'로 잘못 쓰는 경우가 있다.

    (76) ㄱ. 저 세상에 {극락(極樂)/[*]극낙(極樂)}이 있을까요?

        ㄴ. 나무가 {낙뢰(落雷)/[*]낙뇌(落雷)}를 맞았어요.

        ㄷ. 내일 {서오릉(西五陵)/[*]서오능(西五陵)}으로 놀러 가자.

        ㄹ. 지난 달에 {광한루(廣寒樓)/[*]광한누(廣寒樓)}에 가 보았습니다.

2) 형태에 관한 것

맞춤법에 있어서 형태에 관한 것 가운데에서 주로 많이 틀리는 예를 간단히 살펴보면 다음과 같다. 첫째로, 다음의 (77)에서와 같이 두 개의 용언이 어울려 한 개의 용언이 될 적에, 앞말의 본뜻이 유지되고 있는 것을 그 원형을 밝히어 적지 않고 잘못 적는 경우가 있다.

    (77) ㄱ. 아이가 계단을 내려가다다 {넘어졌/[*]너머졌}어요.

        ㄴ. 줄이 {늘어지/[*]느러지}면 안됩니다.

        ㄷ. 낙엽이 많이 {떨어졌/[*]떠러졌}군요!

        ㄹ. 틈이 너무 {벌어졌/[*]버러졌}습니다.

둘째로, 다음의 (78)에서처럼 종결 어미인 '오'를 '요'로 잘못 쓰는 경우가 있다.

    (78) ㄱ. 이것은 국산품이{오/[*]요}.

        ㄴ. 안으로 들어오지 마시{오/[*]요}.

ㄷ. 그이는 교수가 아니{오/*요}.
ㄹ. 조용히 하십시{오/*요}.

셋째로, 다음의 (79)에서와 같이 연결 어미인 '이요'를 '이오'로 잘못 적는 경우가 있다.

(79) ㄱ. 여기는 안방{이요/*이오}, 저기는 건넌방입니다.
ㄴ. 이분은 김 선생{이요/*이오}, 저분은 박 선생입니다.
ㄷ. 이것은 천원{이요/*이오}, 저것은 이천원입니다.
ㄹ. 민주주의는 현실{이요/*이오}, 공산주의는 이상이다.

넷째로, 다음의 (80)에서처럼 어간의 끝음절 홀소리가 'ㅏ, ㅗ' 이외의 홀소리일 때에 어미를 'ㅓ'로 적지 않고 'ㅕ'로 잘못 쓰는 경우가 있다.

(80) ㄱ. 날씨가 개{어서/*여서} 다행이에요.
ㄴ. 천년이 되{어도/*여도} 변하지 않을 것입니다.
ㄷ. 여기에서 쉬{어서/*여서} 갑시다.
ㄹ. 꽃이 피{어도/*여도}새가 울지 않는군요!

다섯째로, 다음의 (81)에서와 같이 어간에 '-이'나 '-음'이 붙어서 명사로 된 것과 '-이'나 '-히'가 붙어서 부사로 된 것을, 그 어간의 원형을 밝혀 적지 않고 잘못 연철하여 쓰는 경우가 있다.

(81) ㄱ. 한강의 {길이/*기리}가 얼마나 됩니까?

ㄴ. 여기 {얼음/*어름}을 좀 주세요.

ㄷ. 당신이 {굳이/*구지} 그런 말을 하는 이유가 뭐에요?

ㄹ. 저는 그것을 {익히/*이키} 알고 있습니다.

여섯째로, 다음의 (82)에서처럼 어간에 '-이'나 '-음'이 붙어서 명사로 바뀐 것 가운데 그 어간의 뜻과 멀어진 것을 원형을 밝히어 잘못 적는 경우가 있다.

(82) ㄱ. 화초에 {거름/*걸음}을 주셨어요?

ㄴ. 이젠 다시 {노름/*놀음}에 빠지면 안됩니다.

ㄷ. 이쪽 {굽도리/*굽돌이}를 잘 발라 주세요.

ㄹ. 상처에 {고름/*골음}이 꼈습니다.

일곱째로, 다음의 (83)에서와 같이 어간에 '-이'와 '-음'이외의 홀소리로 시작된 접미사가 붙어서 다른 품사로 바뀐 것을 적을 때에 그 어간의 원형을 밝히어 잘못 쓰는 경우가 있다.

(83) ㄱ. 산 {너머/*넘어}에 무엇이 있습니까?

ㄴ. 이 {병마개/*병막애}를 좀 따 주세요.

ㄷ. 그이는 {귀머거리/*귀먹어리}였습니다.

ㄹ. 그것을 {차마/*참아} 눈 뜨고 못 보겠군요!

여덟째로, 다음의 (84)에서처럼 명사나 용언의 어간 뒤에 닿소리로 시작된 접미사가 붙어서 된 말을 적을 때에 그 명사나 어간의 원형을 밝히지 않고 잘못 쓰는 경우가 있다.

(84) ㄱ. 무슨 {넋두리/*넉두리}를 하는 겁니까?

　　ㄴ. 그것은 꽤 {홑진/*혼진} 문제입니다.

　　ㄷ. 얼굴이 상당히 {넓적하/*넙적하}군요!

　　ㄹ. 책상 {덮개/*덥개}를 이리 주세요.

아홉째로, 다음의 (85)에서와 같이 명사나 용언의 어간 뒤에 닿소리로 시작된 접미사가 붙어서 된 말 가운데, 겹받침의 끝소리가 드러나지 아니하는 말을 소리대로 적지 않거나, 어원이 분명하지 않거나 본뜻에서 멀어진 말을 소리대로 적지 않는 경우가 있다.

(85) ㄱ. 책이 {얄따랗/*얇다랗}습니다.

　　ㄴ. 마음 놓고 {실컷/*싫것} 잡수세요.

　　ㄷ. 옷을 아주 {말쑥하/*말숙하}게 입고 오셨군요!

　　ㄹ. 어제 {넙치/*넓치}회를 먹었습니다.

열째로, 다음의 (86)에서처럼 용언의 어간에 '-이, -히, -우'와 같은 접미사들이 붙어서 이루어진 말 가운데에서, 본뜻에서 멀어진 것을 소리대로 적지 않거나 또는 '-업, -읍, -브'가 붙어서 된 말을 소리대로 적지 않는 경우가 있다.

(86) ㄱ. 누구나 나라에 세금을 {바쳐/*받쳐}야 합니다.

　　ㄴ. 누구에게 편지를 {부쳤/*붙였}습니까?

　　ㄷ. 그거 참 {우습/*웃읍}군요!

　　ㄹ. 아이가 참 {미뻐/*믿버}서 좋겠어요.

열한째로, 다음의 (87)에서와 같이 '-하다'나 '-거리다'가 붙는 어간에 '-이'가 붙어서 명사가 된 것을 그 원형을 밝히어 적지 않는 경우가 있다.

(87) ㄱ. 전에 {꿀꿀이죽/*꿀꾸리죽}을 먹어 본 일이 있습니까?
    ㄴ. 그이는 {배불뚝이/*배불뚜기}입니다.
    ㄷ. 아직도 {오뚝이/*오뚜기}를 본 적이 없구나!
    ㄹ. 그 친구는 {살살이/*살사리} 같아요.

열두째로, 다음의 (88)에서처럼 '-거리다'가 붙을 수 있는 시늉말(의태어)의 어간에 '-이다'가 붙어서 된 용언을 그 어근을 밝히어 적지 않는 경우가 있다.

(88) ㄱ. 그 아이는 머리를 {끄덕이/*끄더기}었다.
    ㄴ. 무엇을 {망설이/*망서리}고 있어?
    ㄷ. 그렇게 자꾸 {지껄이/*지꺼리}지 마.
    ㄹ. 그냥 {허덕이/*허더기}며 살고 있지요.

열셋째로, 다음의 (89)에서와 같이 '-하다'가 붙는 어근에 '-히'나 '-이'가 붙어서 부사가 되거나 부사에 '-이'가 붙어서 뜻을 더하는 경우에, 그 어근이나 부사의 원형을 밝혀 적지 않고 잘못 연철시켜서 적는 경우가 있다.

(89) ㄱ. 그 일이 {어렴풋이/*어렴푸시} 생각납니다.
    ㄴ. 그렇다면 {더욱이/*더우기} 나쁜 일이지요.

ㄷ. 그 여자는 {생긋이/*생그시} 웃었다.

ㄹ. 그런 일은 {일찍이/*일찌기} 없었어요.

열넷째로, 다음의 (90)에서처럼 '-하다'가 붙을 수 없는 어근에 '-이'가 붙어서 된 부사를 소리대로 적지 않고 어근을 밝혀 잘못 쓰는 경우가 있다.

(90) ㄱ. 아까 {갑자기/*갑작이} 소나기가 쏟아졌습니다.

ㄴ. 잊지 말고 {반드시/*반듯이} 답장을 보내 주세요.

ㄷ. 그이가 {슬며시/*슬몃이} 안으로 들어갔어요.

ㄹ. 뭘 그렇게 {물끄러미/*물끄럼이} 보고 있니?

열다섯째로, 다음의 (91)에서와 같이 '이'가 합성어나 이에 준하는 말에서 '니'나 '리'로 소리가 날 때에 '니'로 적지 않고 '이'로 잘못 쓰는 경우가 있다.

(91) ㄱ. 그 {덧니/*덧이}가 매력적이군요!

ㄴ. 어제 {사랑니/*사랑이}를 뽑았습니다.

ㄷ. 언제부터 {틀니/*틀이}를 하셨습니까?

ㄹ. 아이들한테 {머릿니/*머릿이}가 생겼습니다.

열여섯째로, 다음의 (92)에서처럼 끝소리가 'ㄹ'인 말과 딴 말이 어울릴 적에, 'ㄹ' 소리가 'ㄷ' 소리로 나는 것을 'ㅅ'으로 잘못 적는 경우가 있다.

(92) ㄱ. 저에게 {숟가락/*숫가락}을 주세요.

　　　ㄴ. 내달 {사흘날/*사흣날}에 떠납니다.

　　　ㄷ. 금년 {섣달/*섯달} 그믐 날에 만납시다.

　　　ㄹ. 지난 달 {초이튿날/*초이틋날}에 돌아가셨습니다.

　열일곱째로, 다음의 (93)에서와 같이 순 우리말로 된 합성어에서 앞말이 홀소리로 끝난 경우에 뒷말의 첫소리가 된소리로 나거나, 뒷말의 첫소리 'ㄴ, ㅁ' 앞에서 'ㄴ' 소리가 덧나거나, 또는 뒷말의 첫소리인 홀소리 앞에서 'ㄴㄴ' 소리가 덧날 때에 '사이시옷'을 적지 않고 그대로 잘못 쓰는 경우가 있다.

(93) ㄱ. 앞으로는 {머릿기름/*머리기름}을 바르지 마십시오.

　　　ㄴ. 개미 {쳇바퀴/*체바퀴} 돌 듯 하는군요!

　　　ㄷ. 이제 {아랫마을/*아래마을}로 갑시다.

　　　ㄹ. 그 {나뭇잎/*나무잎}은 참 예뻐요.

　열여덟째로, 다음의 (94)에서처럼 순 우리말과 한자어로 된 합성어에서 앞말이 홀소리로 끝난 경우에 뒷말의 첫소리가 된소리로 나거나, 뒷말의 첫소리 'ㄴ, ㅁ' 앞에서 'ㄴ' 소리가 덧나거나, 또는 뒷말의 첫소리인 홀소리 앞에서 'ㄴㄴ' 소리가 덧날 적에, '사이시옷'을 적지 않고 그대로 잘못 쓰는 경우가 있다.

(94) ㄱ. 저는 {전셋집/*전세집}에서 살고 있어요.

　　　ㄴ. 제가 왜 {자릿세/*자리세}를 내어야 합니까?

　　　ㄷ. 내일이 할아버님 {제삿날/*제사날}입니다.

ㄹ. 이건 {예삿일/*예사일}이 아니군요!

열아홉째로, 다음의 (95)에서와 같이 두 음절로 된 다음과 같은 한자어를 적을 때에, '사이시옷'을 쓰지 않고 그대로 잘못 적는 경우가 있다.

(95) ㄱ. 어디에다가 {셋방(貰房)/*세방(貰房)}을 얻을까요?
ㄴ. 정확한 {숫자(數字)/*수자(數字)}를 말씀해 주십시오.
ㄷ. 너희들 {찻간(車間)/*차간(車間)}에서 떠들면 안돼.
ㄹ. 영화 상영 {횟수(回數)/*회수(回數)}가 어떻게 되나요?

스무째로, 다음의 (96)에서처럼 두 말이 어울릴 적에 'ㅂ'이나 'ㅎ' 소리가 덧나는 것을 소리대로 적지 않고 따로 잘못 적는 경우가 있다.

(96) ㄱ. 요즘 {멥쌀/*메쌀} 한 가마에 얼맙니까?
ㄴ. 벌써 {햅쌀/*해쌀}이 나왔어요?
ㄷ. 좋은 {살코기/*살고기}로 주세요.
ㄹ. 집의 {안팎/*안밖}을 잘 살펴보세요.

스물한째로, 다음의 (97)에서와 같이 어미 '-지' 뒤에 '않-'이 어울려 '-잖-'이 될 때와, '-하지' 뒤에 '않-'이 어울려 '-찮-'이 될 적에, 이를 '-쟎-'이나 '-챦-'으로 잘못 쓰는 경우가 있다.

(97) ㄱ. 그 곳에 {적잖은/*적쟎은} 사람이 모였어요.
ㄴ. 너 {그렇잖은/*그렇쟎은} 일을 가지고 왜 그래?

ㄷ. 그 친구 참 {만만찮은/*만만챦은} 상대이군요!

ㄹ. 저는 그저 {변변찮은/*변변챦은} 사람입니다.

스물두째로, 다음의 (98)에서처럼 어간의 끝음절 '하'가 아주 줄적에 이를 준대로 적지 않고 거센소리로 잘못 쓰는 경우가 있다.

(98) ㄱ. 속이 {거북지/*거북치} 않으세요?

ㄴ. 제가 {생각건대/*생각컨대} 그 일은 좋지 않아요.

ㄷ. 절대로 {섭섭지/*섭섭치} 않게 해 드릴께요.

ㄹ. 생활이 그리 {넉넉지/*넉넉치} 않습니다.

스물셋째로, 다음의 (99)에서와 같이 다음과 같은 부사를 소리대로 적지 않고 잘못 쓰는 경우가 있다.

(99) ㄱ. 저는 {아무튼/*아뭏든} 반대입니다.

ㄴ. 그이는 {결코/*결ㅎ고} 오지 않을 겁니다.

ㄷ. 선생님, {하여튼/*하옇든} 꼭 오세요.

ㄹ. 그이가 {하마터면/*하마트면} 큰 일 날 뻔했어요.

(2) 띄어쓰기

띄어쓰기란 글을 쓸 때에 조사 이외의 각 낱말을 띄어 쓰는 일을 가리킨다. 띄어쓰기에 있어서 많이 틀리는 보기를 간단히 살펴보면 그 것은 다음과 같다. 첫째로, 다음의 (100)에서와 같이 의존 명사를 띄어 쓰지 않고 잘못 붙여서 쓰는 경우가 있다.

(100) ㄱ. 저는 {갈 수/*갈수} 없어요.

ㄴ. 너 {먹을 만큼/*먹을만큼}만 먹어라.

ㄷ. 그이가 {떠난 지/*떠난지} 오래되었습니다.

ㄹ. 무엇이든지 {아는 것/*아는것}이 힘이지요.

둘째로, 다음의 (101)에서처럼 단위를 나타내는 명사를 원칙대로 띄어 쓰지 않고 잘못 붙여서 쓰는 경우가 있다.

(101) ㄱ. 사과 {한 개/*한개}를 주세요.

ㄴ. 나이가 벌써 {쉰 살/*쉰살}이 되었어.

ㄷ. 자동차 {세 대/*세대}가 지나갔어요.

ㄹ. 연필 {다섯 자루/*다섯자루}를 샀습니다.

셋째로, 다음의 (102)에서와 같이 두 말을 이어 주거나 열거할 적에 쓰이는 다음의 말들을 띄어 쓰지 않고 잘못 붙여서 쓰는 일이 있다.

(102) ㄱ. 사과, 배, {귤 등/*귤등}을 샀다.

ㄴ. 그이는 {선생 겸 학생/*선생겸 학생}입니다.

ㄷ. 오늘 {연세대 대 고대/*연세대대 고대}의 농구 시합이 있어요.

ㄹ. 어제 모두 {열 명 내지 열두 명/*열 명내지 열두 명}이 왔었습니다.

넷째로, 다음의 (103)에서처럼 보조 용언을 띄어서 쓰지 않고 잘못 붙여서 쓰는 경우가 있다.[6]

---

6) '한글 맞춤법' 제47 항에 따르면, "보조 용언은 띄어 씀을 허용한다"고 되어 있다.

(103) ㄱ. 아이가 {울고 있/*울고있}어요.

ㄴ. 너 기분이 {좋지 않/*좋지않}구나!

ㄷ. 제가 중국에 {가게 되/*가게되}었습니다.

ㄹ. 너 지금 집에 {가야 하/*가야하}자 않니?

다섯째로, 다음의 (104)에서와 같이 성과 이름에 덧붙는 호칭어나 관직명을 띄어 쓰지 않고 잘못 붙여서 쓰는 경우가 있다.

(104) ㄱ. 너 {김윤경 선생님/*김윤경선생님} 아니?

ㄴ. 저는 {이순신 장군/*이순신장군}을 존경합니다.

ㄷ. 그 유명한 {양주동 박사/*양주동박사}는 천재였어요.

ㄹ. 어제 {김영철 씨/*김영철씨}가 돌아가셨습니다.

4. 한국어 순화의 실천 방안

한국어의 순화는 국민의 언어 생활을 바로잡고 우리 민족의 주체성을 확립시키며, 우리 말 사랑과 우리 나라 사랑의 정신을 구체적으로 실현시키기 위하여, 반드시 이룩되어야 할 과업 중의 하나이다. 이러한 한국어 순화의 실천 방안은, 한마디로 말하면, 앞에서 지적한 한국어 순화의 대상들을 모두 고운말, 바른말, 그리고 쉬운말로 바꾸어 쓰는 일이라고 할 수 있다. 그러나 한국어 순화를 구체적으로 실천하

경우에 따라 붙여 씀도 허용되는 보조 용언이란 '-아/-어'뒤에 연결되는 보조 용언과 의존 명사에 '-하다'나 '-싶다'가 붙어서 된 보조 용언을 가리킨다.

기 위한 방안은 첫째로, 한국어 순화의 정책적 차원, 둘째로, 한국어 순화의 연구적 차원, 그리고 셋째로, 한국어 순화의 운동적 차원에서 강구되어야 한다. 이들 세 차원에서의 상호 협조와 상호 지원이 없이는, 한국어 순화가 효율적으로 실천될 수 없기 때문이다. 그러면 이제 한국어 순화의 실천 방안을 논의하기로 한다.

4.1 한국어 순화의 정책적 차원

한국어 순화의 문제는 정부 당국의 주도하에 한국어 정책적 차원에서 해결되도록 하는 것이 가장 바람직하다. 정부가 한국어 순화의 문제를 하나의 국가 정책이나 정부 시책으로 삼으면, 한국어 순화가 비교적 용이하게 추진될 수도 있고 또한 강력하게 효과적으로 실천될 수도 있기 때문이다. 그러나 지금까지는 한국어 순화의 문제가, 주로 한국어 순화 문제에 관심이 있는 이들의 모임인 '국어 순화 추진회'나 '국어 운동 학생회'와 같은 동호인 단체에서 단편적으로 다루어져 왔을 뿐이다. 그런데 이러한 단체들은 재정적 뒷받침이 없어 한국어 순화의 전반적인 문제를 체계적으로 연구할 수도 없고 또한 아무런 구속력도 가지고 있지 않기 때문에 한국어 순화 운동이 제대로 이루어질 수가 없다. 따라서 한국어 순화 문제는 정책적 차원에서 해결되어야 하는 것이다. 한국어의 순화가 효율적으로 실천되기 위해서는 한국어 정책적으로 다음과 같은 사업이 추진되고 실천되어야 한다.

첫째로, 한국어 순화에 관한 연구를 지속적으로 전담할 기관이 설립되어야 한다. 이러한 기관이 있어야만 한국어 순화에 대한 연구가 전문적으로 종합적으로 그리고 체계적으로 이루어질 수가 있기 때문이다.

둘째로, 한국어 순화 운동을 끊임없이 벌일 수 있는 기구가 설치되어야 한다. 이러한 기구를 통해서만 한국어 순화에 관한 연구 결과를 온 국민의 국어 생활에서 실용적으로 활용할 수 있도록 하는 계몽적 운동이 가능하기 때문이다.

셋째로, 한국어 순화에 관한 연구와 한국어 순화에 대한 운동에 재정적 지원이 있어야 한다. 재정적 뒷받침이 없이는 한국어 순화 연구와 한국어 순화 운동이 집중적으로나 효율적으로 이루어질 수 없기 때문이다.

넷째로, 학교 교육과 사회 교육을 통해서 온 국민에게 올바른 국어관을 확립시킴과 동시에 한국어와 한국 민족의 관계 그리고 한국어와 국가의 관계를 올바로 인식시켜야 한다. 이러한 인식이 없이는 한국어 순화가 성공적으로 실천될 수 없기 때문이다.

다섯째로, 교육 현장에서 학생들에게 교육을 담당하고 있는 모든 언어 교육자의 표준어 사용을 의무화해야 한다. 언어 교육자의 비표준어 사용은 학생들의 학습 효과를 떨어뜨릴 수 있고 한국어 순화에 장애가 될 수도 있기 때문이다.

여섯째로, 대중 전달 매체가 한국어의 순화 운동에 적극적으로 참여하도록 유도해야 한다. 신문, 잡지, 라디오 및 텔레비전 등은 국민의 한국어 생활에 지대한 영향을 끼치고 있기 때문이다.

4.2. 한국어 순화의 연구적 차원

한국어 순화에 관한 연구를 전담할 기관에서는 정부 당국에 대하여는 한국어 순화를 위한 정책의 수립에 필요한 기초 자료를 제공하고 한국어 순화 운동 기구에 대해서는 한국어의 순화 운동에 활용할 구체적인 자료를 제공하기 위해서 다음과 같은 사업을 지속적으로 실천해 나가야 한다.

첫째로, 한국어 순화의 연구에 필요한 기본 자료, 예컨대, 한국어 순화와 관련이 있는 단행본, 논문, 한국어 사전 및 각종 전문 사전 등을 모두 수집하여 거기에 나타나 있는 한국어 순화의 대상 자료들을 분석 분류해 놓아야 한다.

둘째로, 토박이말 (순수 한국어)를 새로 발굴하고 정리하여 그를 활용할 방안을 연구해야 한다. 우리말에는 토박이 낱말보다 한자어가 더 많기 때문에 순 우리말을 더욱 더 많이 늘릴 필요가 있기 때문이다.[7]

셋째로, 현재 한국어 사전에 외래어 (한자어 계통, 일본어 계통 및 서구어 계통의 낱말)로 등재되어 있는 것들을 엄격하게 재사정하여 재정리해야 한다. 현재 한국어 사전에는 절대로 외래어로 인정할 수 없는 낱말들이 상당히 많이 실려 있기 때문이다.

넷째로, 현재 한국어 사전에 들어 있는 외래어를 재정리할 때에 되도록 외래어를 순 우리말로 나타낼 수 있는 방안을 강구해야 한다. 순 우리말로 나타낼 수 있는 것까지 외래어로 수용할 필요는 없기 때문이다.

---

7) 허 웅 (1979: 40)에서는 "한글 학회에서 낸 '큰사전'의 낱말 통계에 따르면 표준말로 잡은 말이 140,464 낱말인데 이 중 순우리말 (토박이말)이 56,115 낱말이고, 한자말이 거의 한 배 반을 차지하고 있다"고 말하고 있다. 김 석득 (1979: 19)에서는 '큰사전'에는 모두 16만 4천 125 개의 올림낱말이 실려 있다. 그 중 토박이말 (표준말, 사투리, 고유명사, 옛말, 이두, 마디말)이 74,612이고 빌어온 말 중 한자말이 85,527, 일본 및 서양말이 3,986으로 되어 있다. 따라서 토박이말과 빌어온 말의 본말이 뒤바뀐 현상을 볼 수 있다"고 말하고 있다.

다섯째로, 방언의 표준어화, 곧, 표준어의 발굴과 확대 작업을 추진해야 한다. 우리가 표준어를 "교양 있는 사람들이 두루 쓰는 현대 서울말"로 제한하면, 표준어의 범위가 한정되어 한국어의 어휘력과 표현력이 약화될 수도 있기 때문이다.

여섯째로, 한국어의 조어법을 연구 개발해야 한다. 이는 외래어를 우리말로 대치시키거나 새로운 낱말을 창조하는 데에 필요할 뿐만 아니라, 한국어의 어휘력과 표현력을 강력하고 풍부하게 하는 데에도 필수적이기 때문이다.

4.3. 한국어 순화의 운동적 차원

한국어 순화의 운동을 담당할 기구에서는 정부 당국의 한국어 정책적 재정적 후원과 한국어 순화의 연구 기관의 연구 결과와 그의 활용 방안을 제공받아 다음과 같은 운동을 추진하고 실천해 나가야 한다.

첫째로, 한국어 순화의 운동을 범국민 계몽 운동으로 전개해야 한다. 한국어 순화의 문제는 가정 교육, 학교 교육, 그리고 사회 교육을 통해서 온 국민이 참여할 때에 바람직하게 해결될 수 있기 때문이다.

둘째로, 한국어의 순화 교육을 위한 정기적인 강연회나 강습회나 또는 토론회를 개최해야 한다. 이러한 모임을 통해서 한국어 순화의 문제점을 발견하고 해결 방안을 모색하며 동시에 한국어 순화에 관한 연구 결과와 그의 활용 방안을 효과적으로 전달할 수 있기 때문이다.

셋째로, 대중 전달 매체를 충분히 이용하여 한국어 순화에 대한 국민의 관심을 고양시켜야 한다. 대중 전달 매체를 이용하여 지속적으로 한국어 순화 운동을 벌이면 손쉽게 온 국민의 관심을 끌 수 있을뿐더러 한국어 순화에 대한 교육의 효과도 극대화시킬 수 있기 때문이다.

넷째로, 대중 전달 매체에서 일하는 언론인들, 곧, 기자, 아나운서, 등과 연예인, 언어 교육자, 교수, 종교인, 작가, 정치인, 그밖에 사회의 지도급 인사들이 한국어 순화 운동에 앞장서도록 해야 한다. 이들의 한국어 사용은 모든 국민에게 지대한 영향을 끼치고 있기 때문이다.

다섯째로, 라디오나 텔레비전의 출연자들의 표준어 사용을 의무화하고 특히 연예와 오락 프로그램의 진행자와 출연자의 순화되지 않은 한국어의 사용을 규제해야 한다. 비표준어의 사용과 순화되지 않은 말의 사용은, 한국어 순화 운동에 역행하는 것이기 때문이다.

5. 한국어 순화와 한국어 사전

우리가 앞에서 살펴본 바와 같이 한국어 순화란 고운 말, 바른 말, 그리고 쉬운 말을 쓰게 하는 것을 뜻한다. 따라서 우리말 가운데에서 곱지 않고, 바르지 않으며 쉽지 않은 말은 자연히 한국어 순화의 대상이 된다.

한국어 순화의 대상은 우리가 그것을 어느 측면에서 보느냐에 따라서 여러 가지로 세분될 수 있다. 음운론적 측면에서의 한국어 순화의 대상은 틀린 발음이다. 어휘론적 견지에서의 그것은 낮은말, 욕설, 변말, 준말, 오용된 말, 외래어, 그리고 외국어 등이다. 통사-의미론적 입장에서의 그것은 대우법의 파괴, 비문법적 표현, 중의적 표현, 잉여적 표현 및 외국어식 표현이다. 그리고 표기법적 관점에서의 그것은 잘못 쓰인 맞춤법과 띄어쓰기이다.

그런데 이와 같은 한국어 순화의 대상들 가운데에는 한국어 순화에 관한 정보로서 반드시 한국어 사전에 포함되어야 할 것도 있고 포함될 필요가 없는 것도 있다. 그러나 현재 사용되고 있는 한국어 사전들에는 한국어 순화에 관한 정보로서 포함되어야 할 사항이 빠져 있는 경우도 있고, 잘못 표시되어 있는 것도 있으며, 포함될 필요가 없는 것들이 포함되어 있는 것들도 많이 있다. 그러면 이제 한국어 사전에서, 한국어 순화의 대상을 어떤 방식으로 처리하는 것이 바람직한지에 대하여 논의하기로 한다.

4.3.1. 음운론적 측면

우리가 한국어 사전의 '일러두기'의 발음 표시 항목을 살펴보면, "원음과 다르게 발음되는 순 우리말이나 한자어는 그 다음에 그 실제 발음을 밝혀 두었다"라고 적혀 있다. 그러나 실제로 한국어 사전을 뒤져보면 일부 극소수의 낱말에만 발음 표시가 되어 있을 뿐, 원음과 다르게 발음되는 수많은 낱말들에도 전혀 발음 표시가 되어 있지 않다. 그뿐만이 아니라 그 발음 표시라는 것도 상당히 부정확하다고 하지 않을 수 없다. 따라서 이러한 한국어 사전은 한국어 순화를 위하여 아무런 역할도 할 수가 없다. 우리가 한국어 사전에서 뽑은 다음의 (105)에서와 같은 낱말의 경우를 살펴보기로 하자.

(105) ㄱ. 밝다 [박 -]

　　　ㄴ. 꽃잎 [- 닙]

　　　ㄷ. 필요

　　　ㄹ. 밝히다.

　　한국어 사전에 제시되어 있는 위의 (105ㄱ)의 발음 표시를 보면 '밝다'의 '밝-'은 언제나 [박-]으로만 발음되는 것처럼 표시되어 있고, '-다'의 발음 표시는 무시되어 있다. 그러나 다음의 (106ㄱ)에서와 같이 '밝-'은 그 두 받침 가운데에서 'ㄹ' 소리가 발음될 때도 있고 'ㄱ'소리가 발음될 때도 있다. 그리고 그 뒤에 이어지는 첫소리에 따라서 그 첫소리가 된소리로 발음되는 경우도 있고, 'ㄱ' 소리가 'ㅇ' 소리로 바뀌는 경우도 있으며, 'ㄱ' 소리가 그 뒤로 이어지는 경우도 있다. 위의 (105ㄴ)에서 '꽃잎'의 '꽃'은 [꼳]으로만 발음되는 것처럼 보이고 있으나 (106ㄴ)에서처럼 '꽃'은 [꼰]으로 그 발음이 바뀌는 것이다. (105ㄷ, ㄹ)은 한국어 사전에 아무런 발음 표시도 되어 있지 않다. 그러나 이들은 분명히 원음과 같이 발음되는 것이 아니라, (106ㄷ, ㄹ)에서와 같이 원음과 다르게 발음된다. 곧, '필요'는 [필요]가 아니고 [피료]로, '밝히다'는 [발히다]나 [박히다]가 아니라 [발키다]로 발음되는 것이다. 따라서 한국어 사전에는 위에서 지적한 것과 같은 한국어 순화를 위한 모든 표준 발음에 관한 정보가 정확하게 표시되어 있어야 한다.

(106) ㄱ. 밝다 [박따]

　　　　 밝지 [박찌]

　　　　 밝는다 [방는다]

　　　　 밝고 [발꼬]

밝게 [발께]

밝아서 [발가서]

ㄴ. 꽃잎 [꼰닙]

ㄷ. 필요 [피료]

ㄹ. 밝히다 [발키다]

4.3.2. 어휘론적 측면

어휘론적 견지에서 볼 때에 한국어 순화의 대상이 되는 낱말 가운데 첫째로, 낮은말 (비속어)는 점잖은 말로 사용되지는 않지만 교양이 있는 사람들 사이에서도 상황에 따라 일상적으로 널리 쓰이고 있는 정상적인 말일뿐만 아니라, 점잖고 고상한 말만 표준어가 될 수 있다는 조건도 없으므로 낮은말은 표준어의 범주에 포함된다. 따라서 낮은말은 한국어 사전에 등재되어야 한다. 다만, 낮은말을 한국어 사전에 실을 때에는 낮은말이라는 표시를 해 주어야 한다.

그런데, 현재 쓰이고 있는 사전에는 다음의 (107ㄱ, ㄴ)과 같은 낮은말에 낮은말이라는 표시를 하지 않은 것도 있고, (107ㄷ, ㄹ)과 같은 낮은말이 수록되어 있지 않은 경우도 있다.

(107) ㄱ. 꼬락서니

ㄴ. 병신

ㄷ. 처마시다

ㄹ. 눈깔 나오다

둘째로, 욕설은 낮은말과 마찬가지로 점잖은 말은 아니지만 중류나 상류의 식자층 사람들도 일상 생활에서 불쾌감의 표시로 흔히 사용하는 말이고, 또한 고운 말만 표준어가 된다는 기준도 없기 때문에 욕설은 낮은말과 같이 표준어의 범주에 포함될 수 있다. 그러므로 욕설도 한국어 사전에 실려야 한다. 단, 욕설을 한국어 사전에 실을 적에도 욕설이라는 표시를 해 주어야 한다.

그런데 현재 사용되고 있는 한국어 사전에는 다음의 (108ㄱ, ㄴ)과 같은 욕설에 욕설이라는 표기를 하지 않은 것도 있고, (108ㄷ, ㄹ)과 같은 욕설이 빠져 있는 것도 있다.

(108) ㄱ. 쌍놈/년
　　　ㄴ. 미친놈/년
　　　ㄷ. 개놈/년
　　　ㄹ. 빌어먹을 놈/년

셋째로, 변말 (은어)는 모든 사람들이 두루 쓰는 말이 아니라 어떤 특수한 집단에서 자기들끼리만 비밀스럽게 의사 소통을 하기 위해서 독특하게 만들어 내어 쓰는 말이다. 그리고 그것은 대체로 생명력이 짧고 쉽게 변화할 뿐만 아니라, 일반 사람들은 그것을 들어도 그 뜻을 잘 알 수 없고 아주 한정된 범위 안에서만 사용되는 말이다. 이처럼 변말은 모든 국민이 다같이 사용하는 의사 소통의 도구가 아니므로 표준어의 범주에 포함될 수가 없다. 따라서 변말은 한국어 사전에 등재될 수가 없는 것이다. 다음의 (109)는 설악산에서 산삼을 캐는 이들이 사용하는 변말의 보기이다.

(109) ㄱ. 심 (산삼)

ㄴ. 꽹가리 (달)

ㄷ. 찌기 (바위)

ㄹ. 어이마니 (노인)

ㅁ. 디대 (신발)

ㅂ. 산깨 (호랑이)

ㅅ. 모래미 (쌀)

ㅇ. 올림대 (숟가락)

ㅈ. 줄멩이가 곤는다 (비가 온다)

ㅊ. 안침해서 연초 한 대 슬루까? (쉬어서 담배 한 대 피울까?

넷째로, 준말은 두 가지의 뜻을 지니고 있다. 하나는, 두 개 이상의 음절로 된 말에 있어서 홀소리나 닿소리, 또는 그 둘 모두가 줄어져서 그 길이가 짧아진 말을 가리킨다. 이러한 준말은 모든 사람들이 주로 입말에서 일반적으로 많이 쓰는 말이므로 표준어로 인정받을 수 있다. 따라서 이러한 준말은 한국어 사전에 실려야 한다. 다음의 (110)은 현재 한국어 사전에 등록되어 있는 준말의 예이다.

(110) ㄱ. 새 (사이)

ㄴ. 그럼 (그러면)

ㄷ. 밈 (미음)

ㄹ. 꾀다 (꼬이다)

다른 하나는, 어떤 말에서 그 머릿글자만을 따서 그것들을 연결하여 간단하게 줄여 쓰는 말을 가리킨다. 이러한 준말은 주로 신문이나 잡지, 또는 방송에서 지면이나 시간을 절약하기 위하여 편의상 사용되고 있는데, 이는 모든 사람들이 일반적으로 많이 쓰는 말도 아니거니와 듣거나 읽어도 잘 이해가 되지 않는 말이기 때문에 표준어가 될 수 없다. 그러므로 이러한 준말은 한국어 사전에 등록될 수 없는 것이다.[8] 다음의 (111)은 신문, 잡지, 그리고 방송에서 뽑은 준말의 보기이다.

(111) ㄱ. 특검 (특별 검사)
　　　ㄴ. 오공 (제오 공화국)
　　　ㄷ. 무박 (무역 박람회)
　　　ㄹ. 문혁 (문화 혁명)
　　　ㅁ. 임정 (임시 정부)
　　　ㅂ. 변협 (변호사 협회)
　　　ㅅ. 각의 (각료 회의)
　　　ㅇ. 국·영·수 (국어, 영어, 수학)
　　　ㅈ. 자보 (자동차 보험)
　　　ㅊ. 노노 (노동자와 노동자)

　　다섯째로, 외래어란 원래 한국어에 없는 낱말을 외국어에서 직접 빌려다가 씀으로써 완전히 한국어화한 외국어의 낱말을 가리킨다. 그런데 우리가 외국어의 낱말을 외래어로 차용할 때에는 한국어로 바꾸어 나타낼 수 없는 낱말만을 외래어로 인정하여 쓰도록 제한해야 한다. 그러나 현재 한국어 사전에 등재되어 있는 한자어 계통, 일본어 계

---

8) 한국어 사전에는 '미소 (美蘇)'와 '미일 (美日)'이 낱말로 등재되어 있다. 그러나 '한미 (韓美)'나 '한일 (韓日)'은 낱말로 등록되어 있지 않다. 이러한 말을 낱말로 한국어 사전에 올리려면, 그 수가 무척 많아질 것이다. 따라서 '미소'나 '미일'같은 준말은 한국어 사전에 올릴 필요가 없다.

통, 그리고 서구어 계통의 외래어 가운데에는 절대로 외래어로 수용할 수 없는 것들, 곧, 외국어 낱말들이 상당히 많이 있다. 따라서 현재 한국어 사전에 실려 있는 외래어는 재정리되어야 한다.

먼저 한국어 사전에 들어 있는 외래어 가운데, 불필요한 한자어 계통의 외래어를 보이면 그것은 다음의 (112)와 같다.

(112) ㄱ. 관포지교 (管鮑之交)

ㄴ. 난언지지 (難言之地)

ㄷ. 단단상약 (斷斷相約)

ㄹ. 망문투식 (望門投食)

ㅁ. 반면지분 (半面之分)

ㅂ. 산자수명 (山紫水明)

ㅅ. 일일여삼추 (一日如三秋)

ㅇ. 자취기화 (自取其禍)

ㅈ. 천만몽외 (千萬夢外)

ㅊ. 학철부어 (涸轍鮒魚)

다음으로 한국어 사전에서 빼어 버려야 할 일본어 계통의 외래어를 보이면 그것은 다음의 (113)과 같다.

(113) ㄱ. 낭하 (廊下)

ㄴ. 백묵 (白墨)

ㄷ. 제전 (祭典)

ㄹ. 초자 (硝子)

ㅁ. 신병 (身柄)

ㅂ. 우동

ㅅ. 오뎅

ㅇ. 앙꼬

ㅈ. 멕끼

ㅊ. 사시미

그 다음으로 한국어 사전에서 삭제해야 할 서구어 계통의 외래어
를 보이면 그것은 다음의 (114)와 같다.

(114) ㄱ. 쇼크 (shock: 영어)

ㄴ. 아이론 (iron: 영어)

ㄷ. 비어 (beer: 영어)

ㄹ. 바캉스 (vacances: 불어)

ㅁ. 앙상블 (ensemble: 불어)

ㅂ. 앙가주망 (engagement: 불어)

ㅅ. 헤게모니 (hegemonie: 독일어)

ㅇ. 파노라마 (panorama: 독일어)

ㅈ. 피날레 (finale: 이태리어)

ㅊ. 핀트 (punt: 네덜란드어)

4.3.3. 통사-의미론적 측면

한국어 사전에는 한국어 순화를 위한 통사-의미론적 정보가 포함
되어 있어야 한다. 그런데 현재 사용되고 있는 한국어 사전에서 표제
어를 살펴보면 첫째로, 다음의 (115)에서 보는 바와 같이 대우법 (존대
법)에 관한 통사-의미론적 기술이 제대로 되어 있지 않은 경우가 많다.

(115) ㄱ. 주무시다: '자다'의 높임말

ㄴ. 드리다: '주다'의 높임말

ㄷ. 묻다: 모르거나 궁금한 것에 대한 대답을 요구하다.

ㄹ. 께서: 주격 '이/가'의 높임말

ㅁ. -아요: 양성 모음으로 끝나는 용언의 어간에 붙어, 서술, 청원, 지시, 의문의 뜻을 나타내는 종결 어미

위의 (115ㄱ)에는 적어도 '주무시다'의 주어로서 존대의 대상이 되는 사람을 가리키는 명사가 나타나야 한다는 설명이 있어야 한다. (115ㄴ)에는, '드리다'의 간접 목적어로 존대의 대상이 되는 사람을 가리키는 명사와, 그 명사에 역시 존대를 나타내는 조사 '-께'가 덧붙는다는 기술이 있어야 한다. (115ㄷ)에는 '묻다'를 윗사람에게는 쓸 수 없다는 서술이 포함되어야 한다. (115ㄹ)에는 '께서'가 존대 대상이 되는 사람을 가리키는 명사 다음에 첨가되어 사용되며, 서술어에는 용언의 어간에 높힘의 어미 '-시-'가 첨가되어야 한다는 설명이 있어야 한다. 그리고 (115ㅁ)에는 '-아요'가 들을이를 높일 때에 사용된다는 내용이 포함되어야 한다.

둘째로, 다음의 (116)에서처럼, 문장 성분의 일치에 관한 정보가 기술되어 있지 않은 경우가 많다.

(116) ㄱ. 그리: 그러하게, 그다지

ㄴ. -아서: 까닭이나 시간의 선후 관계를 나타내는 종속적 연결 어미

ㄷ. -아도: 그 사실을 인정하되 그 다음의 말과는 상관없음을 나타내는 종속적 연결 어미

ㄹ. 만일: 어쩌다가, 혹시, 자칫

위의 (116ㄱ)에는, '그리'가 부정을 나타내는 '-지 않다'와 공존 관계에 있다는 사실이 기술되어야 한다. (116ㄴ)에는 '-아서'가 이유나 원인의 의미로 사용될 때에, 문장의 종결 어미로 명령형이나 청유형 어미가 사용될 수 없다는 규칙이 설명되어야 한다. (116ㄷ)에는 '-아도'가 문장 앞에 나타나는 부사 '아무리'와 의존 관계에 있다는 내용이 서술되어야 한다. 그리고 (116ㄹ)에는 '만일'이 접속 어미 '-면'이나 '-더라도' 또는 '-ㄹ지라도'와 공존 관계에 있다는 사실이 기술되어야 한다.

4.3.4. 표기법적 측면

표기법적 측면에서 볼 때에 한국어 사전은 어느 다른 책보다도 맞춤법과 띄어쓰기에 있어서 잘못된 것이 하나도 없는 모범적인 책이어야 한다. 한국어 사전은 학생을 비롯한 모든 사람들이 낱말의 뜻과 그 용법을 모를 때뿐만이 아니라, 맞춤법과 띄어쓰기를 잘 모를 적에도 언제나 찾아보는 책이기 때문이다. 따라서 한국어 사전은 한국어 표기법이 개정되거나, 표준어 규정이 새로 고시되거나, 또는 외래어 표기법이 개정될 때마다 빨리 함께 개정되어야 한다. 그리고 한국어 사전에는 맞춤법과 띄어쓰기가 잘못된 것이나 오자나 또는 탈자가 한 개라도 있으면 안 된다. 이러한 것들이 많이 들어 있는 한국어 사전은, 한국어 순화를 가로막는 역기능을 초래할 수 있기 때문이다.

6. 마무리

한국어 순화란 한국어 표현에 있어서 낮은말 (비속어), 변말 (은어) 따위와 같은 곱지 않은 말을 쓰지 않고 고운 말을 쓰게 하고, 발음, 문법, 표기법 등이 규범에 맞지 않는 틀린 말을 쓰지 않고 규범에 맞는 바른 말을 쓰게 하며, 한자어, 외래어 (차용어), 외국어 등과 같은 어려운 말을 쓰지 않고 이해하기에 쉬 운말을 쓰게 하는 것을 의미한다.

한국어 순화의 대상은 음운론적, 어휘론적, 통사–의미론적, 그리고 표기법적 측면에서 각각 다음과 같이 분류된다. 음운론적 측면에서의 한국어 순화의 대상은, 홀소리 (모음)과 닿소리 (자음)의 비표준적인 발음이다. 어휘론적인 견지에서의 한국어 순화의 대상에는, 낮은말(비속어), 욕설, 변말 (은어), 준말 (약어), 오용된 말, 외래어 및 외국어 들이 있다. 통사–의미론적 관점에서의 한국어 순화의 대상은, 대우법 (존대법)의 파괴, 비문법적 표현, 중의적 표현, 잉여적 표현 및 외국어식 표현 등이다. 그리고 표기법적 측면에서의 한국어 순화의 대상에는 잘못 쓰이는 맞춤법과 띄어쓰기가 있다.

한국어 순화의 실천 방안은 한국어 순화의 정책적 차원, 한국어 순화의 연구적 차원 및 한국어 순화의 운동적 차원에서 각각 강구되어야 한다. 그리고 한국어 순화가 효율적으로 실천되기 위해서는 이들 세 차원의 긴밀한 상호 협조와 상호 지원 체제가 확립되어야 한다.

모든 한국어 사전에는 한국어 순화의 대상에 관한 정확한 정보가 기술되어야 한다. 그러나 현재 사용되고 있는 한국어 사전들에는, 한국어 순화의 대상에 대한 정보가 잘못 기술되어 있거나, 전혀 기술되어 있지 않거나, 또는 한국어 순화상 삭제되어야 할 항목들이 상당히 많이 들어 있다.

3. 남한과 북한의 언어

1. 들머리

　서기 이천 오 년은 우리 나라가 일본 제국주의로부터 해방된 지 육십 년이 되는 해이면서, 동시에 우리 민족과 국토가 남쪽과 북쪽으로 분단이 된지도 벌써 육십 년이 되는 해이다. 다행히도 우리 민족은 일천구백사십오 년 팔 월 십오 일의 광복으로 말미암아 일본 제국주의로부터 우리의 말과 글을 되찾아 자유롭게 사용하며 가꾸어 나아갈 수 있게 되었다. 그러나 불행하게도 우리의 언어와 민족과 국토는 우리들 자신의 사상적인 이데올로기의 차이와 열강들의 정치적인 이해 관계로 인하여, 남한과 북한으로 갈라지는 비극적 상황에 처하게 되었다.

　남한과 북한이 그간 육십 년 동안 서로 다른 정치 체제를 지향해 가다 보니, 서로 이해할 수 없는 단어들이 날로 늘어가고 있을 뿐만 아니라, 언어 정책, 맞춤법, 외래어 표기법, 로마자 표기법, 그리고 표준어 등에 있어서도 적지 않은 차이를 보이게 되었다. 더욱이 북한은 지금까지 일천구백사십팔 년, 일천구백오십사 년, 일천구백육십육 년, 그리고 일천구백팔십칠 년 등 네 번에 걸쳐 맞춤법 등의 언어 규범을 바꾸었고, 특히 일천구백육십육 연도부터는 이른바 문화어 운동을 벌여 자기들 나름대로의 표준어를 확립해 가고 있다. 따라서 남한과 북한의 말과 글은 시간이 지나면 지날수록 그 둘 사이에 점점 더 이질화 현상이 심화되어 갈 것으로 예상되고 있다.

일천구백구십구 년 현재 남한의 인구는 약 사천칠백만 명이고, 북한의 인구는 대략 이천이백만 명이며, 해외 동포의 수효는 대체로 오백육십오만 명이다.1) 이들 약 칠천사백육십오만 명의 한민족들은 조국이 하루 빨리 통일이 이루어지기를 고대하고 있다. 그런데 남한과 북한의 통일은 정치적으로 뿐만 아니라 언어적으로도 이루어져야 한다. 우리가 남북 통일에 대비하여 미리 북한의 말과 글에 대한 이해를 깊게 해두어야만, 앞으로 북한 사람들과의 각종 대화를 나눌 때나 각종 문헌을 읽을 때에 오해를 불러일으킬 일이 적어질 뿐더러, 북한의 언어 정책과 북한의 우리말 연구의 실상을 파악하는 데에도 큰 도움이 될 수 있을 것이기 때문이다.

언젠가 반드시 이루어져야 할 한민족의 남북 통일을 앞두고, 현재 남한과 북한 사이의 말과 글의 표기법이 서로 어떻게 다른가 하는 문제는 우리 모두의 관심사가 아닐 수 없다. 남한과 북한이 분단된 지 이미 육십 년 가량 되었으므로, 일반인들은 남한과 북한의 언어와 문자 표기 방식에 있어서 상당한 차이를 보일 것이라고 여기고 있다. 그러나 사실상 남한의 언어와 맞춤법을 북한의 그것들과 상호 비교해 보

---

1) 이 통계 수치는 통계청의 발표에 따른 것이다.

면, 그 둘 사이의 이질화 현상이 아직은 그렇게 심각하게 존재하고 있는 것은 아니다. 우리가 그 둘 사이의 차이점을 알고 남북 통일에 대비하여 미리 문제점을 극복할 방안을 강구해 놓는다면, 남북 통일 이후에도 남한과 북한의 언어 상의 문제는 그리 크게 대두되지 않을 것이다.

이 글의 목적은 북한의 언어 정책의 내용, 남한과 북한의 맞춤법의 차이점, 그리고 북한의 문화어의 특징 등을 살펴보는 데에 있다. 남한과 북한의 여러 가지 언어 문제에 있어서 특히 남한의 언어 정책의 내용, 맞춤법, 그리고 표준어를 북한의 언어 정책의 내용, 맞춤법, 그리고 문화어와 서로 비교해 보면, 그 둘 사이에는 서로 크게 다른 점도 있고, 사소한 차이점도 있다. 그러나 남한과 북한의 언어 사이에는 서로 큰 차이점보다는 사소한 차이점이 더 많은 것이 사실이다. 따라서 여기에서는 남한과 북한의 언어 문제에 있어서 그 둘 사이의 사소한 차이점은 제외하고 큰 차이점만을 간단히 상호 비교하여 제시하기로 한다.

2. 북한의 언어 정책

남한과 북한의 언어 정책은 일천구백사십오 년 광복 이후부터 일천구백사십육 년까지 사이에는 사실상 별로 큰 차이를 보이지 않았다. 남한과 북한은 둘 다 일천구백삼십삼 년에 '조선어학회'에서 만든 '한글 맞춤법 통일안'에 따라서 우리말을 되찾고 가다듬는 일에 심혈을 기울이었기 때문이다. 그러나 일천구백사십칠 년에 북한은 '조선어문연구회'를 강화하면서 언어 정책을 달리하기 시작하였다.

북한의 언어 정책은 근본적으로 마르크스-레닌주의에 입각한 언어 정책이었다. 북한의 언어 정책의 수립자들은 언어를 혁명과 발전의 도구로 보고 언어의 사회적 특성을 중시하였다. 북한의 언어 정책은 일천구백육십육 년의 이른바 김 일성의 "조선어의 민족적 특성을 옳게 살려 나갈 데 대하여"라는 교시를 계기로 새로운 양상을 보이기 시작하였다. 이 교시에서는 북한의 수도인 평양의 말을 중심으로 하여 다듬어진 북한의 표준어를 '문화어'라고 부를 것을 제기하였다. 이는, '표준어'라고 하면 마치 '서울 말'을 표준으로 하는 것으로 잘못 이해할 수 있는 가능성이 있기 때문에 내려진 조치였다. 이처럼 북한이 '평양 말'을 그들이 표준어로 삼았다고 하는 것은 우리 민족의 단일 공통어를 둘로 갈라놓았다는 것을 의미한다. 이는 우리 나라의 말의 역사에 있어서 대단히 중대한 역사적 사건이라고 하지 않을 수 없는 것이다.

북한의 언어 정책은 김 일성이 항일 독립 투쟁을 하던 시기에 우리 민족어의 수호와 발전을 위하여 창시하였다는, 이른바 주체적 언어 사상에 그 뿌리를 두고 있다. 북한이 내세우고 있는 언어 정책은 다음의 (1)과 같이 여덟 가지로 이루어져 있다.[2]

(1) ㄱ. 민족어 교육의 강화
    ㄴ. 근로자의 문맹 퇴치
    ㄷ. 한자 사용의 폐지
    ㄹ. 민족어의 주체적 발전과 어휘 정리
    ㅁ. 언어 생활 기풍의 정립

---

2) 이에 대하여 자세한 것은 고 영근 (1989: 18)을 참조하라.

ㅂ. 말과 글의 규범 정립
ㅅ. 문자 개혁
ㅇ. 남한의 언어 문제

첫째로, 민족어 교육의 강화라고 하는 것은 제국주의자들의 우리 민족어에 대한 말살 정책으로부터 민족어를 지키고 민족어를 주체적으로 발전시켜서, 혁명과 건설을 성공적으로 이끌어 나아갈 수 있도록 민족어 교육을 철저히 하자는 것이다.

둘째로, 근로자의 문맹 퇴치는 혁명 발전에 필수적 요구로서 통일적인 자주 독립 국가의 건설을 위한 사상 혁명을 효과적으로 이룩하고, 아울러 문화 혁명을 수행하기 위하여 누구나 글을 알고 쓸 수 있도록 해야 한다는 것이다.

셋째로, 한자 사용의 폐지는 글자 생활과 언어 발전에서 주체를 세우기 위한 필수적 요구이므로, 우리가 우리 글자를 쓰는 생활을 영위함으로써 우리 글의 사회적 기능을 높여야 한다는 것이다.

넷째로, 민족어의 주체적 발전과 어휘 정리라고 하는 것은 민족어를 주체성 있게 발전시키기 위해서는 어휘 정리가 기본적이므로, 고유한 우리말에 근거하여 하나의 체계로 어휘를 정리해야 한다는 것이다.

다섯째로, 언어 생활 기풍의 확립이란 인민들의 언어 생활에서 옳은 기풍을 세우는 것이 혁명과 건설에 필요하므로, 언어 생활에서 고유한 우리말을 현대의 요구에 맞게 살려 써야 하고, 노동자와 농민들은 알기 쉬운 말을 써야 하며, 규범에 맞게 말을 하고 글을 쓰되 그의 표현성을 높여야 한다는 것이다.

여섯째로, 말과 글의 규범 정립이이라고 하는 것은 우리의 말과 글을 옳게 세우는 것이 사회주의적 민족어 건설에 있어서의 현실적인 문제이므로, 언어의 규범을 올바르게 세워야 한다는 것이다.

일곱째로, 문자 개혁이라고 하는 것은 우리 나라의 글자를 개혁하여 발전시키는 것이 혁명과 발전에 필요하다는 것이다.

여덟째로, 남한의 언어 문제라고 하는 것은 미국 제국주의와 그 앞잡이들의 조선어 말살 정책으로부터 우리 민족어를 지켜 내기 위하여 투쟁해야 한다는 것이다.

그러나 사실상 남한과 북한의 말과 글을 서로 비교해 보면, 아직은 우리가 우려할 만큼 그 둘 사이에 큰 차이가 보이지는 않는다. 남한과 북한의 언어는 어휘론적 측면에서 보면 비교적 서로 다른 점이 꽤 많아 보이나, 맞춤법에 있어서는 그리 큰 차이가 없는 것이다.

남한과 북한은 해방 이후 일천구백오십삼 년까지는 모두 '한글 맞춤법 통일안'에 따라서 우리 글을 썼기 때문에, 그 때까지는 맞춤법이 서로 통일되어 있었다. 남한에서는 일천구백사십오 년부터 일천구백팔십팔 년까지 '한글 맞춤법 통일안'을 따르다가, 일천구백팔십팔 년에 당시 교육부가 제정 고시한 '한글 맞춤법'을 일천구백팔십구 년부터 시행하여 오고 있다. 그러나 북한에서는 일천구백오십사 년에 '조선어 철자법'을 새로 제정하여 공포함으로써 남한과 북한의 맞춤법은 서로 달라지기 시작하였다. 북한에서는 일천구백육십육 년에 '조선어 철자법'을 세부적으로 구체화한 '조선말 규범집'을 공포하였고, 일천구백팔십칠 년에는 이를 보완한 '조선말 규범집'을 공포하여 현재까지 시행하여 오고 있다.

3. 남한과 북한의 맞춤법

남한의 맞춤법과 북한의 맞춤법은 그 개념이 서로 동일하지 않다. 남한의 맞춤법은 한글의 표기법 (또는 정서법)을 다룬 규정인데 반하여, 북한의 맞춤법은 단어나 어절의 표기 방법만을 다룬 규범이다. 따라서 남한의 맞춤법은 북한의 맞춤법에 비하여 그 적용 범위가 훨씬 더 광범위하다고 할 수 있다.

남한의 맞춤법인 '한글 맞춤법 (1989)'의 내용은 다음의 (2)와 같이 여섯 부분으로 이루어져 있고, 그 부록에 '문장 부호'의 이름과 그 사용법에 관한 설명이 들어 있다.

(2) 한글 맞춤법:
   1. 총칙
   2. 자모
   3. 소리에 관한 것
   4. 형태에 관한 것
   5. 띄어쓰기
   6. 그 밖의 것
   부록: 문장 부호

반면에 북한의 '조선말 규범집 (1988)'에 들어 있는 '맞춤법'의 내용은 다음의 (3)처럼 여덟 부분으로 이루어져 있으며, 그밖에 '띄어쓰기', '문장 부호법', 그리고 '문화어 발음법'에 대한 설명이 따로 이루어져 있다.

(3) 조선말 규범집:

맞춤법:

1. 총칙

2. 조선어 자모의 차례와 그 이름

3. 형태부의 적기

4. 말줄기와 토의 적기

5. 합친말의 적기

6. 앞붙이와 말뿌리의 적기

7. 말뿌리와 뒤붙이 (또는 일부 토)의 적기

8. 한자말의 적기

띄여쓰기

문장 부호법

문화어 발음법

남한의 한글 맞춤법과 북한의 조선말 맞춤법을 일일이 구체적으로 상호 비교하여 논의하려면 상당한 양의 지면이 필요하다. 그러므로, 여기에서는 우리가 반드시 알아두면 편리할 몇 가지의 차이점만을 간단히 비교하여 살펴보기로 한다.

첫째로, 남한과 북한에 있어서는 닿소리 (자음)의 명칭에 있어서 차이를 보인다. 곧, 한글 맞춤법에서는 다음의 (4)에서와 같이 한글 자모의 이름 가운데 'ㄱ, ㄷ, ㅅ'을 각각 '기역', '디귿', '시옷'이라고 부르고 있는데 반하여3), 조선말 맞춤법에서는 (5)에서처럼 그것을 '기윽',

---

3) 남한에서 전통적으로 사용하고 있는 한글 닿소리의 이름은 최 세진이 '훈몽자회'에서 사용한 다음과 같은 명칭에서 비롯된 것이다.
ㄱ (其役), ㄴ (尼隱), ㄷ (池末), ㄹ (梨乙), ㅁ (眉音), ㅂ (非邑), ㅅ (時衣), ㅇ (異凝), ㅋ (箕), ㅌ (治), ㅍ (皮), ㅈ (之), ㅊ (齒), ㅿ (而), ㅇ (伊), ㅎ (屎)

'디읃', '시읏'이라고 각기 부르고 있다.

(4) 한글 맞춤법:
ㄱ (기역), ㄷ (디귿), ㅅ (시옷)

(5) 조선말 규범집:
ㄱ (기윽), ㄷ (디읃), ㅅ (시읏)

그리고 한글 맞춤법에서는 우리가 다음의 (6)에서 보는 바와 같이 'ㄲ, ㄸ, ㅆ, ㅉ'의 이름을 각기 '쌍기역', '쌍디귿', '쌍비읍', '쌍지읒'처럼 한자어인 '쌍'이라고 하는 명사를 붙여 부르고 있는 데에 비하여, 조선말 규범집에서는 이를 (7)에서와 같이 '된기윽', '된디읃', '된비읍', '된시읏', '된지읒'과 같이 순수한 우리말인 '된'이라고 하는 접두사를 붙여 부르고 있다. 남한과 북한에 있어서의 닿소리의 이름의 이와 같은 차이는 앞으로 조정되어야 할 과제이다.

(6) 한글 맞춤법:
ㄲ (쌍기역), ㄸ (쌍디귿), ㅃ (쌍비읍), ㅆ (쌍시옷), ㅉ (쌍지읒)

(7) 조선말 규범집:
ㄲ (된기윽), ㄸ (된디읃), ㅃ (된비읍), ㅆ (된시읏), ㅉ (된지읒)

둘째로, 남한과 북한에서는 한국어 사전에 표제어를 올릴 적의 닿소리 (자음) 글자와 홀소리 (모음) 글자의 순서에 있어서 차이를 보인다. 한글 맞춤법에서는 다음의 (8)에서와 같이 홑닿소리 (단자음) 글자의 뒤에 겹닿소리 (복자음) 글자가 오도록 되어 있다. 그러나 조선말 규범집에서는 다음의 (9)에서처럼 홑닿소리 글자가 다 끝난 다음에 겹닿소리 글자가 오도록 되어 있다.

    (8) 한글 맞춤법:

     'ㄱ, ㄲ, ㄴ, ㄷ, ㄸ, ㄹ, ㅁ, ㅂ, ㅃ, ㅅ, ㅆ, ㅇ, ㅈ, ㅉ, ㅊ, ㅋ, ㅌ, ㅍ, ㅎ'

    (9) 조선말 규범집:

     'ㄱ, ㄴ, ㄷ, ㄹ, ㅁ, ㅂ, ㅅ, ㅇ, ㅈ, ㅊ, ㅋ, ㅌ, ㅍ, ㅎ, ㄲ, ㄸ, ㅃ, ㅆ, ㅉ'

그리고 한글 맞춤법에서는 홀소리 글자의 순서가 (10)에서와 같이 종래의 관습대로 'ㅏ, ㅑ, ㅓ, ㅕ, ㅗ, ㅛ, ㅜ, ㅠ, ㅡ, ㅣ'를 기본으로 한 후에, 각 홀소리 글자에 'ㅣ'획을 첨가하는 글자를 바로 후속시켜 놓되, 'ㅗ'의 경우에는 'ㅓ'와 결합한 글자를 제시하고 그 뒤에 다시 'ㅣ'가 첨가된 글자를 제시하였다. 그러나 조선말 규범집에서는 홀소리 글자의 순서가 다음의 (11)에서처럼 'ㅏ, ㅑ, ㅓ, ㅕ, ㅗ, ㅛ, ㅜ, ㅠ, ㅡ, ㅣ'를 기본으로 먼저 다 제시하고 그 뒤에 'ㅣ'획이 첨가된 글자를 제시한 다음에 'ㅗ'와 'ㅜ'를 선행 홀소리로 한 겹홀소리 글자로 배열하였다.

    (10) 한글 맞춤법:

     ㅏ, ㅐ, ㅑ, ㅒ, ㅓ, ㅔ, ㅕ, ㅖ, ㅗ, ㅘ, ㅙ, ㅚ, ㅛ, ㅜ, ㅝ,

ㅖ, ㅟ, ㅠ, ㅡ, ㅢ, ㅣ'

(11) 조선말 규범집:

　　　ㅏ, ㅑ, ㅓ, ㅕ, ㅗ, ㅛ, ㅜ, ㅠ, ㅡ, ㅣ, ㅐ, ㅒ, ㅔ, ㅖ, ㅚ, ㅟ,
ㅢ, ㅘ, ㅝ, ㅙ, ㅞ'

　　또한 한글 맞춤법에서는 받침 글자의 순서를 규정해 놓지는 않았
으나, 일반적으로 한국어 사전에서는 다음의 (12)와 같은 순서를 따르
고 있다. 그러나 조선말 규범집에서는 다음의 (13)과 같이 규정해 놓고
이를 따르고 있다.

(12) 한글 맞춤법:

　　　ㄱ, ㄲ, ㄳ, ㄴ, ㄵ, ㄶ, ㄷ, ㄹ, ㄺ, ㄻ, ㄼ, ㄽ, ㄾ, ㄿ, ㅀ, ㅁ,
ㅂ, ㅄ, ㅅ, ㅆ, ㅇ, ㅈ, ㅊ, ㅋ, ㅌ, ㅍ, ㅎ

(13) 조선말 규범집:

　　　ㄱ, ㄳ, ㄴ, ㄵ, ㄶ, ㄷ, ㄹ, ㄺ, ㄻ, ㄼ, ㄽ, ㄾ, ㄿ, ㅀ, ㅁ, ㅂ,
ㅄ, ㅅ, ㅇ, ㅈ, ㅊ, ㅋ, ㅌ, ㅍ, ㅎ, ㄲ, ㅆ

　　이와 같이 남한과 북한에서의 표제어를 한국어 사전에 올릴 적의
닿소리 글자와 홀소리 글자의 순서가 완전히 달라졌기 때문에, 이 문
제도 앞으로 통일되어야 할 과제이다. 그런데 지금까지 남한과 북한의
한국어 사전의 올림말의 닿소리 글자와 홀소리 글자의 순서 결정은 객
관적이고 합리적인 어떤 근거에 의하여 이루어진 것이 아니다. 한국어
사전에서의 표제어의 닿소리 글자와 홀소리 글자의 순서는 앞으로 과

학적인 실험 결과와 보다 더 경제적인 편리성을 바탕으로 하여 결정되어야 할 것이다. 다시 말하면, 남한 방식 표제어의 순서와 북한 방식 표제어의 순서 중에서 어느 것이 우리가 사전을 찾을 때에 더 경제적인 속도를 낼 수 있는가 하는 문제를 실제적인 실험을 통하여 밝혀내어 결정해야 하는 것이다.

셋째로, 한글 맞춤법에서는 다음의 (14ㄱ–ㄹ)에서와 같이 질문이나 의문을 나타내는 문장 종결 어미를 된소리로 표기하는 데에 반하여, 조선말 규범집에서는 (14ㄱ´–ㄹ´)에서처럼 예사소리로 적는다.

(14) ㄱ. 내일 나하고 거기에 같이 「갈까」?
　　 ㄱ´. 내일 나하고 거기에 같이 「갈가」?

　　 ㄴ. 어떻게 하는 것이 [좋을까요]?
　　 ㄴ´. 어떻게 하는 것이 [좋을까요]?

　　 ㄷ. 일이 그렇게만 된다면 얼마나 [좋을꼬]?
　　 ㄷ´. 일이 그렇게만 된다면 얼마나 [좋을고]?

　　 ㄹ. 정말 그런 일이 [있을쏘냐]?
　　 ㄹ´. 정말 그런 일이 [있을소냐]?

넷째로, 한글 맞춤법에서는 어간의 끝음절 홀소리가 'ㅣ, ㅐ, ㅔ, ㅚ, ㅟ, ㅢ'일 때에는 접속 어미를 '-어'로 적고, 시제 접미사를 '-었-'으로 쓰는 데에 반하여, 조선말 규범집에서는 이를 각각 '-여'와 '-였-'으로 적는다. 따라서 남한에서는 다음의 (15ㄱ–ㅈ)와 같이 쓰지만, 북한에서는 (15ㄱ´－ㅈ´)처럼 적는다.

(15) ㄱ. 이제 [드디어] 방학이다.
　　　ㄱ´. 이제 [드디여] 방학이다.

　　　ㄴ. 꽃이 [피어서] 아름답군요!
　　　ㄴ´. 꽃이 [피여서] 아름답군요!

　　　ㄷ. 날씨가 [개어도] 안 가겠어요.
　　　ㄷ´. 날씨가 [개여도] 안 가겠어요.

　　　ㄹ. 실례지만 [연세]가 어떻게 되십니까?
　　　ㄹ´. 실례지만 [년세]가 어떻게 되십니까?

　　　ㅁ. [낙원]에서 살 수 있다면 얼마나 좋겠습니까?
　　　ㅁ´. [락원]에서 살 수 있다면 얼마나 좋겠습니까?

　　　ㅂ. [유월]이 벌써 다 갔어요.
　　　ㅂ´. [류월]이 벌써 다 갔어요.

　　　ㅅ. [여관]이 어디에 있습니까?
　　　ㅅ´. [려관]이 어디에 있습니까?

　　　ㅇ. [노동]은 즐거운 것이지요.
　　　ㅇ´. [로동]은 즐거운 것이지요.

ㅈ. 이 [논문]에는 문제점이 너무나 많다.
ㅈ´. 이 [론문]에는 문제점이 너무나 많다.

ㅊ. 저 지금 [이발소]에 갑니다.
ㅊ´. 저 지금 [리발소]에 갑니다.

또한 한글 맞춤법에서는 다음의 (17ㄱ—ㄹ)에서와 같이 한 단어 안에서 같은 음절이나 비슷한 음절이 겹쳐 나는 부분을 같은 글자로 적도록 되어 있으나, 조선말 규범집에는 이와 관련된 규정은 없고 다만 두음 법칙을 따르지 않고 (17ㄱ´--ㄹ´)처럼 적도록 되어 있다.

(17) ㄱ. [유유상종]이 아니겠어요?
ㄱ´. [류류상종]이 아니겠어요?

ㄴ. 그런 일에 [연연불망]할 필요가 무엇이 있습니까?
ㄴ´. 그런 일에 [련련불망]할 필요가 무엇이 있습니까?

ㄷ. 내가 전부터 [누누이] 말했었지요.
ㄷ´. 내가 전부터 [루루이] 말했었지요.

ㄹ. 아이들의 [늠름한] 모습을 보니 아무 걱정이 없어요.
ㄹ´. 아이들의 [름름한] 모습을 보니 아무 걱정이 없어요.

한자음을 적을 때에 북한에서 두음 법칙을 적용하지 않고 있는 까닭은 평양 말을 문화어로 정했기 때문이다. 남한의 입장에서 보면 북한에서의 두음 법칙을 적용하지 않고 발음하는 한자음은 일종의 방언 발음에 불과하다. 따라서 이는 그리 큰 문제는 아니라고 여겨진다.

여섯째로, 한글 맞춤법에서는 다음의 (18ㄱ-ㄹ)에서와 같이 단음절 용언의 어간 뒤에 어미 '-아'가 결합되어 '와'로 소리 나는 것만을 '-와'로 적도록 하고 어간의 끝 'ㅂ'이 'ㅜ'로 바뀌는 것은 'ㅜ'로 적도록 되어 있다. 그러나 조선말 규범집에서는 이를 (18ㄱ´-ㄹ´)에서처럼 'ㅗ'로 적도록 하고 있다.

(18) ㄱ. 나는 그이하고 참 [가까워].
　　ㄱ´. 나는 그이하고 참 [가까와].

　　ㄴ. 도와 줘서 아주 [고마워요].
　　ㄴ´. 도와 줘서 아주 [고마와요].

　　ㄷ. 그런 이야기를 들으면 [괴로워].
　　ㄷ´. 그런 이야기를 들으면 [괴로와].

　　ㄹ. 이 꽃은 참 [아름다워요].
　　ㄹ´. 이 꽃은 참 [아름다와요].

일곱째로, 한글 맞춤법에서는 순수한 우리말로 된 합성어나 순수한 우리말과 한자로 된 합성어, 그리고 두 음절로 된 한자어 여섯 개에 한하여4) '사이시옷'을 받쳐 적는 데에 반하여, 조선말 규범집에서는 '사이시옷'을 넣지 않고 표기한다. 따라서 남한에서는 다음의 (19ㄱ-ㅊ)과 같이 쓰는 것을 북한에서는 (19ㄱ´-ㅊ´)와 같이 적는다.

---

4) 이에는 "곳간, 셋방, 숫자, 찻간, 툇간, 횟수" 등이 있다.

(19) ㄱ. 「나룻가]에 배가 한 척도 없군요!
　　ㄱ´. 「나루가]에 배가 한 척도 없군요!

　　ㄴ. 개가 [콧등]에 상처가 났어요.
　　ㄴ´. 개가 [코등]에 상처가 났어요.

　　ㄷ. [베갯잇]을 가는 것이 좋겠습니다.
　　ㄷ´. [베개잇]을 가는 것이 좋겠습니다.

　　ㄹ. [숫여우]를 다 잡았다가 놓쳤어요.
　　ㄹ´. [수여우]를 다 잡았다가 놓쳤어요.

　　ㅁ. [잇몸]에서 피가 많이 나는군요!
　　ㅁ´. [이몸]에서 피가 많이 나는군요!

　　ㅂ. [뱃전]에 파도가 쳤습니다.
　　ㅂ´. [배전]에 파도가 쳤습니다.

　　ㅅ. [귓병]이 벌써 다 나았습니까?
　　ㅅ´. [귀병]이 벌써 다 나았습니까?

　　ㅇ. 이 [찻잔]은 참 예쁘네요.
　　ㅇ´. 이 [차잔]은 참 예쁘네요.

　　ㅈ. 결혼한 지 [햇수]가 얼마나 되지요?
　　ㅈ´. 결혼한 지 [해수]가 얼마나 되지요?

ㅊ. 얼굴에 [핏기]가 하나도 없군요!

ㅊ´. 얼굴에 [피기]가 하나도 없군요!

    한글 맞춤법에서는 합성어의 경우에 앞 단어의 끝이 폐쇄되면서 뒷 단어의 첫소리가 된소리로 발음될 때나,[5] 앞 단어의 끝이 폐쇄되면서 자음 동화 현상이 일어나거나,[6] 앞 단어의 끝이 폐쇄되면서 뒷 단어의 첫소리에 'ㄴ'이 첨가되고 동시에 동화 현상이 일어나는 경우에[7] '사이시옷'을 붙이어 적는다. 따라서 앞 단어의 끝이 폐쇄되는 구조가 아닌 경우나,[8] 뒷단어의 첫소리가 된소리이거나 거센소리인 경우에는[9] '사이시옷'을 사용하지 않는다. 그런데 조선말 규범집에서는 합성어의 경우에 북한 사람들의 실제 발음상 이와 같은 음운 현상이 일어나지 않는다면 아무 문제가 없겠으나, 남한에서와 같은 음운 현상이 일어나고 있다면 '사이시옷'을 사용하지 않는다고 하는 것은 문제인 것이다. '사이시옷'을 사용하지 않으면 의미 전달에 있어서 혼란을 초래할 경우가 많기 때문이다.

    여덟째로, 한글 맞춤법에서는 띄어쓰기에 있어서 본용언과 보조 용언을 띄어 쓰는 것을 원칙으로 하되, 경우에 따라서 붙이어 쓰는 것도 허용하고 있다. 그러나 조선말 규범집에서는 본용언과 보조 용언을 붙이어 쓰는 것을 원칙으로 하고 있다. 따라서 남한에서는 다음의 (20ㄱ-ㅋ)과 같이 쓰고 있으나, 북한에서는 (20ㄱ´-ㅋ´)처럼 적고 있다.

---

5) 이에는 "냇가, 샛길, 바닷가, 귓병, 전셋집," 등과 같은 예가 있다.

6) 이에 해당되는 보기로는 "빗물, 콧날, 잇몸, 제삿날, 훗날" 등이 있다.

7) 이에 대한 예로는 "깻잎, 나뭇잎, 욧잇, 가욋일, 예삿일," 등이 있다.

8) 이에는 "개구멍, 머리말, 새집," 등과 같은 보기가 있다.

9) 이에 해당되는 예로는 "개똥, 보리쌀, 개펄, 배탈," 등이 있다.

(20) ㄱ. 이것을 [먹어 보아라].
　　 ㄱ´. 이것을 [먹어보아라].

　　 ㄴ. 여기에 [적어 둡시다].
　　 ㄴ´. 여기에 [적어둡시다].

　　 ㄷ. 어려움을 [이겨 냈습니다].
　　 ㄷ´. 어려움을 [이겨냈습니다].

　　 ㄹ. 지금 책을 [읽고 있어요].
　　 ㄹ´. 지금 책을 [읽고있어요].

　　 ㅁ. 이제 잠을 [자고 싶습니다].
　　 ㅁ´. 이제 잠을 [자고싶습니다].

　　 ㅂ. 그는 [떠나고 말았지요].
　　 ㅂ´. 그는 [떠나고말았지요].

　　 ㅅ. 저이가 기분이 [좋은가 보군요].
　　 ㅅ´. 저이가 기분이 [좋은가보군요].

　　 ㅇ. 곧 비가 [올 듯합니다].
　　 ㅇ´. 곧 비가 [올듯합니다].

　　 ㅈ. 이것은 [먹을 만해요].
　　 ㅈ´. 이것은 [먹을만해요].

ㅊ. 어제 제가 [죽을 번하였습니다].
ㅊ´. 어제 제가 [죽을번하였습니다].

ㅋ. 너무 [잘난 척하지] 마십시오.
ㅋ´. 너무 [잘난척하지] 마십시오.

그런데 한글 맞춤법에서는 보조 용언 중에서 접속 어미 '-아/-어/-여' 뒤에 연결되는 보조 용언과, 그리고 주로 의존 명사에 '-하다'나 '-싶다'가 첨가되어 이루어진 보조 용언만을 본용언에 붙이어 쓰는 것을 허용하고 있다. 이는 조선말 규범집의 붙여 쓰기 방식과 차이를 보인다. 그러나 띄어쓰기의 문제는 남한과 북한 사이에 그리 큰 문제를 야기하지 않을 것으로 여겨진다.

아홉째로, 한글 맞춤법에서는 문장 부호의 이름과 그 사용법을 부록에서 다루고 있으나, 조선말 규범집에서는 문장 부호법을 셋째 규범으로 다루고 있다. 그리고 남한과 북한의 문장 부호의 이름은 서로 같은 것보다는 서로 다른 것이 많다. 그러나 문장 부호는 글자가 아니라 글자와 함께 사용되는 보조적 기호에 불과하다. 그러므로 남한과 북한의 그것이 서로 다르더라도 조정하기에는 그리 어려운 문제가 아니다. 한글 맞춤법과 조선말 규범집의 문장 부호의 명칭 가운데에서 활용 빈도가 높은 것 중 서로 다른 것만을 간단히 비교해 보이면 그것은 다음의 (21)과 같다.

(21) 한글 맞춤법: 조선말 맞춤법   문장 부호:
　　ㄱ. 온점   점   「 . 」
　　ㄴ. 쌍점   두점   「 : 」

ㄷ. 붙임표	이음표	「 - 」
ㄹ. 줄표	풀이표	「 ― 」
ㅁ. 큰따옴표	인용표	「 " " 」
ㅂ. 작은따옴표	거듭인용표	「 ' ' 」
ㅅ. 소괄호	쌍괄호	「 ( ) 」
ㅇ. 대괄호	꺾쇠괄호	「 〔 〕 」

이 이외에도 남한에서는 사용되고 있으나 북한에서는 사용되고 있지 않은 문장 부호에는 '가운뎃점「 · 」', '중괄호「『 』」', '빗금「 / 」' 등이 있다. 그리고 북한에서는 사용되고 있으나 남한에서는 사용되고 있지 않은 문장 부호로는 '반두점「 ; 」'과 '같음표「 〃 」'가 있다.

4. 북한의 문화어의 특징

남한의 교육부가 일천구백팔십팔 년 일월에 고시하고 일천구백팔십구 년 삼 월 일 일부터 시행한 '표준어 규정'의 총칙 제1 항에 따르면, "표준어는 교양 있는 사람들이 두루 쓰는 현대 서울말로 정함을 원칙으로 한다."라고 규정되어 있다. 그 이전에는 일천구백삼십삼 년에 조선어 학회에서 만든 '한글 맞춤법 통일안'의 총론 제2 항의 "표준어는 대체로 현대 중류 사회에서 쓰는 서울말로 한다."는 규정을 따랐었다.

그러나 북한의 표준어인 이른바 '문화어'는 평양 말로서, 일천 구백육십육 년 김 일성의 "조선어의 민족적 특성을 옳게 살려 나갈 데에 대하여"라고 하는 교시에 따라 제정되었다. 이 교시 가운데에서 문화어와 관련된 부분을 직접 인용하면 그것은 다음의 (22)와 같다.

(22) "우리는 우리 혁명의 참모부가 있고 정치, 경제, 문화, 군사의 모든 방면에 걸치는 우리 혁명의 전반적 전술이 세워지는 혁명의 수도이며 요람지인 평양을 중심으로 하고 평양 말을 기준으로 하여 언어의 민족적 특성을 보존하고 발전시켜 나가도록 하여야 하겠습니다. 그런데 표준어라는 말은 다른 말로 바꾸어야 하겠습니다. 표준어라고 하면 마치 서울말을 표준하는 것으로 그릇되게 이해될 수 있으므로 그대로 쓸 필요가 없습니다. 사회주의를 건설하고 있는 우리가 혁명의 수도인 평양 말을 기준으로 하여 발전시킨 우리말을 표준어라고 하는 것보다 다른 이름으로 부르는 것이 옳습니다. 문화어란 말도 그리 좋은 것은 못 되지만 그래도 그렇게 고쳐 쓰는 것이 낫습니다."[10]

북한에서는 "문화어가 혁명 투쟁과 건설 사업을 성과적으로 보장하는 데 매우 중요한 역할을 하고 있다."고 보고, "문화어가 혁명의 위대한 수령 김일성 동지의 현명한 령도 밑에 공화국 북반부에서 발전한 조선말의 전형이며 가장 높은 발전 형태이다."라고 주장하고 있다. 또한 그들은 "문화어는 영광스러운 항일 혁명 투쟁 시기에 그 뿌리가 이룩되었으며 오늘 혁명과 건설의 요구에 맞게 모든 측면에 혁명적이고

---

10) 이에 관한 것은 극동문제 연구소의 '북한 언어 정책 자료집' (1973: 21-22)을 참조하라.

세련되고 풍부화 되었다."고 믿고 있다.11)

이와 같이 특정한 이념과 목적 의식을 바탕으로 하여 만들어지고 다듬어진 북한의 문화어는 남한의 표준어와 부득이 차이가 생길 수밖에 없게 되었다. 남한의 표준어와 북한의 문화어의 사정 원칙 (발음 변화에 따른 표준어 규정 및 어휘 선택의 변화에 따른 표준어 규정)과 발음법을 일일이 비교하여 그 차이점을 밝히려면 상당히 많은 지면이 요구된다. 따라서 여기에서는 어휘론적 측면에서 볼 때에 특수하게 여겨지는 북한의 문화어를 간단히 살펴보기로 한다.

첫째로, 북한의 문화어에는 사회주의적 이념이나 제도와 관련된 단어들이 많다는 것이다. 이에는 다음의 (23)과 같은 것들이 있다.

(23) ㄱ. 그는 '노동 적위대'에 들어갔다.
ㄴ. 우리 모두는 '가정 혁명'을 이루어야 한다.
ㄷ. '선동 사업'을 성공으로 이끌자.
ㄹ. '동요 분자'는 사상 비판을 받아야 한다.
ㅁ. 나는 '인민 무력부'에서 일한다.
ㅂ. 그는 '로동 영웅'으로 대접을 받았다.
ㅅ. 경제의 활성화를 위하여 '합영법'을 제정하였다.
ㅇ. '인민 배우'는 존경을 받는다.
ㅈ. 주민들은 '혁명 가극'을 보고 무척 감동을 받았다.
ㅊ. '사상 전선'에 이상이 생기지 않도록 합시다.
ㅋ. 우리 모두 '모내기 전투'에 참가하자.

북한에서 사용되고 있는 이와 같은 정치, 경제, 문화, 그리고 예술

---

11) 이에 대한 것은 조선 문화어 문법 (1979: 9)을 참조하라.

분야와 관련이 있는 단어들은 남한 사람들에게는 거부감을 줄 수도 있다. 그러나 북한의 입장에서 남한의 표준어를 보면 그들은 남한의 언어에는 자본주의적 사상이나 제도와 연관이 있는 어휘가 많다고 여길 것이다.

둘째로, 북한의 문화어에는 남한의 표준어와 의미나 용법이 다르게 쓰이는 어휘들이 있다. 따라서 남한과 북한의 한국어 사전에서의 단어의 뜻매김도 차이가 나는 경우가 있다. 예컨대, 남한에서는 '어버이'라고 하는 단어를 다음의 (24ㄱ)과 같은 의미로 쓰고 있으나, 북한에서는 (24ㄴ)과 같은 의미로 사용하고 있다.

(24) ㄱ. 아버지와 어머니를 아울러 일컫는 말
     ㄴ. 인민 대중에게 고귀한 정치적 생명을 안겨 주시고 친 부모도 미치지 못할 뜨거운 사랑과 두터운 배려를 베풀어 주시는 분을 끝없이 흠모하는 마음으로 친근하게 높여 이르는 말.

이밖에도 '동무'가 남한에서는 "늘 친하게 어울려 노는 사람"이나 "뜻을 같이 하고 가깝게 지내는 벗"의 의미로 사용되나, 북한에서는 "로동 계급의 혁명 위업을 이룩하기 위하여 혁명 대오에서 함께 싸우는 사람"을 친하게 이르는 말로 쓰이고 있다. '소행'과 '이악하다'라고 하는 단어를 남한에서는 부정적인 의미로 사용하고 있는 데에 반하여 북한에서는 긍정적인 의미로 쓰고 있다. 그리고 남한에서의 '보장'이라고 하는 단어는 북한에서는 '담보'에 해당된다. 또한 '철거시키다'의 경우에 남한에서는 그 대상을 물건에 한정해서만 사용하는 데에 비하여, 북한에서는 사람에 대하여서도 쓰고 있다.

셋째로, 남한의 표준어와 북한의 문화어에 있어서 한자어의 경우에 형태소의 배합 순서가 서로 다른 것이 있다. 다음의 (25ㄱ—ㄹ)은 남한에서 사용되는 것이고, (25ㄱ′—ㄹ′)는 북한에서 쓰이는 것이다.

(25) ㄱ. '의식주' 문제가 우선 해결되어야 합니다.
     ㄱ′. '식의주' 문제가 우선 해결되어야 합니다.

     ㄴ. 우리 '상호' 존중합시다.
     ㄴ′. 우리 '호상' 존중합시다.

     ㄷ. '성장' 속도가 무척 빠르군요!
     ㄷ′. '장성' 속도가 무척 빠르군요!

     ㄹ. '오다가다' 만난 사이입니다.
     ㄹ′. '가다오다' 만난 사이입니다.

넷째로, 북한의 문화어에서는 사용되고 있으나 남한의 표준어에서는 사용되고 있지 않아, 우리가 그 의미나 용법을 이해하기 어려운 단어들이 있다. 이에는 다음의 (26)과 같은 것들이 있다.

(26) ㄱ. 생눈길: 아무도 지나가지 않은 눈길
     ㄴ. 일본새: 능력
     ㄷ. 동약: 한약
     ㄹ. 직관물: 시청각 자료
     ㅁ. 생뚱같다: 엉뚱하다
     ㅂ. 바재이다: 우물쭈물하다

ㅅ. 지숙하다: 지긋하다

ㅇ. 분한있게: 알뜰하게

ㅈ. 나먹다: 나이를 먹다

ㅊ. 나무아지: 나무의 가느다란 가지

　다섯째로, 북한의 문화어에서는 북한 지역의 방언 가운데에서 문화어로 받아들인 것이 남한의 표준어에서 방언의 어휘 중 표준어로 수용한 것보다 훨씬 더 많다.12) 북한의 문화어에 포함되어 있는 방언의 예를 들면 다음의 (27)과 같다.

(27) ㄱ. 남새: 채소

　　 ㄴ. 에미나이: 계집아이

　　 ㄷ. 상기: 아직

　　 ㄹ. 인차: 곧

　　 ㅁ. 되우: 몹시

　　 ㅂ. 가찹다: 가깝다

　　 ㅅ. 아츠럽다: 애처럽다

　　 ㅇ. 마사지다: 부서지다

　　 ㅈ. 가느적하다: 꽤 가늘다

　　 ㅊ. 나꾸채다: 나꾸어채다

　여섯째로, 북한의 문화어에서는 한자어를 우리 고유어로 바꾸어 놓은 것들이 많다. 이에 대한 보기로는 다음의 (28)과 같은 것들이 있다.

---

12) 김 민수 (1989)에서는 이러한 부류에 속하는 단어가 약 사천 개쯤 된다고 기술하고 있다.

(28) ㄱ. 안바다: 내해

ㄴ. 잔짐: 소화물

ㄷ. 바깥힘: 외력

ㄹ. 고루깎기: 평삭

ㅁ. 되돌이선: 회귀선

ㅂ. 뿌리가르기: 분근

ㅅ. 껴울림: 공명

ㅇ. 모레메흙: 사양토

ㅈ. 물결막이뚝: 방파제

ㅊ. 벌치기: 양봉

일곱째로, 북한의 문화어에서는 외래어를 순수한 국어로 만들어 사용하고 있는 것들이 많다. 이에 대한 보기를 들면 다음의 (29)와 같다.

(29) ㄱ. 나뉜옷: 투 피스

ㄴ. 얼음보숭이: 아이스크림

ㄷ. 여닫개: 스위치

ㄹ. 구석차기: 코너킥

ㅁ. 나들개: 피스톤

ㅂ. 목달개: 칼라

ㅅ. 손넘기: 네트오바

ㅇ. 몸틀: 마네킨

ㅈ. 방울나무: 플라타나스

ㅊ. 문지르기: 마싸지

5. 마무리

우리는 위에서 북한의 언어 정책의 내용, 남한과 북한의 맞춤법의 차이점, 그리고 북한의 문화어의 특징 등을 간단히 살펴보았다. 우리가 앞에서 살펴본 북한의 언어 정책은, 한 마디로 말하면, 언어는 혁명과 도구라고 하는 유물론적 언어관을 기초로 하여 수립된 것으로서 부정적인 비판의 소지도 많다. 그러나 일면 우리가 긍정적으로 수용할 만한 내용도 없지 않다. 북한의 언어 정책은 사실상 남한의 한국어 순화 운동과 대동소이한 면이 많다고 볼 수 있다. 다만, 북한에 있어서는 언어 정책의 수립이나 언어 정책의 시행에 있어서 정부 당국의 막강한 권력을 이용하여 절대적인 강제성을 발휘하는 데에 반하여, 남한의 경우에는 정부가 주로 학회 등과 같은 순수 민간 단체들이 각기 다른 의견들을 폭 넓게 수렴하여, 언어 정책의 수립과 시행에 반영하고 있을 따름이다.

최근에 우리 정부의 개방적인 북방 정책으로 인하여 우리는 북한의 문헌을 읽고 연구할 수 있는 기회가 많아졌다. 우리는 이런 기회를 북한의 언어 정책을 수립하고 수행하는 데에 이용할 수 있고, 앞으로 다가올 남북의 통일에 대비하여 남한과 북한의 공통적인 언어 정책의 수립을 위한 기초 작업을 수행하는 데에도 활용할 수 있을 것이다.

남한과 북한의 공통어로서의 민족어의 문제와 그 규범에 관한 논의는, 우선 양 쪽 정부의 정치적, 군사적 긴장 완화와 더불어 민간 차원의 광범위한 문화적 교류가 활발하게 실현되면, 자연히 원활하게 이루어질 수 있을 것으로 여겨진다. 사실상 아직까지 남한과 북한의 언어의 이질화 현상은 그리 심각한 상태는 아니다. 따라서 현재의 남한의 표준어 사용자와 북한의 문화어 사용자 사이의 의사 소통에도 그리 큰 지장은 없다. 그러나 남한과 북한의 언어는 서로 메울 수 없이 그 사이가 벌어져 남북 공통어로서의 특성을 상실하게 될지도 모른다. 우리는 하루 빨리 남북 통일을 이룩하고 아울러 언어의 통일도 이루어 내어야 한다.

참고문헌

강 신항 (1983), "외래어의 실태와 그 수용 대책," 이 기문 (편), 한국어문의 제문제, 서울: 일지사.

강 신항 (1991), 현대 국어 어휘 사용의 양상, 서울: 태학사.

고 영근 (1974), "현대 한국어의 존비법에 대한 연구," 어학 연구, 제10권, 제2호, 서울대학교 어학연구소.

고 영근 (1989), "북한의 언어 정책", 고 영근 (편), 북한의 말과 글, 서울: 을유문화사.

고 영근 (편) (1989), 북한의 말과 글, 서울: 을유문화사.

고 영진 (1997), 한국어의 문법화 과정, 서울: 국학자료원.

과학백과사전출판사 (편) (1989 [1979]), 조선 문화어 문법, 서울: 탑출판사.

교육부 (1997), 국어과 교육 과정, 서울: 대한교과서주식회사.

국립 국어 연구원 (1989), 남북한 언어 차이 조사, 국립국어연구원.

국립 국어 연구원 (1992), 북한의 국어 사전 분석 (1), 국립국어연구원.

국어 사정 위원회 (편) (1988), 조선말 규범집, 평양: 사회과학출판사.

국어 연구소 (1988), 한글 맞춤법 해설, 국어연구소.

국어 연구소 (편) (1999), 국어 대사전, 서울: 두산동아.

극동 문제 연구소 (1973), 북한 언어 정책 자료집.

김 민수 (1981), 국어 의미론, 서울: 일조각.

김 민수 (1985), 북한의 국어 연구, 서울: 고려대학교 출판부.

김 민수 (1989), 북한의 어학 혁명, 서울: 도서출판 백의.

김 민수 (외) (1973), 국어 교육론, 서울: 일조각.

김 병원 (1987), "한국말과 글의 특성 비교," 이중 언어 학회지, 제3호, 이중언어학회.

김 석득 (1979), "국어 순화에 대한 반성과 문제점," 국어의 순화와 교육, 한국정신문화원.

김 석득 (1992), 우리말의 형태론, 서울: 탑출판사.

김 승렬 (1988), 국어 어순 연구, 서울: 한신문화사.

김 윤경 (1957), 고등 나라 말본, 서울: 동아출판사.

김 종택, 천 시권 (1983), 국어 의미론, 서울: 형설출판사.

김 지견 (역) (1971), 중국인의 사유 방법, 中村 元, 서울: 동서 문화원.

김 진우 (1971), "Microwave 방법론의 분석," 언어 교육, 제3권, 제1호, 서울: 서울대학교 어학연구소.

김 진우 (1985), 언어: 그 이론과 응용, 서울: 탑출판사.

나 진석 (1971), 우리말의 때매김 연구, 서울: 과학사.

남 기심 (1981), "국어의 존대법 기능," 인문 과학, 제45집, 연세대학교 인문과학연구소.

남 기심 (외) (1981), 언어학 개론, 서울: 탑출판사.

남 기심, 고 영근 (1993 [1985]), 표준 국어 문법론, 서울: 탑출판사.

남 기심, 김 하수 (1989), "북한의 문화어," 북한의 말과 글, 고 영근(편), 북한의 말과 글, 서울: 을유문화사.

남 기심, 이 정민, 이 홍배 (1981), 언어학 개론, 서울: 탑출판사.

남 영신 (편) (2001), 국어 대사전, 서울: 성안당.

노 대규 (1970), *Korean: Micro-wave 101-200*, 서울: 주한 미국평화봉사단.

노 대규 (1970), *Korean: Microwave* 실험 결과 보고서, 서울: 연세대학교

한국어학당.

노 대규 (1972), *Korean: Macro-wave 1-100*, 서울: 주한 미국평화봉사단.

노 대규 (1974), "한국어의 문맥어에 대하여," 언어 문화, 서울: 연세대학교 한국어학당.

노 대규 (1975), "완곡 어법고," 연세 어문학, 제6집, 연세대학교.

노 대규 (1983), 국어의 감탄문 문법, 서울: 보성문화사.

노 대규 (1988), 국어 의미론 연구, 서울: 국학자료원.

노 대규 (1990), "중국에서의 한국어 교육 방법에 대한 연구," 중국에서 의 한국어 교육 2, 이중언어학회.

노 대규 (외) (1991), 국어학 서설, 서울: 신원문화사.

노 대규 (1996), 한국어의 입말과 글말, 서울: 국학자료원.

노 대규 (1997), 한국어의 감탄문, 서울: 국학자료원.

노 대규 (1999), 시의 언어학적 분석, 서울: 국학자료원.

노 대규 (2002), 한국어의 화용-의미론, 서울: 국학자료원.

노 명완 (1988), 국어 교육론, 서울: 도서출판 한샘.

노 명완, 박 영목, 권 경안 (1988), 국어과 교육론, 서울: 갑을출판사.

동북 삼성 조선어 문법 편찬 소조 (편) (1983), 조선어 문법, 연길: 연변 인민출판사.

문교부 (1968), 한글 전용 편람, 문교부.

문교부 (1986), 초·중·고등학교 교육 과정 (1946−1981): 국어과·한문 과, 문교부.

민 현식 (1999), 국어 정서법 연구, 서울: 태학사.

박 경자, 유 석훈 (역) (1986), 심리 언어학: 서울: 한신문화사.

박 경자, 임 병빈, 강 명자 (역) (1985), 심리 언어학, 서울: 한신문화사.

박 용수 (편) (1989), 우리 말 갈래 사전, 서울: 한길사.

박 창해 (1968), "한국인의 사고 유형과 대학 교양 교육의 과제," 대학과 국가 발전, 박 대선 (편), 서울: 교육출판사.

박 창해, 박 기덕 (1970), Korean: Microwave 1-100, 서울: 연세대학교

한국어학당.

변 광수 (1993), 세계의 주요 언어, 서울: 한국 외국어대학교 출판부.

북한과학 백과사전 출판사 (1979), 조선 문화어 문법.

사회과학원 연구소 (편) (1992), 조선말 대사전, 평양: 사회과학출판사.

사회과학원 언어학 연구소 (1971), 조선말 규범집 해설, 평양: 사회과학출
　　　판사.

서 정수 (1972), "현대 국어의 대우법 연구," 어학 연구, 제8집, 서울대학
　　　교 어학연구소.

서 정수 (1978), "존대말은 어떻게 달라지고 있는가(2): 청자 등급의 간소
　　　화," 한글, 제167호, 한글학회.

서 정수 (1978), 국어 구문론 연구, 서울: 탑출판사.

서 정수 (1984), 존대법의 연구, 서울: 한신문화사.

서 정수 (1994), 국어 문법, 서울: 뿌리깊은나무.

서 정수 (1996), 현대 국어 문법론, 서울: 한양대학교 출판부.

서 정수, 노 대규 (1983), 말과 생각, 서울: 한양대학교 출판부.

성 기철 (1985), 현대 국어 대우법 연구, 서울: 개문사.

신 기철, 신 영철 (1980 [1974]), 새 우리말 큰사전, 서울: 삼성출판사.

심 재기 (1981), 국어 어휘론, 서울: 집문당.

연세대학교 언어정보 개발 연구원 (편) (1998), 연세 한국어 사전, 서울:
　　　두산동아.

우 인혜 (1993), "국어의 피동법과 피동 표현의 연구," 한양대학교 박사
　　　학위 논문.

유 목상 (1989), "북한의 맞춤법, 북한의 말과 글," 고 영근 (편), 서울: 을
　　　유문화사.

유 형진 (편저) (1969), 국민 교육 헌장의 이론과 실제, 서울: 배영사.

윤 태림 (1964), 한국인의 성격, 서울: 현대교육총서출판사.

이 규호 (1964), 현대 철학의 이해, 서울: 숭의사.

이 규호 (1978 [1968]), 말의 힘: 언어 철학, 서울: 제일출판사.

이 기동 (1982), "언어와 인지," 언어, 7-2, 한국언어학회.

이 기동, 임 상순, 김 종도 (역) (1988), 언어와 심리, 서울: 탑출판사.

이 기문 (편) (2001 [1989]), 동아 새 국어 사전, 서울: 두산동아.

이 기문, 김 진우, 이 상억 (1984), 국어 음운론, 서울: 학연사.

이 맹성 (1975), "한국어의 종결 어미와 대인 관계 요소의 상관 관계에 대한 연구," 인문과학, 제33-34 합집, 연세대학교 인문과학연구소.

이 병호 (1986), "국어과 교육 변천사 연구", 성균관대학교 박사학위 논문.

이 상국 (옮김) (1996), 둘째 말 학습 이론: Barry McLaughlin (1987), *Theories of Second Language Learning*, 서울: 도서출판 동인.

이 상국 (옮김) (2001), 현대 둘째 말 학습 이론: Mitchell and Myles (1998), *Second Language Learning Theories*, 서울: 도서출판 동인.

이 익섭 (1974), "국어 경어법의 체계화 문제," 국어학, 제2집, 국어학회.

이 익섭, 임 홍빈 (1983), 국어 문법론, 서울: 학연사.

이 익섭, 채 완 (1999), 국어 문법론 강의, 서울: 학연사.

이 종인 (1987), "비언어 소통에 있어서 한국인과 미국인의 사고 방식의 차이," 교육 노총, 제2집, 서울: 한국 외국어대학교 교육대학원.

이 희승, 안 병희 (1996), 한글 맞춤법 강의, 서울: 신구문화사.

이중언어학회 (편) (1987), 해외에서의 한국어 교육, 이중언어학회지, 제3호.

이중언어학회 (편) (1990), 중국에서의 한국어 교육1, 이중언어학회지, 제6호.

장 덕순, 윤 태림, 조 용만 (1969), 한국인, 서울: 배영사.

정 동빈 (1987), 언어 습득 연구, 서울: 한신문화사.

정 범모 (1961), 교육 평가, 서울: 중앙교육출판사.

천 시권, 김 종택 (1971), 국어 의미론, 서울: 형설출판사.

최 명식 (1988), 조선말 구두어 문법, 심양: 료녕민족출판사.

최 용재 (1975), 언어 교육 연구, 서울: 형설출판사.

최 재석 (1979 [1965]), 한국인의 사회적 성격, 서울: 개문사.

최 현배 (1989 [1937]), 우리 말본, 서울: 정음문화사.

통계청 (2003), 산업 생산 연보, 대전: 통계청.

통계청 (2004), 국제 통계 연감, 대전: 통계청.

통계청 (2004), 한국의 사회 지표, 대전: 통계청.

한국 영화 진흥 위원회(2003), 한국 영화 연감, 서울: 한국영화진흥위원회.

한국 은행 (2003), 국민계정, 서울: 한국은행.

한국 출판 문화 협회 (2003), 한국 출판 연감. 서울: 한국 출판문화협회.

한글 학회 (1989), 한글 맞춤법 통일안, 한글학회.

한글 학회 (1992), 우리말 큰사전, 서울: 어문각.

허   웅 (1981), 언어학: 그 대상과 방법, 서울: 샘문화사.

허   웅 (1983), 국어학, 서울: 샘문화사.

허   웅 (1986), 국어 음운학, 서울: 샘문화사.

홍 웅선 (외) (1970), 국어 교육: 현대 교육 총서, 서울: 현대교육총서출판사.

황 정규 (1972), 교육 평가, 서울: 교육출판사.

흰들링그, 디르크 (1985), 한국어 의성-의태어 연구: 음성 상징에 관한 구조 및 의미론적 고찰, 서울: 탑출판사.

Aiken, J. R. (1933), *A New Plan of English Grammar, New York*: Henry Holt and Co.

Allen, Harold B., (ed.) (1965), *Teaching English as a Second Language: A Book of Readings*, New York: McGraw-Hill Book Company.

Anthony Edward M. (1963), "Approach, Method, and Technique," *English Language Teaching*, 17, 63−67.

Battle, J. A., Shannon, R. L. (1968), *The New Idea in Education*, New York: Harcourt, Brace & World, Inc.

Biber, D. (1986), "Spoken and Written Textual Dimension in English," *Language*, Vol. 62, No. 2.

Billows, F. L. (1964), *The Techniques of Language Teaching*, London: Longmans.

Bloch, Bernard and George L. Trager (1942), *Outline of Linguistic Analysis,* Baltimore: Linguistic Society of America.

Bloom, Benjamin S. *et al.* (1956), *Taxonomy of Educational Objective, Handbook I: Cognitive Domain,* New York: Longmans Green.

Bloomfield, Leonard (1942), *Outline Guide for the Practical Study of Foreign Language,* Baltimore: Linguistic Society of America.

Boas, F. (1940), *Race, Language, and Culture,* New York: The Free Press.

Bolinger, D. (1975), *Aspects of Language,* New York: Harcourt Brace Jovanovich, Inc.

Bolinger, D. (1977), *Meaning and Form,* London: Longman Group Ltd.

British Petroleum Amoco(2004), *BP Amoco Statistical Review of World Energy.*

Brooks, Nelson (1966), *Language and Language Learning: Theory and Practice,* New York: Harcourt, Brace & World, Inc.

Brown, G. & Yule G. (1983), *Teaching the Spoken Language,* Cambridge: Cambridge University Press.

Brown, G. & Yule, G. (1983), *Discourse Analysis,* Cambridge: Cambridge University Press.

Bumpass, Faye L. (1963), *Teaching Young Students English as a Foreign Language,* New York: American Book Company.

Carrol, John B. (1961), "Fundamental Considerations in Testing for English Language Proficiency" in Harold B. Allen (ed.) (1965), *Teaching English at a Second Language,* 364-372, New York: McGraw-Hill Book Company.

Chafe, W. L. (1982), "Integration and Involvement in Speaking, Writing, and Oral Literature" in *Spoken and Written Language,* ed. by D. Tannen, Norwood, New Jersey: Ablex

Publishing Corporation.

Chomsky, Noam (1959), "Review of B .F. Skinner's Verbal Behavior," in *Language*, 35.

CIA (2003, 2004), *The World Factbook*.

Cornelius, Edwin T. (1953), *Language Teaching*, New York: Thomas Y. Crowell Company.

Coulthard, M. (1977), *An Introduction to Discourse Analysis,* London: Longman.

Crystal, D. (1987), *The Cambridge Encyclopedia of Language,* Cambridge: Cambridge University Press.

Crystal, David (1987), *The Cambridge Encyclopedia of Language,* Cambridge: Cambridge University Press.

Curry, Percival (1957), *Teaching English as a Foreign* Language, London: Longmans.

Dacanay, Fe R. & J. Donald Bowen (1963), *Technique and Procedures in Second Language Teaching,* Quezon City: Alemar-Phoenix Publishing House Inc.

Deese, James and Stewart H. Hulse (1967), *The Psychology of Learning*, New York: McGraw-Hill Book Company.

Diller, Karl Conrad (1971), *Generative Grammar, Structural Linguistics, and Language Teaching,* Rowley, Massachusetts: Newbury House Publishers.

Educational Testing Service (1975), T*est of English as a Foreign Language, Bulletin of Information for Candidates* 1975-76, Educational Testing Service.

Elsevier (2004), *Yearbook of World Electronics Data*.

Emic, Janet A., James T. Flemming, and Hellen M. Popp (ed.) (1966), *Language and Learning*, New York: Harcourt, Brace & World,

Inc.

Finegan, E. and Bensnier, N. (1989), *Language: Its Structure and Use,* San Diego: Harcourt Brace Jovanovich, Publishers.

Finocchiaro, Mary & Bonomo, Michael (1973), *The Foreign Language Learner: A guide for Teachers,* New York: Regents Publishing Company, Inc.

Fries, Charles C. (1945), *Teaching and Learning English as a Foreign Language,* Ann Arbor, Mich: University of Michigan Press.

Fromkin, Victoria and Rodman, Robert(1993), *An Introduction to Language,* New York: Holt, Rinehart and Winston.

Fry, Edward (1965), *Teaching Faster Reading: A Manual,* Cambridge: Cambridge University Press.

Gorden, D. and Lakoff, G. (1971), "Conversational Postulates," Papers from the Seventh Regional Meeting of CLS.

Haas, Mary R. (1953), "The Application of Linguistics to Language Teaching" in *Anthropology Today,* ed. by A. L. Krober, Chicago: University of Chicago.

Hall, E. T. (1966 [1959]), *The Silent Language,* New York: Fawcett World Library.

Harris, David P. (1969), *Testing English as a Second Language,* New York: McGraw-Hill, Inc.

Hartwell, P. and Bently, R. H. (1982), *Open to Language,* Oxford: Oxford University Press.

Hayakawa, S. I. (1964), *Language in Thought and Action,* New York: Harcourt, Brace & World, Inc.

Hinds, J. (1984), *Nonverbal Modalities of Communication in Language and Culture,* Seoul: Hyeongseol Publishing Co.

Huddleston, R. D. (1971), *The Sentence in Written English,* Cambridge

University Press.

Hwang, Juck-ryoon (1975), *Role of Sociolinguistics in Foreign Language Education with Reference to Korean and English Terms of Address and Levels of Deference,* Seoul: Kwangmunsa.

IMF (2004), *International Financial Statistics, 7.*

International Institute for Strategic Studies (2004, 2005), *Military Balance.*

International Petroleum Exchange (2004), *British Petroleum* International Telecommunication Union (2004), *World Telecommunication Indicators.*

Kehoe, Monika, (ed.) (1968), *Applied Linguistics: A Servey for Language Teachers,* New York: Collier-Macmillan.

Klopf, D. W. (1982), *Cross-Cultural Communication,* Seoul: Hanshin Publishing Co.

Kodansha International Ltd. (ed.) (1997), *Talking About the World,* Tokyo: Kodansha International Ltd.

Koo, John H. and Robert N. Clair (1992), *Language of the World,* Seoul: Hanshin Publishing Co.

Krashen, S. (1978), "Individual Variation in the Use of the Monitor," In *Principles of Second Language Learning,* ed. by W. Ritche, New York: Academic Press.

Kroll, B. M. and Vann, R. J. (eds.) (1981), *Exploring Speaking -Writing Relationships,* Urbana: National Council of Teachers of English.

Lado, Robert (1955), "Patterns of Difficulty in Vocabulary" in *Teaching English as a Second Language* ed. by Harold B.Allen, New York: McGraw-Hill Book Company.

Lado, Robert (1964), *Language Teaching: A Scientific Approach,* New York: McGraw-Hill, Inc.

Lado, Robert (1964), *Language Testing: The Construction and Use of Foreign Language Test*, New York: McGraw-Hill Book Company

Lakoff, G. and Johnson, M. (1980), *Metaphors We Live By*, Chicago: the University of Chicago Press.

Lambert, Wallace (1963), "Psychological Approach to the Study of Language," *Modern Language Journal*, No. 3.

Langacker, R. W. (1972), *Fundamentals of Linguistic Analysis,* New York: Harcourt Brace Jovanovich, Inc.

Leech, G. & Svartvik, J. (1975), *A Communicative Grammar of English,* London: Longman Group Ltd.

Leki, I. (1989), *Academic Writing: Techniques and Tasks,* New York: St. Martin's Press.

Levin, D. R. & Adelman, M. B. "Nonverbal Communication," in *Academic Writing: Techniques and Tasks,* by I. Leki (1989), New York: St. Martin's Press.

Luria, A. R. (1961), *The Role of Speech in the Regulation of Normal and Abnormal Behavior,* Oxford: Pergamon Press.

Lyons, J. (1981), *Language and Linguistics,* Cambridge: Cambridge University Press.

Mackey, William F. (1965), *Language Teaching Analysis,* London: Longmans.

Martin, S. E. (1954), *Korean Morphophonemics,* Baltimore: Linguistic Society of America.

Martin, S. E., Lee, Y. H. and Chang, S. U. (1968), New *Korean-English Dictionary,* Seoul: Minjungseogwan.

McMains, C., Stollenwerk, D. and Zhang, Z. S. (1987), *Language Files,* The Ohio State University, Department of Linguistics.

McNeill, D. (1970), *The Acquisition of Language: The Study of Developmental Psycholinguistics,* New York: Harper & Row.

Morris, B. A. (1962), *The Art of Teaching English as a Living Language,* Tokyo: Kekusha, LTD.

Morris. C. (1964), *Signification and Significance,* Cambridge, Massachusetts: the MIT Press.

Mowrer, O. Hobart (1960), *Learning Theory and Behavior*, New York: John Wiley & Sons.

Noh, Dae-Kyu (1974), "A Study of Types of Language Drills," *Journal of the Yonsei Language & Literature,* Seoul: Yonsei University.

O'Connor, Patricia and W. F. Twadell (1060), "Intensive Trainning for an Oral Approach in Language Teaching," *Modern Language Journal*, XLIV, no.2.

OECD (2001, 2003), *Main Science and Technology Indicators.*

OECD (2004), *Main Economic Indicators.*

OECD (2004), *National Accounts of OECD Countries.*

Park, B. Nam (1968), *Korean, Vol. 1,* Washington, D. C., Foreign Service Institute.

Park, B. Nam (1969), *Korean, Vol. 2,* Washington, D. C., Foreign Service Institute.

Park, Chang-Hai (1961), *An Intensive Course in Korean I,* Seoul: Yonsei University Press.

Park, Chang-Hai (1965), *An Intensive Course in Korean, II,* Seoul: Yonsei University Press.

Park, Chang-hai (1967), *A Study of Korean Language Structure. 1-2, 3,* Seoul: Korean Language Institute, Yonsei University.

Pei, Mario (1968 [1956]), *Language for Everybody,* New York: The

New American Library, Inc.

Pei, Mario (1969), *One Language for the World*, New York: Parents' Magazine Press.

Pei, Mario. (1956), *Language for Everybody,* New York: New American Library Inc.

Piaget, J. (1962), *Play, Dreams, and Imitation in Childhood,* New York: Norton.

Pimsleur, Paul (1964), "Testing Foreign Language Learning" in *Trends in Language Teaching,* ed. by Albert Valdman (1966), New York: McGraw-Hill Book Company.

Quirk, R., *et al* (1985), *A Comprehensive Grammar of English Language,* London: Longman Group Ltd.

Quirk, R., Greenbaum, S., Leech, G. and Svartvik, J. (1972), *A Grammar of Contemporary English,* London: Longman Group Ltd.

Rivers, Wilga M. (1964), *The Psychologist and the Foreign Language Teachers,* Chicago: the University of Chicago Press.

Rivers, Wilga M. (1968), *Teaching Foreign-Language Skills*, Chicago: The University of Chicago Press.

Ruhlen, Meritt (1976), *A Guide to the Languages of the World, Language Universal Project*, Stanford: Stanford University.

Saville-Troike, Muriel (1976), *Foundation for Teaching English as a Second Language*, Englewood Cliffsm New Jersey: Prentice Hall, Inc.

Scherer, George A. C. & Wertheimer, Michael (1964), *A Psycholinguistic Experiment in Foreign-Language Teaching*, New York: McGraw-Hill.

Searle, J. R. (1979), *Expression and Meaning,* Cambridge: Cambridge University Press.

Shipley, C. M. (1964), *A Synthesis of Teaching Methods*, New York: McGraw-Hill Co.

Skinner, B. F. (1957), *Verbal Behavior*, New York: Appleton-Century-Crofts, Inc.

Staats, Arthur W. (1969), *Learning, Language, and Cognition*, New York: Holt Rinehart Inc.

Stack, Edward M. (1966) *The Language Laboratory and Modern Language Teaching*, New York: Oxford University Press.

Stevic, Earl W. (1966), *Swahili: An Active Introduction: General Conversation*, Washington D. C.: F. S .I., Department of State.

Stevic, Earl W. (1969), "An Outsider Looks at Language Teaching in Korea," *Language Teaching*, Vol. 1, No. 2, Seoul: Language Research Institute, Seoul National University.

Stevic, Earl W. (1969), *Developing Materials for Language Learning: Microwave,* Washington D. C.: F. S. I., Department of State.

Stevick, Earl. W. (1963), *A Workbook in Language Teaching with Special References to English as a Foreign Language*, New York: Abingdon Press.

Taiwan (2003), *Statistical Yearbook.*

Taiwan (2004). *Monthly Bulletin of Statistics, 6.*

Tannen, D. (1982), "Oral and Literature Strategies in Spoken and Written Narratives," *Language,* Vol. 58, No. 1.

Tannen, D. (ed.) (1982), *Spoken and Written Language,* Norwood, New Jersey: Ablex Publishing Corporation.

The World Bank (2004), *World Development Indicators.*

Transparency International (2001), *Corruption Indicators.*

UN (2002, 2003), *World Population Prospects.*

UN (2003), *Monthly Bulletin of Statistics, 11.*

UNDP (2003, 2004), *Human Development Report.*

UNESCO (1999, 2004), *Statistical Yearbook.*

UNESCO (2004), *School Life Approximation.*

UNSTATS (2004), *School Life Expectancy.*

Valdman, Albert (ed.) (1966), *Trends in Language Teaching,* New York: McGraw-Hill Book Company.

Vandesande, Anthony V. & Francis Y. T. Park (1967), *Myŏngdo's Korean '68, Part Ⅰ, Ⅱ,* Seoul: Myŏngdo Institute.

Voegelin, C. F. & Voegelin, F. M. (1977), *Classification and Index of the World Languages.*

Vygotsky, L. S. (1962), *Thought and Language,* ed./trans. by E. Hanfman and G. Vaker, Cambridge, Mass.: MIT Press.

Vygotsky, L. S. (1978), *Mind in Society: The Development of Higher Psychological Processes,* eds. by Michael Cole et al, Cambridge, Mass.: Harvard University Press.

Whorf, B. L. (1956), *Language, Thought, and Reality: Selected Writings* of B. L. Whorf, ed. by John B. Carrol, Cambridge, Mass.: MIT Press.

Whorf, B. L. (1967), "Science and Linguistics," in *The Psychology of Language: Thought and Instruction,* ed. by J. P. De Cecco, New York: Holt, Rinehart & Winston.

찾아보기

지은이 소개

노대규(盧大奎)는 연세대학교를 졸업하고 연세대학교에서 교육학석사 학위, 고려대학교에서 문학석사 학위, 그리고 연세대학교에서 문학박사 학위를 받았으며, University of Illinois at Urbana의 Intensive English Institute of the Division of English as an International Language를 수료하였다.

그는 연세대학교 한국어학당의 전임강사, 주한 미국 평화봉사단의 언어교육 과장, 목원대학교의 조교수, 세종대학교의 조교수, 그리고 한양대학교의 부교수를 거쳐, 지금은 연세대학교 인문예술대학 국어국문학과의 한국 언어학 교수로 있다. 그는 미국의 University of Hawaii, University of Illinois at Urbana - Champaign, 그리고 일본의 慶應大學 (Keio University)의 객원교수를 지낸 바 있다.

지금까지 그의 저서로는 *A Comprehensive Course in Korean* (1969 공저), *Readings in Korean 2* (1970 공저), *Readings in Korean 3* (1970 공저), *Readings in Korean 4* (1972 공저), *Readings in Korean 7* (1972 공저), *Korean: Macro - wave* (1973), 국어의 감탄문 문법 (1983), 말과 생각 (1983 공저), 국어학 서설 (1987 공저), 국어 의미론 연구 (1988), 고등학교 문법 (1991 공저), 너의 눈 속에 꽃바람이 불면 (1994 시집) 한국어의 입말과 글말 (1996), 한국어의 감탄문 (1997), 시의 언어학적 분석 (1999), 한국어의 화용 의미론 (2002) 및 외국어로서의 한국어 교육 (2007) 등 열일곱 권이 있다. 그리고 그의 학술 논문으로는 "'사랑'의 의미 분석" 이외에 칠십여 편이 있다. 그는 1989년도에 연세대학교에서 '국어 의미론 연구'라는 저서로 연세 학술상을 받았다.

외국어로서의 한국어 교육

초판 인쇄 2007년 11월 01일
초판 발행 2007년 11월 05일

지은이 • 노 대 규
펴낸이 • 한 봉 숙
펴낸곳 • 푸른사상사

등록 제2-2876호
서울시 중구 을지로3가 296-10 장양B/D 7층
대표전화 02) 2268-8706(7) 팩시밀리 02) 2268-8708
메일 prun21c@yahoo.co.kr / prun21c@hanmail.net
홈페이지 www.prun21c.com
ⓒ 2007, 노대규

ISBN 89-5640-588-9-93710

값 33,000원